电动汽车动力电池系统安全分析与设计

王芳 夏军 等著

科学出版社
北京

内 容 简 介

本书意在通过对电动汽车核心零部件——动力电池系统（Pack）进行系统化的安全分析，提出一些合理的安全设计方法，从而推动我国新能源汽车安全性能的提升，切实保障乘客、社会公众的人身和财产安全。本书共分为十章，分别论述了电动汽车发展现状、动力电池系统技术、企业内部的安全文化和流程、动力电池系统安全分析、电气安全设计、机械安全设计、功能安全设计、化学安全设计、产品安全验证，以及与动力电池相关的国内和国际标准。

本书主要面向新能源汽车行业的从业人员，如科研机构和公司的技术人员，车企、电池企业、Pack 企业、BMS 企业、其他零部件企业的研发人员，测试机构和技术咨询机构的工作人员，可作为其设计开发工作的参考资料，也可作为大专院校的辅助教材，帮助学生理解电动汽车的相关技术。

图书在版编目（CIP）数据

电动汽车动力电池系统安全分析与设计 / 王芳等著. —北京：科学出版社，2016.9

ISBN 978-7-03-049621-8

Ⅰ. ①电… Ⅱ. ①王… Ⅲ. ①电动汽车－蓄电池－系统安全分析 ②电动汽车－蓄电池－安全设计 Ⅳ. ①U469.720.3

中国版本图书馆CIP数据核字（2016）第200168号

责任编辑：朱 丽 刘 冉 / 责任校对：张小霞

责任印制：吴兆东 / 封面设计：耕者设计工作室

科学出版社 出版

北京东黄城根北街 16 号

邮政编码：100717

http://www.sciencep.com

北京建宏印刷有限公司 印刷

科学出版社发行 各地新华书店经销

*

2016年9月第 一 版 开本：720×1000 1/16

2022年1月第八次印刷 印张：20 3/4

字数：420 000

定价：98.00元

（如有印装质量问题，我社负责调换）

序 Foreword

我国政府制定的《国民经济和社会发展第十二个五年规划纲要》和《"十二五"国家战略性新兴产业发展规划》都明确将新能源汽车作为七大战略性新兴产业之一，将其上升到国家战略层面，并要求加快高性能动力电池、电机等关键零部件和相关材料核心技术的研发及推广应用，形成产业化体系，加速汽车工业的转型升级。

在"十三五"发展规划中又将新能源汽车列为国家重点专项予以实施。

自2010年以来，我国政府发布了一系列新能源汽车产业扶持政策，从中央到地方投入了大量的财政资金，充分体现了我国政府对新能源汽车产业的重视，为我国新能源汽车产业的发展提供了极大的政策支持。

我国新能源汽车的发展，经历了技术研究、示范运行推广和产业化发展三个阶段，截止到2015年年底，基本上完成了政府制定的"十二五"阶段性目标，市场保有量接近50万辆，取得了非常显著的成果，交出了一份令人满意的答卷。

随着技术的不断突破，社会资源的不断投入，产品的不断迭代更新，以及新型商业模式的不断出现，我国新能源汽车产业将会保持目前的高速增长势头，在全球市场占有更多的份额，在国际竞争中取得更多的优势。

我们也清醒地意识到，新能源汽车作为一个新鲜的事物，还存在着各种各样的问题，需要我们进一步研究和解决：

在整车的技术集成方面仍需不断完善。新能源汽车有别于传统燃油车，其动力特性、行驶特性、使用特性、维护特性等还有待于整车制造厂进一步研究，从而在整车控制、底盘、动力总成等方面不断提升技术水平。

整车的成本仍然很高，严重依赖中央政府和地方政府的财政补贴。随着新能源汽车销量的不断增长，财政补贴是难以长期维持的，如何在短期内降低整车的成本，达到或者接近传统燃油车的水平，是摆在所有企业面前的一个难题。

续航里程短、充电难、充电时间长、小毛病多等问题仍然困扰着用户，影响了用户体验和市场接受程度，一定程度上体现了新能源汽车产品的不成熟，影响了产品的推广和普及。

核心零部件的技术积累仍然不够，产品存在安全隐患，事关公众切身利益，不能盲目追求短期效益，牺牲产业的长远发展和未来。

我们正处在新能源汽车产业发展的一个关键阶段，新能源汽车的销量已经突破我国汽车年度总销量的1%，这是一个非常重要的拐点，接下来可能是5%，10%，甚至更高。我国一二线城市在2020年之前会基本上完成公共交通领域的电气化，我国的物流体系也会逐步完成电气化驱动的替换，加上出租车、专车、网约车、租赁用车、私人用车等等，新能源汽车将渗透到我们生活的方方面面，改变我们的生活方式。

在这种大趋势下，新能源汽车的安全问题将变得更加敏感，这不仅仅是某一个企业、某一个科研机构的职责，而是所有参与者的职责，从政府的严格监管，到企业的认真执行，到用户的规范使用，再到回收利用的真正落实，要形成一个安全风险共担、产业发展共赢的局面。如果安全事故频发，将可能引起整个产业的停顿或倒退，这是我们大家都不愿看到的。

作为电动汽车的核心零部件，动力电池及系统的安全性直接决定了整车的安全性。为了达到足够高的安全防护等级，我国制定了全球最为严格的安全标准体系，涵盖电芯、模组和系统三个层级，并且将其作为新能源汽车产品的一个准入门槛加以严格执行，体现了我国对于新能源汽车的安全问题高度重视的态度。

我们高兴地看到，一批企事业单位的技术专家，充分认识到动力电池系统的安全性对于整个产业发展所起的关键作用，积极探索，不断积累，乐于分享，将一些行之有效的安全分析、设计和测试方法整理成文，分享给行业同仁，这是非常值得提倡和鼓励的。在保护自有知识产权的情况下，力所能及地提升行业的整体技术水平，推动行业的健康发展，以产品和服务回报于社会，也是大家义不容辞的责任。

吴锋

2016年7月

前言 Preface

经过多年的发展，汽车产业已经成为我国国民经济的支柱性产业，统计数据表明，2014 年，我国汽车工业及关联产业就业人数超过 4000 万人，约占全国城镇劳动人口比重 10%，汽车消费占全社会消费品零售总额的 12.9%，整车及零部件工业总产值占 GDP 比重达到 9.4%。从税收、就业、经济增长、促进消费等方面来说，汽车产业在我国国民经济中占有举足轻重的地位。

同时，汽车产业高速增长也给社会发展带来一些负面影响。汽车用油占我国石油总消耗量的比例超过 1/3，占汽油总生产量的九成。汽车保有量的快速攀升，对石油消耗造成严重负担，预计 2020 年我国汽车用油占石油总消耗量的比例将超过 50%。毫无疑问，汽车所消耗的石油在石油总耗用量中占最大比重。而石油、煤炭等石化资源的大规模采掘和使用，正是温室气体排放，全球气候变暖，极端天气灾害频发，生物物种灭绝以及环境严重污染等问题的根源。汽车大规模普及和使用，造成了我国许多城市的交通拥堵，汽车尾气排放已经成为雾霾形成的重要原因之一，影响着人体健康。

从能源安全、环境保护、技术进步、产业升级等多个角度考虑，全球各国政府都把新能源汽车作为重点发展方向，加以扶持和推广。我国政府在《“十二五”国家战略性新兴产业发展规划》中，明确将新能源汽车作为七大战略性新兴产业之一，上升到国家战略层面，要求加快高性能动力电池、电机等关键零部件和材料核心技术的研发及推广应用，形成产业化体系，加速汽车工业的转型升级。

节能与新能源汽车的发展是我国减少石油消耗，降低二氧化碳排放，推动汽车产业转型，确保国家能源战略安全的重要举措之一。党和国家领导人多次提出要加快发展新能源汽车产业，中央和地方各级政府对其发展高度关注，以国务院《节能与新能源汽车产业发展规划 (2012—2020 年)》为代表，中央政府到地方政府陆续出台了数百项扶持和培育政策，为新能源汽车的发展营造了良好的政策环境。近年来，我国新能源汽车产业在行业标准、产业联盟、企业布局、技术研发及产品制造等方面也取得了明显进展，并在过去的两年中呈现出市场爆发式增长的态势。

据中国汽车工业协会统计的相关数据，我国 2015 年新能源汽车的产量及销量分别达到 34 万辆和 33 万辆，同比分别增长 3.3 倍和 3.4 倍。2009 ～ 2015 年中国累计生产新能源汽车 49.7 万辆，在全球新能源汽车销量中占比超过 30%，中国已经成为全球最大的新能源汽车市场。2015 年中国汽车市场的销量为 2459.8 万辆，其中新能源汽车的销量已经占到汽车市场总销量的 1.34%，清华大学欧阳明高教授在 2016 年“中国电动汽车百人会论坛”演讲时指出："一般判断一个新技术能不能大规模推广，对汽车领域来讲，占比 1% 是非常重要的一个数据。”

我国新能源汽车已经摆脱了早期的技术积累和商业模式探索，进入规模化发展的新阶段，正由市场导入期向市场快速成长期转变。对于新能源汽车产业，对于行业内的企业，对于从业人员而言，目前是至关重要的发展节点，如何保持这种良好的发展势头，加快技术进步，完善产品的安全性和可靠性，降低产品的成本，提高市场的接受度和认可度，并逐步摆脱对政府补贴的依赖，这需要政府、企业、社会的共同努力应对。

我们日常生活中已经随处可见各种类型的新能源汽车——公交车、出租车、物流车、私家车、租赁车、环卫车、摆渡车等，新能源汽车已经逐步渗透到社会的各个角落，改变了我们的生活方式和经济发展方式。但值得我们警醒的是，新能源汽车毕竟是新鲜事物，由于发展历程较短，产业链不完善，技术有待验证，产品特性迥异，人们认知不足，以及使用维护不当等等因素，新能源汽车的安全事故也随之呈现快速增长的势头，威胁着社会公众的人身、财产和环境安全。

任何事物的发展都不是一帆风顺的，必然会经历曲折的发展过程。新能源汽车已经进入市场快速成长期，我们需要特别警惕安全事故频发给行业带来的负面影响，以及对公众和环境所带来的巨大危害。动力电池系统是混合动力汽车的重要能量来源，是纯电动汽车的唯一能量来源，作为高能量载体，其稳定性、可靠性和安全性在很大程度上决定了整车的安全性和可靠性，是我们需要重点关注和研究的对象。

统计市场上已发生的新能源汽车安全事故，超过 50% 的安全事故与动力电池系统有关联，事故原因包括过充电、外部短路、内部短路、电解液泄漏、电气故障、进水、碰撞、异物穿刺等等。有些事故是产品本身的设计缺陷，有些事故是制造过程中的质量缺陷，也有些事故是用户使用和维护不当。这充分说明，虽然新能源汽车市场已经取得了长足进步，但是我们在产品的研发、制造、使用、维护、退役等各个环节仍然存在大量的问题，会导致市场上的一些新能源汽车产品存在一定的安全隐患。如果我们将不成熟、不可靠、不安全的产品推向市场，必然不会被用户和市场所接受，从而使得新能源汽车产业的发展面临很大的波动和不确定性。

本书的内容，主要围绕动力电池系统这一电动汽车的核心零部件，从系统级安全事故和危害出发，系统性地论述如何从结构设计、电气设计、电池管理系统设计、热设计、仿真分析、测试验证等各个环节保证产品达到足够的安全设计等级。同时，本书也对开发流程、风险管理以及标准法规等内容作了一定的论述，希望行业内的企业和从业人员能够理解产品安全性能背后的支撑体系，从而全面提升企业的技术实力。

本书共分10章，全书由王芳和夏军统筹规划和整理，第1章由夏军、刘震编写，第2章由胡建国、王世强编写，第3章、第4章由夏军编写，第5章由黄昌明、周长裕编写，第6章由陈敏、孙龙编写，第7章由陈林编写，第8章由何向明、张立磊、洪英杰等编写，第9章由黄昌明、刘勇、蒋碧文、刘杰等编写，第10章由王芳、樊彬、李宁编写。

本书的筹备、编写和出版，得到了以下单位和公司的大力支持，在此一并表示感谢：

中国汽车技术研究中心

宁德时代新能源科技股份有限公司

杭州捷能科技有限公司

中航锂电（洛阳）有限公司

浙江南都电源动力股份有限公司

福建星云电子股份有限公司

惠州市蓝微新源技术有限公司

上海诚懋化学有限公司

浙江万克自动化工程有限公司

深圳赛弗动力技术有限公司

烟台创为新能源科技有限公司

对给予本书出版和发行大力支持的行业同仁，作者在此表示诚挚的谢意。特别感谢吴锋教授在百忙之中为本书作序。限于作者的水平，本书的内容并不能涵盖与动力电池系统相关的所有安全知识，我们希望以本书作为牵引，促进更多的企业和技术人员去研究和完善动力电池系统的安全特性。凝聚众人之智慧，提升行业技术水平，健全产品安全体系，齐心协力共同推动新能源汽车产业的健康发展，是我们义不容辞的责任。同时，本书若有疏漏，不当之处，恳请读者朋友们不吝指正。

王 芳 夏 军

2016年6月

目录 Contents

第 1 章　新能源汽车市场发展概述 ······ 1
1.1　电气化驱动时代来临 ······ 2
1.2　不断加码的政策支持 ······ 5
1.2.1　全球新能源汽车产业政策回顾 ······ 5
1.2.2　中国新能源汽车产业政策总结 ······ 7
1.3　新能源汽车发展路线之争 ······ 12
1.3.1　新能源汽车技术路线 ······ 12
1.3.2　新能源汽车发展现状与趋势 ······ 15
1.4　动力电池中日韩三足鼎立 ······ 21
1.4.1　锂电池产业花落中日韩 ······ 21
1.4.2　动力电池的技术发展路线 ······ 23
1.4.3　三足鼎立格局 ······ 31
1.5　汽车安全事故猛于虎 ······ 32
主要参考文献 ······ 37
第 2 章　动力电池系统技术综览 ······ 39
2.1　动力电池系统简述 ······ 40
2.1.1　动力电池系统的作用 ······ 40
2.1.2　动力电池系统的设计理念 ······ 40
2.1.3　动力电池从单体到系统 ······ 41
2.1.4　动力电池系统产品外形及安装位置 ······ 42
2.1.5　动力电池系统的构成和相关技术 ······ 45
2.2　动力电池技术介绍 ······ 48
2.2.1　动力电池按材料体系分类及特点 ······ 48
2.2.2　动力电芯封装形式和极片装配工艺 ······ 49
2.2.3　电芯设计技术 ······ 50
2.3　电池系统成组技术之一——热管理技术 ······ 52

2.3.1 热管理的作用（电池系统的体温调节）………52
2.3.2 热管理技术分类及特点………52
2.3.3 当前热管理技术需求和发展趋势………53
2.4 电池系统成组技术之二——结构设计技术………54
2.4.1 动力电池系统结构的作用（电池系统的体格）………54
2.4.2 模组结构技术………54
2.4.3 箱体及结构技术………55
2.4.4 紧固结构技术………55
2.4.5 防护等级技术要点（IP67）………56
2.5 电连接技术………57
2.5.1 线束和连接的作用（电池系统动力网络和神经网络）………57
2.5.2 连接器选择………57
2.5.3 线材选择和降额设计………58
2.5.4 工艺选择………58
2.6 BMS 技术………58
2.6.1 测量………59
2.6.2 保护功能………61
2.6.3 管理功能………62
2.6.4 警示功能………67
2.7 锂电池标准化体系………68
2.7.1 概述………68
2.7.2 国内外标准化情况………68
主要参考文献………69
第 3 章 产品安全规则与流程………71
3.1 企业安全文化建设………72
3.2 产品安全的规则和流程………74
3.3 产品开发过程中的安全活动实施………78
3.3.1 产品安全管控方法………78
3.3.2 产品安全的设计需求………78
3.3.3 产品开发过程中的安全风险跟踪………80
3.3.4 建立持续优化的闭环流程………81
3.4 产品安全评估………83

3.4.1 产品安全评估的目的……83
3.4.2 产品安全评估的流程……84
3.4.3 产品安全评估的方法……85
3.4.4 产品安全评估的结果及后续要求……85
3.4.5 产品安全评估的独立性……86
3.5 产品安全评审……86
3.5.1 功能安全评审的目的……87
3.5.2 功能安全评审的流程……87
3.5.3 产品安全评审的方法……88
3.5.4 产品安全评审的结果及后续要求……90
第4章 动力电池系统安全分析……91
4.1 系统安全理念……92
4.2 系统安全工程……93
4.3 动力电池系统模型和属性……96
4.3.1 系统组成及环境分析……96
4.3.2 系统简单模型……97
4.3.3 系统的相关属性……98
4.4 动力电池系统安全分析……100
4.4.1 危险的能量源……100
4.4.2 电击危险分析……101
4.4.3 燃烧和爆炸危险分析……102
4.4.4 动力电池系统安全分析的工程方法……103
4.4.5 安全防御措施的基本思路……105
4.5 安全分析案例……107
4.5.1 动力电池系统危险初步识别……107
4.5.2 动力电池系统顶层事故分析……111
4.5.3 动力电池系统安全危险的分解和分配……111
主要参考文献……114
第5章 电气安全设计……115
5.1 警示标识……116
5.2 接触防护……116
5.2.1 直接接触防护……117

5.2.2 间接接触防护 …… 121
5.3 外短路防护 …… 125
5.4 高压回路主动监控与防护 …… 127
5.4.1 过流保护 …… 127
5.4.2 高压互锁检测 …… 128
5.4.3 继电器状态检测 …… 131
5.4.4 绝缘监控 …… 133
5.4.5 碰撞防护 …… 136
5.4.6 上电防瞬态冲击（预充电保护） …… 138
主要参考文献 …… 142
第 6 章 机械安全设计 …… 143
6.1 简介 …… 144
6.2 接触式受力防护 …… 144
6.2.1 防护结构的机械强度 …… 144
6.2.2 连接结构的机械强度 …… 147
6.3 非接触式受力防护 …… 151
6.3.1 防护结构的机械强度 …… 151
6.3.2 连接结构的机械强度 …… 152
6.4 IP 防护 …… 152
6.4.1 密封界面设计 …… 152
6.4.2 气压平衡部件 …… 155
6.4.3 气密性测试 …… 156
6.5 防呆设计 …… 157
6.5.1 机械防呆 …… 158
6.5.2 颜色防呆 …… 158
6.5.3 标识防呆 …… 158
6.6 防火、阻燃和防腐蚀 …… 159
6.6.1 防火与阻燃 …… 160
6.6.2 防腐蚀 …… 162
主要参考文献 …… 163
第 7 章 功能安全设计 …… 165
7.1 功能安全标准简介 …… 166

7.1.1 功能安全标准的演变历史 …… 166
7.1.2 ISO 26262 的主要内容 …… 167
7.1.3 本书和 ISO 26262 的对应关系 …… 168
7.2 概念设计 …… 169
7.2.1 相关项定义 …… 169
7.2.2 危害分析和风险评估 …… 170
7.2.3 功能安全概念 …… 173
7.3 系统开发 …… 174
7.3.1 技术安全需求 …… 174
7.3.2 系统安全设计 …… 176
7.3.3 系统集成测试 …… 177
7.4 硬件开发与测试 …… 178
7.4.1 制定硬件安全需求 …… 179
7.4.2 软硬件接口定义 …… 181
7.4.3 硬件设计 …… 181
7.4.4 硬件设计阶段的安全分析 …… 185
7.4.5 计算硬件架构指标 …… 186
7.4.6 随机硬件失效导致违背安全目标的评估（ISO 26262-5 第 9 章）…… 192
7.4.7 硬件的集成和测试 …… 194
7.5 软件开发与测试 …… 196
7.5.1 软件安全需求 …… 196
7.5.2 软件架构设计 …… 197
7.5.3 软件单元设计 …… 202
7.5.4 软件功能安全测试 …… 203
主要参考文献 …… 203
第 8 章 化学安全设计 …… 205
8.1 锂离子电池安全性分析 …… 206
8.1.1 突发事件或滥用原因 …… 206
8.1.2 锂离子电池的自身原因 …… 206
8.2 锂离子电池安全性的特征 …… 207
8.3 锂离子电池安全性设计的基本原理 …… 208
8.4 提高锂离子电池安全性的化学设计 …… 210

8.4.1 选用热稳定性高的电极材料……210
8.4.2 选用安全型锂离子电池电解液……212
8.4.3 采用离子液体电解液……215
8.4.4 采用固态电解质……215
8.4.5 采用热失控阻断添加剂……216
8.4.6 选用高稳定性黏结剂……217
8.4.7 选用热稳定性高的隔膜……217
8.4.8 小结……217
8.5 电池热管理常用冷却剂……218
8.6 热失控预警及控制……221
8.6.1 锂离子电池热失控的机理……221
8.6.2 应对措施……223
8.6.3 预警系统选择方法……225
主要参考文献……228
第9章 产品安全验证……231
9.1 概述……232
9.2 安全测试概述……232
9.2.1 电芯安全测试……232
9.2.2 模组安全测试……232
9.2.3 电池系统安全测试……234
9.2.4 测试案例分析……236
9.2.5 测试计划……237
9.3 结构仿真……238
9.3.1 仿真在电池系统设计中的作用与意义……238
9.3.2 基础知识和常用仿真工具介绍……239
9.3.3 电池系统仿真分析的基本理论……239
9.3.4 案例分析……244
9.4 热流体仿真分析……255
9.4.1 Pack设计中的热流体仿真分析……255
9.4.2 基础知识简介和常用热流体仿真工具介绍……256
9.4.3 热流体仿真基础理论……256
9.4.4 热流体仿真实例分析……261

9.5 故障树分析 …… 265
9.5.1 基本概念 …… 266
9.5.2 定性分析与定量分析 …… 266
9.5.3 案例分析 …… 268
主要参考文献 …… 271
第 10 章 国内外锂动力电池法规和标准体系 …… 273
10.1 世界汽车技术法规概述 …… 274
10.2 与锂动力电池相关的主要技术法规解读 …… 275
10.2.1 FMVSS 305 电动汽车：电解液溢出及电击防护 …… 276
10.2.2 ECE R100 关于机动车型式批准中电驱动系统特殊要求的统一规定 …… 276
10.2.3 ECE R94 关于车辆正面碰撞乘员保护认证的统一规定 /ECE R95 关于车辆侧面碰撞乘员保护认证的统一规定 …… 282
10.2.4 UN 38.3 联合国《关于危险货物运输的建议书 —— 试验和标准手册》第 38.3 节“金属锂电池和锂离子电池组” …… 283
10.3 电动汽车锂动力电池主要安全标准解读 …… 284
10.3.1 ISO 相关标准 …… 285
10.3.2 IEC 相关标准 …… 291
10.3.3 欧盟相关标准 …… 293
10.3.4 美国相关标准 …… 295
10.3.5 中国相关标准 …… 299
主要参考文献 …… 314

01

新能源汽车市场发展概述

本章导读

- 本章对全球新能源汽车市场的发展概况，全球各国政府的产业扶持政策，新能源汽车的技术路线，动力电池产业的市场格局，以及电动汽车的安全事故等几个方面做了较为全面的阐述。
- 新能源汽车的爆发式增长，有其深刻的社会背景、产业背景以及政策背景，将深远地改变汽车产业的格局，重构交通运输领域的产品形态和商业生态。
- 新能源汽车的发展和普及，离不开各国政府的政策引导，在大时代背景下，政府对产业的扶持和刺激，在宏观上为产业的发展铺平了道路。
- 新能源汽车的发展路线，并不是唯一的，全球各个国家结合自身的地域特征，社会经济发展水平，以及既有的技术优势，选择了适合自己的产业化方向，为新能源汽车的产业化积累了多领域多层次的经验。
- 动力电池是电动汽车的核心零部件，也是成本占比最大的零部件，在新能源汽车的产业版图上举足轻重。中日韩三国在这一领域处于领先地位，但是三个国家的发展方向和技术水平仍然存在一定的差异。
- 新事物的发展不是一帆风顺的，新能源汽车作为一个关乎到人身安全、财产安全、环境安全的产品，仍然不够成熟，如何防患于未然，推动产业的健康发展，是我们必须解决的问题。

1.1　电气化驱动时代来临

2009 ～ 2015 年，中国连续 7 年蝉联全球汽车产销量第一的位置，全球各大汽车厂商都把中国汽车市场作为其最大的或最为重要的市场来对待。据国家统计局数据，2005 ～ 2014 年，我国汽车保有量年均增幅高达 15.61%。2015 年，我国汽车总保有量达到 1.72 亿辆，仅次于美国，居世界第二。

连续多年的产销量高增长，使得中国社会的汽车普及率大大提升，汽车市场的总体购买趋势将由新增市场转向存量市场。同时，在经济转型、外需不振、结构调整以及新旧动力切换的多重因素叠加下，中国经济 GDP 增长创近年新低，增长乏力。去杠杆、去库存将是现在和未来很长一段时间中国经济的基调，结构调整和改革进程的加快将加大经济的下行压力，预计未来几年 GDP 增速将在 7% 以下的低位徘徊，经济增长乏力将给汽车行业发展带来较大压力。

中国汽车工业协会公布的产销数据显示，2015 年全年中国汽车市场的销量为 2459.8 万辆（图 1-1），同比增长 4.7%，相比上年同期减缓 2.18 个百分点。虽然由此判断中国汽车市场已经达到增长拐点还为时过早，但是销量增速放缓和库存的持续增加，将逐步改变汽车产业的趋势和格局，并酝酿着变革的动力。

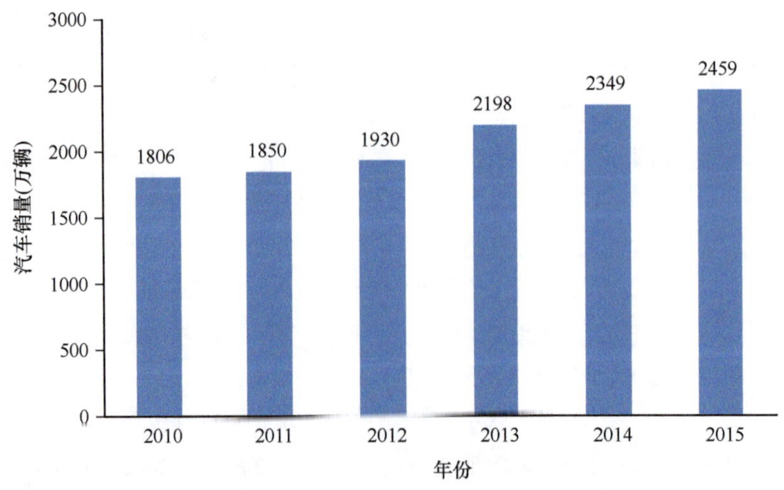

图 1-1　2010 ～ 2015 年中国汽车销量统计（万辆）

与传统汽车市场增速放缓形成鲜明对比的是，我国的新能源汽车产业却呈现出产销两旺的局面。据中国汽车工业协会统计的相关数据，我国 2015 年新能源汽车的产量及销量分别达到 34 万辆和 33 万辆（图 1-2），同比分别增长 3.3 倍和 3.4 倍。其中纯电动汽车增长势头尤为迅猛，产销分别完成 254633 辆和 247482 辆，同比

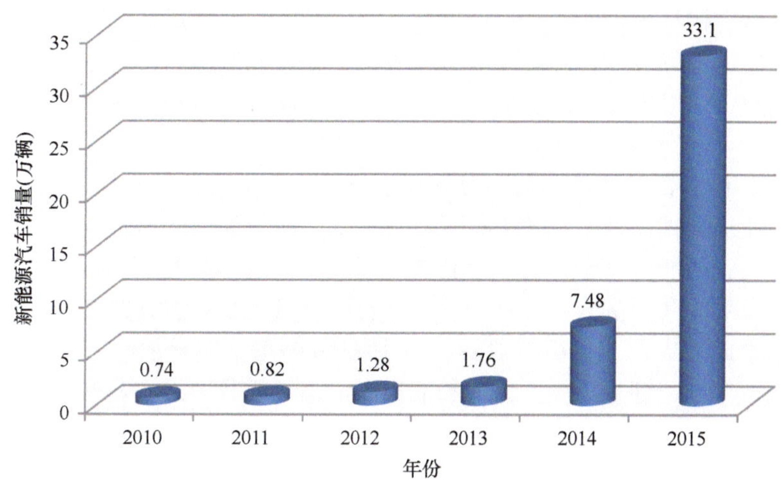

图 1-2 2010 ～ 2015 年中国新能源汽车销量（万辆）

分别增长 4.2 倍和 4.5 倍；插电式混合动力汽车产销分别完成 85838 辆和 83610 辆，同比增长 1.9 倍和 1.8 倍。基于 2015 年的数据统计，中国已超过美国，成为全球最大的新能源汽车市场。2009 ～ 2015 年中国累计生产新能源汽车 49.7 万辆，在全球新能源汽车销量中占比超过 30%。

在传统汽车市场销量增速放缓的大背景下，新能源汽车的“爆发式”增长，无疑是我国汽车工业和经济领域的一大亮点，引起了社会各界的广泛关注。我国新能源汽车产销量的超常规增长，除了因为基数比较小，导致增速相对提升较大之外，还有以下一些非常关键的因素。

首先是我们对能源战略安全的考虑。我国是石油消耗大国，当前石油年消费量超过 5 亿吨。与此同时，我国的石油高度依赖进口，2015 年我国石油对外依存度接近 60%，未来还将呈现不断上升态势。汽车用油占石油总消耗量的比例约为 1/3 ～ 1/2，占汽油总生产量的九成，汽车保有量的快速攀升，对石油消耗造成严重负担。作为经济命脉的石油，却主要依靠外部供应，一旦石油原产地发生问题，或者海上和陆路石油运输通道被阻断，我国经济就有陷入崩溃的危险。在这种情况下，我国有必要逐步发展石油的替代能源，以提高国家的能源安全。作为石油消耗大户的交通运输领域，逐步推动电气化驱动就是我国的一个战略选择。

其次，全球环境持续恶化，需要全球各国开展联合行动，改变或延缓这种趋势。工业文明以来，人类依靠科技进步和石化资源的大规模使用，取得了无与伦比的经济发展成就。但是负面效应也非常地明显，全球气候变暖，极端灾害频发，生物物种灭绝，环境污染触目惊心，人类已经面临文明存续的环境问题。在此背景下，全球各国都在推动清洁能源的大规模使用，以逐步降低对石化资源的依赖，降低污染物的排放，为彻底解决环境问题争取时间。在发电领域，我们政府近年来大力扶持光伏发电、风力发电、水力发电、生物质能发电等清洁能源技术。在交通运输领域，我国政府一直以来都把新能源汽车的发展作为解决环境问题的长期政策加以推行。结合能源生产端的清洁能源技术和能源消费端的电气化驱动技术，可以有效地降低碳排放，维护自然环境，提升生活质量。

再次，伴随传统经济领域的发展逐步放缓，我国将长期面临“经济新常态”的局面，经济换挡，老的模式不行了，就需要寻找新的经济增长点，尤其是高科技产业方面。新能源汽车作为一个新兴的产业，其技术难度足够高，产业规模足够大，社会效益和经济效益非常明显，符合政府所规划和引导的高科技产业发展方向。基于此考虑，我们可以看到，当我国 GDP 增速明显放缓的时候，我国的新能源汽车产业却迎来了爆发式增长的局面，正说明我国经济发展热点的切换已经开始。

另外，我国各大城市都加入机动车限行和限牌的行列，也促进了新能源汽车的快速普及。我国城市规划和建设普遍缺乏顶层规划，对机动车的快速增长估计不足，城市的道路建设和停车场地建设远远落后于汽车规模的增长速度。近年来，我国城市空气污染治理压力越来越大，雾霾天气成为北京、上海等大城市的标志，而汽车尾气是城市空气污染物的重要贡献者，占 $PM_{2.5}$ 的比例达到 25%，使得北京、上海、广州、深圳、杭州、天津、石家庄、贵阳等城市采取了限制汽车规模增长速度的措施，如限购、限行、摇号等，导致这些城市民众使用传统汽车的难度大大增加。与此同时，各地政府却在新能源汽车的购买、上牌、行驶等方面推出一系列利好和优惠政策，鼓励民众购买和使用新能源汽车，这在一定程度上刺激了新能源汽车的销量增长。

新能源汽车的发展，并不是中国市场一枝独秀，而是在全球各个区域都呈现出良好的势头。2009 年以来，全球新能源汽车市场呈现高速发展的态势，其中以插电式混合动力乘用车（PHEV）和纯电动乘用车（EV）的增长最为迅速，2015 年全球纯电动和插电式混合动力乘用车销量达到了 54.9 万辆。在发展较快的国家中，中国进步最大，超过美国位居全球第一，挪威、英国、法国、日本、德国位列其后（图 1-3），这七国的总销量达到 442985 辆，占到全球新能源汽车销量的 80%。展望 2016 年，预计全球新能源乘用车销量有望达到 85 万辆，新能源商用车销量有望超过 20 万辆（主要集中在中国）。

据国际能源署（IEA）统计，到 2020 年，预计全球新能源汽车销量将达到 600 万辆。如果以 2015 年的销量为基数，按照每年 70% 的增长速度计算，预计 2020 年全球新能源汽车的销量将接近 1000 万辆[①]。在全球汽车市场总量保持稳

① 由于节油和降低排放的效果有限，以上关于新能源汽车的销量统计和预测均未涵盖弱 / 轻 / 重型混合动力汽车（HEV），如丰田的普锐斯，而只包含插电式 / 增程式混合动力汽车、纯电动汽车和燃料电池汽车。

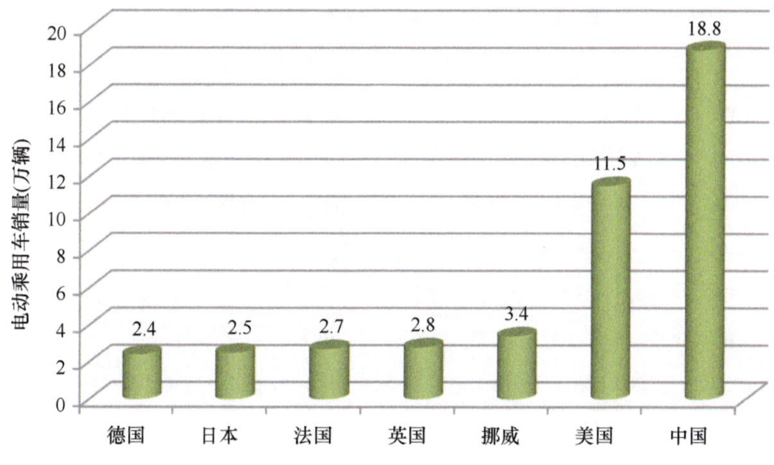

图 1-3 2015 年全球主要市场电动乘用车（EV 与 PHEV）销量（万辆）

定的情况下，新能源汽车的快速增长，无疑将加速汽车行业的洗牌，改变汽车行业原有的格局，涌现出很多新兴的企业和新型的商业模式，并将持续而深刻地改变人们的消费习惯和生活方式。

1.2 不断加码的政策支持

1.2.1 全球新能源汽车产业政策回顾

在全球化的今天，全球合作日益紧密，各国政府的政策联动性也越来越强。在经济发展和产业规划方面，全球各主要经济体保持高度的协同性，既表现出相互配合相互学习的态势，又形成了你追我赶、各领风骚的竞争局面。

截止到 2015 年，各主要经济体和国家分别提出新能源汽车的规划和目标（表 1-1），在提出较为明确的新能源汽车规划的国家中，除中国外，其他都是具有很强汽车工业基础的发达国家，如美国、德国、日本、韩国、法国、英国等。从各国的新能源汽车规划时限来看，美国、中国、韩国和英国等国主管汽车工业的政府部门或协会提出了较为近期的产销目标——在 5 年内达到一定的产销总量或保有量，这在一定程度上体现了这些国家发展新能源汽车的务实态度。

为了支撑新能源汽车的发展目标和规划，鼓励新能源汽车产业的发展，美国、法国、德国、挪威、荷兰、韩国、日本、中国等国家的政府纷纷出台优惠政策刺激民众购买新能源汽车。无论是税费减免、购车补贴、停车优惠，还是道路优先权，都对新能源汽车生产企业和消费者极具诱惑。表 1-2 为全球各国新能源汽车的优惠政策一览。

表1-1 全球主要国家新能源汽车市场规划

国家	规划日期(年)	新能源汽车产销量目标	新能源汽车类型
美国	2015	100 万保有量	纯电动车，插电式混合动力车，增程式电动车
日本	2020	200 万辆销量	电动车 80 万辆，混合动力车 120 万辆
	2030	汽车年销量的 70%	电动车，混合动力车，燃料电池汽车
德国	2020	100 万保有量	电动车
	2030	600 万保有量	电动车
	2050	电动交通网络覆盖整个德国	电动车
法国	2020	200 万累计产量	清洁能源汽车
英国	2015	24 万保有量	电动车
韩国	2020	电动车普及率 10%	电动车
中国	2015	50 万累计产量	纯电动车，插电式混合动力车
	2020	年产量 200 万，累计产销量 500 万	纯电动车，插电式混合动力车，燃料电池汽车

表1-2 全球各国新能源汽车政策

国家	优惠政策	优惠对象
美国	购买新能源车获分级补贴，各州补贴政策不同。以加利福尼亚州（加州）交叉补贴政策为例，购买一辆 EV 或 PHEV，可获得联邦政府 7500 美元退税和 2500 美元加州政府补贴，还有针对行驶通道、充电桩等一系列的政策优惠。而对达不到“零排放”标准的汽车生产和销售企业，要进行罚款	车主 汽车生产企业
加拿大	2008 年加拿大政府斥资 3.5 亿元用于清洁能源领域的研发、测试及试点项目； 从 2010 年开始，加拿大安大略省将对电动汽车实行高达 1 万美元的补贴	车主
德国	在 2015 年以前购买电动车可享受十年免交行驶税的优惠。在 2016 ～ 2020 年购买的电动车可以与家中另一辆车共享车牌，这样就只需缴纳一份保险。 德国政府正在计划实行新的优惠方案。包括纯电动汽车、插电式混合动力汽车以及燃料电池车在内的车型，未来可以享受免费停车、允许使用公交车道等特权	车主
法国	纯电动汽车补贴 7000 欧元，混合动力汽车补贴 4000 欧元。对生产纯电动车的企业进行国家补贴。 对安装充电设施的企业进行减税	车主 汽车生产企业 充电设施企业
英国	购 PHEV、EV 者可获 2000 ～ 5000 英镑奖励。2011 年英国政府投资 2000 多万英镑用于支持电动汽车的开发，实行多项电动汽车使用优惠政策，例如免收牌照税、养路费，夜间充电只收 50% 的电费等	车主
挪威	在挪威购买电动车，可免征销售税和 25% 的增值税。对纯电动汽车免收所有登记税、进口增值税、道路税。电动汽车上路后不仅充电免费，还可以在公交车道行驶，且不用缴纳城市通行费和公共停车场的停车费。除此以外，进口电动车会免除进口关税	车主
瑞典	瑞典政府则为环保型轿车提供 10000 瑞典克朗的税收优惠，并征收较低的消费税	车主

续表

国家	优惠政策	优惠对象
荷兰	购买电动汽车没有销售税，对于每一个纯电动汽车车主也没有公路税，插入式混合型电动汽车减免 50% 公路税。 对于投资电动汽车基础设施建设的企业给予税收减免	车主 充电设施企业
日本	在日本，一辆混合动力车可以免除新车的重量税和所得税，以及享受政府的专项补助金优惠。除此以外，纯电动、天然气等新能源汽车可享受税费减半政策，并给予与同级别传统车差价 50% 的优惠补贴。日本给每辆燃料电池汽车提供至少 200 万日元（约合 1.97 万美元）的补贴	车主 汽车生产企业
韩国	购买一辆中小型混合动力车可获得 100 万韩元的补贴。 购买一辆纯电动汽车，各级政府补贴最高可达 2300 万韩元，此外消费者还将享受 420 万韩元的税收减免优惠。 消费者在购买混合动力车时享受个人消费税、登记税、取得税、教育税等方面的减税优惠，可节省约 330 万韩元（约合人民币 1.9 万元）	车主

1.2.2 中国新能源汽车产业政策总结

在我国新能源汽车的发展规划上，由于我们在混合动力、燃料电池等领域缺乏足够的基础技术研究和产业化积累，为了在新能源汽车领域不落后于人，考虑我国的产业特点，政府制定了“绕开大道走两厢”的发展战略，也就是说要避开欧美日在混合动力领域的巨大优势，优先发展电动乘用车、电动客车和电动专用车，即政府主导部门主要推动纯电动汽车的发展，并为此制订了一系列国家层面的产业引导政策，这一做法曾经被戏称为“弯道超车”。

为了支撑我国新能源汽车的发展目标，从中央政府到地方政府制订了一揽子的扶持政策，扶持力度和广度居全球各国前列。高额的中央补贴和地方补贴给企业带来了产业发展所急需的真金白银，而其他优惠政策则扫除了电动汽车普及的各种障碍。

2015 年 9 月 29 日，国务院常务会议明确提出，各地不得对新能源汽车实行限行、限购，已实行的应当取消。这一政策可以看作是各项扶持政策的高潮，以中央行政手段给予电动汽车“超国民”待遇，获得了在最为拥堵的一线城市和部分二线城市畅行无阻的“通行证”。

2016 年 2 月 24 日，国务院总理李克强主持召开国务院常务会议，确定进一步支持新能源汽车产业的五大措施，以结构优化推动绿色发展：

一是加快实现动力电池革命性突破。

二是加快充电基础设施建设。

三是扩大城市公交、出租车、环卫、物流等领域新能源汽车应用比例。

四是提升新能源汽车整车品质。

五是完善财政补贴等扶持政策，督促落实不得对新能源汽车限行限购的要求，破除地方保护，打击“骗补”行为。

表1-3为我国中央政府近5年来所推出的一系列涉及新能源汽车的相关政策。

表1-3　2012～2015年我国新能源汽车相关政策

时间（年）	政策一览
2012	《节能与新能源汽车产业发展规划（2012—2020年）》
2012	《电动汽车科技发展“十二五”专项规划》
2013	《国务院关于印发大气污染防治行动计划的通知》
2013	《京津冀及周边地区落实大气污染防治行动计划实施细则》
2013	《关于继续开展新能源汽车推广应用工作的通知》
2013	《四部委确定首批新能源汽车推广应用城市或区域名单》
2014	《2014—2015年节能减排低碳发展行动方案》
2014	《关于进一步做好新能源汽车推广应用工作的通知》
2014	《政府机关及公共机构购买新能源汽车实施方案》
2014	《关于免征新能源汽车车辆购置税的公告》
2014	《国务院办公厅关于加快新能源汽车推广应用的指导意见》
2014	《关于电动汽车用电价格政策有关问题的通知》
2014	《免征车辆购置税的新能源汽车车型目录》（第一批）
2014	《京津冀公交等公共服务领域新能源汽车推广工作方案》
2014	《免征车辆购置税的新能源汽车车型目录》（第二批）
2014	《加强“车、油、路”统筹加快推进机动车污染综合防治方案》
2014	《能源发展战略行动计划（2014—2020年）》
2014	《关于新能源汽车充电设施建设奖励的通知》
2014	《新建纯电动乘用车生产企业投资项目和生产准入管理的暂行规定（征求意见稿）》
2014	《免征车辆购置税的新能源汽车车型目录》（第三批）
2015	《关于2016—2020年新能源汽车推广应用财政支持政策的通知》
2015	《关于开展新能源汽车推广应用城市考核工作的通知》
2015	《国家重点研发计划新能源汽车重点专项实施方案》
2015	《关于加快推进新能源汽车在交通运输行业推广应用的实施意见》
2015	《关于节约能源使用新能源车船车船税优惠政策的通知》
2015	《关于完善城市公交车成品油价格补助政策加快新能源汽车推广应用的通知》
2015	《中国制造2025规划纲要》

续表

时间（年）	政策一览
2015	《新建纯电动乘用车企业管理规定》
2015	《锂离子电池行业规范条件》
2015	《加快电动汽车充电基础设施建设的指导意见》
2015	《新能源公交车推广应用考核办法（试行）》

我国政府2012年制定的《节能与新能源汽车产业发展规划（2012—2020）年》中要求，到2015年实现累计销量50万辆的新能源汽车推广目标，到2020年则要求实现200万辆生产能力和500万辆累计产销量的产业目标。为了达到这一目标，中央政府和各地方政府都推出了一系列的优惠政策。

财政部、科技部等四部委于2015年4月29日联合发布《关于2016—2020年新能源汽车推广应用财政支持政策的通知》，对2016年各类型新能源汽车的国家补贴标准做了详细规定。2017～2020年除燃料电池汽车外，其他车型补助标准适当下调，2017～2018年和2019～2020年补助标准分别比2016年下降20%和40%。

2016年，国家针对纯电动乘用车、插电式混合动力（含增程式）乘用车推广应用补助标准，见表1-4。

表1-4 我国2016年新能源乘用车推广应用补助标准（单位：万元/辆）

车辆类型	纯电动续驶里程 R（工况法，km）			
	$100 \leqslant R < 150$	$150 \leqslant R < 250$	$R \geqslant 250$	$R \geqslant 50$
纯电动乘用车	2.5	4.5	5.5	—
插电式混合动力乘用车（含增程式）	—	—	—	3

2016年，国家针对纯电动、插电式混合动力等客车推广应用补助标准见表1-5。

2016年，国家针对纯电动、插电式混合动力（含增程式）等专用车、货车推广应用补助标准：按电池容量每千瓦时补助1800元，并将根据产品类别、性能指标等进一步细化补贴标准。

2016年，国家针对燃料电池汽车推广应用补助标准，如表1-6所示。

在中央政府的优惠政策之外，各地方政府还根据自己的新能源汽车推广计划和目标，区域市场特点，以及各地的财力情况，针对性地推出了地方优惠政策，加强新能源汽车推广力度，促进新能源汽车快速普及。表1-7为我国各省市和地区推出的一系列新能源汽车扶持政策。

表1-5　我国2016年新能源客车推广应用补助标准（单位：万元/辆）

车辆类型	单位载质量能量消耗量 [E_{kg}, Wh/(km·kg)]	标准车（10 m ＜车长≤ 12 m）					
		纯电动续驶里程 *R*（等速法，km）					
		$6 \leqslant R < 20$	$20 \leqslant R < 50$	$50 \leqslant R < 100$	$100 \leqslant R < 150$	$150 \leqslant R < 250$	$R \geqslant 250$
纯电动客车	$E_{kg} < 0.25$	22	26	30	35	42	50
	$0.25 \leqslant E_{kg} < 0.35$	20	24	28	32	38	46
	$0.35 \leqslant E_{kg} < 0.5$	18	22	24	28	34	42
	$0.5 \leqslant E_{kg} < 0.6$	16	18	20	25	30	36
	$0.6 \leqslant E_{kg} < 0.7$	12	14	16	20	24	30
插电式混合动力客车（含增程式）		—	—	20	23	25	

表1-6　我国2016年燃料汽车推广应用补助标准（单位：万元/辆）

车辆类型	补助标准
燃料电池乘用车	20
燃料电池轻型客车、货车	30
燃料电池大中型客车、中重型货车	50

注：以上国补标准来自于 2015 年的相关政策文件，由于受到新能源汽车补贴发放过程中的“骗补”事件影响，2016 年部分补贴政策可能会有一定幅度的调整，所以请读者关注最新的国家补贴政策。

表1-7　我国主要省市和地区新能源汽车政策

地区	政策
上海	纯电动乘用车补贴额度为 4 万元 / 辆，插电式混合动力乘用车（含增程式）补贴额度为 3 万元 / 辆，燃料电池乘用车和商用车的补贴标准则分别高达 20 万元 / 辆和 50 万元 / 辆，汽车生产企业每回收一套新能源汽车动力电池，上海市给予 1000 元补助，新能源汽车免费上牌
北京	纳入《节能与新能源汽车示范推广应用工程推荐车型目录》，并进入《北京市示范应用新能源小客车生产企业和产品目录》的车型享有财政补贴，在北京市购买新能源车的补贴与国家相一致，即按照国家和北京市 1 ∶ 1 的比例确定补助标准，国家和北京市财政补助总额最高不超过车辆销售价格的 60%。新能源汽车在北京单独摇号上牌。《新能源小客车生产企业及产品备案管理细则》对电动汽车生产企业建桩、质保等提出要求，并提出了退出机制
深圳	按照国家标准 1 ∶ 1 配套补贴，3 年不变。深圳市对于购买使用新能源电动车，还给予路桥费、充电费、自用充电设计及安装费等补贴。新能源汽车享有当日在路内停车位免首次（首 1 小时）临时停车费的优惠。新能源汽车单独摇号上牌。《新能源汽车推广应用扶持资金管理暂行办法》对外地新能源车企在深圳的销售提出了相应要求。
广州	根据国家和省要求，按照地方与中央补贴 1 ∶ 1，且不退坡的原则实施，补贴上限为车价的 60%。对于充电设施建设原则上可给予投资额（不含土地费用）30% 的补贴
天津	天津市财政与中央财政按照 1 ∶ 1 比例，对纳入国家新能源汽车推广目录，在津销售的纯电动乘用车、插电式混合动力乘用车以及纯电动专用车给予补贴，补贴额度最高达到 11.4 万元。补贴资金直接拨付汽车生产企业，新能源汽车还能享受不限购、直接上牌照的便利

续表

地区	政策
西安	对符合国家有关公告要求且纳入中央财政补助范围的纯电动乘用车、插电式混合动力（含增程式）乘用车、纯电动客车、插电式混合动力（含增程式）客车、纯电动专用车及燃料电池汽车，市财政参照中央财政补助标准按 1 ：1 给予补助，补助总额最高达车辆销售价格的 60%
海口	购买新能源汽车的当地消费者，按新能源汽车获得中央补贴资金的 60% 给予地方财政补贴，省、市财政各补贴 30%
宁波	在示范推广期间，对购买符合国家和宁波相关条件的新能源汽车，按中央财政补贴资金 1 ：1 比例的额度给予补助，对新能源汽车充电设施投入，按实际投资额（不含土地）给予 20% 的补助。补助资金由属地财政承担
青岛	纯电动乘用车、插电式混合动力（含增程式）乘用车，每辆按国家补贴标准 1 ：1 给予本市财政补助，且国家补贴和青岛市财政补助总额最高不超过车辆销售价格的 60%。除此之外，纯电动客车、插电式混合动力客车、纯电动专用车、燃料电池车都是按照中央财政补助标准的 20% 由青岛市财政补助
太原	太原市在国家和省补贴的基础上，购买纯电动乘用车采取“固定标准”补贴，每辆补助 2 万元；燃油车换购纯电动车的，再给予 3000 元奖励
杭州	纯电动客车、插电式混合动力（含增程式）客车、纯电动专用车（主要是邮政、物流、环卫等）、燃料电池车，按照国家补助标准，给予 1 ：1 的配套补助。微型纯电动汽车（即微公交）补助办法另行制定。新能源汽车不限购，上牌不需摇号
绍兴	用于出租、专用车的新能源汽车，地方补贴和国家补贴比例为 1 ：1（不超过销售价格 50%），纯电动乘用车补贴 3 万元
长沙	长沙市 2014 年 10 月 23 日发布《新能源汽车推广应用实施意见》，根据该意见，即日起到 2015 年年底，对在长沙市售出并在长沙登记上牌的新能源车辆，按照国家与地方 1 ：1 配套的规定，长沙市财政负担地方（省、市）配套金额的 70%，中央财政和省市财政补贴总额不超过购车市场价格的 60%。通过价格杠杆、政策性补贴等方式，引导企业、事业单位和广大消费者购买和使用新能源汽车，推动新能源汽车跨过市场培育期，催熟新能源汽车应用市场
南京	对列入国家《节能与新能源汽车示范推广应用工程推荐车型目录》的新能源汽车进行补贴，同时，充换电设施建设也将获得一定比例补贴。纯电动乘用车 3.5 万元 / 辆；纯电动客车 30 万元 / 辆；插电式混合动力（含增程式）乘用车 2 万元 / 辆；插电式混合动力（含增程式）客车 15 万元 / 辆；超级电容、钛酸锂快充纯电动客车 9 万元 / 辆；纯电动专用车按电池容量每千瓦时补贴 1200 元、最高 9 万元 / 辆；燃料电池车乘用车 12 万元 / 辆；燃料电池商用车 30 万元 / 辆
武汉	在中央财政专项资金补贴的基础上，地方财政对单位和个人购买新能源汽车，按国家补贴标准的 1 ：1 给予地方配套补贴，国家和地方财政补贴总额最高不超过车辆销售价格的 60%
重庆	新能源客车补贴 16 万元 / 辆，其他新能源汽车按照国家与地方 1 ：1 的比例予以补贴。其他优惠政策有免征车辆购置税、减免增值税、减征企业所得税、优先发放货车通行证
贵阳	购买新能源客车将可获得贵阳市地方财政补助，补助标准为每辆 10 万元。获新能源汽车补助的车型包括：车长 ≥ 10 m 的插电式混合动力（含增程式）客车、纯电动客车
合肥	合肥对单位和个人购买使用纯电续驶里程大于 150 公里的电动乘用车，按照国家补助标准 1 ：1 的比例给予地方配套补贴（含省、市两级资金），总额不超过车辆销售价的 60%。其他类型新能源汽车按国家补助标准的 20% 给予补贴
南昌	地方补贴政策为：私人购买纯电动乘用车（纯电续驶里程 $R \geqslant 250$ km），补助 4.4 万元；私人购买纯电动乘用车（R 在 150 ～ 250 km 之间），补助 3.6 万元；私人购买纯电动乘用车（R 在 80 ～ 150 km 之间），补助 2.5 万元；私人购买插电式混合动力乘用车（含增程式，$R \geqslant 50$ km），补助 2.4 万元

续表

地区	政策
襄阳	在中央财政补贴的基础上，给予地方配套补贴，国家补贴与襄阳补贴的比例为 1 ∶ 1
安徽	安徽省财政将对私人购买新能源乘用汽车每台给予补贴 1 万元，对购买纯电动客车、插电式混合动力客车每台给予 25 ～ 50 万补贴
贵州	出台《关于促进新能源汽车推广应用的意见》，免收 2 小时停车费、减免通行费等
福建	福建省、市（含平潭综合实验区）按国家新能源汽车推广应用试点补助标准的 1 ∶ 1 配套补助新能源汽车推广应用 1 万辆
江苏	省级财政补贴资金的对象是推广应用城市公共服务领域消费者、私人消费者；承建充换电设施的服务运营单位。汽车生产企业按扣减补助后的价格销售新能源小客车。其中，LNG 货车补贴 2 万。清洁能源汽车（LNG 客车、货车）2 万元 / 辆。裸车、电池分离销售的，按车辆、电池成本比例享受财政补贴。对充换电服务运营单位承建的充换电设施费用，省财政给予 15% 补贴
湖南	湖南新能源汽车推广应用补贴按照“省市共担，以市为主”的原则，省内补贴按照国家补助标准 1 ∶ 1 给予补贴，其中省本级承担补贴金额的 30%，市州承担补贴金额的 70%
山西	补贴标准为：2015 年，电动客车 50000 元 / 辆，电动轿车 20000 元 / 辆，电动专用车 10000 元 / 辆；甲醇客车 10000 元 / 辆，甲醇重卡 10000 元 / 辆，甲醇轿车 5000 元 / 辆，甲醇多用途乘用车 2000 元 / 辆；燃气重卡 10000 元 / 辆，燃气轻（微）卡 2000 元 / 辆。2016 ～ 2017 年，补助标准减半。同时，市级财政设立专项资金，对新能源汽车产业发展和推广应用给予配套支持。太原、晋城市要重点支持电动汽车的推广应用
甘肃	新能源汽车充电基础设施建设项目纳入省级预算工业发展专项资金支持范围，原则上按项目设备投资的 5% 左右给予补助。对向电网经营企业直接报装接电的经营性集中式充电设施用电，执行大工业用电价格，2020 年前免收基本电费。在国家财政补贴基础上，对符合条件的新能源汽车消费者给予适当补贴，补贴总额最高不超过车辆销售价格的 50%。对符合条件的纯电动汽车、插电式（含增程式）混合动力汽车和燃料电池汽车免征车辆购置税。对新能源汽车核发专用号段，不用执行限行限号措施，可共用城市公交车道

1.3 新能源汽车发展路线之争

1.3.1 新能源汽车技术路线

新能源汽车是以传统燃油车作为对照的汽车类型，广义上来讲，不单纯以汽油或柴油为燃料，不依赖或不完全依赖内燃机为动力的汽车，都可以归入新能源汽车。

新能源汽车主要有：混合动力汽车（HEV，含插电式和增程式）、纯电动汽车（BEV）、燃料电池汽车（FCEV）、替代燃料汽车等。

从节能和降低污染物排放的效果来讲，新能源汽车要好于传统燃油车，其效果从低到高依次是替代燃料汽车、混合动力汽车、纯电动汽车、燃料电池汽车，各国都把纯电动汽车和燃料电池汽车作为远期的发展目标，期望实现完全的电气化驱动。

由于新能源汽车的动力来源有一定比例的电能，按所耗电量换算为发电厂的排放，其污染物数量低于内燃机汽车的排放，而且电厂是固定不动的，是集中的排放，清除各种有害排放物较容易，并已有了非常成熟的技术。由于电力可以从多种清洁能源获得，如核能、水力、风力、太阳能、热能等，可以进一步降低汽车排放的污染物指数。随着全球各国不断加大对清洁能源发电的投资，清洁能源发电占比逐年提高，未来有望实现真正的零排放。

从能源转换效率来看，能量转换经过两个阶段：第一阶段，某种能源从产地取出，经过生产变成汽车使用的某种“燃料”（汽柴油或电能），然后输送到加油站或充电站，最后加注到汽车的油箱或储能装置里，我们简称 WTT（Well To Tank）过程。第二阶段，再从油箱或储能装置（如电池等），经过能量转换机构（内燃机或电动机）转换为机械能，经过传动机构将动力到送到汽车车轮来驱动汽车，我们简称 TTW（Tank To Wheel）过程。全过程简称 WTW。根据相关机构的研究，乘用车的能量转向效率是：汽油发动机汽车 WTT 效率是 85%，TTW 效率是 17.9%，两者相乘得到 WTW 的效率为 15%；电动汽车 WTT 效率为 42%，TTW 效率为 67%，得到 WTW 的效率为 28%。可以看到，纯电动汽车的 WTW 能量转换效率相比内燃机有较大优势，随着未来发电技术和电驱动技术水平的提高，能量转换效率还会进一步提升。

1. 混合动力汽车

混合动力是指那些采用传统燃料，同时配以电池、电动机 / 发动机来改善动力输出，降低燃油消耗的车型。按照燃料种类的不同，主要又可以分为汽油混合动力和柴油混合动力两种。

混合动力根据电功率占车辆驱动动力的比例又可以分为微（弱）混、轻混、强混、插电式混合动力等几种类型，相关对比如表 1-8 所示。

表1-8　混合动力汽车类型对比

对比项	微（弱）混（MicroHybrid）	轻混（MildHybrid）	强混（FullHybrid）	插电式（Plug-in Hybrid）	增程式（RE Hybrid）
电功率比例（混合度）	5%	5% ～ 25%	25% ～ 50%	50% 以上	50% 以上
功能	启 / 停 发动机驱动 电机轻微助力	启 / 停 发动机驱动 电机轻微助力 制动能量回收	启 / 停 发动机驱动 电机助力 制动能量回收 纯电动行驶	启 / 停 发动机驱动 电机助力 制动能量回收 纯电动行驶 外部充电	启 / 停 制动能量回收 纯电动行驶 外部充电 内部发电机充电
理论最大节油效果	5% ～ 10%	10% ～ 20%	20% ～ 35%	50% 以上	50% 以上

混合动力汽车仍然以现有内燃机的技术为基础，通过增加电池和电机模块，实现辅助驱动、制动能量回收，以及电力行驶的功能，在一定程度上达到节油和减排的效果。在混合动力车型中，以插电式混合动力和增程式混合动力的节油效果最好。

2. 纯电动汽车

纯电动汽车，顾名思义就是完全依赖电力驱动的汽车，大部分车辆直接采用电机驱动，有一部分车辆把电动机装在发动机舱内，也有一部分车辆采用轮毂电机技术，将动力、传动和制动装置都整合到轮毂内，因此使得电动汽车的机械部分大大简化。

纯电动汽车采用单一的能量来源，没有多能源混合的复杂工作模式，同时省去了复杂且可靠性较低的机械变速装置，就技术难度来说，大大低于混合动力汽车，但是相对成本也非常高，单次充电的续航里程也还达不到传统燃油车的水平。

作为未来几十年道路交通工具的主要发展方向，纯电动汽车得到了各国政府和主要汽车制造企业的扶持和推动，随着成本的逐步降低，续航里程的不断提升，以及充电设施的加速建设，大规模产业化的基础已经基本具备。

3. 燃料电池汽车

燃料电池汽车是指以氢气、甲醇等为燃料，通过化学反应产生电流，依靠电机驱动的汽车。其电池的能量是通过氢气和氧气的化学作用，而不是经过燃烧，直接变成电能的。燃料电池的化学反应过程不会产生有害产物，因此燃料电池车辆是无污染汽车，燃料电池的能量转换效率比内燃机要高 2 ～ 3 倍，因此从能源的利用和环境保护方面，燃料电池汽车是一种最为理想的车辆。

单个的燃料电池必须结合成燃料电池组，以便获得必需的动力，满足车辆使用的要求。近几年来，燃料电池技术已经取得了重大的进展，已经有商业化的产品推行市场，世界著名汽车企业，如大众、戴姆勒 - 克莱斯勒、福特、丰田和通用等公司都在进行相关技术研究和产品开发。

4. 替代燃料汽车

替代燃料汽车是指用压缩天然气（CNG）、液化石油气（LPG）、液化天然气（LNG）、甲醇、乙醇、二甲醚、生物合成燃油、氢气等作为燃料的汽车。

替代燃料汽车本质上仍然是内燃机汽车，只是将能源从汽油或柴油换成了代用燃料，实现了能量多元化，并在一定程度上可以降低污染物排放。缺点是仍然采用传统的内燃机驱动技术，TTW 效率低，对于整体的能量转换效率并无提升，并不是一种理想的发展方向。

1.3.2 新能源汽车发展现状与趋势

2014 年欧盟议会通过的折中案强制要求 2020 年 95% 的新车尾气二氧化碳排放量为 95 g/km，到 2021 年初全部新车都要达到这个要求，相对应的是 2015 年汽车二氧化碳平均排放仍然高达 130 g/km，这要求 5 年后的二氧化碳排放量要在当前基础上降低约 27%。

从车辆的平均油耗来看，中国政府制定的 2020 年新增乘用车平均燃油消耗目标是 5 L/100 km，而 2015 年的指标是 6.9 L/100 km，5 年后的油耗指标比当前降低约 28%。

美国政府制定的 2020 年新增轿车燃油经济性指标是 5.5 L/100 km（大型 SUV，厢式货车，轻型卡车等不包括在内），2015 年的指标是 7.4 L/100 km，5 年后的油耗指标比当前降低约 26%（表 1-9）。

欧盟没有制定明确的油耗指标，根据 2020 年二氧化碳排放量指标 95 g/km 来折算，2020 年欧盟区域销售的车辆，其燃油消耗指标约为 4.1 L/100 km。

表1-9　美国、中国与欧盟乘用车油耗指标对比

	美国轿车	中国乘用车	欧盟汽油乘用车（折算）
2015 年油耗指标	7.4 L/100 km	6.9 L/100 km	5.6 L/100 km
2020 年油耗指标	5.5 L/100 km	5 L/100 km	4.1 L/100 km
降幅	26%	28%	27%

中美欧的油耗指标和环保法律，促使所有车企都要在 5 年后大幅度降低新车型的平均油耗，否则将面临罚款、禁止销售等一系列惩罚措施。车企的技术路线有两条，一条是在现有的内燃机 + 变速箱的动力总成上做文章，挖掘剩余潜力，另外一条路就是采取新的动力总成技术，加入电驱动技术或完全采用电驱动。

此外，欧盟国家为限制汽车废气排放污染物对环境造成的危害而共同采用的汽车废气排放标准（NRMM），当前对几乎所有类型的车辆排放的氮氧化物（NO_x）、碳氢化合物（HC）、一氧化碳（CO）和悬浮粒子（PM）都有限制。对于不同的车辆类型，汽车废气排放标准有所不同。从 2014 年开始，欧盟开始执行欧Ⅵ排放标准，如表 1-10 所示。

美国的汽车尾气排放法规分联邦政府的法规和加利福尼亚州的法规，其各个阶段的排放法规对污染物的限制要求和欧洲标准大致类似，具体数值根据地域情况会有一些差异。美国的汽车尾气排放法规中，汽车尾气排放标准 EPA 2010 是 2010 年开始实施的。

表1-10　欧Ⅵ型式认证和生产一致性排放限值

类别	级别	基准质量（kg）	限值													
			CO L1（mg/km）		THC L2（mg/km）		NMHC L3（mg/km）		NO_x L4（mg/km）		HC+NO_x L2+L4（mg/km）		颗粒物质量[a]（PM） L5（mg/km）		颗粒数量[b]（P） L6（#/km）	
			PI	CI	PI	CI	PI	CI	PI	CI	PI	CI	PI[e]	CI	PI[d]	CI[f]
M	—	全部	1000	500	100	—	68	—	60	80	—	170	5.0/4.5	5.0/4.5		6.0×10^{11}
N1	I	RW ≤ 1305	1000	500	100	—	68	—	60	80	—	170	5.0/4.5	5.0/4.5		6.0×10^{11}
	II	1305 < RW ≤ 1760	1810	630	130	—	90	—	75	105	—	195	5.0/4.5	5.0/4.5		6.0×10^{11}
	III	1760 < RW	2270	740	160	—	##	—	82	125	—	215	5.0/4.5	5.0/4.5		6.0×10^{11}
N2			2270	740	160	—	##	—	82	80	—	215	5.0/4.5	5.0/4.5		6.0×10^{11}

注：PI 表示点燃式；CI 表示压燃式。

a. 应在 4.5 mg/km 的限值实施之前引入修订后的测量程序；

b. 对点燃式汽车的数量标准在该阶段已制定；

c. 点燃式 PM 质量限值仅适用于装直喷发动机的车辆；

d. 数量标准在 2014 年 9 月 1 日之前制定；

e. 应在该限值实施之前引入新的测量程序

我国的汽车尾气排放标准一直参照欧洲，尾气排放的国标是根据我国具体情况制定的国家标准，欧标的要求略高于国标。中国轻型汽车国三、国四排放标准在污染物排放限值上与欧Ⅲ、欧Ⅳ标准完全相同，但在实验方法上作了一些改进，在法规格式上也与欧Ⅲ、欧Ⅳ标准有很大差别。2015 年 1 月 1 日，我国在全国范围内开始实施国四排放标准（晚于欧Ⅳ标准近 10 年）。

从汽车尾气排放标准的要求来看，欧盟和美国是走在世界前列的，我国由于技术发展水平较低，在标准的制定和执行方面要落后欧美几年的时间，加上我国的汽柴油品质一直不高，在尾气排放方面与欧美有相当大的差距。

目前内燃机技术发展已经遇到了一个很大的瓶颈，人类追求更快的速度，更好的驾驶性能，就要求发动机有更强劲的动力，可环境保护的压力又要求发动机有更少的石化能源消耗，更低的污染物排放，同时人们还追求良好的经济性，不希望成本增加。要平衡动力、环保、经济性这三个要求是非常困难的，以现有的内燃机技术和能量转换效率来看，瓶颈已经逐渐显现。近年来，不管是 CVVT、DVVT、涡轮增压、缸内直喷，还是清洁柴油发动机，都是在挖掘内燃机那已所剩不多的潜力，汽车在发明一百多年之后，急需进行一次动力领域的技术突破，将产品提升到一个更高的层级，从而打破发展的瓶颈，这就是新能源汽车得以迅猛发展的根源。

汽车动力技术发展路线示于图 1-4。

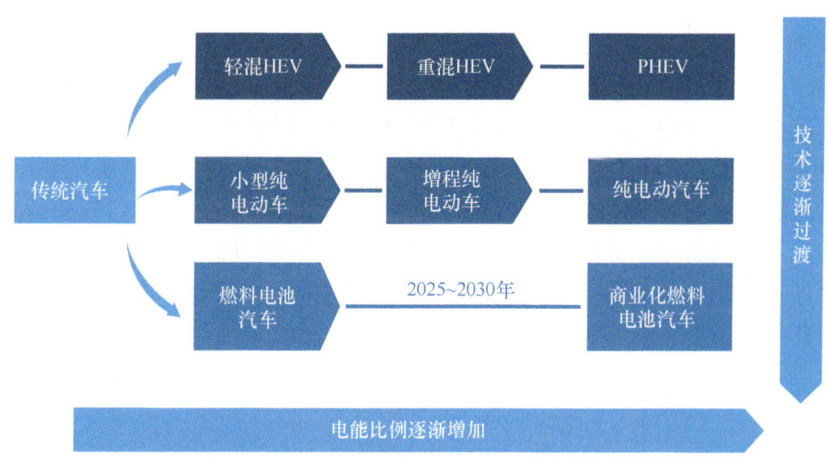

图 1-4 汽车动力技术发展路线

在发展方向上，目前汽车行业基本上围绕混合动力、纯电动和氢燃料电池这三个方向展开布局，进行技术的研究和产业化的积累（表 1-11）。天然气汽车和乙醇汽车等新能源汽车，由于节能和减排效果非常有限，虽在一些国家和地区获得了一定的发展，但不可能成为市场主流。

表1-11 混合动力、纯电动与燃料电池关键属性对比

	内燃机	微混	轻混	强混	插电式	增程式	纯电动	燃料电池
电功率比例	0	5%	5%～25%	25%～50%	50%以上	50%以上	100%	100%
节能效果	—	低	中	高	很高	很高	最高	高
减排效果	—	低	中	高	很高	很高	最高	最高
技术难度	—	低	中	很高	高	中	中	最高
成本	—	低	中	高	很高	高	最高	最高
商业化难度	—	低	低	中	高	高	很高	最高

结合全球各国的产业特点、技术积累、用户习惯和资源优势等，在新能源汽车的发展路线上，各国的选择又有所不同，都力求充分发挥各自的优势，既占领技术的制高点，影响他国的新能源汽车发展方向，又能够提高商业化门槛，获得最大化的商业利益。

多数国家都将未来新能源车发展方向锁定在纯电动汽车和燃料电池汽车上面，而把混合动力当作一种过渡产品。所不同的是，有些国家试图跳过混合动力这个阶段，直接进入纯电动驱动时代（如中国），而有些国家则坚持在内燃机的技术基础上，采用混合动力技术，逐步改良和创新，直至过渡到纯电动驱动时代（如日本、德国等）。

在纯电动汽车和燃料电池汽车（主要是氢燃料电池）这两个能量来源的选择方面，由于涉及能源体系的问题，也显得比较复杂。各国的电网都已发展了很多年，电力设施很完善，基本覆盖所有区域，电力供给充足，只要在用电终端铺设充电设备，就可以给电动汽车充电，所以纯电动汽车的商业化难度要小一些。如果以氢燃料电池作为动力，那么从氢燃料的制取、存储、运输、充填等都要从零开始，等于要再造一个能源体系，而且要把这个能源网络覆盖一个国家的每一个角落，需要投入的资源很庞大，需要的时间也会非常漫长，所以氢燃料电池汽车的商业化难度要大很多，发展速度也会较纯电动汽车慢一些。

1. 美国

美国在新技术的开发方面历来走在世界前沿，历届政府十分重视清洁能源和新能源汽车的发展，并力图掌握核心技术优势。从老布什、克林顿、小布什到奥巴马，美国政府先后在HEV、EV、生物质能、氢燃料电池等领域全面下注，通过财政资助、税收政策、政府法案等多个方面，推动新能源汽车的发展。此外，美国各州政府还有更为苛刻的法案和更为激进的优惠政策，来普及新能源汽车。

在2015年之前，美国一直是全球最大的新能源汽车市场，全球各汽车制造

厂商的新能源汽车都布局美国市场，客观上起到了示范作用。美国三家本土汽车企业通用、福特和特斯拉则各有自己的技术特点和发展方向（表 1-12）。

表1-12　美国典型车企新能源汽车技术发展方向

车企	当前主要新能源汽车技术	未来发展方向
通用	增程式、纯电动	纯电动、燃料电池
福特	混动、插电式混动、纯电动	纯电动、燃料电池
特斯拉	纯电动	纯电动
菲亚特克莱斯勒	纯电动	无明确计划

2. 欧洲

欧洲在传统的内燃机汽车领域占据很大的技术优势，在新能源汽车的发展方向上，也选择从汽油车到柴油车，再向混合动力、增程式/插电式混合动力、纯电动、燃料电池汽车逐步过渡的方法，充分利用自己的技术优势，逐步降低燃油消耗和污染物排放。

在当前的欧洲汽车市场，12V 启停系统和 48V 轻混系统已经逐步成为新售车型的主流配置，配合涡轮增压发动机，可以满足现阶段的汽车尾气排放指标。在未来的发展方向上，各大车厂基本以插电式混合动力、纯电动、燃料电池汽车为发展方向（表 1-13）。

表1-13　欧洲典型车企新能源汽车技术发展方向

车企	当前主要新能源汽车技术	未来发展方向
大众（含奥迪、法拉利）	插电式混动	插电式混动、纯电动
戴姆勒	插电式混动、纯电动	插电式混动、纯电动、燃料电池
宝马	增程式混动、插电式混动、纯电动	插电式混动、纯电动、燃料电池
标致雪铁龙	混动（柴油版）、小型纯电动	纯电动
沃尔沃	插电式混动	插电式混动、纯电动

3. 日本

日本以丰田为代表的企业，在混合动力领域进行了多年的精耕细作，普锐斯一度是混合动力汽车的代名词，截止到 2014 年 6 月，丰田在全球售出的混合动力汽车累计达到 700 万辆，如果将各种类型的混合动力汽车都归入新能源汽车，可以说全球已售出的新能源汽车大半都出自丰田公司，丰田对新能源汽车的发展作出了很大的贡献。紧随丰田身后，本田也是混动技术的坚定支持者，1999 年，本田推出第一代 Insight 混合动力车，与丰田普锐斯形成竞争。同年，本田率先在欧洲及美国引入 Insight 混合动力车，成为首家在欧洲及美国市场销售混合动力车的汽车制造商。之后，本田相继推出飞度混动版、雅阁混动版等多款混动车型。在新能源汽车领域起步较晚的三菱、日产等公司则对插电式混动，纯电动汽车更为积极，相继推出产品面向市场，日产的纯电动汽车 leaf 在美国市场长期与特斯拉的 Model S 争夺销量榜第一的位置。

在燃料电池汽车领域，丰田和本田掌握了非常深厚的技术优势，丰田已向市场推出量产车型 Mirai，将燃料电池汽车的商业化进度进一步加速。而三菱、日产则是纯电动汽车的坚定支持者。

日本典型车企新能源汽车技术发展方向见表 1-14。

表1-14　日本典型车企新能源汽车技术发展方向

车企	当前主要新能源汽车技术	未来发展方向
丰田	混动	燃料电池
本田	混动，插电式混动，纯电动	燃料电池
三菱	插电式混动、纯电动	插电式混动、纯电动
雷诺日产	插电式混动、纯电动	插电式混动、纯电动

4. 中国

我国在新能源汽车的自主创新过程中，坚持了政府支持，以核心技术、关键部件和系统集成为重点的原则，确立了以混合电动汽车、纯电动汽车、燃料电池汽车为“三纵”，以整车控制系统、电机驱动系统、动力蓄电池 / 燃料电池为“三横”的研发布局，通过产学研紧密合作，推动我国新能源汽车的发展。

由于我国在内燃机技术方面远远落后于欧洲、日本和美国，并且面临丰田等公司在混动技术上的壁垒，实际上我国从一开始就避开了技术难度最为复杂的混合动力汽车发展路径，在中短期主攻纯电动汽车方向，长期则将燃料电池汽车作为未来的发展方向之一。

近年来，由于充电网络建设较慢，充电设施严重不足，我国新能源汽车产业又逐步转向插电式混合动力这一技术难度相对较低，产业化较容易实现的产品方向，形成了纯电动汽车和插电式混合动力汽车两翼齐飞，乘用车和商用车齐头并进的局面。根据 2015 年的数据统计，中国已经超越美国，成为全球新能源汽车第一大市场。

中国典型车企新能源汽车技术发展方向见表 1-15。

表1-15 中国典型车企新能源汽车技术发展方向

车企	当前主要新能源汽车技术	未来发展方向
比亚迪	插电式混动，纯电动	插电式混动，纯电动
上汽	混动，插电式混动，纯电动，燃料电池	插电式混动，纯电动，燃料电池
北汽	纯电动	纯电动
一汽	插电式混动，纯电动	纯电动
长安	纯电动	插电式混动，纯电动
长城	无	插电式混动，纯电动
广汽	纯电动	插电式混动，纯电动
江淮	纯电动	插电式混动，纯电动
奇瑞	纯电动	插电式混动，纯电动

我国汽车制造企业在传统内燃机和变速箱等技术方面远远落后于国外竞争对手，造成了我国汽车行业大而不强的局面，核心技术始终被国外所把持，市场也是拱手让给别人。在新能源汽车领域，我国汽车企业在混合动力技术方面缺乏积累，大多企业开始时选择技术门槛较低的纯电动汽车作为切入点，并逐步渗透到插电式混合动力车型，取得了非常显著的发展成就。

在燃料电池汽车领域，由于我国汽车企业的技术储备严重不足，且氢气的制取、运输、存储等方面还没有展开有效的探索，因此商业化的步伐会落后于欧美日等国家和地区。

1.4 动力电池中日韩三足鼎立

1.4.1 锂电池产业花落中日韩

不管是混合动力汽车，还是纯电动汽车，动力电池都是其核心组件。从早期的铅酸电池，到后来的镍氢电池，再到现在的锂离子电池，车用动力电池也走过了漫长的过程。锂离子电池作为目前电动汽车使用的主要动力电池类型，其性能、寿命、成本、安全性等对电动汽车的发展有非常重大的影响。

自 1991 年 SONY 公司将锂离子电池（下文简称“锂电池”）商业化以来，锂电池从电子产品领域，走向电动工具领域，又走向了电动汽车和能源存储领域，已经成为动力电池产品的主体（图 1-5），以其高能量密度、大倍率充放电性能和长循环寿命等优点，成为电能存储载体的首选。在 20 多年的发展过程中，逐步

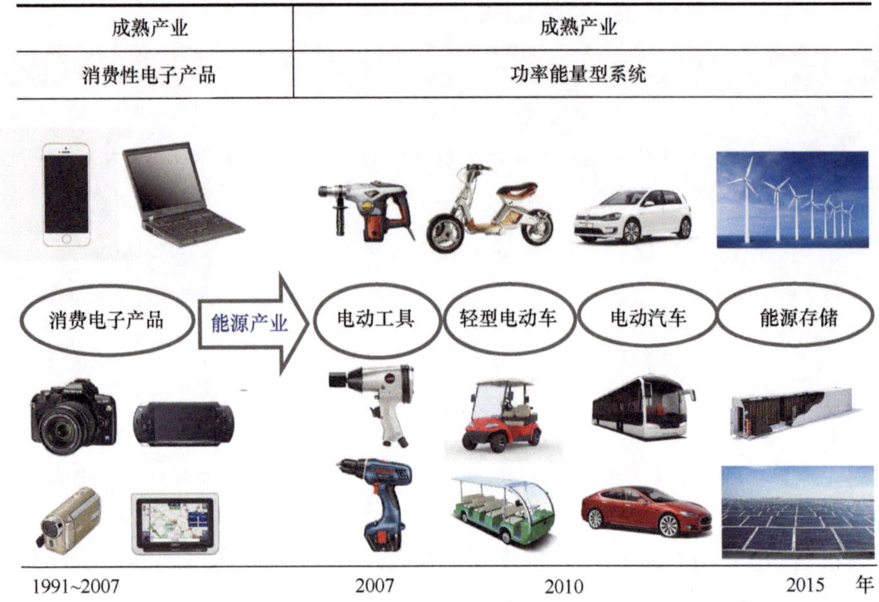

成熟产业	成熟产业
消费性电子产品	功率能量型系统

图 1-5　锂电池应用领域的演变

形成了以中日韩为代表的锂电池制造基地，基本上垄断了全球的锂电池供应。

锂电池的理论创新和基础技术突破，大多首发于美国、加拿大等国家的高校和科研机构，但最终的产业化却落地于远隔万里的东亚，这看起来是一件很奇怪的事情。如果我们把它放到时代的大背景下，也就不足为奇了。美国以其强大的综合国力，一直引领全球的科技创新和商业模式变革，但受制于高昂的人工成本、环境成本、社会成本等，美国的制造业空心化已经持续了几十年，逐渐萎缩的汽车产业就是一个典型的例子，与美国高科技产业、金融产业的独领风骚形成了鲜明的对比。锂电池行业是典型的劳动密集和技术密集相结合的产业，需要大量的劳动力，有一定的技术门槛，同时需要较大的资金投入，结合中日韩三国在劳动力、工业体系、技术人才以及资本方面的积累，最终在全球竞争中逐步胜出。

在产业发展方面，由于各自的优势领域不同，中日韩三国的策略又有一定的差异性。日本的技术实力最为雄厚，但人工成本也最高，所以日本在大规模制造方面走的是自动化道路，锂电池产业的自动化程度最高，产品的品质也最好。但日本企业相对比较封闭，走出去的步伐较慢，导致产品跟随市场的速度慢，产品成本始终居高不下，一定程度上限制了日本锂电产业的全球扩张，近年来已有逐步被韩国赶超的趋势。

韩国的技术水平要略低于日本，但一直坚持自己的路线，有独特的竞争优势，同时借助于自己的大财团优势，在产业领域可以集中资源做事情。近年来，韩国的电池企业更是广泛在中国建厂，以中国的低成本优势，来帮助韩国锂电池产业的全球扩张。三星和 LG 都在中国投资兴建电池工厂，这些大型工厂的陆续投产，不但能够帮助韩国锂电池企业降低生产成本，也有助于他们抢夺中国这个全球最大的电动汽车市场，分享中国电动汽车市场快速发展所带来的红利。

相较于日韩，中国企业的技术水平较低，核心技术方面落后于日韩企业，但随着近几年在研发领域投入的资源越来越多，中国企业的进步速度非常快，与日韩的差距已经非常小。中国还有另外一个巨大优势，就是资金优势，30 多年改革开放积累了丰厚的社会资本，可以为企业的发展提供源源不绝的资金支持，这几年最吸引资本关注的领域就包括动力电池产业。

1.4.2 动力电池的技术发展路线

目前已量产的锂电池，其主要差异在产品的外形和正极材料，所以这里所阐述的技术发展路线，也主要围绕这两个方面展开。锂电池的正极材料，对产品性能的影响最大，是动力电池产业发展的一个瓶颈，下面做一些简单分析。

图 1-6 可以直观地表述锂电池的正极材料发展路线。

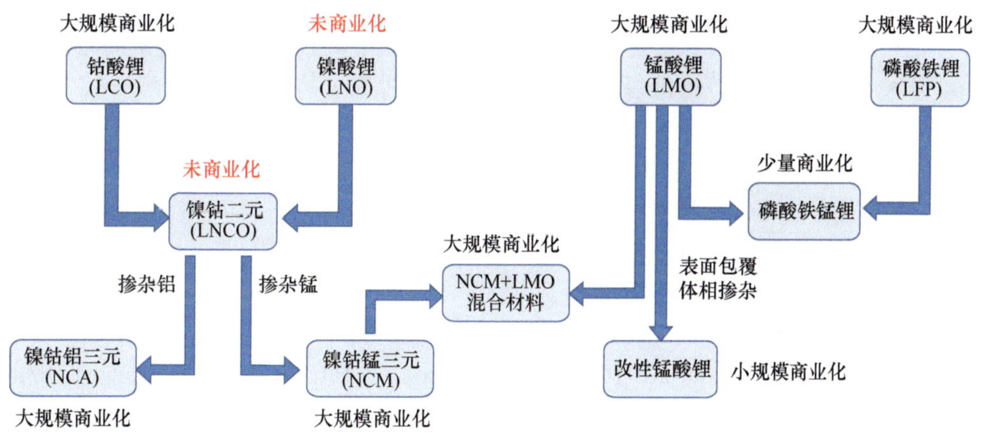

图 1-6 锂电池正极材料发展路线

- 第一代的锂电池，在 20 世纪 90 年代早期投入市场，正极材料以钴酸锂为主。
- 第二代的锂电池，以锰酸锂和磷酸铁锂为代表，在 21 世纪早期逐步商业化。
- 第三代的锂电池，为全面提升锂电池性能，并进一步降低成本，于近几年发展起来，其正极材料包括镍钴铝三元、镍钴锰三元、改性锰酸锂、磷酸铁锰锂，以及混合材料。

随着第三代锂电池技术的快速发展，电动汽车的市场规模和普及度也得以迅速提升，商业化的前景已经逐步明朗。

锂电池的外形主要有圆柱形、方形和软包三种类型（图 1-7）。

圆柱形锂电池　　方形锂电池　　软包锂电池

图 1-7　典型锂电池类型

圆柱形锂电池的主要特点：

- 自动化生产工艺成熟，产品良率高，一致性好；
- 电池小、电池组散热面积大，散热性能优于方形电池；
- 成组工艺复杂，组成系统之后的可靠性低。

方形锂电池的主要特点：

- 壳体采用铝合金、不锈钢等材料，结构强度高，承受机械载荷能力好；
- 壳体较重导致电池组能量密度受到一定限制；
- 工艺复杂，产品良率低，一致性较差。

铝塑膜软包电池的主要特点：

- 安全性能相对较好，不容易发生爆炸；
- 能量密度高，延展性好，外形多变；
- 一致性较差，成本较高；
- 承受机械载荷能力差，容易破损和漏液。

圆柱形锂电池最早应用于笔记本电脑和电动工具，随着 Tesla 大规模采用松下的 18650 电池，圆柱形锂电池又渗透到电动汽车领域，并占据最大市场份额。方形锂电池主要应用在大容量的动力电池领域，因系统成组方案最为简单，得到普遍应用。软包电池随着智能手机和平板电脑的普及得到快速发展，因其良好的延展性和高能量密度特点，逐步应用到电动汽车领域。

1. 日本

日本的锂电池企业主要有松下（含三洋）、GS 汤浅、SONY、东芝、日立、AESC（日产与 NEC 合资企业）、LEJ（三菱与 GS 汤浅合资企业）、Blue Energy（本田与 GS 汤浅合资企业）、PEVE（松下与丰田合资企业）等，这些企业在锂电池领域都有多年的深耕细作，技术积累非常丰富。

从钴酸锂材料，到锰酸锂材料，再到改性锰酸锂和三元材料，是日本锂电池产业的演变之路。SONY 最早商业化的锂电池就是采用钴酸锂材料，应用于电子产品领域。虽然近年来高电压高能量密度的钴酸锂材料仍然在消费类电子产品领域发挥余热，但因为钴的稀缺性，以及钴酸锂材料的安全性和寿命等问题，钴酸锂材料始终未在动力电池领域得到大规模的应用。作为锂电行业曾经的王者，SONY 在电动汽车时代似乎销声匿迹了，这与 SONY 公司近年来的战略失误和经营困境直接相关。

接下来得到快速发展的是锰酸锂材料，与早期钴酸锂材料的起步相似，也是先在消费类电子领域得到应用，逐步过渡到电动自行车市场和电动汽车市场。锰酸锂材料的优点是成本较低，安全性好于钴酸锂，缺点是能量密度提升空间有限，高温特性差，循环寿命低等。日本锂电企业在锰酸锂方面有过商业化推广（集中在 2010 年左右），如日产的 leaf 和“风雅混合动力车”采用 AESC 的锰酸锂电池，三菱的 i-MIEV 采用 LEJ 的锰酸锂电池，通用的君越 eAssist 混合动力车采用日立的锰酸锂电池等。近几年，锰酸锂材料的锂电池市场规模有所减少，动力电池逐步转向三元材料，虽有关于改性锰酸锂的研究报告，但是商业化应用前景不太明朗。

镍钴铝材料的发展则源自于镍酸锂材料，在日本锂电企业得到广泛应用，逐步走向产业化。松下在 NCA 领域的布局最引人瞩目，在电动汽车领域因为成为 Tesla Model S 的动力来源而声名鹊起。松下锂电池在电动汽车市场的大热，也带动了该公司的转型，日本企业近年来普遍亏损严重，松下也不例外。借着 Tesla 大量使用 18650 电芯的契机，松下占据了全球动力电池市场份额第一的位置，这让松下加速告别传统产业，向新能源产业发展。松下与 Tesla 在美国内华达州合作建设的 50 GWh 电池工厂将在 2016 年投产，届时将进一步扩大松下在全球动力电池市场的份额。除松下外，PEVE 的 NCA 产品也在丰田普锐斯混合动力车型上得到大量应用。

除了镍钴铝材料，另一个大热门材料镍钴锰三元也得到了日本企业的大量使用，并成为近几年动力电池的主流。丰田普锐斯 PHV 采用了三洋（被松下合并）的三元材料电池，丰田 IQ-EV 采用 PEVE 提供的三元材料电池，本田思域混合动力车采用 Blue Energy 的三元材料电池。

磷酸铁锂一直不是日本企业的主流正极材料选择，一方面是磷酸铁锂专利权有一定的困扰，另一方面是磷酸铁锂材料工艺复杂、制备相对困难、成本并不低，再加上能量密度瓶颈的限制，所以不太受日本锂电池企业青睐。日本的锂电池企业在磷酸铁锂材料方面一直有研究，但商业化应用较少，仅有 GS 汤浅与本田合资的 Blue Energy 有少量产品推向市场，应用在雅阁 PHEV 上面。

另外要说的是，东芝公司以钛酸锂作为锂电池的负极材料，算是独辟蹊径，它牺牲了锂电池的高能量密度指标，换来了优异的充放电倍率性能和长循环寿命，在一些电动汽车产品中得到应用，如本田飞度EV和三菱i-MIEV（10.5 kWh版本）。个人判断，以钛酸锂作为负极材料的锂电池，比较适合HEV和PHEV等追求倍率性能和长寿命指标的应用场合。国内的一家锂电企业微宏动力，在前几年采取了类似的技术路线，取得了不错的市场效果。

从上面分析可以看出，当前日本锂电产业以镍钴铝材料和镍钴锰三元材料为主要的正极材料，也有部分企业采用三元混合锰酸锂作为正极材料，产品应用较为广泛，技术路线比较适合日本的特点。

在产品的外形方面，日本各大锂电池企业以圆柱形和方形为主，仅有AESC在软包方面有大规模商业化应用。

作为全球销量最大的纯电动车型日产leaf，计划在下一代车型上使用韩国LG化学的锂电池，不得不说是对日本锂电产业的一种警示。

日本主要电池厂家产品及配套主机厂列于表1-16。

表1-16 日本主要电池厂家产品及配套主机厂

国家	厂家	电池形状	正极材料	应用车型
日本	松下	圆柱形	三元（NCA）	Tesla Model 系列
		方形	三元（NCM）	Ford C-max Hybrid/Energi Ford Fusion Hybrid/Energi Ford Focus Electric 大众 e-Golf 大众 e-UP 大众高尔夫 GTE PHEV 奥迪 Q5 混合动力 大众捷达混合动力
	AESC	软包	锰酸锂混合三元（LMO+NCA）	日产 Leaf 日产风雅混合动力
	东芝	方形	正极锰酸锂（LMO）+负极钛酸锂	本田飞度 EV 三菱 i-MiEV（10.5 kWh）
	LEJ	方形	锰酸锂（LMO）	三菱 i-MiEV（16 kWh）
	Blue Energy	方形	三元（NCM）	本田思域 PHEV
		方形	磷酸铁锂（LFP）	本田雅阁 PHEV
	日立	方形	锰酸锂混合三元（LMO+NCM）	通用别克君越 / 君威 HEV 通用雪弗兰迈锐宝 HEV（2016 年上市） 日产探路者混合动力（2014 款）
	PEVE	方形	三元（NCA）	丰田普锐斯 α

2. 韩国

韩国的锂电池产业虽然起步晚于日本，但是后来居上，在全球动力电池市场攻城略地，触角已经遍及世界各地，与全球排名靠前的汽车厂家都有广泛的合作。

韩国锂电池产业的高速发展，一方面得益于韩国电子产业高速发展的带动，另一方面则是来自于韩国政府多年以来的政策和资金扶持。韩国锂电池产业的行业集中度非常之高，由三星 SDI 和 LG 化学两家巨头垄断，形成了一种较为良性的竞争和合作关系，共同推动行业的发展。

三星从 2000 年左右开始进入锂电池行业，依靠三星在全球电子产业的巨大影响力，三星 SDI 率先在消费类的小型锂电池市场取得领先优势，全球销量前两位的手机品牌三星和苹果，均采用三星 SDI 的锂电池。三星 SDI 从 2008 年开始布局动力电池领域，与德国汽车企业的合作最为紧密。目前，宝马、大众、克莱斯勒、奥迪等品牌的混动和纯电动车型，大多采用三星 SDI 的锂电池。

LG 在锂电池领域的成功主要是因为其对于制作化学制品和材料的丰富经验。SONY、松下、三星、AESC 等企业都是从电子产业起家，半路杀入锂电池行业。但 LG 却数十年一直坚持不懈地研究和生产各类化学用品，这让 LG 公司有更丰富的专业经验去研发性能更为优异的锂电池产品。LG 化学不但在下游的电芯研发环节拥有自己的技术，在上游的材料环节，如正负极材料，隔离膜等方面都有独到的技术，拥有较为完整的锂电池产业链。LG 化学的主要合作车企是通用、三菱、雷诺、现代、起亚、沃尔沃、福特、日产、上汽、东风、观致、长安、长城等，与全球车企前 20 名几乎都有瓜葛。Navigant Research 在 2014 年做的市场调研报告里面，将 LG 化学列为全球动力电池市场竞争力排名第一。

在技术路线方面，韩国企业以锰酸锂材料为基础，如 LG 化学在早期采用锰酸锂作为正极材料，主要应用于雪弗兰 Volt 车型，近年来三星 SDI 和 LG 化学已经全面转向镍钴锰三元材料。在产品外形方面，形成了三星 SDI 的方形和 LG 化学的软包两个不同方向（表 1-17），此外，两家企业的高容量 18650 圆柱电池也开始广泛应用于电动汽车产品。

3. 中国

相较于日本企业的广泛合作，韩国企业的寡头垄断，中国的锂电产业则完全是群雄混战的局面，历经十几年的拼杀，存活下来的锂电企业大大小小仍然多达上百家。

在中国所有的锂电池企业当中，比亚迪一直以来坚持磷酸铁锂电池路线，电池单体能量密度基本接近理论极限。值得注意的是，比亚迪已经在新款的混合动

表1-17 韩国主要电池厂家产品及配套主机厂

区域	厂家	电池形状	正极材料	应用车型
韩国	LG 化学	软包	三元（NCM）	通用雪弗兰 Volt/Bolt（新款） 通用雪弗兰 Spark EV（新款） 日产 Leaf（2016 年） 现代 iX35 FCEV 现代尊雅混合动力 起亚 K7 混合动力
			锰酸锂（LMO）	通用雪弗兰 Volt 欧宝 Ampera 福特 Focus EV 现代 i10 EV 起亚 K5 混合动力 沃尔沃 V60 PHEV 雷诺 Twizy/Zoe/Fluence
	三星 SDI	方形	三元（NCM）	宝马 i3/i8 宝马 X5/X6 PHEV 宝马 Active Hybrid 5/7 奥迪 Q7 e-tron Quattro 克莱斯勒 F500e 大众帕萨特 GTE
	SK 能源	方形	三元（NCM）	北汽绅宝 EV200

力车型上面开始采用三元材料的锂电池，可以看作是比亚迪开始调整技术发展方向的一种尝试。企业的技术策略最终必须服务于市场，在磷酸铁锂已经没有太多潜力可挖的情况下，比亚迪选择三元并不是让人非常意外的事情。

因为比亚迪的带动，以及美国 A123 等企业的影响，中国的锂电企业在前几年普遍开发磷酸铁锂电池，近几年因为政府新能源汽车产业政策的倒逼，以及日韩企业在三元材料领域的发展带动，已经开始规模化生产三元材料的锂电池。例如 CATL 在电动大巴市场仍然采用磷酸铁锂电池，在电动乘用车市场已全面转向三元材料，为宝马、吉利等企业提供三元电池组。天津力神、中航锂电、浙江南都电源等企业也开始大规模生产和供应三元材料的锂电池。

中国主要电池厂家产品及配套主机厂列于表 1-18。

表1-18 中国主要电池厂家产品及配套主机厂

厂家	电池形状	正极材料	应用车型
BYD	方形	磷酸铁锂	F3DM、唐、秦、E6、腾势、K8 、K9
	方形	镍钴锰酸锂	BYD6450VHEV4（商）、BYD6450VHEV5（商） 比亚迪插电式混合动力多用途乘用车（宋：BYD6460STHEV、BYD6460STHEV1）

续表

厂家	电池形状	正极材料	应用车型
CATL	方形	磷酸铁锂	之诺 1E 一汽 B50 北汽 E150 吉利美日牌 BEV（MR7002BEV 型等） 宇通纯电动 / 混动客车（E6 型、E7 型、E8 型、E9 型、E10 型、E11 型、E12 型等） 东南纯电动客车（DN6490 型等） 金龙海格牌纯电动客车（7 米型等） 金龙东牌纯电动客车（6 米型、8 米型、11 米型等） 金龙金旅牌纯电动客车（6 米型、7 米型、11 米型等） 福田纯电动客车（8.6 米型、11.2 米型、12 米型） 南车时代纯电动客车（6 米型、8.2 米型） 南车时代混合动力客车（10.5 米型、11.5 型、12 米型）
	方形	三元材料	东南 BEV 宇通混合动力客车（E12 型、E11 型、E10 型等） 南车时代纯电动客车（6 米型） 吉利帝豪 EV 北汽 EU260
合肥国轩	方形	磷酸铁锂	江淮 iEV3、iEV4 金龙海格牌纯电动客车（5 米型、6 米型、7.6 米型、10.5 米型等） 金龙东宇牌纯电动客车（6 米型、8 米型、10 米型、11 米型、12 米型等） 安凯纯电动客车（6 米型、7 米型、8 米型、10 米型、11 米型、12 米型等） 南京汽车畅达纯电动客车（7 米型等）、南京汽车依维柯纯电动客车（6 米型等） 江南纯电动载货车（JNJ1021EVAL、JNJ1021EVL） 众泰纯电动轿车（JNJ7000EVX9、JNJ7000EVZ5） 众泰多用途乘用车（JNJ6408EV） 金龙纯电动扫路车（NJT5070TSLBEV） 星凯龙纯电动客车（6 米型、12 米型、7 米型、10.5 米型） 南车时代纯电动客车（6 米、10.8 米）
	方形	三元材料	安凯纯电动客车（10 米型、12 米型等）
天津力神	方形	磷酸铁锂	康迪纯电动 东南纯电动乘用车（DN6490 型等） 金龙东宇牌纯电动客车（7 米型、11 米型、12 米型等） 金龙金旅牌纯电动客车（5 米型等） 宇通纯电动客车（E6 型、E7 型、E10 型、E12 型等） 华晨汽车中华牌 福田纯电动城市客车（6 米、12 米型） 东风纯电动城市客车（10.6 米型） 广汽传祺混合动力轿车（GAC7180CHEVA4 ） 海格纯电动客车（6 米型）
		三元材料	华泰元田 SDH7000BEVAL、SDH7000BEVBL 华泰轿车、华泰 SDH6440BEVGL 纯电动多用途乘用车
	圆柱形	磷酸铁锂	东风纯电动客车（6 米型） 众泰纯电动轿车（JNJ7000EVZ6）
		三元材料	江淮 iEV5

续表

厂家	电池形状	正极材料	应用车型
沃特玛	方形	磷酸铁锂	吉利 BEV 金龙金旅牌纯电动客车（10 米型等） 东风纯电动客车（6 米型等）、东风纯电动自卸式垃圾车
	圆柱形	磷酸铁锂	金龙东宇牌纯电动客车（6 米型、8 米型、10 米型、11 米型） 江铃轿车（JX7003BEV） 东风纯电动城市客车（10.5 米型）
		三元材料	东风纯电动厢式运输车
万向 A123	方形	磷酸铁锂	广汽传祺 奇瑞 S18 荣威 750 安凯混合动力客车（10 米型、11 米型、12 米型等） 金龙海格牌纯电动 / 混合动力客车（6 米型、10 米型等） 金龙东宇牌纯电动客车（6 米型等） 金龙金旅牌纯电动客车（10 米型等） 宇通纯电动 / 混合动力客车（10 米型、12 米型等） 众泰电动轻型客车（JNJ6400EVL、JNJ6410EVM1） 东风纯电动乘用车（ZN6493H2C、ZN6461W1C） 南车时代混合动力客车（10.5 米型、12 米型）
	方形	三元材料	广汽传祺混动轿车（GAC7100SHEVD5A、GAC7100SHEVD5）
比克	方形	磷酸铁锂	众泰（JNJ7000 系列等） 奇瑞瑞麟 M1、奇瑞 A5、瑞麟 G5、瑞麟 M1 增程 海马 BEV 金龙海格牌纯电动客车（10 米型等）
		三元材料	奇瑞纯电动（SQR7000 系列等）
	圆柱形	三元材料	众泰纯电动轿车（JNJ7000EVK1、JNJ7000EVE4、JNJ7000EVX1（云 100）、JNJ7000EVX9（云 100S）） 众泰电动运输车（JNJ5020XXYEV1） 泰纯电动多用途乘用车（JNJ6408EV1） 福田纯电动多用途乘用车（BJ6438EV3、BJ6438EV3-1）
		磷酸铁锂	众泰纯电动轿车（JNJ7000EVX1） 安源纯电动客车（6 米型、6.7 米型、7 米型、8.5 米型、10.5 米型、12 米型） 安源混合动力客车（10.5 米型、11.5 米型、12 米型）
微宏动力	方形	磷酸铁锂	一汽大众开利轿车 金龙东宇牌纯电动客车（8 米型等） 金龙金旅牌纯电动客车（8 米型、10 米型等） 东风混合动力客车（12 米型等）
	方形	多元复合锂	金龙东宇牌纯电动客车（8 米型、10 米型等） 安凯纯电动客车（6.6 米型 HFF6661GEVB） 福田纯电动城市客车（6.5 米型、7.3 米型、8.5 米型、10.5 米型） 陆地方舟纯电动城市客车（RQ6850GEVH2） 海格牌混合动力城市客车（6.7 米型、9 米型、10.5 米型、11 米型、12 米型）

续表

厂家	电池形状	正极材料	应用车型
中航锂电	方形	磷酸铁锂	东风纯电动客车（6.2 米型、6.7 米型、8.5 米型、8.1 米型、10 米型、11 米型、12 米型等） 金龙东宇牌 众泰纯电动轻型客车 JNJ6410EVM、JNJ6410EVM2 众泰纯电动轿车（JNJ7000EVM2） 陆地方舟纯电动客车（7 米型） 陆地方舟纯电动桶装垃圾运输车（RQ5020CTYBEV0） 海格纯电动客车（6 米型、8 米型、8.5 米型、11 米型、12 米型）
	方形	三元材料	东风纯电动客车（6 米型、7.3 米型等） 南车时代纯电动客车（6.4 米型）
波士顿	方形	镍钴锰＋镍钴铝	东风风神 A60EV
	方形	三元材料	知豆纯电动（SMA7000/7001 系列等） 众泰纯电动轿车（JNJ7000EVZ4） 陆地方舟纯电动客车（RQ6700XEVH4）
山东威能	方形	磷酸铁锂	安凯纯电动客车（8 米型 HFF6800GEVB2 等） 福田纯电动城市客车（10.5 米型、12 米型）
	方形	三元材料	众泰（JNJ7000EVX5、JNJ7000EVE2、JNJ7000EVX） 南京金龙电动运输车（NJT5020XXYBEV3）

1.4.3 三足鼎立格局

在产品外形方面，国内的锂电池企业在商用车和高端乘用车市场普遍以方形锂电池为主，在中低端乘用车和物流车市场，则以软包电池和圆柱形电池为主。日本锂电池企业以 18650 圆柱形锂电池应用最多，也有方形和软包产品大量应用于电动汽车。韩国锂电池企业形成了方形和软包两个发展方向，同时也兼顾低端市场针对 18650 圆柱电池的需求。

在正极材料的应用方面，日本企业从锰酸锂逐步走向改性锰酸锂、镍钴铝三元、镍钴锰三元等方向，在磷酸铁锂材料方面很少有商业化的产品。韩国企业前期也以锰酸锂为基础，没有在磷酸铁锂材料方面做研究，近几年则全面推广镍钴锰三元材料。中国的锂电企业在磷酸铁锂的商业化方面做得最为突出，产品类型丰富，最近跟随韩国企业的步伐，加快推出三元材料的锂电池（表 1-19）。

中日韩在技术道路的选择上，是你中有我，我中有你，既保持一定的独立性，又相互学习，在斗争中合作，在合作中斗争。所以严格来说，并没有哪家企业有别人所无法掌握的独门绝活，之所以产品的发展路径会有差异，是因为工业体系、技术积累、政府扶持、资本运作、客户需求等都不尽相同，无论选择什么样的路线，都有其合理性，最终由市场来评判。

表1-19 中日韩三国电池对比

国家	正极材料	产品外形
日本	锰酸锂、镍钴铝三元、镍钴锰三元、三元混合锰酸锂	圆柱形、方形、软包
韩国	锰酸锂、镍钴锰三元、三元混合锰酸锂	方形、软包、圆柱形
中国	磷酸铁锂、镍钴锰三元	方形、圆柱形、软包

1.5 汽车安全事故猛于虎

2009年世界卫生组织发布全球首份《道路安全全球现状报告》，调查显示全球每年有127万人死于道路交通事故，其中46%都是行人、自行车或者摩托车驾驶者。死于交通事故者，中国最多。该报告对全球178个国家的交通意外数字进行了分析，是首份全球性的道路安全评估报告。报告中指出，全球三分之二的死亡数字来自10个国家，按照数量依次为中国、印度、尼日利亚、美国、巴基斯坦、印尼、俄罗斯、巴西、埃及和埃塞俄比亚。

传统的燃油车，经过100多年的发展，有了丰富的积累和沉淀，仍然谈不上“绝对”的安全，每年因为车辆本身的故障所造成的人员伤亡为数不少，汽车制造企业因为汽车安全隐患在全球的召回案例也是层出不穷。旧的问题解决了，新的问题又会出来，产品功能越来越丰富，技术复杂度越来越高，运行环境越来越复杂，意味着产品的安全性风险也随之增多，所以“矛”和“盾”是一对孪生兄弟，永远相伴而行。

近年来，随着电动汽车的快速发展，如何解决电动汽车所带来的安全问题，又成为汽车行业的新的话题和难点。由于人们对新事物的认知有个过程，初期难免抱有怀疑和不信任的态度，所以任何一次有关电动汽车的安全事故，都会导致公众对电动汽车安全性的疑虑进一步加深，阻碍电动汽车的发展和普及。表1-20列举了近几年电动汽车行业一些引起广泛关注的“热点”安全事故。

根据新闻媒体上面报道的新能源汽车安全事故，2015年的相关新闻要远远多于前面几年。一方面，经过2014年和2015年的高速增长，新能源汽车的市场存量明显增多了，相应的故障和事故自然也会随之增多；另一方面，相关企业技术实力薄弱，盲目上马项目，赶进度占市场拿补贴的投机行为特别严重，这客观上加剧了安全事故的爆发。

新能源汽车的安全事故有其内在的特殊原因，由于作为动力来源的电池是非常“活泼”的高能量载体，在较低的温度下就会发生热失控，而导致其发生热失控的原因却千奇百怪，防不胜防。因此，动力电池常常成为安全事故往高烈度高危害发展的主要原因，难以预防、难以控制、难以善后。总结起来，动力电池有三个方面的“短板”，会导致新能源汽车比较容易产生严重的安全事故：

表1-20　2011～2016年电动汽车行业“热点”安全事故

时间	事故现场	事故描述	事故后果	事故原因
2011年4月11日		一辆正在运营的电动出租车在杭州街头发生自燃，并迅速起火燃烧	无人员伤亡	在运行过程中发生了电池漏液，绝缘局部受损，最后引起了短路并自燃 电池故障
2012年5月26日		深圳滨海大道侨城东路段，一辆日产跑车高速撞上同向行驶的电动出租车，出租车起火燃烧	1名男性出租车司机连同2名女性乘客被困火中当场死亡	车载磷酸铁锂电池遭受强烈撞击，车内24节电池受挤压发生漏液，撞击产生火花引燃车内饰物 道路事故
2013年10月1日		美国西雅图，一辆特斯拉Model S撞上了路中央的一大块金属物体，导致车辆着火并严重受损	无人员伤亡	汽车撞上金属物体产生的强大冲击力导致16个模块构成的电池组中的一个模块受损，导致起火 道路事故
2013年11月6日		美国田纳西州，一辆Model S的底盘撞上了一个散落在路上的拖杆，导致起火	无人员伤亡	汽车撞上物体产生的强大冲击力，刺穿覆盖电池组的装甲钢板，导致电池组受损，导致起火 道路事故
2015年4月26日		深圳湾口岸一个公交车加电站内，一辆大巴车起火，现场浓烟滚滚，火势逐渐蔓延，大巴被烧成骨架	无人员伤亡	车辆动力电池充满电后，动力电池过充电72分钟，造成多个电池箱先后发生动力电池热失控、电解液泄漏，引起短路，导致火灾 过充滥用
2014年6月26日		合肥市北一环安徽轻工商城附近，一辆电动公交车在行驶中突然起火，滚滚浓烟很快充斥整个车厢	无人员伤亡	动力电池组所在部位起火 电池故障
2015年6月27日		一批油电混合动力公交车在准备交付过程中，在深海高速路上起火自燃，两辆车烧毁	无人员伤亡	事故无明确结论

续表

时间	事故现场	事故描述	事故后果	事故原因
2015 年 7 月 22 日		厦门市湖里区东渡南通道公交场站内的新能源公交车起火，共造成 8 辆公交车被烧毁、3 辆公交车被烧坏	造成 1 人死亡	目前鉴定的起火原因是公交车尾部的电池组电气故障引起自燃 电气故障
2015 年 8 月 19 日		上海市老西门附近中华路、翁家支弄路口一辆 11 路电动公交车突然自燃，现场浓烟滚滚	无人员伤亡	事故原因未公布
2015 年 9 月 16 日		杭州西湖区文三路马塍路路口，一辆 290 路混合动力公交车起火燃烧	造成 9 人受伤	车辆尾部设备舱起火 电气故障
2015 年 12 月 8 日		南通如皋市新汽车站西侧花市路，一辆低速电动汽车发生自燃，顿时火光冲天，整车被烧得只剩下框架	造成 1 名儿童死亡，1 名老人重度烧伤	事故原因不明
2015 年 12 月 13 日		由香港生产力促进局研发，并交由内地制造的首辆“香港品牌”电动巴士，13 日中午突然起火自焚，并曾经传出爆炸声，火警中无人受伤，但全车严重焚毁	无人员伤亡	线路短路 电气故障
2016 年 1 月 1 日		北京时间 1 月 3 日消息，元旦当天挪威耶尔斯塔的一家超级充电站，特斯拉 Model S 在这家超级充电站充电的过程中，突然燃烧起来，整部特斯拉几乎被烧毁	无人员伤亡	高压配电盒短路 线路故障
2016 年 1 月 18 日		1 月 18 日凌晨 1 时许，合肥市肥西路翠竹园西村小区内，一辆正在充电的低速电动车突然燃烧，轮胎、玻璃等相继炸裂，迸射的火星还引燃了两辆轿车和一辆摩托车	无人员伤亡，财产损失 30 万	过充 过充滥用

续表

时间	事故现场	事故描述	事故后果	事故原因
2016年2月18日		2月18日0时50分许，在江西省抚州市区安石大道与文昌大道十字路口，一辆混合动力车与一辆货车相撞后，发生燃烧事故	造成1人死亡	目前鉴定的起火原因是公交车尾部的电池组电气故障引起自燃 道路事故
2016年3月16日		深圳一辆油电混合动力公交车在梅龙路四季春城公交站台车辆尾部冒烟，随后车辆起火自燃。事故没有造成人员伤亡	无人员伤亡	尾舱着火 电气故障
2016年4月9日		4月9日，在上海浦东新区的一居民小区内，一辆混合动力车发生自燃。左右两边桑塔纳和箱式小货车没能幸免，被引燃后烧的只剩车壳	无人员伤亡	发动机舱外部短路 电气故障
2016年5月14日		中午12时10分左右，珠海市公交集团巴士公司拱北分公司司机启动车辆，发现车辆后部电池仓冒烟，很快又有明火，驾驶员即刻拨打119报警并向上级报告，同时马上用灭火器灭火	无人员伤亡	线路短路 电气故障

注：以上事故原因，为笔者根据事故公开信息分析所得，供读者参考

- 发生热失控的温度门槛低，触发因素多；
- 发生热失控的速度非常快，并且会连锁反应；
- 发生热失控以后很难以常规手段来处理。

以本书作者对于动力电池产业的观察和理解，目前在以下几个方面存在非常严重的不足。

对核心零部件的认识和理解不足：

- 做电芯起家的电池系统（Pack）企业，对电池管理系统（BMS）理解远远不够；
- 做BMS起家的Pack企业，对电芯的特性不具备专业化的认识；
- 既不做电芯又不做BMS的企业，对产品的理解还停留在基本功能层面，既提不出明确的开发需求，也不能有效地管理和整合供应商。

缺乏系统设计能力，产品是零部件的简单堆砌：

- 缺乏从设计需求开始，展开系统设计、分析和验证的能力；

- 各部件之间缺乏明确的接口定义和强制性的边界条件，系统集成之后问题很多，各种潜藏的隐患犹如地雷；
- 对部件之间的相互关系和作用缺乏足够的认识和深入的研究，常常导致严重的次生灾害（如 BMS 不能在故障态保护，Pack 不装继电器等）。

对产品的运行环境和条件缺乏足够的认知：

- 很多企业是做消费类产品和工业级产品转过来的，不了解汽车产品的恶劣环境和各种极端使用情况；
- 仅满足产品的实验室指标和出厂指标，对产品使用过程中的老化和离散性没有深入研究，产品使用一段时间之后，问题严重，事故频发。

支撑产品安全与可靠性的体系缺陷严重：

- 不具备以 TS 16949 为基础的质量管控体系；
- 验证手段单一，仅仅采取一些简单的测试，完整性、有效性、覆盖面、验证层度都远远不足。

行业鱼龙混杂，动力电池厂家有上百家，BMS 和 Pack 企业也多达上百家，大多实力薄弱，有些根本没有汽车行业的从业经验。大部分的企业没有做好充分的准备，团队、技术、产品、生产、服务等都没有跟上，跟着政策一哄而上。

2014 年和 2015 年新能源汽车产销量井喷，整个产业链始终处在缺货状态。为了抢占市场，大量带着设计缺陷和质量缺陷的产品进入终端，有些产品连基本的检测都没做过。

这些因素叠加在一起，将引起某种程度的共振，可能导致 2016 年和 2017 年电动汽车安全事故集中爆发，甚至有可能引发严重伤亡事故和重大财产损失，从而导致新能源汽车产业的踩刹车事件，不确定性风险非常大！

新生事物总是脆弱的，要经受各种怀疑，更何况是与人身安全息息相关的道路车辆呢？愿意拿自己的生命做赌注，去尝试和接受不可靠不安全产品的人，毕竟是少数，我们不能要求公众拿人身安全来为不成熟的产品买单。所以，不管是国家层面的法规和标准，还是企业层面的产品和技术研发，都必须做到以人为本，切实解决产品的风险和隐患，消除民众的疑虑，从而推动新能源汽车的发展。我们，没有任何理由拿不成熟不可靠的产品，来忽悠公众和消费者，为企业或个人的私利服务。

本书通过分析和研究纯电动汽车、插电式混合动力汽车等新能源汽车的锂离子动力电池系统，探讨如何以系统性的方法来构建产品的安全体系，提高产品的安全性，从而推动新能源汽车产业的健康发展，切实保护消费者的人身健康、财产安全，以及环境安全。

主要参考文献

刘志伟. 2010. 日本、美国、欧盟新能源汽车产业政府扶持措施研究[D]. 保定: 河北大学.

搜狐. 2009. 全球每年有127万人死于交通事故 中国人数最多[EB/OL]. (2009-06-17)[2016-06-04] http://news.sohu.com/20090617/n264585888.shtml.

夏军. 2015. 动力锂电池路线之争: 中日韩上演三国杀[EB/OL]. (2015-08-05)[2016-06-04] http://www.d1ev.com/39471.html.

夏军. 2015. 退役动力电池有救了 电动汽车动力电池的梯次利用分析[EB/OL]. (2015-06-24)[2016-06-04] http://www.d1ev.com/38911.html.

夏军. 2015. 一文看尽! 从大众作弊门解读中美欧日汽车电气化发展趋势[EB/OL]. (2015-10-08)[2016-06-04] http://www.d1ev.com/40334.html.

夏军. 2015. 1Kg锂电芯能量相当于103g的TNT炸药 解析动力电池与汽车安全[EB/OL]. (2015-05-22) [2016-06-04] http://www.d1ev.com/38564.html.

02

动力电池系统技术综览

本 章 导 读

- 本章先介绍动力电池系统的作用、串并联成组概念、系统设计理念、不同产品形貌和安装方式，然后从系统的基本构成引出要用到的相关技术。
- 分别介绍动力电池系统的三大技术：电池技术、成组技术和 BMS 技术。
- 在电池技术方面介绍主流锂电池的材料体系、封装形式、极片工艺以及设计参数的平衡及控制要点。
- 在成组技术方面介绍电池系统最基本的热管理技术、结构设计技术（含模组结构、箱体结构、紧固件、IP 防护等设计技术）、电连接技术等，并举例说明几种不同电芯封装的成组工艺。
- 在 BMS 技术方面介绍 BMS 的基本功能的作用和实现方法。
- 最后简单介绍国内外锂电池标准化体系情况。

2.1 动力电池系统简述

2.1.1 动力电池系统的作用

众所周知，传统汽车以燃油或燃气等燃料为能源，这些燃料存储在车身上的油箱或储气罐中。通过内燃机系统燃烧这些燃料产生机械能，为车辆行驶提供驱动力（如图 2-1 所示）。

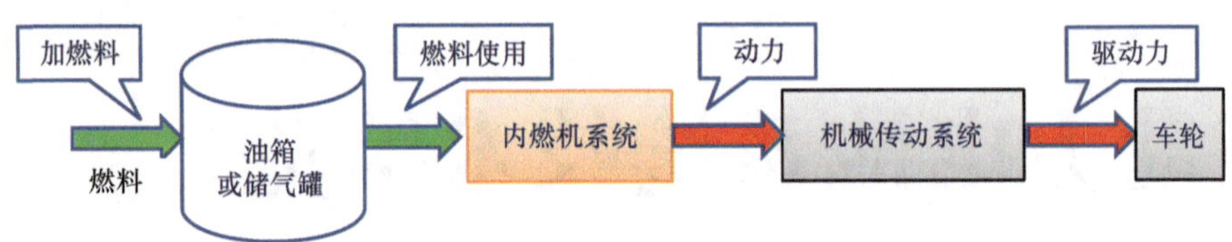

图 2-1　传统汽车的能源转换为驱动力示意图

电动新能源汽车电动部分依靠电力驱动，它所需要的电能存储在车身上安装的动力电池系统中，通过电机驱动系统把电能转化为机械能，为车辆行驶提供驱动力（如图 2-2 所示）。

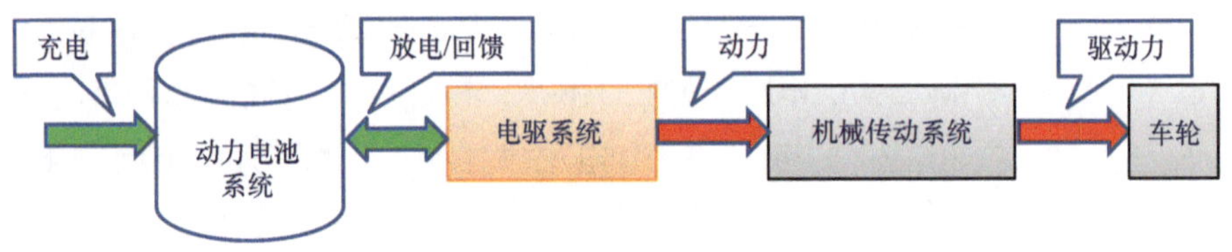

图 2-2　电动汽车的电能转换为驱动力示意图

从作用来说，油箱或储气罐是传动汽车的燃料存储装置，动力电池系统是电动新能源车的电能存储装置，充电后的动力电池系统是新能源车的动力源泉。

2.1.2 动力电池系统的设计理念

动力电池系统本身是集化学、电气和机械特性于一体的复杂系统，在系统设计时必须兼顾各方面特性的满足，尤其是电芯的化学特性所包含的安全性和寿命衰减，无法直观测评，也不易短时间预测。

另外，动力电池安装在车上使用，还需考虑复杂多变的应用环境。要确保电池系统长期安全、耐用，必须在设计阶段定义好如何使用和维护。

所以，在电池系统设计上需要关注以下两个“铁三角”（图 2-3），第一个三角说明电池系统研发制造所依赖的三方面技术缺一不可（详见后续系统架构分析）。第二个三角说明电池系统产品要按照汽车开发理念，定义和控制全生命周期，从产品研发制造到应用维护的三个重要环节来保证好用。

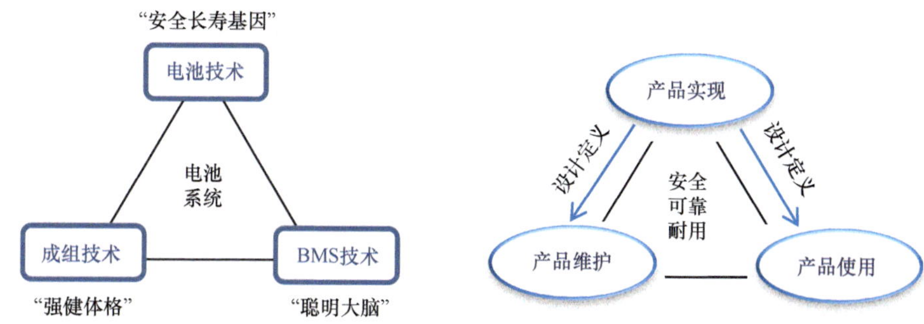

图 2-3　动力电池系统设计的两个“铁三角”

2.1.3 动力电池从单体到系统

通常，没有附加任何其他零部件的单个电池称为电芯或电池单体。电池单体的电压通常在 5 V 以内，电子消费品电池单体容量一般在 10 Ah 以内，动力电池单体容量一般在 2 ～ 200 Ah 范围内（个别产品超过此范围）。

对于电子消费品来说，大多数用电池单体就够了，比如手机和 PAD。而对于电动车来说，需要几百伏的电压才能满足电驱系统的高效率（乘用车一般需要 200 ～ 400 V，巴士一般则需要 500 ～ 700 V），需要几百安时的容量（或者说几十到几百千瓦时的电量）才能满足续航里程的要求。而电池单体无法提供这么高的电压和能量，所以必须由很多单体电池串联来满足电压要求，单体并联满足容量要求，或者说通过串联和并联来同时满足电压和电量的要求（图 2-4）。

图 2-4　消费类与汽车类动力电池对比

为便于理解电池系统串并联，我们把电芯理解成一个容器（如图 2-5 所示），容器高度为标称电压，容器截面积为容量，容器容积为满电量，等于容量乘以电压。当前所装物体容积占满电量的百分比是 SOC。

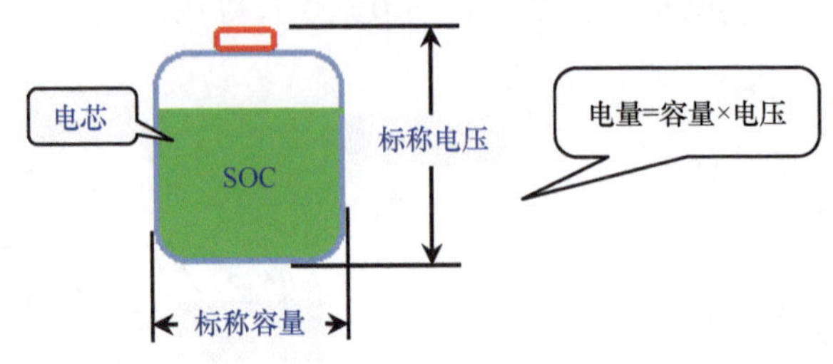

图 2-5　电芯关键参数示意图

当 N 只电芯电池全并联或全串联时（如图 2-6 所示），系统电量为单电芯的 N 倍。从实用角度看，如果电芯容量够大，已满足系统要求，则全部串联可以满足。

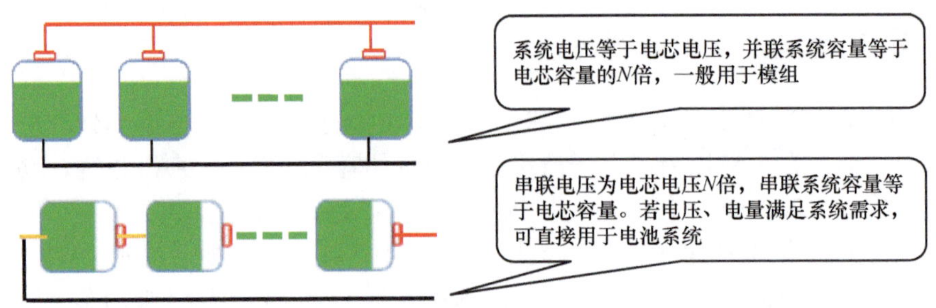

图 2-6　电芯串并联示意图

若电芯的容量不够大，则更大电量系统则需要电芯既有串联又有并联。实际应用主要有三种成组模式：先并后串、先串后并、混联（图 2-7）。

2.1.4 动力电池系统产品外形及安装位置

对电动车来说，动力电池系统是由很多电芯串并联而成的总成件，它们有自己完整的结构和外形。因用途、车型不同，电池系统产品的大小及外形也各不相同。

乘用车动力电池系统大多数是由单个电池箱构成（极个别有 2 个或 3 个电池箱体）。大中型商用车（客车或货车）的动力电池系统由多个电池箱构成。

为适应乘用车的紧凑结构，其动力电池系统的外形一般是非规则的，或小巧，或扁平，安装位置和管线的接口位置都与具体车型相关。以通用的 Volt、Nissan 的 Leaf、Tesla 的 S60 举例，如图 2-8 至图 2-10 所示。

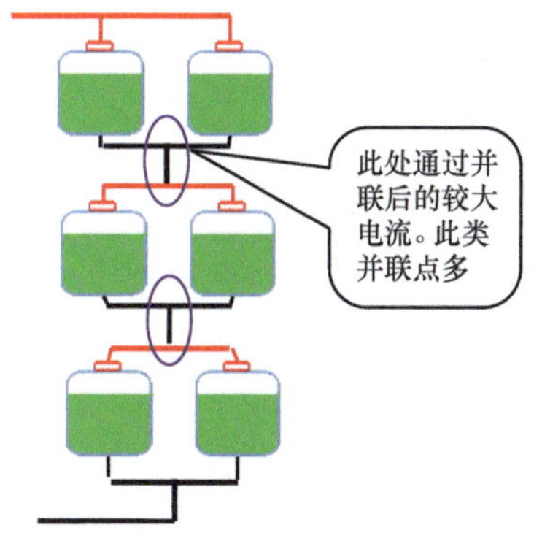

先并后串

先并后串优缺点及应用

优点：

并联电芯当作一个电芯，监控架构简单，BMS 管理通道少，成本低。

缺点：

1）若电芯较大，直接并联工艺可能导致电芯间不均流；

2）若电芯较大，并联点很多，并联电流大，过流能力不易提高。

应用：

适用于功率要求低的慢充电系统

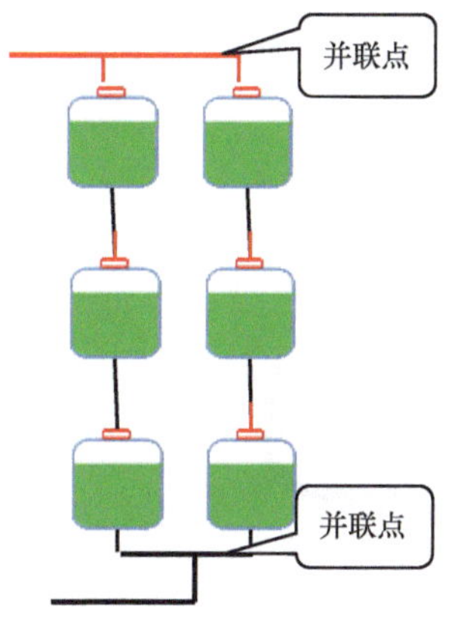

先串后并

先串后并优缺点及应用

优点：

只在两端并联，系统过流能力强；两支路间电池均流好。

缺点：

每个支路电芯需独立监控，BMS 管理通道多，成本高。

应用：

适用于有快充需求或功率要求高的系统

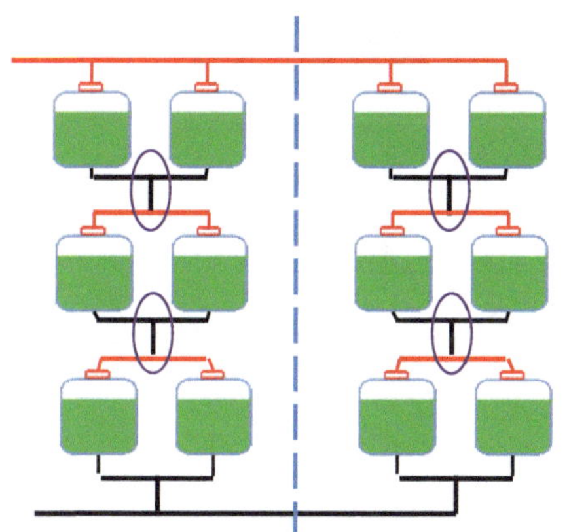

混联（支路内先并联，支路间再并联）

混联系统适用于：

电芯容量较小而电池系统容量需求较大的系统

图 2-7　电芯串并联类型、优缺点与应用

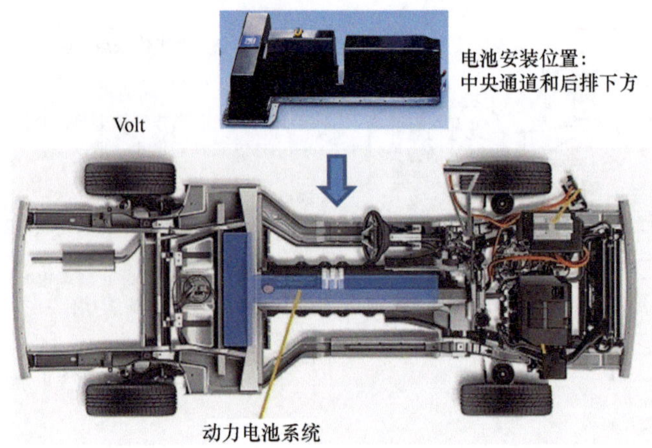

图 2-8 Volt 动力电池系统安装位置示意图

图 2-9 Leaf 动力电池系统安装位置示意图

还有其他一些不同结构类型的乘用车，其电池系统外形也不同，如图 2-11 所示。

客车因为空间较大，也比较规整，所以电池箱可以做得很规则，也方便通用化和平台化，一般客车的电池系统会由多个电池箱构成，还可能会有独立高压箱，电池箱的构成和乘用车类似（见 2.1.5 节）。对于高压箱独立的电池系统，BMS 的主控单元和高压电气件一般在高压箱中，而电芯监控单元一般在电池箱中。客车多电池箱系统如图 2-12 所示。

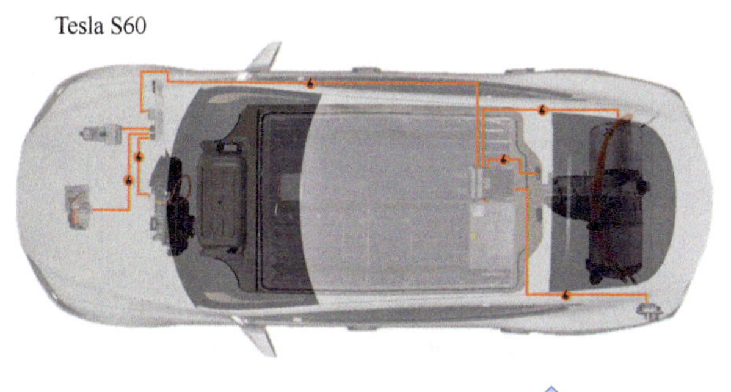

图 2-10 Tesla S60 动力电池系统安装位置示意图

图 2-11 动力电池系统外形

2.1.5 动力电池系统的构成和相关技术

一般情况下，动力电池系统主要包含动力电池单体（或模组）、BMS（电池管理系统，一般包含单体监控单元、主控单元和高压件）、结构件（含箱体、安装件、导电金属件、密封件等结构件）、高低压线束（含连接器及接插端子等）、热管理

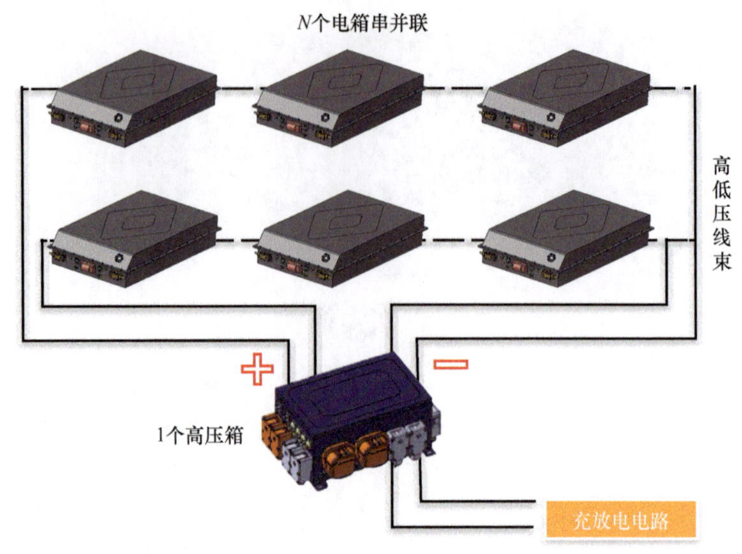

图 2-12　电动客车多电池箱系统示意图

组件（含水冷板、风扇或加热板等）五大部分，如图 2-13 所示。

对于较小的电池系统，比如 start-stop（启停）系统电源，因为主要工作在脉冲功率状态，折算成平均功率较小，发热较小，加上成本因素，此类系统一般无需专门的热管理组件，外壳既是结构件，也是自然散热面。另外，因为采用 PCB

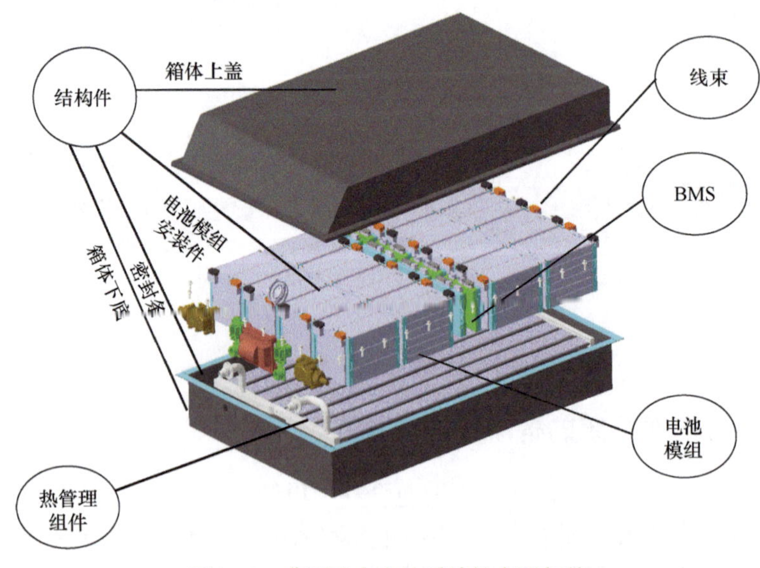

图 2-13　典型动力电池系统的主要部件

板代替了线束导电，所以也看不到线束部分，如图 2-14 所示。

从上述电池系统构成可以看到，不同电池系统虽然在外形、大小、内部结构和成组工艺上存在差异，但是所用到的最基本的技术分类是相同的，包含动力电池技术、BMS 技术、成组技术（可细分为热管理组件、结构设计、电连接、线束设计），如图 2-15 所示。

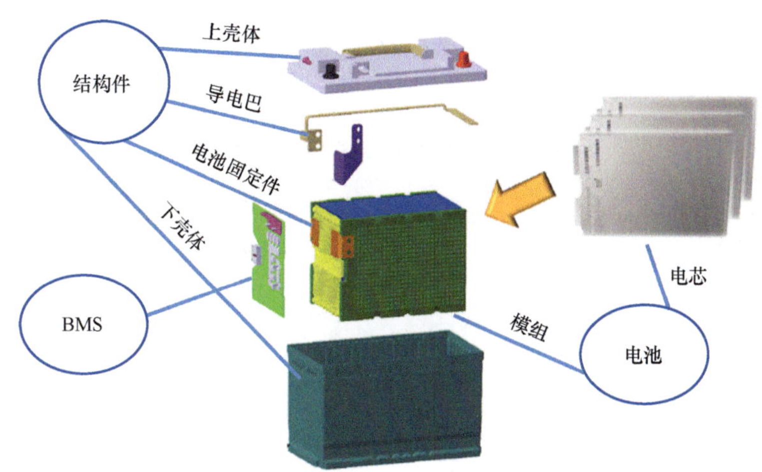

图 2-14　启停系统主要部件

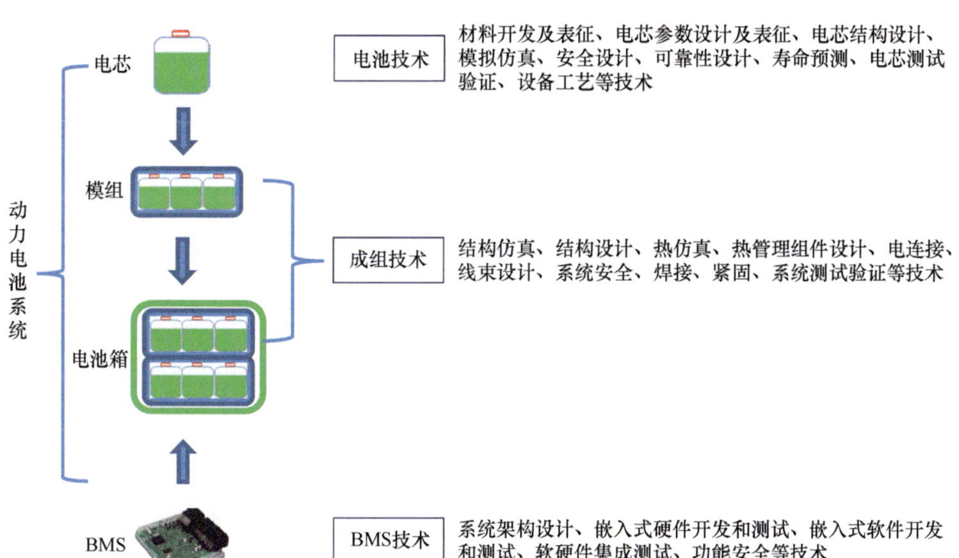

图 2-15　动力电池系统关键技术

2.2 动力电池技术介绍

2.2.1 动力电池按材料体系分类及特点

目前主流的锂离子动力电池，主要按正极材料来分类，磷酸铁锂、锰酸锂、镍酸锂、三元（镍钴锰混合）、磷酸锰铁锂几大类；负极材料有石墨及钛酸锂，各类电池特性见表 2-1。

表2-1 主流动力电池关键属性对比

电池类别	平台电压(V)	能量密度（Wh/kg）	功率密度（W/kg）	安全性	寿命	成本
磷酸铁锂	较高，3.2	～125	较高	高	长	低
三元（镍钴锰混合）	高，3.7	～170	高	中	长	中
锰酸锂	高，3.7	～110	较高	中	中	低
磷酸锰铁锂	—	～150	低	较高	短	低
钛酸锂	低，2.2	～80	高	高	长	高

注：因为不同厂家的电芯材料、设计工艺和外壳的不同，表中参数并非绝对准确，仅用于同类型设计、不同材料体系的比较

特点说明：

锰酸锂体系电池（负极为石墨）克容量低，但压实密度高，总体能量密度与磷酸铁锂相当；最大问题是较高温度工作时易溶解，需掺杂和表面处理改善，但稳定性、安全性不及磷酸铁锂。目前新能源车市场应用量较少。

磷酸锰铁锂（负极为石墨）材料成熟度低，电子电阻高，目前寿命较短。因为有铁锂和锰锂混合，所以平台电压有两段，做成组策略时要考虑 SOC 不一致的影响。

磷酸铁锂电池（负极为石墨）电压平台很平，能量发挥好；储量大、经济性好。同时几乎无热失控（热失控温度在 800℃以上），材料体系非常安全。也因为电池材料特性安全，磷酸铁锂电池可以做大容量单体电芯（高达几百安时），有利于系统的成组效率（按重量能量比计算，客车应用硬壳电池可以达到 78% 的成组效率）。磷酸铁锂已经广泛用于混合动力、纯电动客车以及电网和家庭储能系统，是目前新能源客车市场上用量最多的锂离子动力电池。

三元电池，多数使用镍钴锰混合作为正极材料，也有用镍钴铝作为正极材料的（如 Tesla 所用松下电池），负极为石墨。能量密度高（目前 NCM 电芯能做

到 200 Wh/kg 以上，NCA 则更高）、寿命特性优良，但热失控温度 200℃以上，需要在系统集成中多方面考虑如何控制热扩散，以满足其系统安全性需求。也是因为安全性考虑，三元体系材料一般不会做大容量单体电芯。三元电池多用于纯电动乘用车和非载客的商用车，目前是新能源乘用车用量增长最快的电池。

钛酸锂电池是在锂离子电池中，用钛酸锂替代石墨作为负极材料的，其正极可以是以上正极材料。钛酸锂电池有四大优点：低温特性好（尤其是低温到 –30℃还可以充电）、高功率（可大倍率充放电，尤其是充电倍率可以很高）、长循环寿命（轻松上万次）、高安全性（几乎没有热失控风险）；三大缺点：平台电压低（仅 2.2 V，系统成组连接多，效率低）、存在高温胀气问题（现在有所改善，但是没有彻底解决）、成本高（约为石墨体系电池的 2 倍多）。该电池多用于混合动力和单次续航里程要求不高但需要多次快充电的场景中。

从产品运用角度，公共交通领域具有载客量多、电量需求大、运行时间长、服务寿命要求高、能量密度的敏感度较低等特点，在目前规模推广阶段，在能够满足运用、成本需求基础上，为了最大限度确保安全性，国内主推磷酸铁锂的技术路线。私人乘用车领域具有空间小、载客量少、运行路线不固定、续航里程高、能量密度的敏感度高等特点，同时乘用车本身相较于公共交通，其各系统集成度高，技术平台更优，能够给电池系统提供更严格的保护及热管理，故现阶段逐步运用三元技术路线。

我国工信部根据整车、系统及关键总成技术成熟程度、国家和行业标准完善程度以及产业化程度的不同，将各类储能装置技术路线分为起步期、发展期、成熟期三个不同的技术阶段：起步期产品是指技术原理的实现路径尚处于前期研究阶段，缺乏国家和行业有关标准，尚未具备产业化条件的产品；发展期产品是指技术原理的实现路径基本明确，国家和行业标准尚未完善，初步具备产业化条件的产品；成熟期产品是指技术原理的实现路径清晰，产品技术和生产技术成熟，国家和行业标准基本完备，可以进入产业化阶段的产品。

目前阶段，锂离子动力电池在商用车及乘用车领域被定义为发展期产品，而三元材料锂离子动力电池仍处于起步期阶段，只能进行小批量生产，在批准的区域、范围和条件下进行示范运行，并以适当的方式对全部车辆的运行状态进行实时监控。

2.2.2 动力电芯封装形式和极片装配工艺

1. 电池封装形式

动力电池虽然有很多不同的外形和大小，但常用的可以按照图 2-16 所示方式分类。

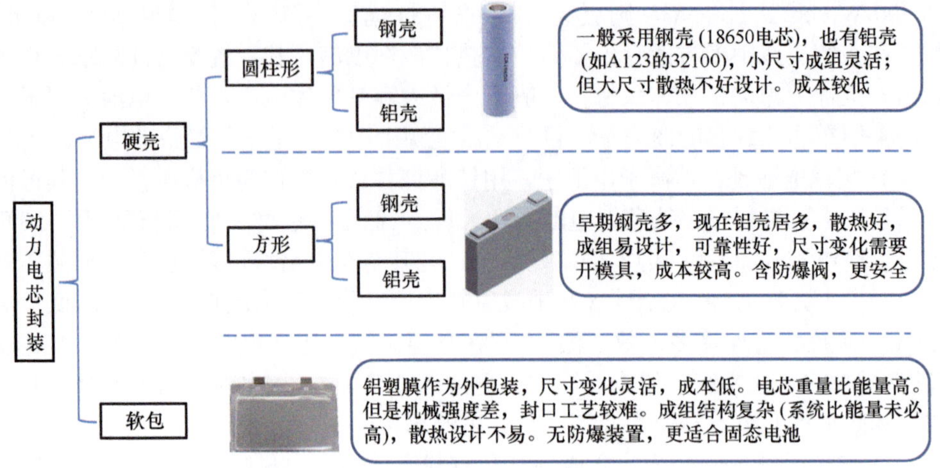

图 2-16　常见动力电池类型

2. 电芯叠片和卷绕组装工艺

电芯极片制作和装配工艺对性能的形成是至关重要的，动力电芯极片的组装和消费电池类似，也分为叠片和卷绕，如图 2-17 所示。

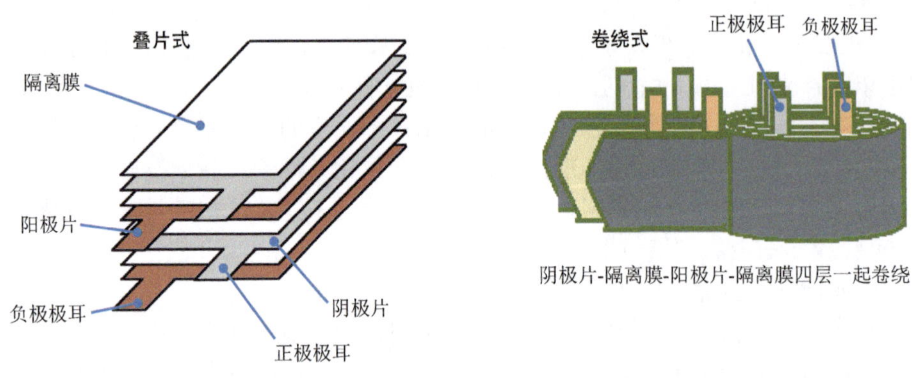

图 2-17　电芯叠片和卷绕组装工艺控制要点

因为动力电芯有更大的尺寸、容量、寿命和功率要求，这两种工艺的比较，已经和消费电池有所不同，如表 2-2 所示。

2.2.3 电芯设计技术

不管什么外形，电芯都含至少五部分。内部四部分：阴极片、阳极片、隔离膜、电解液；外部一部分就是外壳，外壳带输出电极，也可能带防暴阀等安全装置。

表2-2　动力电芯叠片和卷绕工艺对比

比较项目	卷绕工艺	叠片工艺	说明
内阻	略高（与出极耳数相关）	略低（每层有极耳）	卷绕工艺，若能做到每层出极耳，内阻可以接近叠片；若不能做到，则内阻比叠片高
充放电功率	略低	略高	若其他因素一致，内阻和极片膨胀因素对功率有影响，卷绕比叠片大
能量密度	略低	略高	叠片空间利用率更高，能装入的极片面积更大
电池厚度	不宜太薄；不易控制；充放电时易变形。厚电芯可以用多卷解决	范围较宽，厚薄均可适应	实际应用中，动力电池一般都不会太薄，两种工艺都能适应常用厚度
电池形状	只能做成圆柱体或长方体	可以做异形电池	在动力电池中，异形电芯极少
内短路风险	较低 只有两切边，易控制毛刺和对齐	较高 切四边，毛刺相对多；对齐四边，不易控制，合格率相对低	极片毛刺和对齐问题，都会产生短路风险
工艺方便性	更方便 人工、半自动或全自动卷绕，都易做到高效、高质量	更复杂 人工叠片费时费力；半自动或者全自动对设备要求极高	高速卷绕比高速叠片更容易实现

完整的电芯设计应涵盖材料设计和电芯参数（阴极、阳极、隔离膜、电解液）设计。

阴极材料表面包覆技术，阳极材料人造石墨及纳米化技术，电解液的阴极表面保护、电导率改善技术，隔离膜的涂覆技术等都是常用的技术。

设计过程所用技术包括量子动力学模拟仿真、材料开发及表征、电芯参数设计及表征、模拟仿真、安全设计、可靠性设计、寿命预测、电芯测试验证、设备工艺等技术。

电芯整体设计要点：综合平衡。根据应用需要，在安全、寿命、可靠性、能量密度、功率密度、成本、工艺难度等方面取得平衡。

例 1　能量密度和功率密度的平衡，在设计涂布厚度和压实密度时，参数取大可以获得更多锂离子数量和更高的能量密度，但是锂离子的活动速度受限，影响功率密度，所以要根据应用需求来决定涂布厚度和压实密度。如果是纯电动车辆应用，要追求单次充电的续航里程，则需要高的压实密度来达到更高的能量密度；反之，如果是混合动力车辆要求电池功率性能，则需要较低的压实密度，而留给锂离子更快的移动通道。

例 2 安全性和功率、能量密度的平衡，电芯隔离膜更厚，有利于防止内短路，提高安全性；但是更薄的隔离膜，有利于提高功率特性，也有利于组装更大面积的极片，提高能量密度。

参数平衡是以安全为中心，其他几项参数取得平衡，所用技术及相关控制要点如图 2-18 所示。

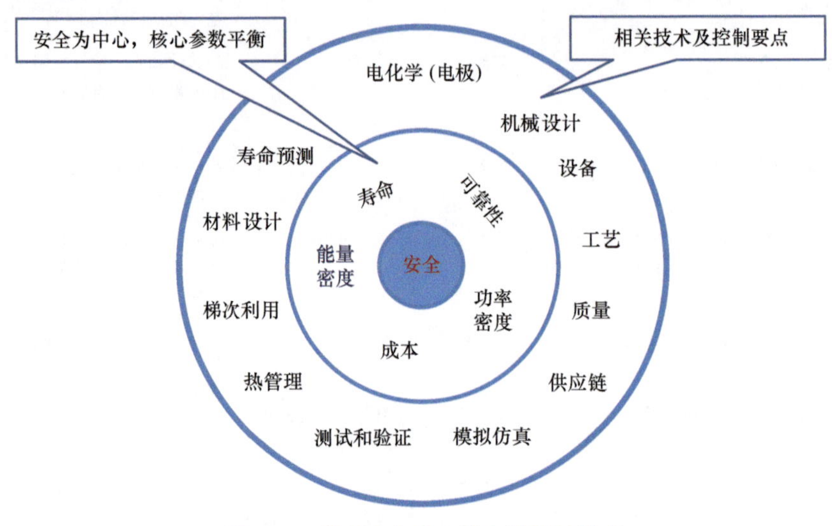

图 2-18 以安全为中心的电芯设计技术

2.3 电池系统成组技术之一——热管理技术

2.3.1 热管理的作用（电池系统的体温调节）

动力电池系统热管理，简而言之就是通过冷却或加热方式对电池系统进行温度控制。电池温度控制对于电池的性能有很大的影响，电池在合理的温度工作范围内使用时寿命会比较长，可靠性也高。设计性能良好的动力电池冷却系统，可以及时带走电池工作时所产生的过多热量，使电池的温升在合理范围内，改善电池的工作环境，从而达到提高电池的寿命和可靠性目的。有的热管理系统还配有加热系统，以确保在极端低温环境下电池仍保持合理的工作温度。动力电池热管理两个重要指标：①保持电池内和电池间的温度均衡；②把电池绝对温度控制在合理范围内。

2.3.2 热管理技术分类及特点

目前热管理技术主要通过针对动力电池系统包括电芯、模组、电池系统等不同层次模型的热仿真和热测试，优化设计出相关系统的热管理模型。

热管理冷却方式主要有：①自然散热；②强制风冷；③液冷；④直冷；⑤相变材料。其中相变冷却系统更多是较为小范围的探索试验阶段。热管理技术包含热管理组件技术和热管理策略技术（策略在 BMS 中体现）。目前常用的三种方式比较见表 2-3。

表2-3　三类冷却方式对比表

比较项目	自然散热	强制风冷	液冷
散热效率	差	较高	高
温度均匀性	无外界热源时好，否则差	差（尤其在进出口）	好
安装环境适应性	差（要求外部隔热、通风）	较差（进出风口结构）	好
高温高寒兼顾	差（辅助加热及保温与散热矛盾）	差（辅助加热及保温与散热矛盾）	好（可散热、加热）
复杂度	最简单	中等	复杂
能耗	无	高	低（保温易实现）
成本	低	较高	高（可优化）

2.3.3 当前热管理技术需求和发展趋势

动力电池热管理系统的设计开发主要依赖于热管理仿真分析能力、热管理测试技术水平；热管理团队根据产品的整车需求、电池系统方案结合仿真分析结果定义初步热管理方案，之后结合样品测试结果优化产品设计。主要需要控制好系统温差，保证产品一致性，同时将电池绝对温度控制在产品高效率、长寿命区间（通常在 25 ～ 45℃）。

目前所有的热管理方案中，自然散热和强制风冷技术因难度小、成本低等特点在目前阶段的客车产品中得到更广泛的运用。但是随着新能源车向高温高寒地区的推广，尤其随着快充、混合动力需求的提高，自然散热和风冷系统已不能满足要求，需要用液体循环来提供冷却和加热。

乘用车空间小且不规整，用自然散热和风冷很难让电池适应高低温内环境，也很难保证温度均匀性，因此也更多的是采取液冷方案。

随着新能源汽车进一步地推广运用，为了更大程度挖掘电池系统的性能特性，提高寿命，未来产品对热管理技术的温度控制精度将越来越精细，绝对温度控制范围更宽泛。目前广泛运用的热管理方案还是只能满足基本需求，需要进一步从理论仿真和实验研究两方面入手，探索新一代更加高效的动力电池热管理系统方案。

2.4 电池系统成组技术之二——结构设计技术

2.4.1 动力电池系统结构的作用（电池系统的体格）

从前面的电池系统构成可以看出，动力电池的系统结构一般由单个电池箱或多个电池箱组成。电池箱由若干个模组＋箱体箱盖＋高低压线束和连接器＋电压和温度采集模块＋热管理组件构成。单个模组又由若干个电芯＋结构件＋线束＋导电巴组成。而结构件的主要作用是三方面：组装和支撑（电箱内部框架结构及各种加强筋，能抗机械冲击和振动）、电连接（如铜巴或铝巴通过螺栓或焊接技术把电芯串并联）、环境防护（外壳提供的防尘防水）。

2.4.2 模组结构技术

单个电池箱内部包含几十、几百甚至上千个电芯，如果直接成组在一体，既不方便装配制造，又无益于后期的维护。因此，一般情况下，一个电池箱中都包含几个模组，数量不同的模组可组成不同规格的电池箱，方便批量生产，模块化制造。单个模组包含若干电芯（一般 6 ～ 16 个电芯）、结构件、高低压连接线束及热管理执行结构。成组的关键技术是将几个电芯在机械上固定牢固、电气连接上安全可靠、材料上防火阻燃和轻量化，使其安全可靠并保证有较高的能量比重量密度。举例如下：

方形电芯模组工艺如图 2-19 所示。

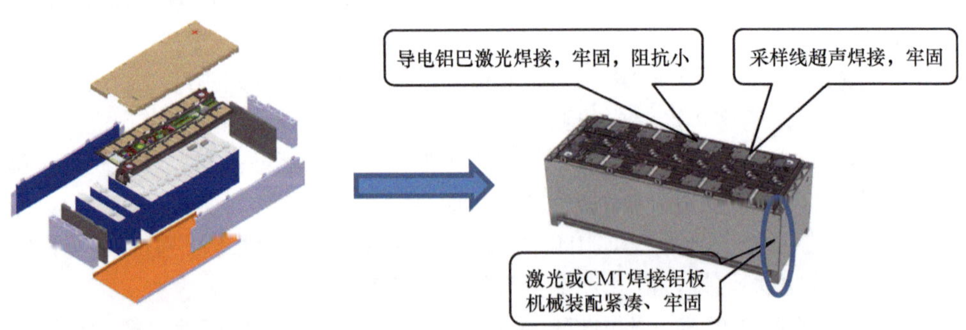

图 2-19 典型方形电芯模组工艺

导电连接要点：①铝巴与电芯电极配合度。②电芯膨胀力需要铝巴有伸缩量设计。软巴较好，只是成本较高

软包电芯模组工艺（以 GM Volt 为例）如图 2-20 所示。

18650 圆柱形电芯模组工艺（以 Tesla S60 为例）如图 2-21 所示。

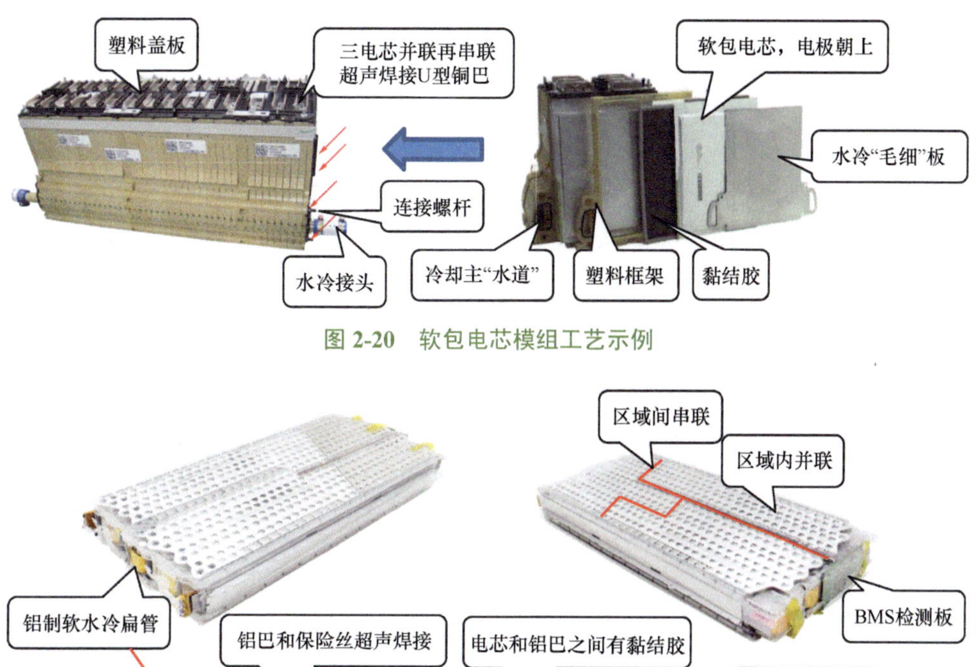

图 2-20　软包电芯模组工艺示例

图 2-21　圆柱形电芯模组工艺示例

2.4.3 箱体及结构技术

目前，电池箱体一般为钣金件、铝压铸或复合材料箱体，以实现批量化和标准化生产。钣金箱体制造工艺包括冲压、折弯、铆接、焊接、泄漏测试等；铝压铸箱体制造工艺包括压铸、X 射线探伤、修整、抛光、变形校正、摩擦焊、机加工、三坐标测量、泄漏测试等。如今也有厂家在开发新材料技术，如气凝隔热胶、导热石墨片、铝 - 锂合金等，用于改善电池箱的保温、散热、强度等性能。

2.4.4 紧固结构技术

动力电池系统中紧固技术运用较多，因为既要防止长时间振动环境下的防松要求，又要考虑连接部分尽量小的连接阻抗，以降低能量损耗。

设计上一般采用螺栓螺母连接、激光焊接或超声波焊接等方式。

螺栓螺母连接缺点是对设计和装配操作要求高，如果没有达到要求，会导致螺母松动，连接阻抗增大，存在可靠性和安全风险。其优点是拆卸方便，便于维修更换。其控制要点：①选用足够强度等级的螺栓和螺母，以便能承受足够的锁紧力和机械冲击力；②选用防松螺母，以保证长期使用中连接处能够抗机械冲击和热冲击；③保持连接导电体接触面洁净度和平整度，材料硬度不宜太高，确保接触面足够大；④螺栓螺母确保锁紧力达到设计值，确保接触电阻尽量小。

激光焊接和超声波焊接如果做到位，可以长期保证高的可靠性和低阻抗。缺点是不利于拆装，焊接质量检测也存在难点，一般用首件破坏性试验检查当前设备工艺能力。

激光焊接需要选择足够功率设备，焊接材料厚度和搭接顺序正确，确保焊接夹具固定到位。另外还要注意激光焊接发热对相邻热敏感件的影响。

超声波焊接需要注意：连接形状设计考虑焊接中的应力，焊接头设计要确保一次完成焊接。

2.4.5 防护等级技术要点（IP67）

电动车的电池系统是高压电气系统，要避免在使用过程中，让外物、灰尘或水汽进入箱体，影响电池绝缘或其他性能，因此对电池箱体有很高的防护要求。按照国际电工委员会（International Electrotechnical Commission，IEC）起草的防护等级系统 IP（Ingress Protection），电池箱要满足全天候使用要求，必须达到 IP67，这里的 6 指防尘等级达到“完全防止外物及灰尘侵入”的程度，而这里的 7 指防水等级达到“防止浸水时水的浸入”的程度。

要达到 IP67 防护等级，从设计、制造、安装到使用的诸多环节，都需要仔细对待，不仅对箱体结构和密封圈要严格控制，还要对高低压连接和线束仔细设计和加工。IP67 的箱体几乎是全密封的，为避免春夏秋冬和不同纬度的变化对箱体产生压力而破坏密封性，还需要在箱体上安装“透气不漏水”的压力平衡阀。如图 2-22 所示。

IP67 要点：

1）连接器或与电箱密封三个环节：①底座与箱体外壁密封，注意底座安装的密封圈和安装孔，当安装孔要求是盲孔设计时，箱体上要设计盲孔。如果箱体是薄板结构，不便加工盲孔时，要更换连接器或者开发匹配带盲孔的密封辅件。②连接器插头和插座必须插到位且匹配良好。③线束制作时，必须确保导线与穿过橡胶塞孔紧密配合，空余管脚必须插入匹配的盲堵。

2）连接器或 MSD 底座内部小腔体和电箱的大腔体连通，利用电箱平衡阀共同“呼吸”。

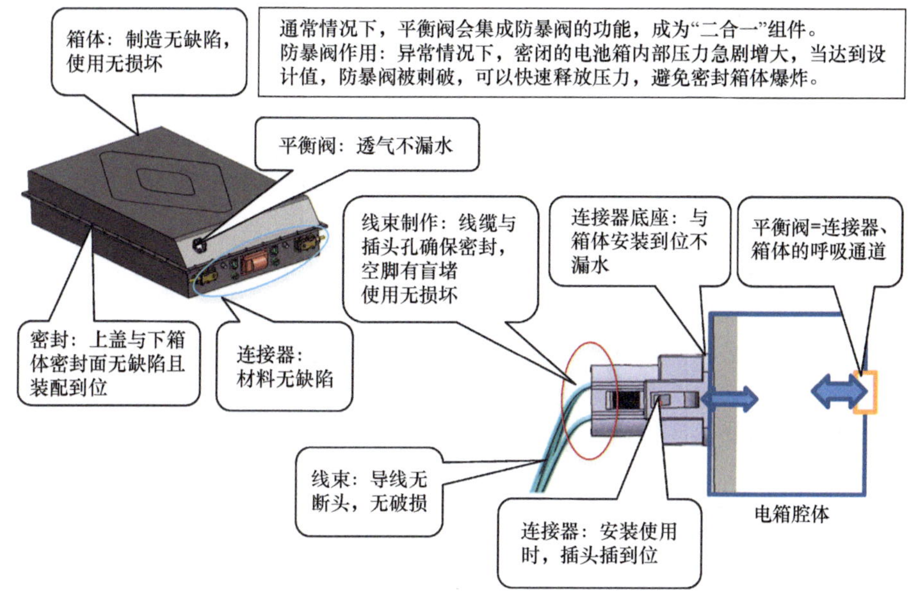

图 2-22　动力电池系统防护等级技术要点

3）连接器或MSD内部腔体的可“呼吸”，有利于长期保持压力平衡，避免损坏。另外，插拔时降低“打气筒效应”，更易操作。

4）插头部分操作不到位会影响 IP67，所以气密性测试时，需要插入带完整的线束的插头。

2.5　电连接技术

2.5.1 线束和连接的作用（电池系统动力网络和神经网络）

线束是动力电池系统电路的网络主体，没有线束也就不存在电路，其主要分为动力系统低压线束和动力系统高压线束。

动力系统高压线束如同整车的大动脉血管，将动力电池系统大心脏的动力不断输出到各个需要的部件器官中。低压线束则如同整车的神经网络，实时传输各类检测信号和控制信息。

2.5.2 连接器选择

需要根据使用在电池系统中的不同位置来选择不同类型的连接器，但是无论如何，都需要选择符合汽车规范的连接器。高低压连接器都必须在复杂的车用环境下保持可靠性。

箱体内部的高、低压连接器，无需选择防水类型，以便有更小的体积；

箱体外部的高、低压连接器，需要选择 IP67 等级，以便能防尘和防水；

高、低压连接器的插拔次数必须满足使用要求（关注操作频次）；

高压连接器底座和插头分离时，都必须单独达到防触摸等级 IPXXB；

高压连接器需要有高压互锁装置；

高压连接器正负极必须防呆，不可混插的位置间也必须防呆；

高压连接器过流能力和耐压等级都必须留有余量；

低压连接器必须保证低压电源线或低压功率线足够的线径能压接安装；

低压连接器必须有管脚标识；

低压连接器必须支持压接，最好支持全自动压接，保证生产效率。

2.5.3 线材选择和降额设计

线材过电流能力必须留有余量；

线材的绝缘层耐压需要满足使用要求；

线材绝缘层必须达到阻燃等级 UL-94V0 要求；

线材线径必须与连接器 PIN 相匹配（连接器规格书规定范围内）；

线材的柔软程度满足转弯半径要求，或要求线束安装空间有足够转弯半径。在某些特殊小空间下，可以选择更柔软的线皮，比如硅橡胶皮。

2.5.4 工艺选择

低压线束一般采用压接方式，不允许采用焊锡焊接；

高压线束一般采用压接、超声焊接或电阻焊接；

线束必须按间隔设计固定卡位；

电箱外部线束必须设计防护套，高压线束一般采用封闭的橙色波纹管，低压线采用黑色波纹管。

2.6 BMS 技 术

在电动汽车中，BMS 是 Battery Management System 的缩写，中文叫电池管理系统。BMS 的基本功能是测量、评估、管理、保护和警示。

测量功能主要是对电池的电压、电流和温度等参数实时进行检测，同时对电池系统绝缘电阻进行持续测量。

保护功能主要指控制电池的电流、电压、温度等参数始终在允许的工作参数范围内。管理功能有温度管理、电量管理、均衡管理、充电管理等。警示功能，是指 BMS 通过 CAN 总线与整车控制器、充电机等进行实时通信，将电池的状态和故障进行警示。

电池管理系统的起因，是由于电池一旦发生过充过放就会损坏，严重情况下还会发生起火爆炸的安全事故。因此，锂电池在使用中哪怕只是一节电池单独使用，也要配置电池管理系统。而电池在成组使用时，更容易发生过充过放的现象，这主要是电池在制造和使用过程中出现不一致造成的。电池间的差异如果没有在过充过放中得到有效的控制，将进一步扩大，导致电池容量和寿命的急剧下降，最终引起事故的发生。

随着技术的发展，保护功能之外，发展出了电量管理和电池新旧程度的估算，充电管理使得同一充电桩可以充不同电压和容量的电池，温度管理使电池的使用温度范围更合理，适用于更多的应用环境和场合。为了使一致性不太好或自放电率不太一致的电池能够长期免维护使用，均衡管理便得到了重视，并进入实用化。进一步的研究还发现，在不同电池剩余电量和环境下，电池应采用不同的放电使用策略。

电池管理系统的警示功能，必须是在电池管理系统自动执行无法采取有效行动的情况下，警示给相关的人员去做分析判断。比如 SOC，电池管理系统由于无法知道距离目的地点还有多远，因此无法要求停车充电或者返航等，只能报出数值让司机判断该采取什么措施。比如绝缘损坏，电池管理系统无法自行修复，也只能报警。而要将这些状态和故障报出，就必须通过 CAN 通信与整车控制器联系，进而出现到人机交互界面上。

当然，测量是这一切的基础。现有技术的测量为总电流、单体电压、选择的温度监控点、部分 BMS 还输出总电压。绝缘电阻是测量整个高压系统的，不单单是电池系统。总电流的测量是过流和短路保护的依据，也是安时积分法估算 SOC 的基础。单体电压的测量是过充过放保护的依据，也是电池一致性监控和均衡管理的原始数据。温度测量主要是为了温度管理，其数据也能用于电池寿命分布估算，或者热失控等安全事故的预警。总电压的测量对于 BMS 来说意义不大，因为总电压可以由所有的单体电压加和得到，在其他智能模块需要一个直接的总电压测试值的时候才会进行。

2.6.1 测量

1. 电压的测量

电池的电压主要指电池正负极的电势差，也是两个电池正负极接线端的端电压。电池的电压来源于正负极材料的电位差，而材料的电位取决于其电化学能级的大小，正负极材料的电位差称作电池的电动势，$E=\varphi_a-\varphi_b$。这是一个固定的特征值，但是在正负极材料与隔膜电解液等组成的电池中，电动势还要受到浓度、温度、压力等参数的影响，如果没有电流流过，电池处于静态，此时的正负极电极电位之差，称作电池的静态电动势，$E_s=\psi_a-\psi_b$。而有电流通过的时候，电池的内阻会产生一个电压降，电池的内阻由欧姆电阻、离子迁移驱动需要克服的阻力和电化学反应过程的极化等组成，表现的端电压为 $U=E_s-\eta$。电流不同的时候，需要克服的极化阻力不一样，极化电压 η 不一样，一次端电压也在变化。此外在不同的温度下，电池内部各种活性成分的活度发生了变化，同样电流下的计划电压 η 也不一样。

电压的检测，一般使用专门设计的芯片，比如 LTC6802，该类芯片能采集单体电池的电压，并进行通信，将采集到的数据传输出去。低成本的电压测量方案有用电阻分压来完成的。BMS 自身使用的总电压一般直接由单体电压累加得到，直接测量的原理跟一般万用表一样。

电压测量的精度，直接影响电池管理系统的功能。因为过充过放保护功能的实现完全依靠电压来判断。避免过充电的保护依据是电压，保护每个电池单体的电压不过高避免过充电，保护单体电压不会过低从而避免过放电。此外，电压的检测精度还决定了电池的使用规划，电量管理 SOC 的估算都要依赖电压的测量来校准，电池的均衡、安全管理等也依赖于电池电压的测量。

2. 电流的测量

电池的电流跟其他电源的电流完全是等效的。电流测量的精度和可靠性具有传导性，影响到其他电池参数的计算与工作状态的判断。比如安时积分法为基础的 SOC 估算，就必须有高精度的电流测试数据，而电池的使用比如充放电功率，电流测量的精度也会影响使用效果，BMS 的短路保护等功能也以电流值测试数据作为依据。

电流测量的芯片有 AD 芯片比如 CS5460A 等。我们能够直接测量的参数依然是电压，要测量电流，首先要把电流信号转换为电压信号。这种转换通常可以通过分流器或者霍尔传感器来实现。分流器实际上是一个阻值很小的电阻，直流电流流过电阻时会产生一个电压降，这个电压降就是电流大小的信号，通过芯片来读取这个电压信号可以给出被测量电路中流过的电流值。霍尔传感器中有电流流过时，由于霍尔效应，也会感生一个电压，失去这个电压值也能给出电路中流经的电流值。但是霍尔传感器是根据磁场进行测量的，故而对电磁环境十分敏感，而且使用中有一个磁场建立的过程，线性度也不是很好。

3. 温度的测量

温度对电池的影响巨大，以 35℃为基准，温度每升高 10℃，循环寿命下降

50%。以 25℃为基准，55℃时电池容量增大 10%，0℃容量减小 20%，–20℃容量降低 50%。电池在 45℃的环境下保存一年，即使不进行任何的使用和充放电，容量也将不可恢复地损失 30%。一般磷酸铁锂电池低于 –5℃时充电速度会急剧下降甚至无法充电。电池温度过高，比如高于 80℃，就引起电池永久损坏，再高就会引起内短路、热失控、起火、爆炸等。因此，要限制电池的最高温度，也要防止电池温度降到过低而无法充放电。电池内部、不同电池间的温度分布与电池的使用维护关系也很大。温度不均匀，会迅速导致电池单体之间出现一致性变差。

温度值转换为电信号即转换为电压信号，可见电压测量技术对于 BMS 的重要性。简单的温度测量是使用一个具有明显温度系数的电阻与一个温度系数很小的电阻分压，随着温度的变化，分压值会发生变化，测量到不同的电压就知道有不同的温度。精确的温度测量可以选用专门的芯片，如 DS18B20。

2.6.2 保护功能

电池管理系统对于电池的保护，是通过发出降低使用电流的要求，让负载控制智能模块进行输出调整，或者切断充放电通路来实现，以避免电池超出许可的使用条件。保护功能通常在以下情况下实施。

1. 过压保护

电池组中某只单体的电压超过了规定允许使用的电压，按照保护的目的，电池只允许放电而充电继电器被断开。一般 BMS 会在允许电压之下设置一些预警电压，电池达到这个电压的时候，BMS 将会发出要求，降低充电电流。需要明确的是，过压保护跟过充电保护是两回事，过压保护有效实施的话，电池不会发生过充电。过充电保护有效的话，能够避免热失控等安全事故。

2. 欠压保护

过充电能给电池造成损害和安全问题，占安全事故 60% 以上，过放电也会给电池造成损伤。欠压保护也是设置一些电压值，低于该电压值 BMS 要求降低放电电流或者切断放电通路。

3. 过热保护

过热保护的原则是尽量让电池工作在 45℃以下，避免过快地老化。但是当夏天环境温度很高的时候，正常使用的温度升高会超过 45℃，那么这时候会有一个防止当场造成过大损害的温度值。如果超过了这两个保护温度，又非要使用电池，而电池的温度升高还正常的话，就设置一个安全保护温度，高于这个温度极易发生安全事故。当然，这个安全温度是不能超过的，宁愿不使用电池也不能让安全事故发生。

4. 低温保护

电池在低温下，容量降低，活性降低，可使用的充放电倍率下降，就必须对电池的充放电倍率进行保护。温度降到更低，电池不能正常充放电，不能支持用电设备的正常功能，强行使用会造成电池当场损坏，这时候会切断充放电电路，禁止电池使用。

5. 电流过大保护

电流过大，毫无疑问会对电池造成不可逆转的损害。实验表明，放电倍率增大到 3 C，相比 1 C 而言，循环寿命降低到 1/3。电流过大的保护会设置 3 个电流值，当输出电流达到第一个电流值的时候，BMS 会请求不再增加电流，如果请求没有得到满足，电流继续增加，达到第二个电流值的话，BMS 会请求降低使用电流。然而假如这一切请求都没有得到满足的话，电流继续增加到第三个保护电流值，BMS 就会主动切断相应的放电或者充电通路。

需要注意的是，BMS 发出请求的时候，需要留给后续处理智能足够的响应时间。更需要注意的是，BMS 的电流过大保护，其策略必须与整车控制器和负载智能控制器协调。不协调的策略，会产生各自正常工作却故障频出的不良现象。

电流过大的现象中，有一些是由于短路引起的。短路的识别，在于切断通路保护后，再也无法上电，只要一上电，就会发生电流过大。此时可以与整车控制器的高压配电箱联合检查每一条用电支路，确定是哪个负载电路发生了短路。

2.6.3 管理功能

1. 电量管理

电量管理的基本含义是通过检测电池的某些参数，计算或者估计出电池的电量状态，然后将电量报告给相应的智能单元和使用人员，电量状态用 SOC 表示。SOC 又称为电池荷电状态，或者电池储存电量百分数。电池的实际电量状态跟电池组内单体的离散度、使用温度和电流历史等有关，也与其后使用温度和电流有关。电量报告的意义在于规划用电，防止使用过程中意外断电或者过充过放电现象的出现。

要报告电量，就要有检测、计算或者估算电量的方法。电池电量如果不实际放电，则不是一个可以直接测量的量，必须通过电池的电压、电流、温度等测量值，以及电池 BMS 之外测得的内阻、容量等参数来进行间接估算。电量估算是一个世界难题，因为即使完全一样的测试数据，也不能代表就是同样的 SOC。这样在同一组参数和测试数据之下，SOC 可能的真实值，就是 SOC 估算误差的来源。下面简单介绍一些典型的 SOC 估算方法。

当然，直接进行标准 SOC 测试的方式，是按标准放电方法将电池放电到低压保护截止电压，测试机给出的放电量就是该测试条件下的标准电量。但是这种方法虽然得到一个标准 SOC，电池也没有电了，不可能用于车辆实际的 SOC 电量管理。

（1）以端电压为基础的方法

这种方法的起源是开路电压法，将电池静置足够长的时间，由于电池内部完全达到了平衡，那么端电压就等于电池的静态电动势，这与 SOC 有比较准确的对应关系。但是这种方法是无法用于车辆实时估算 SOC 的，因为使用过程中无法留出足够的时间来静置。即使用于校准 SOC，也不能保证需要的时候就有足够的静置时间。所以，在实际使用中电池的端电压，就成为考虑的参数。虽然这种方法跟开路电压法比起来，由于电流和使用历史，电池的不平衡部分存在不确定，即存在误差，但是这种误差是固定的，每次估算误差都会在同样的范围内，因而是一种可重复的估算方法，结果在误差范围内总是可信的。

电压法的一个难点是电压测试的精度，对于磷酸铁锂来说，在平台区内，电压测试误差 5 mV，代表 SOC 变化，对于 SOC 估算来说已经太大了。提高电压的测试精度，或者提高电压的分辨率，能够有效地解决这个问题。

将电压轴拉伸 10 倍，则电压变化的细节分辨就提高了一个数量级，这个拉伸通过一个差分放大器就能够实现。图 2-23 显示了提高电压测试分辨率的原理。

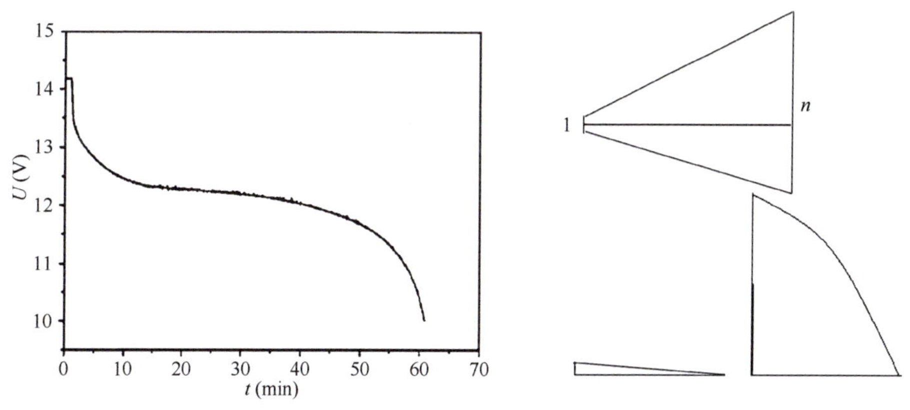

图 2-23　电压测试分辨率提高原理示意图

（2）以安时积分为基准的方法

安时法的理论基础是，已用掉的电量加上剩余的电量，等于电池的容量。剩余电量是一个未来参数，但是已经用掉的电量是一个过去参数，可以估算出来。最简单的方法是直接将电流测试值乘以测试间隔时间作为该时间间隔的电量变化，所有电流测试间隔的电量求和得到电量变化值，然后用容量减去这个消耗掉的电量，就得到了剩余的电量绝对值，但是 SOC 一般显示一个百分数，就用剩余电量绝对值除以电池容量。SOC=（C_n–Q）/C_n。这种方法具有累积的特性，比如电流测试值比真实值小，那么估计的电量变化会比真实值小，这就形成了一个剪刀差。出现的极端情况是 100% 和 0% 状态倒置，就是当充电充满的时候，BMS 给出的 SOC 是 0%，有的是 8%。当然这种方法还没有考虑电池的使用环境和使用工况，方法本身的误差有点大。而且这种方法必须要预先给定一个电池组的容量 C_n，这个给出的容量是有误差的，因为厂家在出厂时并没有精确地测定每一组电池的容量。然后随着使用，电池的一致性变差，C_n 发生了变化，这个变化 BMS 是无法定量精准判定的，这里又带入了一个误差，单体的容量与整组电池的容量变化不同步，又引进一个误差。所有的这些误差累加起来，很容易超过 20%，在电池组状态比较差的情况下，SOC 还显示 40%。

为了改进算法本身的精确度，改良的安时积分法被开发和提出。线性法就是其中之一，线性法不把两个电流测试间隔的电量变化简单地计算为电流乘以时间间隔，而是把电量变化假设为电流、电压、温度等多种参数的一个线性函数。这种方法等于考虑了电池的使用历史，拟合后消除了安时法的一项误差来源，这是一种进步。但是安时法不只有这么一个误差来源，因此，这种方法在实际使用中还是存在比较大的问题。

（3）卡尔曼滤波法

卡尔曼滤波法，把电池充放电的运行过程看做是一个状态转换过程，状态由 n 个状态参数来确定。这里考虑了更多的参数，这种方法还考虑过程激励噪声和观测噪声，分别用方差来表示。然后以当前状态预估下一个状态的状态值，再以下一个状态的实测值来验证。这样一个预估校正过程，能够消除更多的误差。但是单体的离散等依然无法解决。

（4）神经网络法

神经网络法是将测量值和计算值通过神经网络来对应电池的 SOC 状态，需要大量的自学习和调整，目前还并没有成熟到实用的程度。

2. 温度管理

温度对于电池的重要性前面已经作了介绍，这里再对电池发热、散热等情况作一些说明，介绍一些热管理的基本方法。

电池内部产热总量可以通过如下方式理解：电池本来的电动势是静态电动势，但是有电流流过的时候成了电池端电压。静态电动势跟电池端电压之间有个差值，这个差值就消耗在电池内部发热了。发热速率也可以定量地表示为 $q=(E-V)I$。当然，发热在电池内部也不是完全均匀的，因为电池内部的电子电阻、离子电阻和电化学反应位阻在电池内部的分布也不均匀。还有导体之间的连接点、接插件等电阻会比较大，并且随着制造厂家的不同，发热情况有很大的差异。在实际应用中发现，同样的导线和接插件，用在慢充纯电动上表现良好，而用在混合动力和快充纯电动上就损坏很快。同样的线材和接插件，一家线束厂加工的用起来一切正常，另一家线束厂加工出来的就很快烧毁。

对于散热来说，要考虑温度场分布、热阻分布和热源分布。热源产生的热量通过热阻路线导向温度场中温度低的方向。

对于一个电池单体来说，发热与放电倍率有关，放电倍率越大，产生的热量越多，电池内部的温度会越高。电池表面的导热能力越高，则电池内部温度最高点温度越低，但是从中心往外壳的温度梯度越大，电池内部温度的不均匀也加剧。电池与集流体之间导热能力越好，则电池内部的温度升高越低，且由于集流体与极片之间是均匀的连接，电池内部的温度均匀性也更好。

对于一箱电池来说，温度与使用功率有关，使用功率越大，则电池箱内的电池发热量越大，温度越高。而不同电池热量导出电池箱的热阻分布则决定了箱内电池间的温度差异。这主要包括集流体的热量如何导到电箱体外，电池外壳的热如何导到电池箱外。当然，更细致的研究还需要考虑电池对相互散热环境的影响。比如风吹过一个或几个电池后才给一个电池降温，那么前面的几个电池就对这个电池的散热造成影响。

对于一个电池系统来说，就必须考虑到电池箱间温度和散热环境的差异。

温度管理的目的是使电池组内的电池温度尽可能均匀，不形成温度过高的热量集聚点，并利用技术手段给电池降温或者升温，让电池尽可能工作在一个合适的温度范围内。

对于温度管理来说，温度传感器放置的分布也值得考虑。温度传感器应放置在最具有代表性、温度变化最敏感、对于电池的安全和性能影响最大的点位。温度调节方法以是否有人工控制的热源和冷源分为主动方式和被动方式两种。主动方式由于热源的加入，成本高，结构复杂，被动方式则效果差一些，调节能力相对更有限。为了加强导热，一般使用流体或者相变材料来与电池换热。流体有空气、水、防冻液，直接接触电池单体的硅油、变压器油等绝缘油。设计的关键是流体对每个电池有相同的换热能力。

3. 均衡管理

电池的不一致，是指同一组电池内单体电池的容量、内阻、端电压等出现差异，这是电池的本质决定的。电池的离散度，是指同一组电池内单体电池的容量、内阻、端电压等参数与平均水平的差异，是电池组内单体的一种状态。电池的离散度是电池的不一致性的表现。电池的不一致性，其来源多种，首先，组成电池的材料本身是不完全一致的，工艺过程中也无法控制到每个电池在任何细节上都一样。制造完成后，在使用中，由于外部环境的影响，比如温度、电位均衡等，会有不同程度的变化差异，再加上自放电率的差异，不同程度的过充过放等，会使得单体电池之间的不一致进一步加剧。通常可以用电压的标准差来衡量电池组内电池的分散度，2% 以内不影响电池组的使用，2% ～ 8% 在高倍率大功率使用时性能明显受到影响，大于 8% 的能够提供正常功能的工况已经很少了。

在没有单体损坏的情况下，电池组的离散可以认为主要是由于不均衡引起的，可以通过均衡来降低离散，从而让电池组在更宽的范围内发挥设计功能。均衡的技术包括均衡电路和均衡控制策略。均衡电路是电量和电能转移的电路，已经发展出了很多品种，可以实现单个电池的电量泄放，单个电池和电池组之间能量转移，单个电池和单个电池之间的电量转移。

均衡策略才是均衡管理的难点，首先，要确定是否需要均衡，就要计算电池组的分散度。但是由于容量等的差异，同一组电池在同一个循环中的不同时刻，算出来的离散度是不一样的。比如所有的单体都充满电后，这时候离散度可以认为是零。但是到达放电终点之后，离散度达到了最大值。因此，要确定充放电的目标点，才能判断当前的离散度是否需要均衡。在使用区间计算可能出现的最大离散度，如果离散度大到不能正常使用，则需要均衡。使用区间的目标越宽，对均衡的要求就越高。

然后选定均衡的单体，如何确定哪些单体要参与到本次均衡中，均衡的目的是要在整个目标 SOC 区间保持电池组的正常功能。如果要简捷有效地达到目的，参与均衡的单体的选择就有很大影响。

均衡的起点和终点如何设定，这要考虑对于每个单体在选定区间的表现，选定区间是在单体的哪个区间，两个区间当然重合度越高越好，但是前面介绍过，整组电池的 SOC 估计有误差，每个单体的 SOC 估计也有误差，在双倍误差的区间宽度内，系统是无法判断均衡是否在起点或者是否到达终点的。因为系统也不知道哪个单体是正误差，哪个单体是负误差。

有一种办法，是将单体电池电压与设定区间的最低电压做差分放大，这样电池放电曲线的斜率可以做得很大，曲线看起来很陡。然后策略中假定电池组内单体容量一致性正常，这样可以估计每个电池单体在目标区间首尾的电压，根据电压判断每个单体能否正常发挥功能。选定一个目标区间后，电压变化最快的单体电池，在区间低端时电压最低，而在区间高端时电压最高；电压变化最慢的单体电池，在区间低端时电压最高，而在区间高端时电压最低。这个策略只涉及电压测试精度，而电压测试精度一般并不造成电池过充过放。

2.6.4 警示功能

警示功能是判断需要警示的参数和状态，并且将警示发送给整车控制器。

要发送和接收数据，就要有通信，BMS 是通过 CAN 通信跟整车控制器等通信的。

BMS 系统定义的警示内容有很多项，也给出了 BMS 自动采取的措施，但是也有很多情况是超出 BMS 自动处理能力的。BMS 警示包括以下内容：SOC、总电压高、总电压低、单体电压高、单体电压低、单体压差大、放电电流大、充电电流大、温度高、温度低、温差大、绝缘阻值低、BMS 自检故障、温度测量故障、电流测量故障、单体电压测量故障、CAN 通信故障。

SOC 是必须要时刻报给整车的。

从绝缘阻值低往后，都是 BMS 无法自动解决的故障，属于要维修的故障。

其余的警示，其含义是 BMS 已经知道要保护了，那么如果 BMS 功能正常的话，应该已经执行了相应的保护动作。保护动作一般分为三类：一类是显示，比如单体电压高，磷酸铁锂 3.7 V 恒压充满，那么 3.6 V 就显示出来，如果有人值守的话，就知道快要充满电了。第二类是保护请求，比如发出请求，要求降低充放电电流等，这类是需要外部响应的。第三类就是保护动作，比如切断充电通路或者放电通路。

因此，理解 BMS 的警示是要分类的，最好的办法是 BMS 外报以上内容时，明确地区分。

那么如果第三类保护没有用，怎么办呢？那对于 BMS 来说就是听天由命，放弃保护。幸好，BMS 不仅仅电池系统里面有，整车控制器可以集成，远程监控还可以内含。这个应该是最新的动态，对于需要保护而 BMS 三类办法都执行过了还没有得到有效保护效果，超出 BMS 能力的保护就要由后续的管理来实现。

后续的管理我们定义为扩展故障，这些都是超过 BMS 保护能力的真实故障，需要人工保护。对于人工保护的分析处理流程，针对安全问题和维护问题，制定不同的处理。这样的 BMS 就是一个完整的管理系统了。

2.7 锂电池标准化体系

2.7.1 概述

锂离子电池产业经过近年来的快速发展，已从最初的日本企业独霸天下，逐步发展成中日韩三分天下的局面，我国更是已跃升为锂离子电池的生产大国。伴随着锂电池相关产业的高速发展，国内国外相关标准法规也逐渐得以完善，同时也暴露出一些标准体系的缺失及落后问题。

2.7.2 国内外标准化情况

我国从事锂离子电池标准研究的机构主要有：中国电子技术标准化研究院、全国信息技术标准化技术委员会、锂离子电池安全标准特别工作组等。标准对象覆盖电池材料、电芯和电池组、应用系统。从标准的应用领域分，产品主要覆盖消费型、储能型和动力型。目前涉及锂离子电池已制定及正在制定的标准有63项，其中动力型锂离子电池标准20项，涉及不同产品类型的安全标准10项。

国际上涉及锂离子电池相关标准的机构主要有国际电工委员会（IEC）、国际标准化组织（ISO）、联合国危险货物运输委员会等。初步统计，国际标准以及在世界范围内影响比较大的国外标准共计约55个。从转化情况看，22个国际标准（IEC、ISO、UN标准等）中我国已经转化的标准14项，已自主或参照制定的2项，拟转化1项，其余5项目因缺乏必要性未进行转化。

在锂离子电池领域，我国在标准化体系方面主要涉及单体和模块，对电池性能和安全进行了规定。在车载能源系统领域，相关标准QC/T 743已被引用作为电动汽车动力电池公告试验的测试依据。在车载能源系统领域，国际标准与国内有所差异，国际电工委员会（IEC）从电池单体角度进行了电性能和安全可靠性的要求，而国际标准化组织（ISO）则从电池系统的角度进行了电性能和安全性的要求。我国在2015年5月颁布的动力锂电池新国标GB/T 31484、GB/T 31485、GB/T 31486侧重于电池单体和模组层级的检验规范，作为QC/ T743的完善升级；GB/T 31467.1，2，3—2015（基于ISO 12405-1，2，3：2011标准转化）则毫无疑问是侧重于电池包或电池系统级的检验规范。通过这6项新国标的发布，标准的相互衔接和组合，覆盖了不同的零部件等级。我国电动汽车产业围绕动力电池系统已基本上构建了完整的标准体系，形成了行业的准入门槛，有利于行业的规范发展及优胜劣汰。

同时随着动力电池行业近年来的迅猛扩展，一些标准化体系不足的问题也暴露出来，例如：①标准更新速度缓慢，不能满足技术发展需要，出现了很多重要标准中技术指标不合理的现象。需加快标准更新速度，适应技术发展需要。②目前的锂离子电池标准体系没有覆盖整个锂离子电池产业生态链，标准体系不够健全。例如尚未制定锂离子电池制造及检测设备、回收利用的相关标准。因为产业的急速膨胀，这类问题必须提前规划完备，对不符合行业发展实际情况或相关技术指标已经落后于行业技术现状的标准进行清理，加快推进制修订工作。

主要参考文献

安志胜, 孙志毅, 何秋生. 2013. 车用锂离子电池管理系统综述[J]. 电源技术, 6: 1069-1071.

侯江娜. 2013. 混合动力汽车电池SOC估算与能量系统研究[D]. 镇江: 江苏大学.

祁华铭. 2015. 纯电动汽车能量均衡技术研究[D]. 合肥: 合肥工业大学.

宋刘斌, 李新海, 王志兴, 等. 2013. 锂离子电池充放电过程中的热行为及有限元模拟研究[J]. 功能材料, 8: 1153-1158.

滕飞, 朱传敏, 杨苍禄. 2015. 电动车供电单元的性能分析与仿真研究[J]. 机电工程, 7: 991-994.

王文昌, 张济麟. 2012. 直流分流器与直流分压器结构原理及现场应用分析[J].计算机技术与自动化, 2: 45-49.

徐晶晶. 2014. 纯电动汽车电池管理系统的设计与实现[D]. 合肥: 合肥工业大学.

03

产品安全规则与流程

本章导读

- 产品的安全，有其根植的土壤，这个土壤就是企业内部的文化、规则和制度。
- 作为汽车产品，安全是产品开发过程必须放在第一位考虑的因素，所以动力电池及系统企业必须在内部构建一种安全的文化基因，让产品安全这个理念渗透到每一名员工的思想当中，并通过制度和规则的约束，让员工将这种理念落实到开发、测试、生产、服务的每一个环节当中。
- 监督和评估机制不可或缺，事前预防，事后分析，问题闭环跟踪和解决，形成一种良性的循环，才能使风险得到有效管控，不断地提升产品的安全目标和性能。

3.1 企业安全文化建设

一种产品在推向市场之前，要先后经历市场分析、需求定义、产品研发、测试验证、生产制造等各个阶段，是企业各部门成员通力合作的结果，是集体智慧的产物。产品能否达到一定的安全等级，为客户提供有价值的服务，而不是损害客户的人身健康或造成财产损失，是由参与产品生命周期各阶段的员工共同决定的。

员工的思维方式、行为准则、做事习惯又受到企业文化的深远影响，可以说，企业文化构成了企业的基因，造就了企业的经营风格，进而决定了产品的品质、安全等基本要素，并最终影响企业的信誉和品牌价值。

企业安全文化是企业为实现企业愿景、履行企业使命而进行的长期管理活动和生产实践过程中，积累形成的全员性的安全价值观或安全理念、员工职业行为中所体现的安全特征，以及构成和影响社会、自然、企业环境、生产秩序的企业安全氛围等的总和。企业安全文化分两个方面：对企业员工在工作过程中的身心健康和职业安全负责的文化；对企业产品和服务所面向的社会公众人身健康和财产安全负责的文化。

企业经营的宗旨是要为社会提供有价值的产品和服务，而不是简单地追逐利润，这就决定了企业必须承担最基本的社会责任和法律义务，绝不能以损害企业员工的职业健康，或损害社会公众的健康和财产，来达到企业的经营目标，绝不能以损害大众利益来谋取部分人的私利。一言以蔽之，将对安全负责的理念贯穿到企业经营活动的方方面面，变成公司全体成员下意识的行为和习惯，就是企业安全文化所要达到的效果。

随着我国《企业法》、《安全生产法》、《劳动法》、《劳动合同法》、《环境保护法》等相关法律法规体系的完善，企业在生产经营活动中，对劳动者的人身安全和职业健康已经越来越重视，建立了有效的职业安全保障体系，通常由企业的法人或最高管理者承担直接的法律责任，能够有效地保护劳动者权益。但是大多数企业还未能在企业内部建立面向社会公众和自然环境的产品安全保障机制，集中体现在安全目标模糊、职责不清、赏罚不明、追责制度缺失、法律意识淡薄，由此造成了我国产品安全事故比例大大高于欧美日等发达国家和地区。

汽车产品与社会公众的人身健康和财产安全直接相关，我国每年因道路事故造成的伤亡人数长期居世界首位，其中约有四分之一的事故是由车辆本身的缺陷或故障所引起的。近年来，随着我国汽车安全法规体系不断完善和《家用汽车产品修理、更换、退货责任规定》的出台，以及人民大众生活水平的逐步提高，整车企业和零部件企业也越来越重视汽车产品的安全性能，并将之作为产品的重要目标加以改善。

在新能源汽车发展的起步阶段，产品安全关乎整个行业发展的生死，公众没有理由去使用不成熟且安全风险巨大的产品，因此产品安全问题牵一发而动全身。要消除公众的疑虑，推动行业健康发展，企业就有必要从产品安全文化入手，努力在企业内部构建产品安全保障体系，真正为社会公众提供安全可靠的产品。

具体来讲，企业应该从以下几个方面来推动企业安全文化建设：

- 企业应在自己的愿景、使命、目标等价值观体系中明确无误地体现社会责任和义务，以保障社会大众的人身健康和财产安全作为根本原则，做出面向全体员工和用户的安全承诺，并通过各种途径和方式在企业的日常经营活动中进行宣导和传播。
- 企业的领导者和管理者，应以身作则，切实履行和实践企业所做出的安全承诺，在企业的经营活动中，在组织和运作层面，建立一个有效的整体安全策略，把产品的安全保障变成一个全员参与的活动，而不是某些人或某些团队的责任。
- 企业应建立职责清晰的产品安全规则和流程，并将之与企业的产品开发流程、生产制造流程、品质管理流程等相关的内部流程进行有效地融合，将产品安全的目标和责任进行结构化和流程化，落实到每一个团队，每一个部门，每一个员工。
- 企业应建立赏罚分明的监督机制和激励机制，应对所有产品的安全目标落实情况进行有效地监督和评估，对履行职责情况好的团队和个人进行激励，对没有落实安全职责的团队和个人进行必要的惩罚，在产品暴露大量的安全隐患和事故时，有必要追溯相关责任人的法律责任。
- 企业应为所有员工提供必要的培训和足够的工具，使其明确自己的产品安全职责，并能够在工作当中充分履行自己的职责，确保全体员工充分理解并胜任自己的工作，同时应鼓励员工对任何与安全相关的问题持质疑态度，形成自我改善的环境和氛围。
- 企业应推动和加强内部的沟通和交流，针对产品安全问题应建立跨部门的合作和解决机制，将产品安全目标贯彻到产品生命周期的始终，而不是局限于某一个阶段或环节，企业应建立一个闭环的问题解决和产品改进流程。
- 企业应将自己的安全理念和承诺传递到相关方，如用户、客户、合作伙伴、供应商等，应推动建立一个多方合作的产品安全保障机制，而不仅是局限于自身的改善。

现代社会，产品的复杂程度越来越高，尤其是一些大系统级产品，涉及大量的跨学科、跨领域的理论知识和工程经验，单靠个人和局部的力量，已经无法有效解决产品的安全问题。在这种情况下，推动产品安全文化建设，将产品安全实施和保障变成一个全员参与的活动，甚至是多个公司和组织配合完成的活动，已经是大势所趋。航空航天领域是一个较为典型的例子，一个载人火箭或航天飞机需要成百上千的机构、单位、组织和公司参与研发和制造，但是一个小小的密封圈失效或一个泡沫脱落，就可能导致整个航天发射器爆炸解体，造成重大安全事故。汽车行业也具有类似的特征，汽车产品是典型的复杂度非常高的系统级产品，任何一个子系统或零部件达不到规定的安全目标和等级，都可能导致整车在使用过程中发生安全事故，要解决此类问题，已经不是一个公司能够完成的任务，而需要全球的汽车零部件企业和整车企业密切配合，共同解决。

推动产品安全文化建设，就是要让企业的每一个成员明白，对用户的安全负责是企业经营活动的最基本要求，是企业所有成员的共同责任，也是所有人的切身利益所在，是企业得以生存和发展的基石，也是社会得以进步的基石。

3.2 产品安全的规则和流程

文化对企业和员工的影响，更多地表现在意识层面、思维层面、习惯层面，要将安全的基因真正根植到产品当中（图 3-1），还需要一系列的规则和流程，如同国家的法律法规一样，能够将无形的东西规范化和制度化，变成可操作可执行的约束性条例，贯穿到企业经营活动的各个层面。组织和实施产品安全相关的活

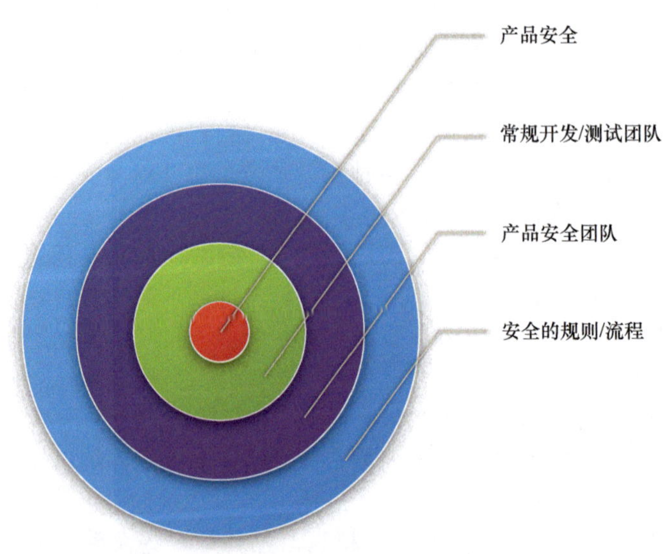

图 3-1 产品安全的核心地位

动，确保产品安全目标的达成，这就是产品安全的规则和流程所要达到的效果。

无规矩不成方圆，规则的作用在于确立产品安全的组织和运作方式，举例来讲：

- 谁来统筹和负责公司层面的产品安全工作？
- 如何在产品生命周期过程中执行与产品安全相关的活动？
- 产品安全相关的问题，应走什么样的汇报路径？
- 产品安全的评估工作是否需要独立执行？
- 如何落实团队和个人的产品安全职责？
- 针对市场上已发生的产品安全问题，应如何处理？
- 如果产品有重大安全问题无法解决，该如何处理？
- ……

通过建立明确的规章制度，来回答这些问题，厘清职责和范围，使得团队成员明白自己的责任和义务，从而避免工作的灰色地带：

- 公司应确保有高层管理者对产品安全负有直接的领导和管理责任，如责成总工、CTO，甚至公司最高管理者直接对重大的产品安全问题进行管理、判断和裁决。
- 公司应建立独立的产品安全团队，对产品生命周期过程中的安全活动实施和完成情况进行监督和评估，保障产品安全目标的达成。
- 公司应建立独立的产品安全问题汇报路径，由产品安全团队将重大安全问题整理并汇报给公司的总工、CTO、CEO、总经理、总裁等高层人员。
- 公司应明确参与产品生命周期的所有人员均承担安全职责，必须执行其岗位所要求的产品安全活动，并对相关结果负责，必要时进行责任追溯。
- 公司应明确产品安全问题是必须予以考虑和解决的产品首要问题，任何针对安全问题的妥协和折中，都必须经过严格的评审和评估。
- 公司应建立规范的数据库和备份系统，确保与产品安全相关的活动都有文档记录，得到妥善保存，并可以查阅和追溯，必要时作为商业纠纷和法律纠纷的证据。

在产品安全规则的基础上，我们还必须将确保产品安全目标达成的一系列活动进行结构化和流程化，以便于实际的操作，这就是产品安全流程，它回答了以下几个问题：

- 具体有哪些阶段？
- 不同阶段实施什么活动？
- 由谁来负责不同的活动？
- 要达成什么样的结果？

产品要先后经历市场调研、开发、测试、生产、运行、维护、报废等各个阶段，每一个阶段的参与主体都不同，参与的人员也不同，必须通过非常细化的文件和表单，让每一个成员明白，我该做什么，该如何去做。

通常来讲，在构建产品安全流程时，有三份文件是需要考虑制定的：

- 结构化的流程文件或流程图——将安全工作进行分解，落实到产品生命周期的每一个阶段，安全流程可以整合到公司现有的流程当中，而不必单独建立流程文件。
- 流程操作指导文件——针对每一个具体的产品安全活动，需制定具体的操作指导方法，告诉活动的执行者，该如何实施这些活动，需要哪些输入和支持材料。
- 安全活动的成果或输出——通常是以电子文档的格式来记录，需要规范具体的文件格式，确保安全活动的输出基于公司所规定的要求，便于统一管理和保存。

下面以一个实例展开，探讨如何建立产品安全流程。我们需要将图 3-2 中“产品安全的设计”进行工作任务分解，分解后得到其中的一个活动是 DFMEA，那么我们就要定义 DFMEA 在什么阶段执行，由谁来执行，如图 3-3 所示。

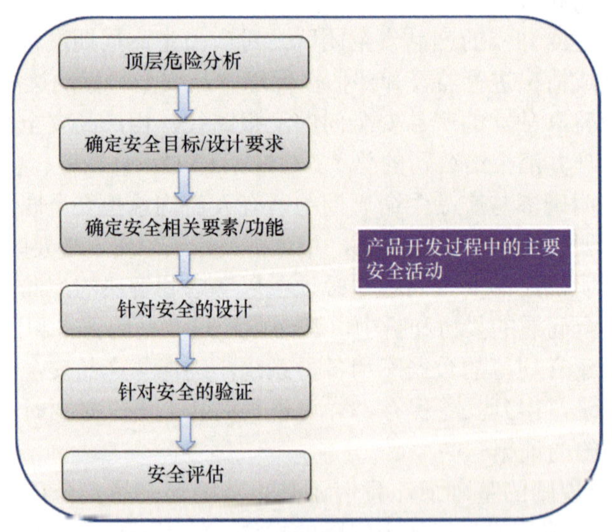

图 3-2　产品开发过程中的主要安全活动

DFMEA 是一项比较复杂的活动，涉及多个部门和人员，那么，具体该如何执行这项活动呢？我们还需要对这项活动制定详细的操作指导，见表 3-1。

表 3-1 清晰地定义了活动的内容，支撑流程或规范，执行该项活动所需要的输入材料或文件，以及该项活动所输出的成果。如有必要，可以将这项活动进行下一步的工作任务分解，得到更多的子层级活动，并对每个子活动定义详细的操作指导。

表3-1　流程操作指导文件示例

阶段	角色	活动名称	活动编号	活动内容	活动支撑子流程	输入	输出
开发阶段	系统工程师	主导 DFMEA	SE- Ⅲ 10	1. 系统工程师组织设计工程师、测试工程师建立各子系统的 DFMEA 开发团队 2. 系统工程师主导 DFMEA 开发 3. 团队根据 SFMEA、《需求分解分配表》、《质量需求清单》和公司 FMEA 知识库，进行子系统结构，子系统功能分析 4. 系统工程师主导建立各子系统结构网和子功能网 5. 系统工程师主导进行失效分析，建立功能失效网，对失效进行预防和探测措施分析 6. 各系统设计工程师负责对按照 S/O/D 评分标准得出的需采取措施项进行措施跟踪，输出 DFMEA 文件 7. 系统工程师负责监督 DFMEA 的实施情况，推动设计工程师在开发过程中持续完善 DFMEA，推动 DFMEA 用于指导详细设计和 PFMEA 开发 8. 各子系统设计工程师负责组织 DFMEA 专项评审 具体参考《技术评审操作指南》、《FMEA 工作指示》	技术评审操作指南 FMEA 工作指示	需求分解分配表 SFMEA 产品需求清单 质量问题库 FMEA 知识库	DFMEA

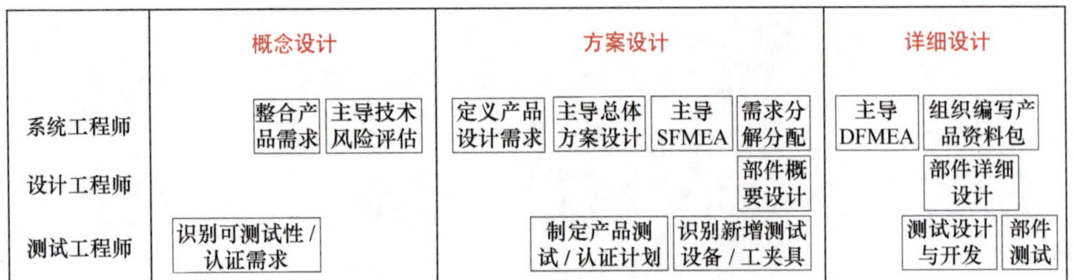

图 3-3　产品安全工作任务分解示例

具体的 DFEMA 表格形式，不在本文给出，现在很多公司都已经采用专用的 DFMEA 工具软件，可以多人在线操作，格式固定统一，数据可随时保存和备份。

针对产品安全流程的三个关键文件：流程文件、流程活动操作指导、活动输出文件或表单，并没有适合所有企业的统一规范，而是需要每个企业根据自己的产品和业务领域、现有流程和规范，公司组织架构等现实条件，制定适合自己的流程体系，并落实到企业的经营活动中，通过实践活动不断地加以改善，为企业的健康发展建立制度的保障。

3.3　产品开发过程中的安全活动实施

3.3.1 产品安全管控方法

在产品的开发过程中，一系列与产品安全相关的活动，其执行情况和执行的结果会对产品安全产生重大的影响。如何合理地组织和监控产品开发过程中的安全活动，将产品安全的风险降低到合理的可以接受的水平，是本节所要探讨的内容。

在长期的项目实践过程中，我们通过对众多的问题进行归纳和整理，逐步形成了以产品安全设计需求为牵引、以产品安全风险跟踪为纽带、以产品安全风险评估为支撑、以产品开发阶段评审为节点的产品安全风险管理体系，并不断地加以完善（图 3-4）。

3.3.2 产品安全的设计需求

针对产品开发的“头”，即产品开发的设计需求，需要建立一套比较全面的安全设计需求，与客户需求相配合，能够明确设计目标，有效地牵引产品的安全设计，做到有的放矢。通过不断的积累和梳理，这些需求最终可以上升为企业内部标准，达到更强的约束力和更好的效果。

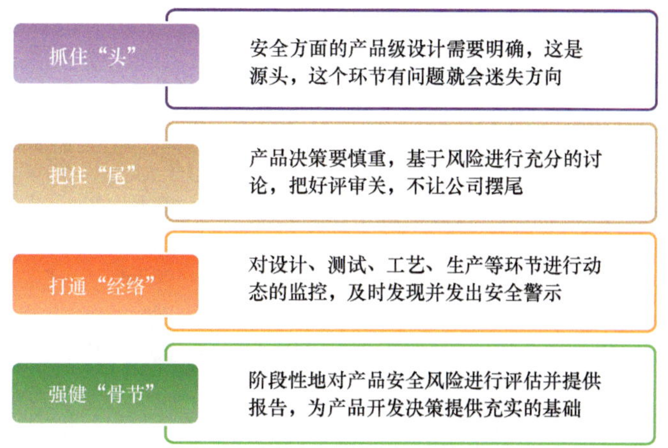

图 3-4 产品安全风险管控要点

以动力电池系统为例，产品安全需求可划分为电气、机械、化学、功能安全等几类，再细分出具体的需求项，给出初步的量化指标，基本涵盖了产品安全的各个方面，初步规范了针对产品安全的设计输入：

- 电气安全

绝缘防护、等电位、高压互锁、短路保护、供电保护、故障检测……

- 机械安全

IP 防护、振动、冲击、碰撞、跌落、翻滚、挤压、穿刺……

- 化学安全（含环境适应性）

化学 / 热稳定性、阻燃、化学腐蚀、盐雾腐蚀、危害气体……

- 功能安全

ISO 26262 所要求的安全体系。

以上分类仅供参考，每个企业可根据自己的需要来定义和划分产品的安全设计要求。表 3-2 为关于安全设计需求的具体定义示例。

产品安全设计仅有系统级的需求是不够的，还需要将系统级的安全需求逐级分解到各子系统和零部件，从而构建完整的产品安全需求，确保安全的设计要求贯彻到子系统和零部件层面。表 3-3 为根据系统级安全设计要求，分解并落实到高低压线束的部分安全设计需求，示例仅供参考。

在制定产品安全设计需求的过程中，还充分考虑了国内外的行业标准和规范，建立产品安全标准库（图 3-5），充分地加以学习和吸收，纳入到企业自己的安全体系当中。

对标准的分析和整理工作是一个长期的过程，能够不断丰富和完善企业的产品安全知识体系。针对产品所面向的区域市场，当地的法律法规和标准是要充分考虑并加以满足的，这既体现了企业对当地用户的尊重，也可以避免产品所面临的各种法律风险。

表3-2 产品安全设计需求示例

ID	需求维度	需求类别	需求描述	需求来源	优先级	是否属于产品关键特性需求	适用产品
REQ_SAF_SYS_095	化学安全	阻燃要求	对于塑料部件需满足阻燃等级：V0 级	UL94	H		所有产品
REQ_SAF_SYS_096		防火要求	产品进行火烧测试时，整个测试满足［ECE-R 100/2］标准要求	ECE-R 100/2	H		所有产品
REQ_SAF_SYS_097		测试样品存储要求	在样品完成短路、过放、过充、冲击、振动、翻转、温度冲击、撞击 / 挤压、高度模拟、针刺、跌落和浸水的一项或组合项测试情况下，样品必须妥善存放 2 周以上，并观察在存储过程中是否发生起火爆炸等热失控现象。 注：可采取以下度量指标：产品的外表面温度不能超过 80℃	内部	H		所有产品

表3-3 产品安全需求分解分配示例

需求维度	需求类别	需求描述	需求来源	优先级	适用产品	线束类型
机械安全	振动	在 20 小时的振动测试过程中，Pack 外部线束及连接器不允许超过零部件自身的工作温度范围（振动条件根据项目制定）	内部	H	EV	高 / 低压
	振动	在 20 小时的振动测试后，Pack 外部线束及连接器必须满足 IPXXD 防护等级（振动条件根据项目制定）	内部	H	EV	高 / 低压
	振动	在 20 小时的振动测试后，线束保护层和导线绝缘层不能出现磨破现象（振动条件根据项目制定）	内部		EV	高压
	冲击	在冲击测试过程中，Pack 外部线束及连接器不允许超过零部件自身的工作温度范围（冲击条件根据项目制定）	内部	H	EV	高 / 低压
	冲击	在冲击测试后，Pack 外部线束及连接器必须满足 IPXXD 防护等级（冲击条件根据项目制定）	内部	H	EV	高 / 低压

3.3.3 产品开发过程中的安全风险跟踪

产品开发一般会有阶段性的评审，但是评审的周期间隔很长，有许多的安全问题和风险需要及时地发现、处理、跟踪和关闭。因此，针对具体的产品，可以在开发的过程中建立两级风险管控方法，分别为：

- 每周滚动的安全风险跟踪；
- 阶段性的安全风险评估。

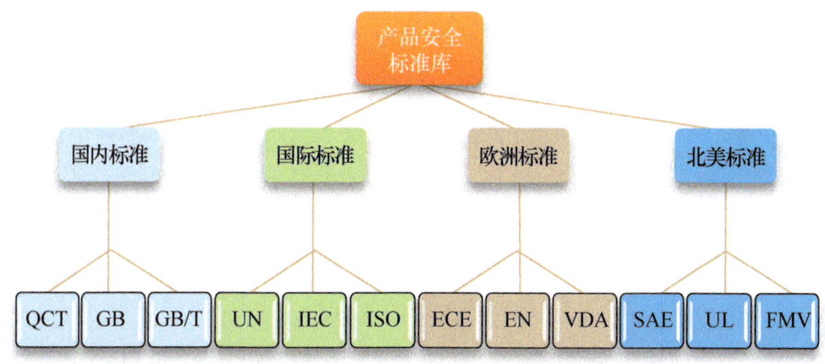

图 3-5 产品安全标准库内容

在产品开发过程中，进行多次阶段性的安全风险评估，比如以月为单位进行评估，可以大大缩短针对安全风险的决策周期，将相关评估报告提交给项目经理、开发负责人、产品负责人等，供他们进行产品的评审和决策，表 3-4 为某产品的阶段性安全评估报告结论汇总。

表3-4 产品安全风险评估报告结论汇总示例

不满足的安全需求类别	风险等级	需求总数 / 不满足数
电气安全	高	70/27
机械安全	高	18/2
化学安全	中	1/1
法律法规	中	13/1
测试要求	中	1/1

但阶段性的安全风险评估毕竟时间跨度较大，及时性不好，往往会导致项目在不同阶段的末期才发现重大风险，使得项目团队无法采取有效措施应对。针对此种情况，可将每天跟踪和搜集产品安全问题，进行分类整理，确定风险等级、责任人、解决措施、完成时间等，每周汇总成表，发送给项目经理、产品经理、开发部门经理及相关的责任工程师，以推动项目团队及时处理并解决安全风险（表 3-5）。

通过以上的方法，可以为产品开发建立基本的安全风险管控机制，一定程度上降低了产品开发过程中的安全风险。

3.3.4 建立持续优化的闭环流程

产品的安全性，并不仅仅是在设计时体现的，它贯穿于产品的整个生命周期当中，从产品的需求开始，一直到产品退市，甚至还影响到产品的拆解和报废，尤其是对于动力电池系统这类高度复杂的能量型设备，更是如此。

表3-5 产品安全风险评估跟踪表示例

序号	风险类型	记录时间	风险等级	风险描述	应对措施	责任工程师	安全责任经理	计划完成时间	状态
1	电气安全	2014/8/5	中	Pack 侧板线束悬空和松动的问题	2014-8-8：内部评估，同时等待振动 & 冲击测试结果，为后续设计改善提供帮助	XXX	XXX	待定	Open
2	电气安全	2014/8/5	中	一些低压接头松动，有起火的风险	2014-8-8：后续生产尚未发现此类问题，继续跟踪此问题	XXX	XXX	待定	Open
3	电气安全	2014/8/19	中	产品的 EOL 测试缺失一些安全测试项	2014-8-19：与相关人员讨论，增加安全测试项	XXX	XXX	2014/9/1	Open
4	电气安全	2014/8/19	中	在 EOL 测试中增加耐压测试	2014-8-19：与相关人员讨论，增加耐压测试	XXX	XXX	2014/9/1	Open

产品的安全，通过需求来牵引，通过设计来实现，通过测试来验证，通过生产来控制，通过售后服务来保障。在设计流程的时候，必须考虑到方方面面的因素，任何一个环节脱钩了，都会导致整个产品功亏一篑，千里之堤毁于蚁穴，就是这个道理。

在构建产品安全体系的时候，就需要充分考虑影响到产品安全的所有因素，建立一个闭环优化的流程，涵盖产品的整个生命周期（图 3-6）。

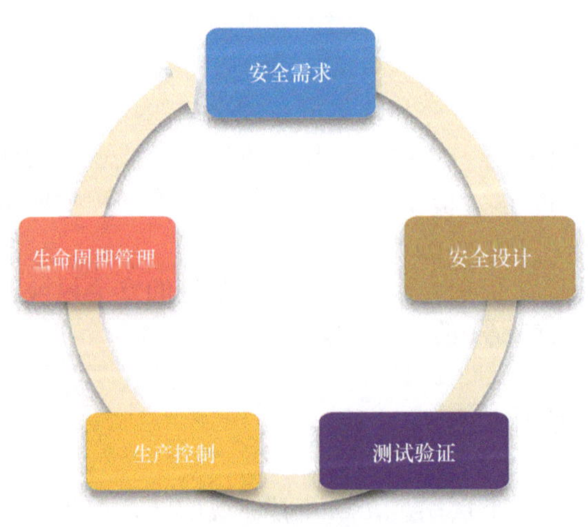

图 3-6 产品安全的闭环流程

在产品正式上市之后，通过对市场问题的反馈和搜集，梳理并归纳安全相关的问题，由责任部门牵头，组织设计、工艺、生产等各部门的工程师，建立针对安全问题的失效分析会议，来推动产品安全问题的闭环解决。在此基础上，建立企业自己的安全经验案例库，形成短期、中期、长期的解决方案，将已发生的安全案例变成宝贵的经验，用以指导安全需求、设计、测试、工艺、生产等环节的优化工作（图 3-7）。

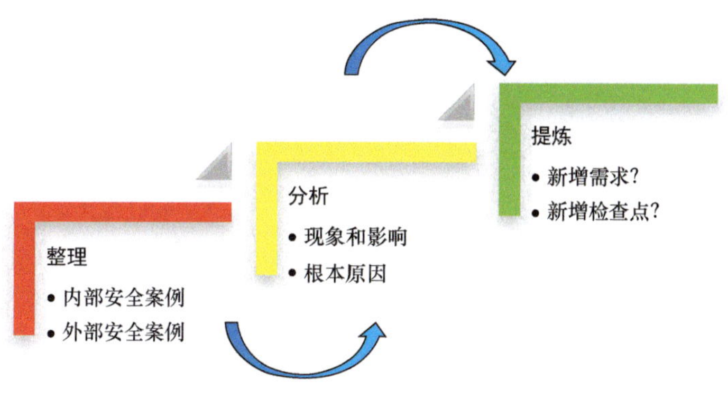

图 3-7　产品安全问题的管理流程

产品的安全风险管控工作是重中之重，企业的发展很可能因为一次事故或灾难而面临重大的挫折，甚至是倒闭的危机。为企业的发展建立一道防火墙，增强企业抵御风险的能力，以产品回报社会，推动行业的进步，推动社会的发展，是企业所有成员的责任。

3.4　产品安全评估

在产品开发各阶段的安全评估中，对产品安全要求应该认真落实起来，把好技术关，进行有效的分析，明确指出如下问题：产品开发各阶段的关键安全风险有哪些？目前产品的安全设计是否满足需求？

3.4.1　产品安全评估的目的

确认产品可能存在的安全风险，包括需求缺失或不明、设计缺陷、生产、运营和维修危险；通过以往的失效案例经验和产品安全 checklist 确定风险后果和可能性大小；协商制定产品的安全策略；协商制定安全解决方案；通过项目实施和风险探讨，培养并积累开发人员的产品安全意识和经验。

3.4.2 产品安全评估的流程

产品安全评估流程如图 3-8 所示。

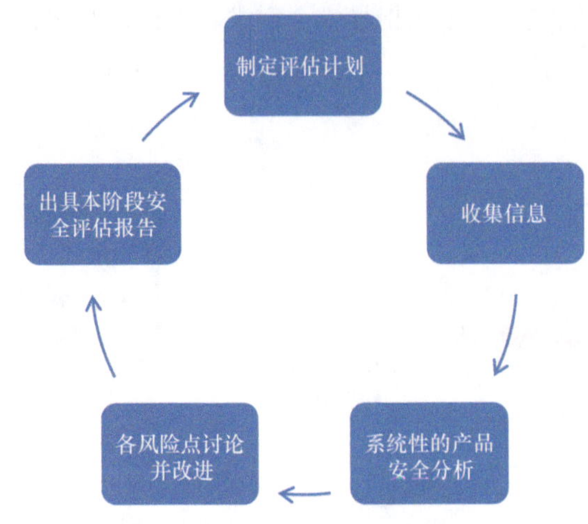

图 3-8 产品安全评估流程

第一步：制定评估计划

项目初期，制定的安全计划都是比较粗犷的计划，时间节点是否变更？谁来落实上阶段的安全问题 / 风险改进？本阶段评估的内容是什么？

时间节点是否变更？由于项目计划、人力资源投入、重大风险等各种因素的综合影响，最终将导致整个项目计划变更，同样也影响本阶段的安全评估计划的变更，因此需要更新安全评估计划和进一步细化本阶段的产品安全活动。

谁来落实上阶段的安全问题 / 风险改进？上阶段未关闭的产品安全风险项，落实到具体责任人，并在本阶段进行监控管理。

第二步：收集信息

需要通过与设计人员的沟通和设计文件的收集来证明每条产品安全需求是否都能落实到产品开发当中，以及所采用的设计、物料和工艺是否能达到产品安全要求，同时这些证明文件可以进行归档管理，方便追溯。

第三步：系统性的产品安全分析

动力电池系统是一个非常复杂的系统，子系统或部件安全需求的满足，并不能说明集成后的系统或子系统就能满足安全需求，还需要进一步的分析和验证测试证明需求的符合度，如通过 FMEA、仿真分析和接口测试。

第四步：各风险点讨论并改进

已识别出的产品安全风险点，需要进一步与设计人员确认和商讨解决方案，建立相互信任和良好的沟通机制。

第五步：出具本阶段安全评估报告

结合产品安全需求符合程度和本阶段产品安全 checklist 综合评估，出具本阶段的产品安全评估报告（包括电气安全、机械安全、化学安全和功能安全内容），为产品开发决策提供支撑。

3.4.3 产品安全评估的方法

产品安全评估应包括：

- 本阶段开发内容的检查；
- 本阶段产品安全开发流程符合度检查；
- 监控产品安全相关的测试验证流程和结果。

1. 本阶段开发内容的检查

在产品开发过程的阶段性评审时，通过产品安全需求清单及 checklist 对产品安全设计方案、详细设计进行审查，汇总高、中、低安全需求的满足项、条件性满足项和不满足项，针对条件性满足项和不满足项进行设计反馈，同时提供安全设计方案建议指导。

2. 本阶段产品安全开发流程符合度检查

定期对不同开发阶段进行安全活动检查，检查产品整个开发过程是否满足各阶段的安全性开发流程活动，若安全开发活动为执行，督促项目经理组织项目成员及时完成该活动，有效进入产品开发的下一阶段，确保产品开发进度及产品安全质量符合项目开发需求。

3. 监控产品安全相关的测试验证流程和结果

在产品测试阶段初期，协助测试部门汇总安全测试需求并协助其进行测试方案设计，测试完成后审查测试报告结果，协助设计人员对不满足项进行原因分析并提供安全设计改善方案，督促完成设计改善和重新验证。

3.4.4 产品安全评估的结果及后续要求

产品安全评估报告应包含本阶段产品安全风险评估的最终结果，即低风险通过、带风险通过或不通过。各结果的评判标准如下：

1）低风险通过：无高风险不满足项，无中等风险不满足项（产品安全各需求的风险等级根据不同的公司自行判定）；

2）带风险通过：无高风险不满足项，有中等风险不满足项，但已有明确的方案和措施；

3）不通过：有高风险不满足项，或有中等风险不满足项，且无解决方案。

对于产品安全需求不满足项应提供改善措施、风险等级、责任人和计划完成时间，如表 3-6 示例。

表3-6　产品安全需求清单示例

安全需求 ID	需求类别	安全风险	建议措施	危险等级	责任人	计划完成时间
22，23	绝缘阻抗和抗电强度	在高温高湿等恶劣环境中绝缘阻抗可能受到影响，不满足客户要求	增加温湿度循环试验，验证绝缘阻抗在此环境中能否满足要求	H	XXX	XXXX
38，40	绝缘监控	不清楚整车控制策略，绝缘失效可能产生安全隐患	1. 与整车厂联合测试； 2. 与整车厂确认是否需要增加故障储存功能	H	XXX	XXXX
42，43，44，45	产品内部异常	在电芯起火，均衡电路异常等情况下可能出现产品热失控现象，产生危害	1. 增加 DFMEA 分析； 2. 模组间增加隔热材料	H	XXX	XXXX

3.4.5 产品安全评估的独立性

产品安全评估应通常由公司内部独立的团队或部门来执行，每个项目都可以配备产品安全工程师或产品安全经理，针对项目中的重大安全问题组织评估，直接汇报给公司高层。

3.5　产品安全评审

产品安全评审的独立性和专业性要求相对于产品安全评估而言，会更高些，对于主导评审的人员和团队有资格和等级方面的要求，一般针对重大产品或项目，会执行严格的产品安全评审。

根据评审机构的不同，可将产品安全评审划分为两类：

1）邀请公司内部资深专家进行评审；

2）聘请第三方认证机构进行评审。

公司内部资深专家评审，是对于项目所存在的无法解决的产品安全技术问题给出专家建议，并对项目的技术状态进行评审与决策，以确保设计方向的准确性，具体的运行方式根据公司的管理规定有效地实施，在此不做统一规定。

第三方认证机构评审，具有一定的客观公正性，代表了各个相关方的利益，因此第三方认证机构评审大多来自于主机厂或一级供应商的要求，在国外具有一定的普遍性，在国内也逐渐为部分企业所认同。

以动力电池系统为例，产品电气安全、机械安全和化学安全暂无行业标准，只有功能安全有 ISO 26262 标准方法实施，以下将针对功能安全，通过第三方机构评审的方式做适当的介绍。

3.5.1 功能安全评审的目的

对最终的产品进行评审，审核其设计、测试、生产各个阶段的文档是否符合相关标准的要求，整个开发过程是否符合相关流程体系要求，安全措施是否足够有效。

3.5.2 功能安全评审的流程

第一步：制定评审计划

项目初期，制定安全计划时，要考虑评审计划。谁来执行评审？整个项目分几次评审？每次评审什么内容？评审的形式？

谁来执行评审？汽车功能安全标准体系，针对不同的 ASIL 等级，要求不同独立性的人做评审，确保独立性。也就是我们常说的不能既当运动员，又当裁判员。实际项目中，出于知识产权的保护和保密性的问题，可以找独立的第三方机构进行评审。要评审相关的设计内容，需要主机厂和 Pack 企业向第三方评估机构开放部分的产品设计细节。国外比较流行主机厂去主导评审过程，但是国内的现状是很多主机厂自身实力不足，无法主导评审的进程。

整个项目该分几次评审？建议在不同的产品开发阶段都进行评审，这样可以及早发现问题，及时解决。不会造成问题累积，最后评审发现很多问题，有时候可能会对设计方案进行改动，重新开发产品。

表 3-7 为产品安全评审计划示例。

第二步：预评审

按照评审计划，可以在每个阶段执行一次预评审，通常建议放在每个评审阶段的架构设计结束后，比如系统架构设计结束、硬件架构设计结束、软件架构设计结束。预评审的作用是确保每个阶段大方向没有问题。我们以系统阶段为例，在技术安全需求和系统架构设计结束后，可以进行一次预评审，听取评审师的建议。

第三步：按照建议改进

根据评审师的建议，可以对设计架构和安全需求进行调整和改进，为保证顺利通过正式评审做准备。

表3-7 产品安全评审计划示例

评审阶段	评审日期	评审人	评审内容	评审形式
概念阶段	2016.3.1	夏军	1. 产品安全活动规划 2. 顶层危害分析 3. 安全目标 4. 安全概念设计及安全需求分配	现场审核
系统阶段	2016.8.1	夏军	1. 系统安全需求 2. 系统安全分析 3. 安全设计，重点关注安全措施的有效性	现场审核
软硬件设计	2016.12.1	夏军	1. 软硬件安全需求 2. 硬件架构设计和安全分析 3. 硬件安全设计及定量安全分析 4. 软件架构设计和安全分析 5. 软件单元设计	现场审核
测试阶段	2017.6.1	夏军	1. 软硬件阶段测试报告 2. 系统集成测试报告 3. 整车集成测试报告 4. 安全确认报告	现场审核
工厂审核	2017.10.1	夏军	1. 工厂安全管控计划和措施 2. 生产之后，使用、维护、报废等各个环节安全的管控计划和落实	现场审核

第四步：正式评审

如何进行正式评审，在3.5.3小节中详述。

第五步：关闭不符合项，出具最终评审报告

根据最终评审的结果，供应商进行整改。如果确实基于现有的条件，无法更改，最终相关不符合项和可能出现的风险记录在最终评审报告里。由最终买家决定是否可以接受残留的风险。

3.5.3 产品安全评审的方法

安全评审应包括：

- 工作产出物的认可评审；
- 产品开发流程的审核；
- 对在产品中实施的安全措施的有效性进行评审；
- 技术相关的验证评审。

1. 工作产出物的认可评审

对工作产出物进行认可评审，评审的目的主要是符合性的检查，检查工作产出物是否符合相关标准的流程，比如危害分析，我们可以对照ISO 26262第三部分 7.4.1.1 ～ 7.4.4.2 逐条评审，看危害分析是否符合这些条款的要求。建议对每个不符合项，给出改进建议（表 3-8）。

表3-8　认可评审记录示例

ISO 26262 要求	符合度（Low/Medium/High）	改进意见
7.4.1.1 应基于相关项的定义进行危害分析和风险评估	High	无
7.4.1.2 在危害分析和风险评估过程中，应对不含内部安全机制的相关项进行评估，即在危害分析和风险评估过程中不应考虑将要实施或已经在前代相关项中实施的安全机制	Medium	不要考虑产品内部已有的安全机制
7.4.2.1.1 应对相关项的故障行为导致一个危害事件发生时所处的运行场景及运行模式进行描述，既要考虑正确使用车辆的情况，也要考虑可预见的不正确使用车辆的情况	High	无
7.4.2.2.1 应通过使用足够的技术手段系统地确定危害	High	无
7.4.2.2.2 应以能在整车层面观察到的条件或行为来定义危害	High	无
……		

2. 产品开发流程的审核

前面提到企业需要建立安全的文化和流程，说的是有法可依。这里说的这个“法”是指在实际功能安全项目的落实情况。流程的审核可以由公司的流程审核员，按照公司流程的要求，对产品开发项目中安全流程的贯彻进行监督和审核，汽车行业里面已经积累了很多 TS 16949 审核的经验，这里不再赘述。

3. 对在产品中实施的安全措施的有效性进行评审

对产品设计中采用的安全措施进行有效性评审，看实际采用的安全措施是否能够检测或者控制错误，满足相应安全等级的要求。比如针对安全相关的 CAN 信号的传输，产品设计中需要检测或者控制的失效模式见表 3-9。

表3-9　失效模式评审要点示例

失效模式	控制措施	评审要点
信号篡改	BMS 中控模块对 CAN 信号进行真实性校验	真实性校验方式有很多种，具体要看实际用的什么方法，针对信号篡改的有效性如何，要从技术的角度进行判断。如果不是十分有效，可能需要专门加入 CRC 校验
信号丢失	加入超时监测机制，超出设定时间后，进入安全状态，切断充电回路	特别留意超时的时间和 FTT 时间的关系
信号重复	加入滚码计数器	滚码的位数和 CAN 信号的周期
信号插入	加入滚码计数器	
时序不对	加入滚码计数器	

4. 技术相关的验证评审

除了特别针对以上三个方面进行安全的评审，还需要从技术的角度进行评审，安全的实现是建立在产品正确设计基础之上的。评审员通常由公司的技术专家或第三方机构的专家担任，用个人的经验发现设计过程中的技术问题。建议技术评审关注以下工作产出物：

- 相关项的危害分析和风险评估；
- 安全目标；
- 功能安全概念；
- 技术安全要求规范；
- 系统设计；
- 硬件安全要求；
- 硬件设计；
- 对于硬件架构评估的结果；
- 按照应用的评估方法，分析由于随机的硬件失效造成的潜在的对安全目标的违背；
- 软件安全要求和细化的软硬件接口要求；
- 软件架构设计；
- 软件单元的设计和实现；
- 软件组件资质报告；
- 硬件组件资质报告；
- 安全分析。

3.5.4 产品安全评审的结果及后续要求

对安全评审报告应包含产品的完全接受、有条件接受或拒绝接受的建议。对于有条件接受的情况：

1）如果产品安全的各方面都是明白无误的，尽管存在已识别的未解决的问题，应为有条件接受；并且，

2）有条件接受的建议应包含与功能安全评审标准的偏差以及这些偏差可被接受的理由。

如果安全评审报告建议对已实现的安全是有条件接受，那么应实施在安全评审报告中提供的修正措施。

如果安全评审报告建议对已实现的安全是拒绝接受，则：

1）应启动充分的修正行动；并且，

2）应重新进行安全评审。

04

动力电池系统安全分析

本章导读

- 本章对动力电池系统的安全分析工作展开一些论述，在开展产品的安全设计之前，首先需要明确产品的安全危险和安全事故有哪些，然后进行抽丝剥茧的分析，找到危险和事故的源头（根因），才能开展有针对性的设计。
- 系统安全理念和系统安全工程已经成功应用于航空、航天、汽车等领域，越是复杂的产品，越需要我们从系统层面进行分析，将各种可能的因素都考虑到，从而保证产品的安全性。
- 动力电池系统建模和属性分析，是开展安全分析工作的前提，我们首先要对动力电池系统的组成、功能、特性、接口、工作环境等有全面的认识，才能有效开展安全分析工作。
- 安全分析工作的开展，依赖于 PHA，PHL，FMEA，FTA，HAZOP 等分析手段，本章节提供了一些简单的示例，希望启发读者做更深入的研究和探索。
- 本章节的内容，仅作为读者进行安全分析工作的参考，并不代表动力电池系统的安全分析工作已经非常完善和透彻，整个产业仍然处在初期阶段，亟待行业同仁一起来推动产品安全性能的提升。

4.1 系统安全理念

在进行具体的安全分析与设计之前，我们有必要建立一个系统的安全理论框架，我们要解决的不是某个或某些安全问题，而是要控制系统性的安全危险，直至风险等级达到公众可以普遍接受的水平。

我们生活的世界由大大小小的系统组成，地球是一个系统，森林是一个系统，城市是一个系统，房屋是一个系统，飞机和汽车也是一个系统。大的系统由小的系统组成，系统的复杂程度决定了事故发生的概率和危害程度。举例来说，在一个交通拥挤的街区或道路上，交通信号失灵、行人不遵守交通规则、司机违规驾驶、车辆发生故障、疏导措施不当等等，都有可能造成重大交通事故或公共安全事故。我们单纯地从某一个层面加以考虑和防范，并不能有效地解决系统所面临的巨大风险，只有把系统内各种潜在的危险都纳入进来加以统筹考虑，才有可能取得良好的效果。

随着科技的发展和社会的进步，我们所面临的系统越来越复杂，我们生活的世界已经不再是相对简单的自然世界，而是充斥着各类机械、化学、电磁、电子等人造物品的世界，并且有越来越多以硬件和软件为基础的人工智能技术嵌入到我们生活的方方面面，这些人工技术和产品给我们的生活带来了极大的便利，但同时也使得我们面临的风险以几何级数增长。打手机可能导致交通事故，笔记本电脑的电池可能爆炸，家用插座或电线可能导致电击，汽车的刹车可能失控，飞机的引擎可能起火，儿童的玩具枪可能致伤，高架桥可能坍塌，等等,此类安全事故发生在我们生活的每一天,其中绝大部分都是由“人造物品”所带来的。

安全危险存在于我们日常生活的每一个角落，随时随地都可能导致事故的发生。如果不能很好地理解我们周围的系统,就无法全面地理解系统的潜在危险,也就很难控制事故的发生。系统安全是全面、规范地识别和控制危险，从而有效降低事故发生概率的过程。危险总是存在，但事故却不一定会发生，系统安全就是着力于去理解、识别、归纳和掌握系统各种潜在的危险，从而寻找对策，制定方案，有效实施和验证，直到残余的风险已被我们识别并可以接受。

安全是一个相对的概念，并不存在绝对的安全。系统安全的目的并不是要消除所有的危险，确保绝对不发生安全事故，而是要控制事故发生的风险在可以接受的范围内，即经过度量的残余风险在安全的边际内。风险的度量可以通过事故发生频率、发生周期以及危害程度等因素来综合判断。

对于汽车产品而言，系统安全是一种必须加以贯彻和执行的理念，在产品开发之初就需要导入进去。从投资和收益的角度来看，越早进行系统安全的分析和设计，产品的安全风险就越低，后续需要投入的成本和费用也就越低，反之，产品可能面临极大的安全风险，企业在事故善后处理方面需要付出的代价也非常高昂。在汽车产品的召回事故中，有许多安全事故的善后成本高达数十亿美元，企业不堪重负，甚至有一些供应商因为赔偿费用过高而倒闭。

系统安全的理念，并不只是适用于产品开发过程，而是贯穿产品生命周期始终，从产品开发、测试、生产、运行，直到产品报废和退役，每一个环节与安全相关的危险都要纳入系统安全的理论框架内，加以识别和管控。

4.2 系统安全工程

在系统安全的理论框架下，我们必须搞清楚危险、事故、安全这三个概念（表 4-1），从而为寻找正确的方法奠定基础。

- 危险（Hazard）：事故发生之前的一种状态，当达到触发条件时，危险就会变成事故。
- 事故（Mishap）：导致人员伤亡，财产损失，或环境破坏的非预期事件（人们不希望发生的事件）。
- 安全（Safety）：阻止危险变成事故的机制或措施，将事故发生的风险降低到可以接受的水平。

表4-1 危险、事故与安全的定义

	GJB 900—90	MIL-STD-882D
安全（Safety）	不发生事故的能力	不会引起死亡、伤害、职业病、设备的损坏或财产的损失，或环境危害的状态
危险（Hazard）	可能导致事故的状态	任何可能引起人员的伤害、疾病或死亡，系统、设备的损坏或财产的损失，或环境危害的实际或潜在的状态
事故（Mishap）	造成人员伤亡、职业病、设备损坏或财产损失的一个或一系列意外事件	造成死亡、伤害、职业病设备的损坏或财产的损失，或环境危害的一个或一系列意外事件

从以上定义可以看出，安全是一个识别危险、管控事故风险的过程，最终的目的是保护生命、财产和环境。

以下举例来说明这三者的关系（图 4-1），以及系统安全工程的基本思路。我们知道，电池过充可能会发生起火甚至爆炸，那么电池过充就是一种危险，可能导致事故发生，其对应的事故就是电池燃烧和爆炸事件。从危险出现到事故发生有一个过渡过程，在这个过程中，电池热量不断累积，直到达到某个临界点，比如达到着火点温度或电池内部气体压力达到临界值，于是就会发生燃烧和爆炸。

图 4-1　危险与事故间的关系示例

我们识别了这个危险，就可以采取对应的措施，比如增加过充保护机制，在检测到电池电压达到预设定的上限值，就强制关断充电回路，从而避免过充的发生，这就是安全措施。

接下来的问题是，过充保护机制能够百分百地确保危险不会发生吗？过程保护机制失效了会怎么样？有多大的概率会失效？失效的原因是什么？

作为唯一的安全措施，一旦失效，就会发生过充危险，如果过充持续的时间足够长，燃烧和爆炸事故仍然会发生。这是典型的单点故障导致事故发生的情况，事实上确实在电动汽车产品中发生了这样的案例，并产生了严重的事故和不良的社会影响。这说明，靠简单的方法，并不能有效地控制风险，不能达到较高的安全等级。

如果我们展开系统分析，就可以发现诸如硬件、软件、电气件、结构件等许多子系统或部件的失效，都有可能导致电池过充保护机制的失效，它们既可能单独作用，也可能存在相互影响和组合作用，形成复杂的失效机理，如存在设计缺陷、制造缺陷、使用不当、产品老化等等。过充保护机制的失效，本身也是一种危险，是需要识别和管控的。

系统安全工程，就是运用合理的工程方法，分析系统的组成和构成，分析系统、子系统、部件、设备、材料等在开发、测试、生产、使用、维护、报废过程中的故障和失效，分析系统与外部运行环境的相互作用和影响，从而有效地识别系统存在的各种危险，并采取及时有效的措施，来达到控制事故发生风险的目的。在系统安全工程的实施过程中，会运用数学、物理、化学等专业知识，结合各种工程方法，进行危险的定性分析和定量评估。

对于已识别的危险，通常有三种处理措施：

- 消除危险——预防危险发生，或降低其发生的概率；
- 阻断危险变成事故的路径——不让事故发生；
- 降低事故的破坏性——降低事故的危害程度。

具体采取哪种措施或组合措施，取决于风险等级、成本、周期等多种因素。因此在系统安全工程的实施过程中，进行规范化的管理，制定详细的计划，并及时进行审核和评估工作是非常重要的。

系统安全工程主要分以下几个步骤或环节，如图 4-2 所示。

图 4-2 系统安全工程的主要步骤

识别危险并评估风险：

- 系统及运行环境分析；
- 危险识别；
- 风险评估。

制定安全措施并降低风险：

- 制定安全目标；
- 制定安全设计需求；
- 需求分解和分配；
- 制定安全设计方案并实施；
- 制定说明、规则、指南等。

验证方案和措施的有效性：

- 计算；
- 建模；
- 仿真；
- 分析；
- 测试。

安全评估：

- 汇总所有安全材料；
- 流程检查；
- 计算和评估残余风险；
- 问题记录和评价。

风险跟踪：

- 建立危险跟踪系统；
- 记录和分析所有安全问题；
- 建立闭环的设计改善流程。

为了尽早地识别危险和控制风险，需要在产品开发的早期，比如概念设计阶段，就引入系统安全工程，从而在设计和开发过程中，及时采取安全方案和措施，避免产品设计完成之后出现大量安全问题，再更改设计的情况。同时，以当前的知识和技术水平，不可能识别或解决所有的安全危险，因此，非常有必要建立一套闭环的风险跟踪系统，通过跟踪、记录和分析产品生命周期中出现的安全问题和事故，来改善后续产品的设计，提升产品的安全等级。

4.3 动力电池系统模型和属性

4.3.1 系统组成及环境分析

动力电池系统对于电动汽车而言，犹如汽油之于传统燃油车，是车辆的重要能量来源或唯一能量来源（图 4-3）。我们知道，动力电池（电芯）技术是电动汽车的三大核心技术之一，但是如果考虑技术复杂度和重要性，动力电池系统集成技术比动力电池的单体技术尤有过之。

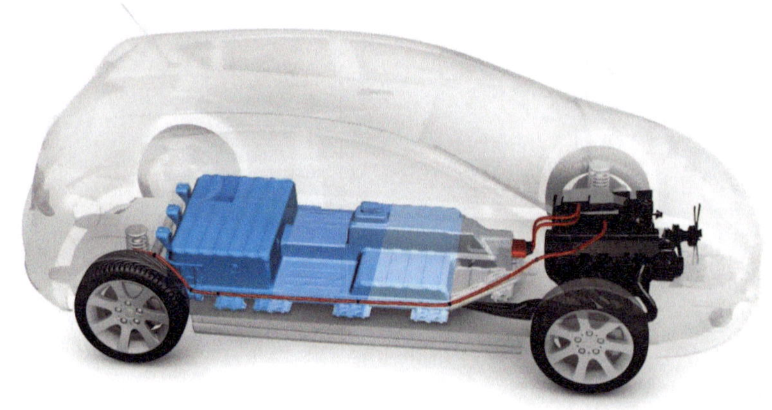

图 4-3 动力电池系统示例

动力电池系统内部，除了作为能量载体的动力电池之外，还包括电池管理系统（BMS）、电压 / 电流 / 温度传感器（也可能有烟雾 / 化学 / 湿度传感器）、热管理系统、高低压线束 / 连接器、开关器件（继电器、保险丝、MSD 等）、安装组件（支架，托盘、压杆、螺栓等）、壳体、辅助组件（密封圈、橡胶垫、密封胶、卡扣、扎带）等。动力电池系统产品，涉及的专业领域包括电子、电气、信息、软件工程、半导体、电磁学、材料、电化学、化学工程、机械工程、传热学、工程热力学、流体力学等众多学科（图 4-4），技术整合难度和系统集成复杂度可想而知。

做个形象的比喻，动力电池系统如同一支军队，要打一场持续很久的战争（5 ～ 10 年）。系统里面的一个个动力电池单体（电芯），就是军队的作战单元——士兵，承担基本的作战任务（存储或释放电能），是军队的基石。电池管理系统（BMS）如同军队的司令部，接受上级指令（通信），搜集情报（采样），运筹帷幄（计算），下达作战命令（控制），必要时还要做战术后撤（保护）。热管理系统如同军队的后勤保障体系，为了保障士兵能够打胜仗，需要令其吃好喝好睡好（加热

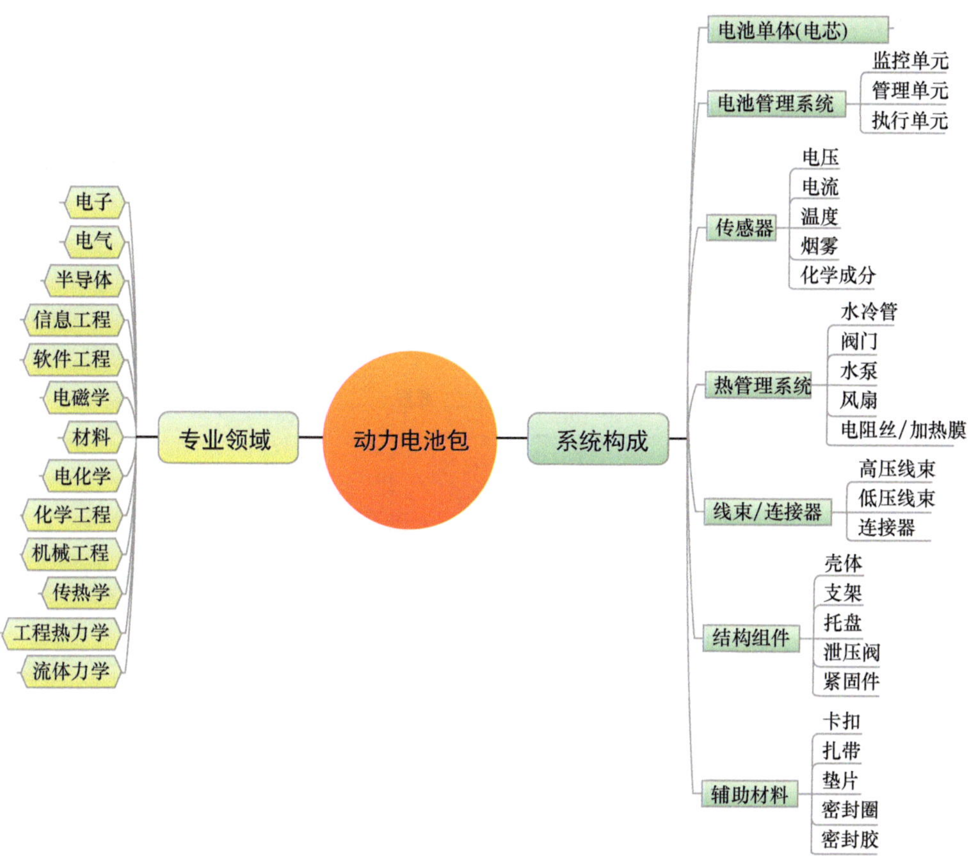

图 4-4 动力电池系统构成与相关专业领域

或冷却），保持较佳的战斗状态。各类传感器如同侦察兵，负责情报采集，线束和连接器则如同通信和运输系统，负责信息的传递和兵力的输送。其他一些组件，就好像军队的各类物资，虽不承担主要职能，但是对战争胜负都有重大影响。

在动力电池系统的生命周期中，可能要经历各种各样的情况，有时候在低于 –30℃的冰天雪地，寒冷干燥；有时候在夏季的太阳下暴晒，温度高达 50℃以上，酷热潮湿；有时候在海边，受到盐雾侵蚀；有时候要涉水，甚至会长时间浸泡在水中；有时候要跨越艰难险阻的道路，经受强烈的振动；有时候还会遇到强烈的碰撞，以至于扭曲变形。可是不管使用环境如何变化，动力电池系统都应该能够稳定可靠地工作，直至达到产品退役的条件，这才算是合格的产品。

4.3.2 系统简单模型

系统安全分析需要将复杂系统简化成易于理解的物理、电气和数学模型，让分析人员能够非常清晰地了解组成系统的子系统、子系统之间的接口，系统与外部环境的接口，系统如何运行，以及系统的功能等要素。

动力电池系统的定义：动力电池系统是一个能量存储装置，包括电池单体（电芯）或电池模组，电路和电控单元（电池管理系统），以及相关的电气和结构组件。我们将动力电池系统的简单物理模型描绘成图 4-5 所示。

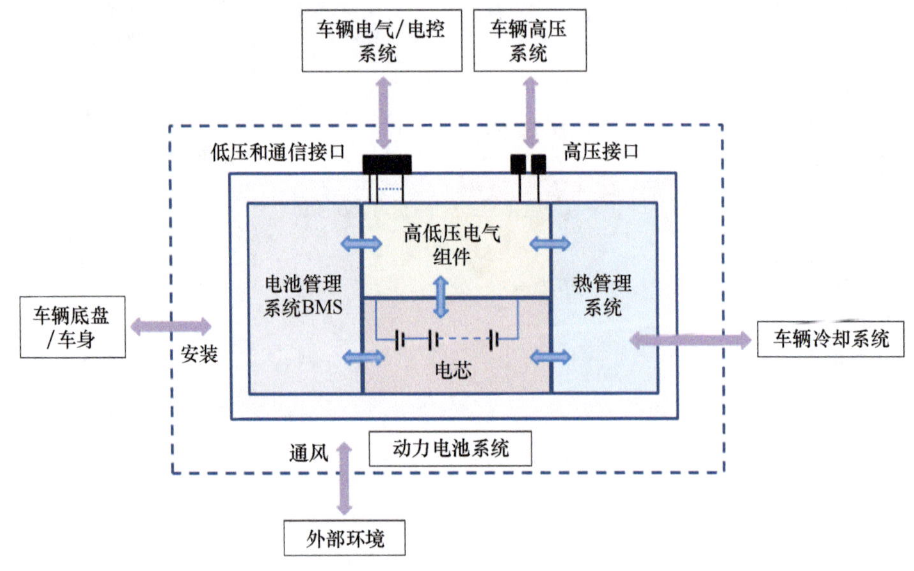

图 4-5　动力电池系统物理框图

从图 4-5 可以看出，动力电池系统被特定的环境和边界所包围，内部子系统包括电芯、电池管理系统、热管理系统、高低压电气组件（开关、保险丝、线束、连接器等），以及相关的结构组件（壳体、紧固件等），系统与外部的接口包括通风接口，高压接口、低压和通信接口、冷却接口、安装接口等。基于上述子系统及接口，进一步描绘系统的电气模型，如图 4-6 所示。

4.3.3 系统的相关属性

系统的属性为系统的设计、构造、运行和分析提供了框架，所以定义和理解系统关键属性是非常必要的，也是进行安全分析工作的基础和前提。

在本书中，我们初步梳理动力电池系统的属性，将其归纳如表 4-2 所示。

以上所整理的内容，并不是动力电池系统的全部属性，而仅仅作为一个示例，启发大家思考。为了进行完整彻底的危险分析，必须理解系统的每个属性，制定完整的系统属性表，并对属性之间的相互关系有充分认识，从而保证对整个系统

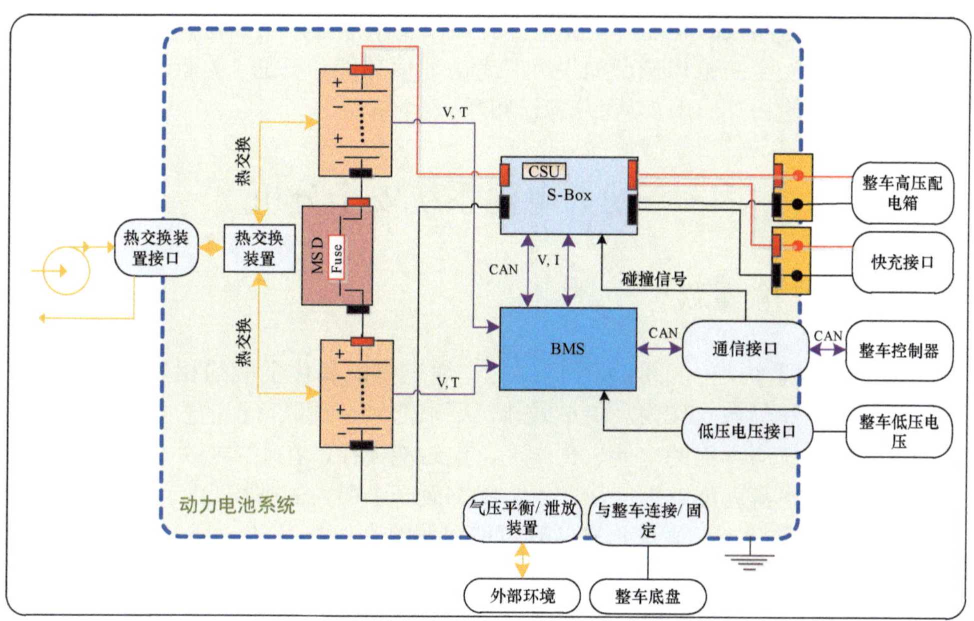

图 4-6 动力电池系统电气模型框图

进行全面的安全分析，而不是只分析局部。

表4-2 动力电池系统属性

子系统/部件	主要功能	接口	能源	阶段
电气组件	系统开通	与外部环境通风接口	电能	制造
电芯	系统关断	与车体的安装接口	化学能	测试
电池管理系统	充电	与车辆的功率接口	电磁能	包装
接口	放电	与车辆的通信接口		运输
结构组件	能量回收	外部诊断通信接口		贮存
热管理系统	故障诊断	与车辆冷却系统接口		搬运及车辆安装
	通信			使用
				维护
				修理
				故障紧急处理
				报废及拆解

举例来讲，系统的通信异常，可能导致电池管理系统接收到错误的数据，造成动力意外中断或动力输出不能按要求关断，进而发生事故。这意味着通信功能

会对系统的开通和关断功能产生影响，并造成安全危险，我们在做系统安全分析时就需要考虑安全防范措施，如果分立考虑通信功能和开通 / 关断功能，就难以发现它们之间的相互作用，从而遗漏隐藏的安全危险。

4.4 动力电池系统安全分析

4.4.1 危险的能量源

动力电池系统是一个能量存储载体，通过电能和化学能的相互转换，来实现能量的存储和释放。作为高能量载体，要求能量必须以可控的方式进行转换和流动，一旦系统所存储的电能、化学能、电磁能失控，在不需要外部能量激励的情况下，系统本身就能够因能量非正常状态而产生很大的破坏力。

能量非正常状态的表现形式及其可能引发的事故：

- 电能非正常释放（引发事故：电击，车辆意外移动）；
- 电能非正常中断（引发事故：行驶过程中发生碰撞）；
- 化学能非正常释放（引发事故：燃烧，爆炸）；
- 化学能非正常泄漏（引发事故：腐蚀）；
- 电磁能非正常释放（引发事故：某些功能异常，如通信、数据）。

燃烧和爆炸两者都需具备可燃物、氧化剂和火源这三个基本因素。因此，燃烧和爆炸就其本质来说是相同的，而它们的主要区别在于氧化反应速度不同。燃烧速度（即氧化速度）越快，燃烧热的释放越快，所产生的破坏力也越大。在有限的空间里产生急速燃烧，产生高温高压气体，就会发生爆炸。燃烧是化学能转化为热能、光能等，爆炸是化学能转化为热能、光能，并伴有巨大的机械能。

从系统层面初步归纳，可能发生的事故主要（非全部）如图 4-7 所示。

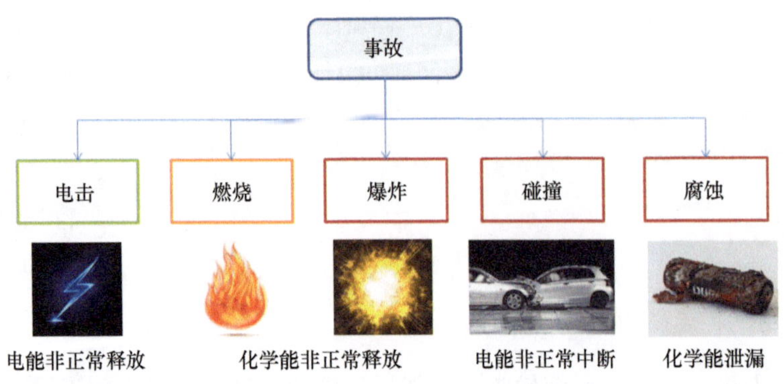

图 4-7　动力电池系统级事故类别

根据工程经验、实际案例、法规标准等，电击、燃烧和爆炸这三个事故产生的后果和影响最为严重。以上所总结的事故，并不是动力电池系统的全部事故类型，而是其中的一部分，列出来作为参考，引导读者对动力电池系统的事故做进一步思考和总结。

4.4.2 电击危险分析

针对插电式混合动力汽车和纯电动汽车而言，动力电池系统为非安全电压的直流电系统，所造成的电击危害为人体接触直流高电压产生电击，造成人身伤害。

构成直流触电的基本要素：

- 电压等级超过安全电压标准（直流 60 V）；
- 存储的电荷达到一定能量等级（几百焦耳的电能足以致命）；
- 人体的不同部位与高压直流电的两级构成放电回路。

导致动力电池系统发生触电的可能原因有（仅作为示例，非全部原因汇总）：

- 外壳或高压端口的接触防护失效，人体同时接触到两个裸露的电极，构成放电回路；
- 正负极与壳体的绝缘都失效，动力电池系统的外壳不同部位带电且电位不等（电位差大于 60 V），人体同时接触到这两个带电部位，构成放电回路（图 4-8）。

第一种情况的发生概率和危害要高于第二种情况，如安装、拆卸、维护、充电时均有可能发生。针对电击的成因和危害，需要通过系统分析方法（如 FMEA，FTA 等），加以深入研究。

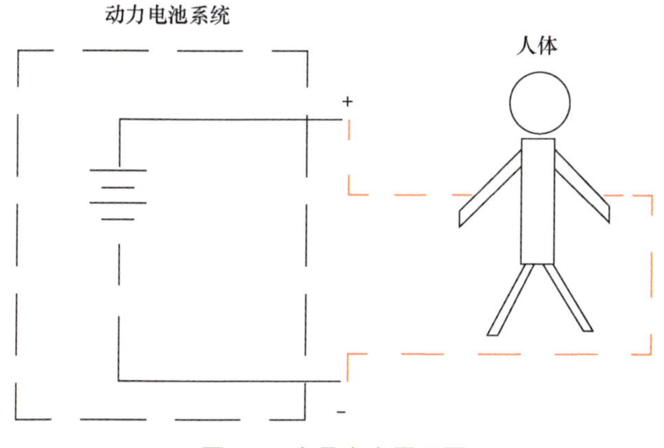

图 4-8 人员电击原理图

4.4.3 燃烧和爆炸危险分析

相对于电击而言，燃烧和爆炸是动力电池系统较为常见的危害表现形式，造成的影响也更为严重，不但会造成人身伤害，还有可能造成财产损失和环境破坏。本书第 1 章所统计的电动汽车事故，基本上都属于燃烧或爆炸事故。

导致动力电池系统发生燃烧或爆炸的可能原因有：

- 动力电池（电芯）的放热副反应导致热失控，引燃电解液和其他可燃物质；
- 动力电池系统的高压回路，局部连接阻抗过大，有大电流流过导致温度上升，达到着火点温度，引燃动力电池系统内部的可燃物质；
- 动力电池系统外部发生燃烧，导致动力电池系统内部温度持续上升，达到着火点温度，引燃内部的可燃物质。

针对电动汽车的使用情况而言，第一种情况的发生概率较高，危害最大。电芯的放热副反应导致热失控，是动力电池系统发生燃烧或爆炸的主要原因。

锂离子电池内部主要放热反应有（图 4-9）：

- SEI 膜的分解（90 ～ 120℃）；
- 负极与电解液的反应（120℃以上）；
- 电解液分解（200℃左右）；
- 正极与电解液的反应，伴随正极分解，析出氧气（180 ～ 500℃）；
- 负极与黏结剂的反应（240℃以上）等。

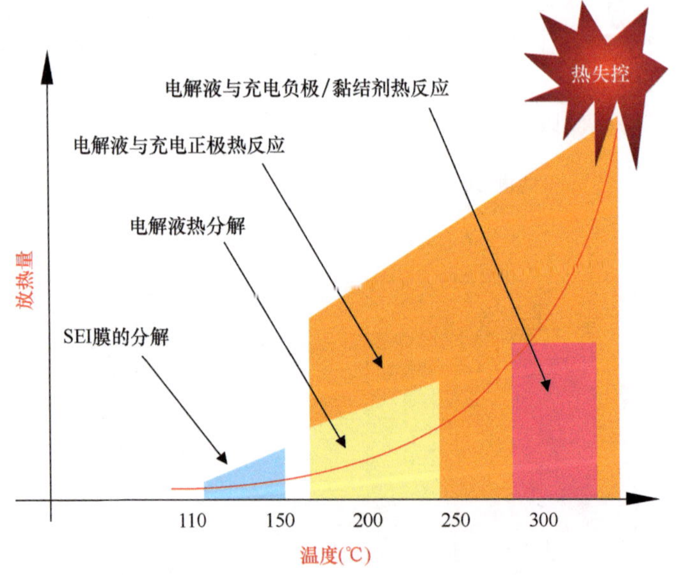

图 4-9 锂离子电池内部主要放热反应

电芯热失控（燃烧，爆炸）的根本原因是，电芯内部的放热副反应导致热量累积，电芯对外热交换的速率小于热量累积速率，温度持续升高，直至达到着火点温度，引起燃烧和爆炸。

电芯内部的热过程遵循热量平衡：

$$Q_p=Q_e+Q_a$$

式中，Q_p 为电芯内部各种副反应产生的热量；Q_e 为电芯与环境交换的热量（散热）；Q_a 为电芯自己吸收的热量（热累积）。如果 $Q_e \geqslant Q_p$，则 Q_a 为负值或零，电芯内部温度不会上升，不会产生热失控；如果 $Q_e < Q_p$，则 Q_a 为正值，电芯内部温度持续上升，直至热失控（200 ～ 300℃）。

从上面的分析可以看出，如果不能阻断电芯内部的放热副反应，电芯内部的温度就会一直上升，直至发生热失控事故。要降低事故发生的风险，可采取的措施有：

- 采取保护措施，降低外部触发因素发生概率（过充、过热、短路、挤压、穿刺等）；
- 阻断放热副反应的正反馈过程，如增加保险丝，或在正负极材料与集流体之间增加 PTC 材料；
- 降低放热副反应所产生的热量，如选择磷酸铁锂正极材料、改变电解液的有机溶剂成分等；
- 提高着火点温度，如在电解液中添加阻燃材料、选用陶瓷隔膜等；
- 提高散热能力，避免热累积，如采用高效的液冷设计方案，甚至将整个电池组浸在冷却液中。

以上所总结的热失控机理和防范措施，仅供参考。实际上不同材料，不同化学体系的电芯，其热失控机理是不同的，不同的系统设计，也会导致系统级的危险和解决措施各不相同。

4.4.4 动力电池系统安全分析的工程方法

如前面章节分析，系统安全事故的发生，一定存在可转化为事故的危险，而危险的存在，是由很多原因造成的，只有找到了根本原因（root cause），我们在产品的设计过程中才能采取有针对性的安全防范措施，来最大限度地降低安全事故发生的概率和事故造成的损失（图 4-10）。

Clifton A. Ericson 在 *Hazard Analysis Techniques for System Safety* 一书中列出了一些常用的分析技术，如表 4-3 所示，有助于我们系统地开展安全分析工作。

在系统安全分析工作当中，如果完整地采取以上的分析技术和方法，所耗费的时间和成本会比较高。一般来说，会选择其中的几种常用的分析为主，同时

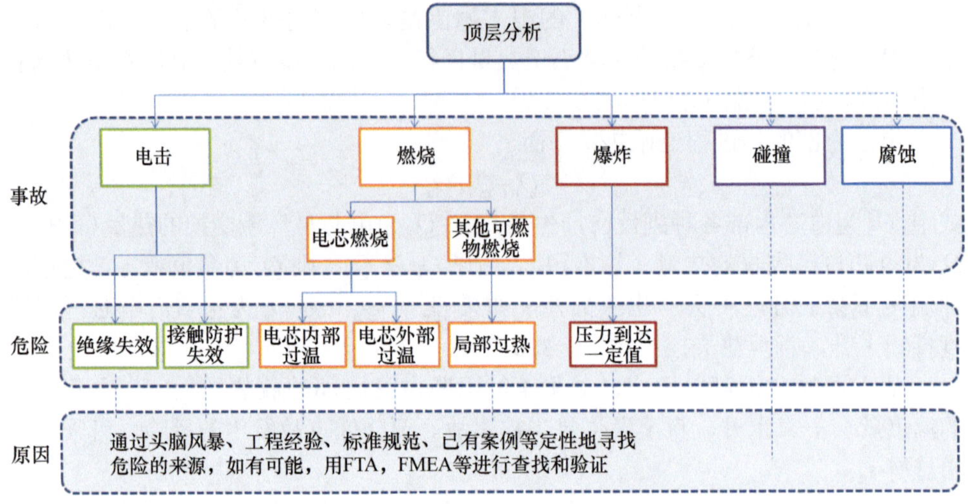

图 4-10 动力电池系统安全分析思路

结合一些简单而有效的方法，进行快速的分析，查找系统的危险和底层原因，并在开发过程中不断地迭代分析，完善系统安全分析的结果。

表4-3 系统安全常用安全分析技术

序号	分析技术	序号	分析技术
1	初步危险表（PHL）	12	功能危险分析（FuHA）
2	初步危险分析（PHA）	13	潜在通路分析（SCA）
3	子系统危险分析（SSHA）	14	Petri 网分析（PNA）
4	系统危险分析（SHA）	15	马尔可夫分析（MA）
5	使用与保障危险分析（O&SHA）	16	屏蔽分析（BA）
6	健康危险评价（HHA）	17	弯针分析（BPA）
7	安全性要求 / 准则分析（SRCA）	18	危险与可操作性分析（HAZOP）
8	故障树分析（FTA）	19	因果分析（CCA）
9	事件树分析（FTA）	20	共因故障分析（CCFA）
10	失效模式及影响分析（FMEA）	21	管理缺陷与故障树分析（MORT）
11	故障危险分析（FaHA）	22	软件安全性评估（SWSA）

在项目早期，如产品的概念阶段，通常会以 PHL 和 PHA 分析为主，并结合以下的方法来做事故和危险识别，确定产品的总体安全目标：

- 法律法规；
- 标准规范；

- 已有案例；
- 工程经验；
- 成熟设计；
- ……

在产品的方案设计阶段，或总体架构设计阶段，以 SHA，SSHA，HAZOP，SRCA 分析为基础，并借鉴一些常规的分析方法，确定详细的安全设计目标和相关指标参数：

- 头脑风暴；
- 5W2H 分析；
- 鱼骨图分析；
- FTA 分析；
- SFMEA 分析；
- 仿真；
- ……

在产品的详细设计阶段，则可采取可靠性分析的手段进行完整性验证，通过测试和仿真等进行设计符合性验证，并修正产品的安全目标和设计要求：

- DFMEA 分析；
- FTA 分析；
- 仿真；
- 测试；
- 安全评估；
- ……

在产品的生产、使用、维护和报废阶段，除了以上所列出的方法之外，还需要结合 HHA，O&SHA 等分析方法，分析人员健康危险、操作危险、相关事故和风险、致因因素等，采取有针对性的安全措施。

4.4.5 安全防御措施的基本思路

针对安全危险，如 4.2 节所分析，主要有预防、阻断、降损三种主要防范措施，具体到不同的危险类型，根据其机理和特性，要采取的防范措施也会有所不同，以电击、燃烧、爆炸三种危险为例，我们来初步探讨合理的措施。

针对电击事故（预防为主，阻断为辅）：

- 主要依靠预防，保证足够的绝缘强度和有效的接触防护；
- 要采取有效的阻断机制，如进行系统绝缘状态监控，可及时发现绝缘状态异常，阻止事故发生，保证安全裕量；

- 一旦发生，因为能量释放太快（毫秒级），很难进行有效的降损。

针对燃烧事故（预防，阻断和降损有效结合）：

- 良好的系统防护设计，减少外部触发因素；
- 良好的散热能力，降低内部热累积速度；
- 内部各组件的着火点温度阈值足够高；
- 及时监控电压、温度等数据，避免热失控；
- 防火槽，隔热材料，导火装置等可以阻断火灾蔓延路径，阻止连锁反应；
- 采取声光报警方案，为驾驶员和乘客争取紧急处理和逃生的时间；
- 配备灭火装置，在热失控初期进行灭火降温，有效降低事故损失。

针对爆炸事故（预防为主，降损为辅）：

- 预防热失控事故发生，避免内外部压力失衡；
- 采用气体压力传感器，及时监控系统内部气压，压力超限时进行报警；
- 在发生爆炸时，有泄压装置快速释放高温高压气体，降低爆炸的力度和危害。

在产品的安全设计方案上，要考虑主动防护措施和被动防护措施相结合的方式，达到最佳的安全防护效果，提升动力电池系统的安全性能。

被动安全防护措施（举例）：

- 足够的结构强度；
- 隔热材料；
- 防火阻燃材料；
- 防水防尘；
- 快速散热设计；
- 压力泄放装置；
- 加强绝缘设计；
- 有效的接触防护；
- ……

主动安全防护措施（举例）：

- 温度、电压、电流、气体、液体、压力监控；
- 过充电，过放电，过功率保护；
- 高温 / 低温保护；
- 绝缘状态监控与保护；
- 高压互锁信号监控；
- 热失控预警与主动灭火；
- 危险气体 / 液体检测；
- 各种危险状态下切断输出；
- ……

以上给出了一些典型事故的防范指导措施，针对实际的产品，需要综合考虑所采用方案的可行性、可靠性、成本、开发周期等因素，确定最为合理的方案或方案组合，来预防事故的发生，或降低事故的危害。

4.5 安全分析案例

在本小节，我们试图通过一些具体的案例，来探讨如何开展动力电池系统的安全分析工作。限于篇幅，所给出的案例仅仅是安全分析工作的一小部分，希望能够给读者提供一些方法论的指导，给大家的实际工作带来帮助。

4.5.1 动力电池系统危险初步识别

上文分析了动力电池系统的主要危险和可能发生的事故，从危险和事故着手，从系统顶层往下，一层一层查找致因因素，我们就能够抽丝剥茧找到危险的源头，从而采取有针对性的措施和方案。

危险识别和评估，是系统安全工程的首要工作。如何识别危险，将之记录和描述，是分析人员首先需要解决的问题。分析人员不但需要充分掌握与系统相关的设计知识，还需要对危险原理、失效分析、历史案例和教训、成熟设计、标准 / 规范、法律法规等都有非常深刻的认知，才能有效地开展危险识别工作。

危险识别的主要方法和途径有：

- 充分识别系统内存在的危险源，如电池、电容器、燃料、爆炸物、可燃物、放射源、电荷、压力、发电机、射频源等；
- 充分了解各种危险触发机制，如电池过充会发生燃烧，燃油泄漏会发生火灾，电荷通过人体会产生电击，射频源的电磁信号会引起电子设备故障，等等；
- 充分了解系统或产品不可接受的故障或行为，如车辆突然加速 / 减速、意外移动、刹车失控、转向失灵等都会导致事故，由此展开分析，动力电池系统的输出非正常中断，输出不能关断，输出功率不足等，都是系统存在的危险；
- 对历史上已发生的案例有充分的收集和分析，如 Tesla Model S 在行驶中发生路面金属物穿刺，导致电池系统起火燃烧；BYD E6 电动车与跑车发生高速碰撞，电池起火爆炸等，从这些事故分析可知，电池穿刺和挤压变形是导致事故发生的触发因素；
- 通过对已有的成熟设计做分析，可以识别系统存在的危险，如电力系统中将火线、零线、地线的颜色加以显著区分，可以有效避免操作事故，在电动汽车产品中，如果动力线缆、接零线缆等没有明显的颜色区分，就可能因为人为误操作发生事故；

- 对行业的法规、标准、规范等有非常全面的收集和认识，如国标 GB/T 31467.3—2015 要求动力电池系统被海水浸泡时，不能起火和爆炸，国标 GB/T 31485—2015 要求电池单体和电池模组被海水浸泡时，不能起火和爆炸，如果产品设计仅考虑系统达到一定的 IP 防护等级从而实现防水，而未考虑壳体防护失效时电池单体和电池模组被水浸泡的情况，那么系统就会因设计缺陷而存在危险；
- 通过对子系统和部件的故障或失效进行必要的分析，也可发现一些容易被忽略的危险，如热管理系统破损，导致冷却液泄漏，进入动力电池系统内部，如果冷却液的绝缘等级不够，就有可能造成短路，持续产生热量，进而引起热失控；
- 通过已确认的系统顶层事故，查找事故的致因因素，也是一种有效的风险识别方法，如车辆在维修过程中造成电击事故，有一个原因是一些高压部件没有明显的高压标识，导致人工操作时未采取有效的防护措施，警示标识的缺失，就是系统存在的一个安全危险。

危险识别、记录、分析和整理的过程，是一个非常复杂的过程，需要运用较多的工程知识和经验，通常需要一个团队来合作完成，因为个人知识的短板或经验的欠缺很容易造成遗漏一些危险，给产品带来很大的安全风险。

我们以 4.3 节的动力电池系统模型和属性为基础，探讨在项目早期阶段，如何在仅有概念方案（草案）的基础上，进行初步的危险分析，并给出危险列表（表 4-4 至表 4-9）。

表4-4　动力电池系统初步危险表分析示例（结构组件）

动力电池系统初步危险表分析				
系统部件所属类型：结构组件				
序号	系统项目	危险	危险影响	备注
XX-PHL-1	外壳	测试、安装或使用过程中，外壳变形或破损导致带电部件接触壳体	绝缘破坏，导致电击	
XX-PHL-2	外壳	使用过程中外壳密封防护失效，进水或其他污染物	内部短路，起火	
XX-PHL-3	紧固件	紧固件失效，不同电位的带点部件接触	内部短路，起火	
XX-PHL-4	紧固件	测试、安装或使用过程中，紧固件失效，造成带电部件接触壳体	绝缘破坏，导致电击	
XX-PHL-5	紧固件	测试、安装或使用过程中，紧固件失效，内部发生移动和撞击	电芯破损，电解液泄漏	
XX-PHL-6	紧固件	车辆行驶过程中，紧固件失效，造成动力线缆或极柱断裂	车辆动力非正常中断	

表4-5　动力电池系统初步危险表分析示例（电子/电气系统）

动力电池系统初步危险表分析				
系统部件所属类型：电子 / 电气子系统				
序号	系统项目	危险	危险影响	备注
XX-PHL-7	继电器	使用过程中，继电器在需要闭合时不能闭合	车辆无法行驶	非安全问题
XX-PHL-8	继电器	行驶过程中，继电器非预期断开	动力非预期中断，突然减速，发生碰撞	非安全问题
XX-PHL-9	继电器	使用过程中，继电器在需要断开时不能正常断开	内部短路，起火	
XX-PHL-10	继电器	搬运，安装，维护，拆解过程中，继电器非正常闭合	高压端口带电，造成电击	
XX-PHL-11	继电器	熄火状态时，继电器非预期闭合	车辆非预期移动，发生碰撞	
XX-PHL-12	保险丝	非行驶过程中，保险丝非正常熔断	无法输出电流	非安全问题
XX-PHL-13	保险丝	行驶过程中，保险丝非正常熔断	动力非预期中断，突然减速，发生碰撞	
XX-PHL-14	保险丝	保险丝不能正常熔断	发生过流或短路时，造成起火，爆炸	
XX-PHL-15	高压线缆	因腐蚀或老化，导致破损或结构性破坏	绝缘失效，发生电击 或发生短路，导致起火	

表4-6　动力电池系统初步危险表分析示例（电池管理系统）

动力电池系统初步危险表分析				
系统部件所属类型：电池管理系统				
序号	系统项目	危险	危险影响	备注
XX-PHL-16	数据采集	充电或行驶中，数据采集错误	系统误保护，动力非预期中断，突然减速，发生碰撞； 发生滥用，系统不能保护，导致电击，起火，爆炸等	
XX-PHL-17	供电电路	供电电路故障	突然掉电，动力非预期中断，突然减速发生碰撞	
XX-PHL-18	继电器驱动	熄火状态时，非预期闭合继电器	车辆非预期移动，发生碰撞	
XX-PHL-19	故障诊断	故障诊断功能不正常	无法检测出故障，会导致系统滥用，发生起火，爆炸，电击等	
XX-PHL-20	故障诊断	行驶过程中，故障误诊断	动力输出非预期中断，突然减速，发生碰撞	
XX-PHL-21	系统关断	系统关断功能不能正常起作用	会导致系统滥用，发生起火，爆炸，电击等	
XX-PHL-22	系统关断	行驶过程中，系统关断误动作	动力输出非预期中断，突然减速，发生碰撞	

表4-7　动力电池系统初步危险表分析示例（动力电池）

动力电池系统初步危险表分析				
系统部件所属类型：动力电池				
序号	系统项目	危险	危险影响	备注
XX-PHL-23	电芯	过充电	起火，爆炸	
XX-PHL-24	电芯	过热	起火，爆炸	
XX-PHL-25	电芯	过流，外短路	起火，爆炸	
XX-PHL-26	电芯	内短路	起火，爆炸	
XX-PHL-27	电芯	挤压，变形	起火，爆炸	
XX-PHL-28	电芯	金属穿刺	起火，爆炸	
XX-PHL-29	电芯	绝缘失效	短路，电击	
XX-PHL-30	电芯	电解液泄漏	腐蚀，起火，爆炸	

表4-8　动力电池系统初步危险表分析示例（功能）

动力电池系统初步危险表分析				
系统部件所属类型：功能				
序号	系统项目	危险	危险影响	备注
XX-PHL-31	系统开通	系统不能正常开通	动力电池不能输出或存储电能	非安全问题
XX-PHL-32	系统开通	正常使用时，系统开通功能误动作	动力电池系统在非预期的状态下可以输出动力，导致车辆意外移动	
XX-PHL-33	系统开通	安装，维护或拆卸时，系统开通功能误动作	动力电池系统端口意外带电，导致电击事故	
XX-PHL-34	系统关断	充电过程中，系统关断功能不能正常起作用	会导致系统滥用，发生起火，爆炸	
XX-PHL-35	系统关断	行驶过程中，系统关断功能误动作	动力输出非预期中断，突然减速，发生碰撞	
XX-PHL-36	充电	不能充电	不能补充电能	非安全问题
XX-PHL-37	充电	充电过量	会导致系统滥用，发生起火，爆炸	
XX-PHL-38	充电	充电不足	存储的能量不足	非安全问题

需要注意的是，以上案例分析仅是一个示例，实际分析工作需要根据具体项目的设计方案，综合运用各种工程知识和方法，通过广泛的讨论和分析之后，才能得出比较准确的危险列表。在识别危险的过程中，应采取开放的思维，任何可疑的问题都不应该放过，将之记录在危险列表中，在后续的开发工作中，通过进一步的细节分析来进行小心的求证。

表4-9 动力电池系统初步危险表分析示例（能量源）

动力电池系统初步危险表分析				
系统部件所属类型：能量源				
序号	系统项目	危险	危险影响	备注
XX-PHL-39	电能	通过人体泄放	造成电击	
XX-PHL-40	电能	通过低压电路泄放，造成电子设备损坏	电子设备损坏	
XX-PHL-41	电能	电能耗尽	车辆无法行驶或移动	
XX-PHL-42	化学能	化学能失控，剧烈释放	起火，爆炸	
XX-PHL-43	化学能	化学能泄漏	中毒，腐蚀	
XX-PHL-44	电磁能	电磁能引起电子设备故障	数据异常，通信异常	

4.5.2 动力电池系统顶层事故分析

当设计工作继续进展，越来越多的设计细节得以确定，我们就可以进行更加深入的安全分析工作。在安全分析工作往详细的零部件层面开展之前，我们有必要梳理和归纳产品在系统层面的事故和危险，作为后续安全分析工作的源头。

基于以上分析，我们可以归纳出动力电池系统的顶层事故大致有表 4-10 所示几类。

表4-10 动力电池系统顶层事故分类

序号	顶层事故（TLM）	安全关键功能（SCF）
1	燃烧	故障诊断，系统关断
2	爆炸	故障诊断，系统关断
3	电击	故障诊断，系统关断
4	腐蚀	
5	非预期动力中断	故障诊断
6	人员伤害（物理性伤害）	

根据以上的顶层事故分析，我们在接下来的安全分析工作当中，可以采用 SSHA，FMEDA，FTA 等分析方法，进一步寻找事故的根因。

4.5.3 动力电池系统安全危险的分解和分配

安全设计工作继续开展下去，我们就需要知道在子系统或零部件层面，安全事故的底层根源（root cause）是什么，只有知道了根本原因，并采取有效的应对措施，才能从根本上控制事故发生的概率及严重程度。

这里以动力电池系统“非碰撞情况下发生起火”为顶层事故，以 FTA 为工具进行分析。

从起火的三个基本条件可燃物、达到着火点（体现为温度升高至临界值）、氧气可知，当三个条件同时具备时，才能够起火。实际情况来看，对于氧气这个条件，认为电池本身已具备，故在分析时，暂时忽略对其的考虑。

由经验可知，“非碰撞情况下电池系统起火”的两个直接中间事件为：“电芯起火”和“高压线路起火”。

（1）“电芯起火”

对于“电芯起火”，根据电化学知识，找出可能导致其发生的三个直接原因：“电芯过热”、“电芯过流”和“电芯过压 / 欠压”。

由于动力电池系统具有过温保护机制，因此，“电芯过热”必须在“过温保护系统失效”和“电芯达到给定温度”同时发生时才会产生，故“电芯过热”的两个直接中间事件关系为“与门”。

“电芯过流”主要由“短路”引起，而这种“短路”对动力电池系统而言，可分为三类，即“动力电池系统外部短路”、“动力电池系统内部短路”和“电芯内短路”。据此，可以找出“电芯过流”的三个直接中间事件，其关系为“或门”。

对“电芯欠压”这个中间事件，假定导致电芯起火的机理尚未理清，可暂时不需要进一步分析。

对“电芯过压”而言，首先“电芯过压”只有在“充电电压过大时”才能出现；其次，动力电池系统具有过压保护功能。因此，该事件必须在直接原因“过压保护系统失效”和“充电电压过大时”同时发生才能够产生，这两个直接原因关系为“与门”。

至此，“电芯起火”的直接原因这一级分析完成，下一级分析的演绎思路相似。

（2）“高压线路起火”

对于“高压线路起火”，要使其达到着火点，温度必然要达到一定数值。而高压线路温度升高主要由两个原因造成：一是线路的阻抗过大；二是过流，即短路。根据产品的实际组成，我们可以找出该中间事件的两个下一级直接原因：“连接器阻抗过大”和“过流”，二者关系为“或门”。

对于“连接器阻抗过大”，从引起物体阻值变化的物理和化学机理可知，其下一级直接原因为：“连接松脱”（物理层面）和“化学腐蚀”（化学层面），二者关系为“或门”。

对于“过流”，“动力电池系统内部短路”和“动力电池系统外部短路”为下一级中间事件，二者关系为“或门”；进一步分析“动力电池系统内部短路”可知，只有在“绝缘失效”的情况下才能造成。这里“绝缘失效”是对“动力电池系统内部短路”的具体化，以便于对下一级事件的查找。对“绝缘失效”的分析，从两个角度进行，一是设计本身就没有满足该要求（据此，可找出其下一级事件：未考虑绝缘措施、电气间隙不足、爬电距离不足、材料选择不当等；此四个事件的关系为“或门”）；二是产品使用中绝缘被破坏（据此，可找出其下一级事件：化学腐蚀、粉尘 / 水汽污染、材料老化等；这三个事件的关系为“或门”），二者关系为“或门”。

对“动力电池系统外部短路”，根据短路判定策略，当电流大于某值时，短路条件成立；由于动力电池系统具有外部保护机制，因此，要造成外部短路事件发生，“电流大于某值”与“保护机制失效”事件必须同时发生，二者关系为“与门”。进一步分析“保护机制失效”，可知“保险丝失效”与“短路保护系统失效”同时发生时，才能造成“保护机制失效”，二者关系为“与门”。

至此，“高压线路起火”的各级原因分析完成（图 4-11）。

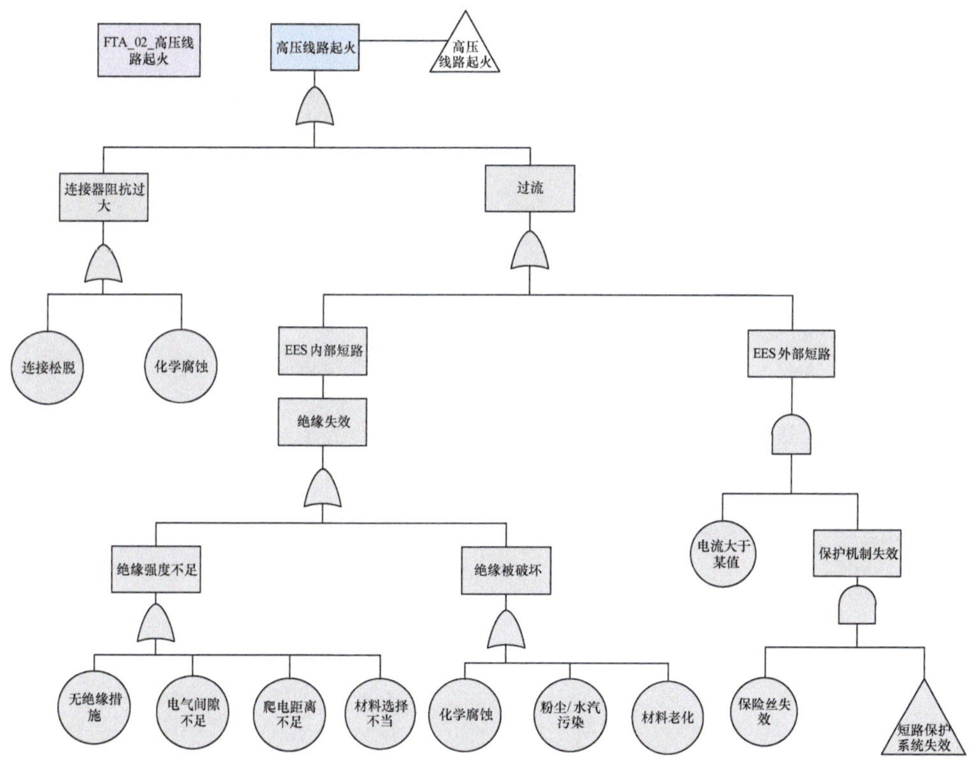

图 4-11　高压线路起火故障树示例

前面约定故障树分析时并不考虑氧气这个因子，主要是基于分析的目的和当前的产品结构，同时，也是为了减少故障树的复杂性。但这不代表在设计或故障分析中要忽略它，实际上，氧气体现的是一种共因失效因素。而共因失效的解决方案针对性强，一旦解决就能够带来显著的成效。以氧气为例，如果在Pack内能够彻底隔绝它（比如Pack内充上惰性气体或灌胶），或是在Pack内设计出某种固态干冰装置，当探测到起火或Crash中Pack被破坏或装置本身被暴力破坏，固态干冰都能迅速喷发出来，充满到整个Pack，造成一种缺氧的环境，就能减缓或阻止起火的发生。

从以上分析可以看出，经过对顶层事故的逐级分解，能够找出动力电池系统危险事件（如“连接阻抗过大”）与安全事故（非碰撞情况下发生起火）间的传导路径，同时也能够找出导致事故的根本原因如底事件“连接松动”。针对传导路径和底事件，采取对应措施便能够阻断或延缓事故的发生。

结合具体的产品及零部件组成，就可以完成系统级别的安全风险分配。

主要参考文献

夏军. 2015. 电动汽车动力电池系统安全分析与防护设计[EB/OL]. (2015-08-14) [2016-06-14] http://www.d1ev.com/39611.html.

项宏发，陈春华. 2010. 锂离子电池安全问题概述[J]. 化学与物理电源系统, 15.

Ericson C A. 2005. Hazard Analysis Techniques For System Safety [M]. Hoboken, New Jersey: John Wiley & Sons Inc.

05

电气安全设计

本章导读

- 掌握动力电池系统电气安全的分类及要求，对做好安全设计具有重要的意义，在电池系统的设计中植入电气安全设计，可以大大降低因电气安全带来的财力和物力的损失。
- 本章主要对电动汽车动力电池系统高压电气安全展开研究，分析在电池系统生产、使用、维护过程中如何防止人员和车辆发生电气安全事故。
- 本章旨在通过电气安全设计要点，包括警示标识、接触防护、外短路防护、过电流防护、高压互锁、继电器状态监测、碰撞防护和预充电保护，以指导电池系统安全工程师进行电气安全方案设计，设计人员进行电气安全的详细设计。

电动汽车安全与传统燃油汽车最大的不同之处在于其电危害的存在。目前，电动汽车所使用的电压达到 300 ～ 600 V（DC），甚至更高，电流也达到几百安培。而在电压达到 30 V（DC），或电流达到 5 mA（DC）时，就会对人的生命造成危害，与此同时，高电压、大电流的工作环境也会对电气部件带来损害，并进一步引发安全事故。因此，无论是在正常使用中还是发生碰撞时（后），对电危害的防护尤为重要。

电气安全设计主要是围绕防护人员和设备免遭电危害而进行。从第 4 章的安全分析可知，对于电危害，可以采取隔离危害元素、降低危害程度、监控并阻止触发机制等方法。具体地讲，可以：①将电动汽车上的高压带电体隔绝（如绝缘防护），或阻止人与其接触（如外壳防护）；②将电压或电流降低到安全范围以内；③对高压电路进行监控，在电危害触发机制发生时，阻断其进一步扩展（如短路保护、自动切断高压、等电位设计等）。

5.1 警示标识

对于最大工作电压大于 60 V（DC）的电池系统，为防止人员非正常使用或误触碰到电池高压，应在产品表面进行标识警示，标识中的内容应包含高压触电、注意安全、使用前请阅读说明书、禁止用手直接触碰等。在产品上盖还应含有严禁踩踏警示标识，以防止上盖被压导致电池系统损坏或 IP 等级防护失效。

警告标识如图 5-1 所示，标识底色为黄色，边框应使用黑色。当人员接近电池系统高压时，应能清晰地看见该警示标识，提醒人们注意高压安全。

图 5-1　高压警告标识

5.2 接触防护

当人体接触带电体并有电流通过人体时，就称为人体触电。按照人体触电的原因可分为直接触电和间接触电。直接触电，是指人体直接接触及带电体，如触及电池高压导线金属部分导致的触电；间接触电，是指人体触及正常情况下不带电但故障情况下带电的金属导体，如触及绝缘失效电池系统的外壳导致的触电现象。直接接触与间接接触的区别在于直接接触是防止人员或工具直接接触到高压部分，间接接触是防止人员或工具即使触碰到了漏电部件也不能在人体上形成电流回路而导致人员发生触电危害。

根据触电原因的不同，对其采取的防护措施也不同，可分为直接接触防护和间接接触防护。直接接触防护在设计上一般可采用绝缘、防护罩、遮拦等措施；间接接触防护在设计上一般可采用等电位（保护接地）、保护切断、漏电保护等措施。

5.2.1 直接接触防护

1. 绝缘设计

动力电池是高压电能量储存系统，其高压电的绝缘安全设计不可忽视。绝缘设计是电池系统的最基本要求，是利用不导电的物质将电池系统高压带电体（线芯、铜巴、保险丝等）进行隔离、包裹起来，以对触电起保护作用的一种安全措施。绝缘设计是防止人员与带电体直接接触的基本手段。

绝缘方式主要有基本绝缘与附加绝缘两种。基本绝缘是加在带电部件上提供防止触电基本保护的绝缘；附加绝缘是当基本绝缘失效时为防止触电而提供保护的独立的绝缘方式。由基本绝缘和附加绝缘组成的绝缘方式叫双重绝缘；加强绝缘是加在带电部件上的一种单一绝缘系统，它提供相当于双重绝缘的防触电保护等级。

为解决电动汽车高压绝缘安全问题，GB/T 18384.3—2015 规定了电动汽车的高压电回路绝缘要求和绝缘检测要求，即电池系统不仅需要绝缘设计，还需具有绝缘失效检测功能，目前主要依靠电池管理系统（BMS）对高压回路的绝缘失效进行检测。

动力电池系统高压电绝缘设计主要通过电芯、模块和系统三个层级进行。

（1）电芯绝缘设计

电芯是动力电池系统最基本的能量存储单元（图 5-2），其绝缘设计主要考虑以下几个方面：

- 正极与负极集流体间的绝缘。主要依靠电芯隔膜实现绝缘设计，利用隔膜较好的力学性能和绝缘特性保证正负极间的绝缘。
- 电池芯（正负极集流体和隔膜等构成的总成件）与电池外壳间的绝缘。主要通过隔膜来实现，在正负极集流体叠片或卷绕完成后，通常再卷绕 2 ～ 3 层隔膜以保证电池芯与外壳间的绝缘。

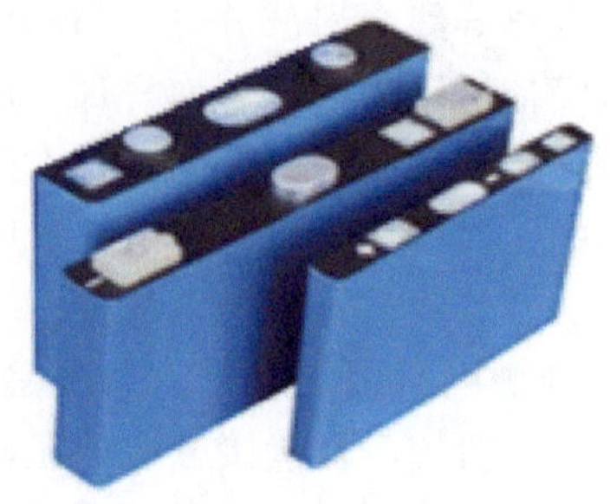

图 5-2　单体电芯

- 电芯正负极极耳与外壳间的绝缘。通常在极耳与外壳间增加一层绝缘材料。如软包装电芯在极耳和外壳间增加一层耐高温且具有一定机械强度的绝缘薄膜；钢壳或铝壳电芯在极柱和外壳间增加一个绝缘垫片保证绝缘性能。

电芯制造过程的工艺质量控制对电芯绝缘性能非常重要，包括设备的操作可靠性和准确度、关键参数的制定和环境的洁净度等。例如，在进行电芯外壳绝缘膜包覆时，需确保外壳表面无较大颗粒附着，若外壳附着颗粒，在后续模组装配压紧或模组使用过程颗粒可能刺破绝缘膜导致电芯外壳绝缘失效。

（2）模组绝缘设计

电池模组的绝缘设计含有电芯与电芯、电芯与模组机械外壳间的绝缘防护，具体设计与模组的结构设计及冷却方式有关，图 5-3 为自然冷却方壳电芯电池模组设计总成图，为保证电池模组内部电芯间的绝缘性能，在电芯壳体包上一层绝缘膜，也可在绝缘膜与电芯间增加一层附加绝缘材料，这样可以大大降低因工艺过程中控制不良的焊渣进入到电芯与电芯间而带来刺穿绝缘膜导致电芯间绝缘失效的风险。在电芯与模组外壳的绝缘设计上，通常在电芯与底板、端板、侧板之间增加一层绝缘模，确保电芯壳体与模组金属外壳间的绝缘强度。

另外，模组内的采样线束直接与电芯极柱相连，因此，模组绝缘还需考虑采样线束的绝缘要求，采样线束的走线方式应尽量避免与机械部件干涉并固定好，确保在振动中不出现因机械干涉问题导致绝缘层破损带来的绝缘失效或采样线短路燃烧等安全问题。

（3）电池系统总成绝缘设计

电池系统最高电压一般不超过 1000 V（DC），因此电池系统的绝缘设计一般采用基本绝缘的方式就可以满足系统的安全要求。

电池系统总成级的绝缘设计主要含有模组与模组间的连接线束、电池箱输出极、手动维护开关、通断开关（继电器）、保险丝等部件，所有绝缘设计的部

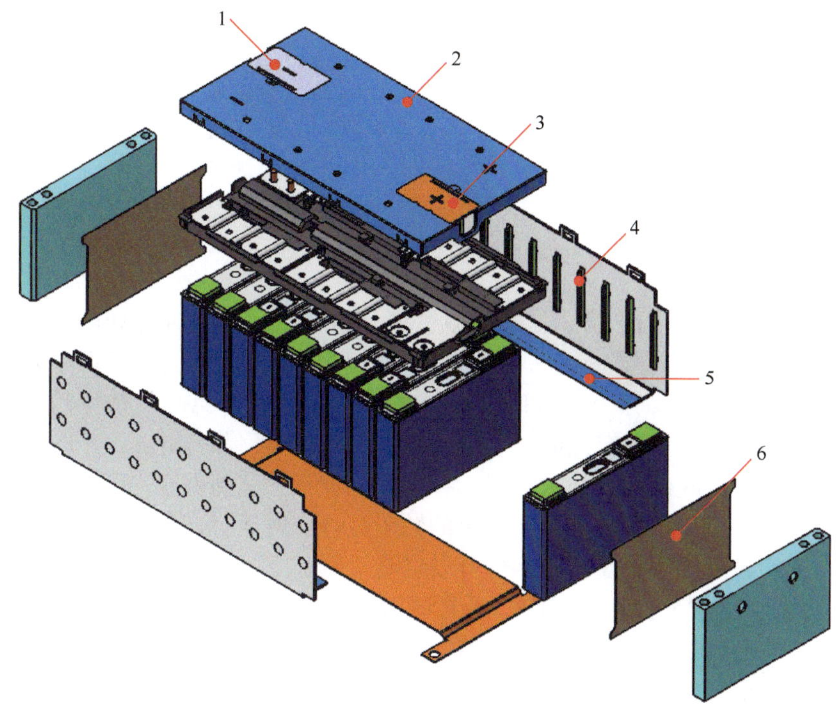

图 5-3 模组绝缘设计示例

1- 高压保护罩；2- 模组上盖；3- 高压保护罩；4- 模组侧板；5- 模组底板绝缘片；6- 端部绝缘片

件可以看成对地并联的电阻，部件越多，阻值越低。因此，所有需绝缘设计的部件均需满足部件级的绝缘等级要求，以确保系统总成的绝缘性能满足产品要求，一般电池系统级在全生命周期内的绝缘阻值需大于 2.5 MΩ。

此外，电池系统绝缘设计还需要考虑系统的密封性能，主要是因为水或者水蒸气进入电池系统内部会引起系统内部的高压带电部分与壳体通过阻值较低的水相连接，导致高压绝缘失效。通常电池系统的密封需考虑高低压接插件、防爆阀、手动维护开关、箱体与箱盖的密封性能。对于风冷设计的电池系统，还需要考虑冷却进风的湿度，通常从乘客舱内引出空调风来保证温度和湿度。

2. 屏护防护

在高压带电部件设计中，如果由遮拦或外壳提供防护，带电部件应放在外壳内或遮拦后。正常工作状态下，这些防护应牢固可靠，并耐机械冲击，在不使用工具或无意识的情况下，它们不能被打开、分离或移开。一般依据外壳或遮拦开口尺寸和到带电部件的距离来确定防护等级。

GB 4208—2008 标准中对外壳防护等级按如图 5-4 所示方法标志。

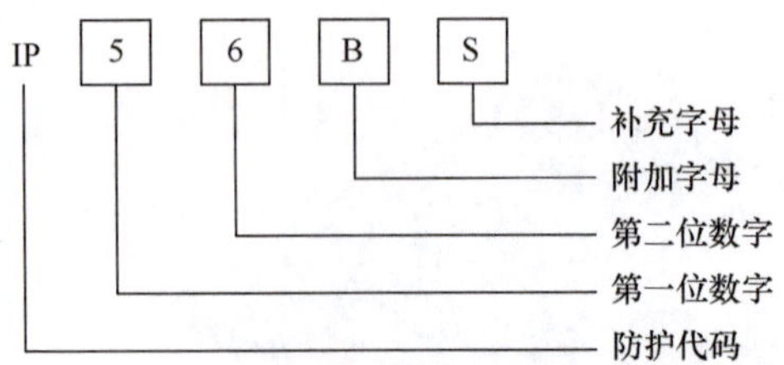

图 5-4　外壳防护等级标志

IP 代表防护代码，第一位特征数字表示防止接近危险部件和防止固体异物进入的防护等级，用数字 0 ～ 6 或字母 X 表示。第二位特征数字表示防止水进入的防护等级，用数字 0 ～ 8 或字母 X 表示。第一位和第二位数字越大表示防护等级越高，不要求规定特征数字时，可用字母“X”代替。附加字母（可选择）表示对人接近危险部件的防护等级。补充字母表示补充的内容，例如 S 表示防水试验在设备的可动部件（如旋转电机的转子）静止时运行，H 表示高压设备。如无特别说明，附加字母及补充字母可以省略。

在电池系统外壳防护设计时，最常选择使用的是 IPXXB/IPXXD 的防护等级。GB/T 24549—2009 要求在乘客舱及货舱中，带电部件在任何情况下都应由至少能提供 IPXXD 防护等级的壳体来防护，同时规定在打开上盖后，与系统连接的部件应具有 IPXXB 防护等级（GB 4208—2008 中 IPXXB 和 IPXXD 防护等级分别指通过铰接试指、试验线与危险部件的接触）。

IPXXB：附加字母 B 表示防止手指接近带电危险部件，见图 5-5，将直径 12 mm，长 80 mm 的铰接试指以（10±1）N 的力推向外壳的任何开口，试具可进入其全部长度，但挡盘不得通过开口，试指可在 90° 范围内自由弯曲，试指不得触碰带电高压部件。

IPXXD：附加字母 D 表示防止金属线接近带电危险部件，见图 5-6，将直

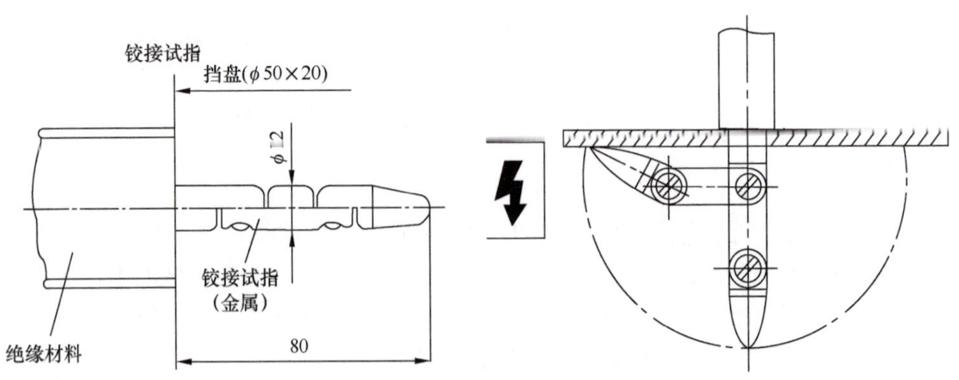

图 5-5　IPXXB 试具与验证示例

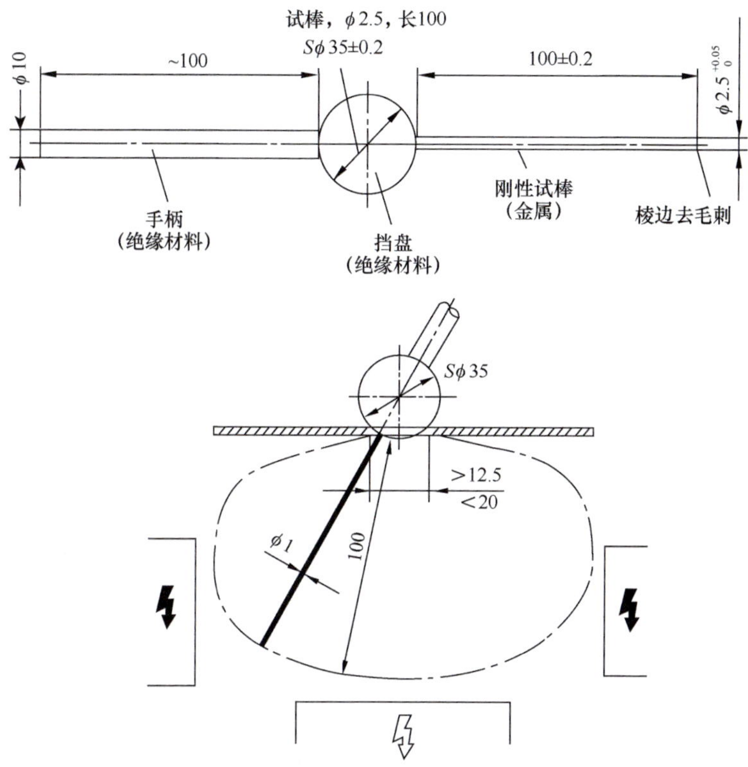

图 5-6 IPXXD 试具与验证示例

径 1.0 mm，长 100 mm 的铰接试指以（1±0.1）N 的力推向外壳的任何开口，试具可进入其全部长度，但挡盘不得通过开口，试具插入部分不得触碰带电高压部件。

5.2.2 间接接触防护

1. 等电位连接

所谓“地”，在电气领域有两种含义：其一是实指大地；其二是泛指电气系统中的参考点或等电位点。这个参考点或等电位点可以不与大地相连接，它只是象征意义上的“地”，是指能供给或接受大量电荷，并可用来作为良好的参考电位的物体。而“接地”则是将电力系统或电气装置的某些可导电部分，经接地线连接至“地”，形成一等电势体，也称等电位连接。

在电气安全技术不断发展和更新的进程中，大量的电气事故是由过大的电位差引起的，为防止因电位差带来的电气事故，IEC 标准将等电位连接作为电气装置的最基本保护。等电位连接是使电气装置各外露可导电部分和装置外可导电部分间的电位保持基本相等的一种电气连接。其中外露可导电部分是指平时不带电压，但在绝缘失效等故障下可能带电的容易触及的装置外露导电部分；装置外可导电部分是指不属于电气装置组成部分的可导电部分（如整车车身，它不属于电气装置）。

（1）等电位连接的作用

a）人体触电防护

等电位设计的作用更多的是为了保护人员安全，可以在很大程度上降低整车外露可触及的可导电部分任意两点间的压差。在电池系统或整车端发生绝缘故障时，即使有故障电流流过外露可导电部分时，人体在无意或有意的情况下触及到任意两点，两点间基本维持等电位状态，可以保证其压差不大于人体的安全电压。

b）静电防护

静电是指分布在电介质表面或体积内，以及在绝缘导体表面处于静止状态的电荷。静电电量虽然不大，但电压很高，容易产生火花放电，若电池系统内存在电芯漏液，静电产生的火花容易引起电解液起火的危险。等电位连接可以将静电电荷收集并传送到接地网上，从而消除和防止静电带来的危害。

c）电磁干扰防护

在高压系统故障时，较大的脉冲电流对周围的金属物或导线形成电磁感应，敏感电子设备处于其中，可能造成数据丢失、系统崩溃等。通常，屏蔽是减少电磁波破坏的基本措施，整车高压设备外壳进行等电位连接后，由于保证了所有屏蔽和设备外壳之间实现良好的电气连接，最大限度减小了电位差，可以有效地降低 EMC 干扰带来的损害。

（2）等电位连接的设计

标准 GB/T 18384.3—2015 要求电位均衡电路中任意两个可以被人同时触碰到的外露可导电部件之间的电阻应不超过 0.1 Ω。

电位均衡连续性试验方法：如图 5-7 所示，在任何两个外露导电部分施加一个测试的直流电，该直流电的测试电流不小于 1 A，电压小于 60 V，且测试持续不小于 5 s，测量其电压降，根据电流和电压降计算出电阻值不应超过 0.1 Ω。

首先，电池箱的壳体必须与车辆的地（车身作为壳体地）实现等电位连接，可以采用地线连接的方式，也可以采用螺栓连接的方式，这取决于车辆的整体设计方案，优先推荐采用地线连接的方式设计，连接可靠且方便维护。

其次，电池箱壳体上面的所有可接触的导电金属部件（比如盖板、支架、水冷管等），都必须与壳体是等电位连接的，可以通过焊接、压接、螺栓连接等各

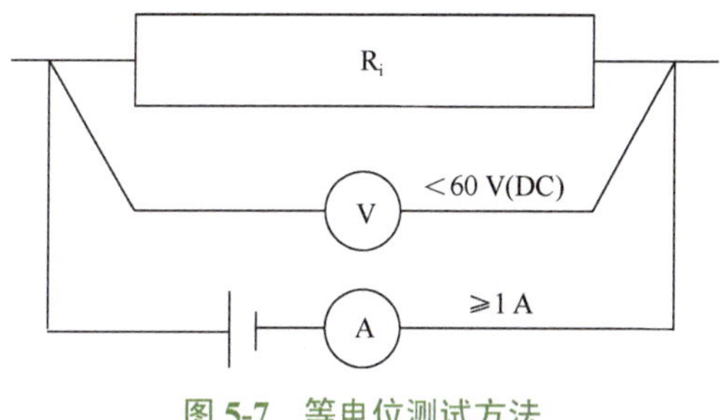

图 5-7 等电位测试方法

种方式实现。如果等电位连接是通过压接或螺栓连接来实现的，那么接触面不能进行喷漆或做绝缘处理，否则接触阻抗大，无法满足等电位对阻抗的要求。若等电位是通过紧固螺栓实现，其扭矩需确保产品整个运行生命周期内的振动不会带来螺栓松动，以满足国标对其连接阻抗的要求。

再次，对于等电位连接所用的导体（比如接地线等），要求其颜色是黑色，便于维修和拆卸时辨认。等电位连接的螺栓或线束还需满足一定截面积大小的要求，一般要求等电位连接的导线或螺栓其截面积总和需大于或等于电池系统中高压导线截面积。原因在于当电池系统高压回路出现双点绝缘失效时带来的电池外部短路，此时至少需要保证电池系统内部导线或短路回路内的保险先于等电位连接线断开。若等电位连接点先于内部导线断开，此时等电位连接将失去其应有的作用，等电位点两端的可导电部件将存在电势差，人体误触碰到等电位点的两端会有触电危险。

在产品设计时，等电位连接的技术实现不能局限于客户的技术要求，应根据产品的实际情况，采取相应的措施来保证电位连接的要求，进而保证产品的安全使用。

2. 电气隔离

在电池系统的绝缘配合中，可以通过电气间隙和爬电距离的方式来实现高压电气隔离。电气间隙和爬电距离是两个大家不怎么注意但又非常重要的指标，它们将直接影响电池系统的安全性能。

（1）电气间隙

在两个导电零部件之间或导电零部件与设备防护界面之间测得的最短空间距离称为电气间隙，即在保证电气性能稳定和安全的情况下，通过空气能实现绝缘的最短距离（图 5-8）。电气间隙过小就有可能因为瞬时冲击电压过大导致放弧产生电火花带来危害。

电气间隙应以承受所要求的冲击耐受电压来确定。GB/T 16935.1—2008 中

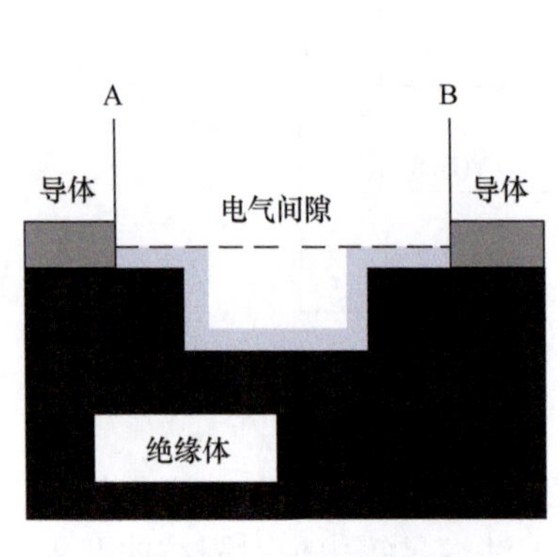

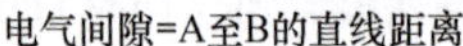
电气间隙=A至B的直线距离

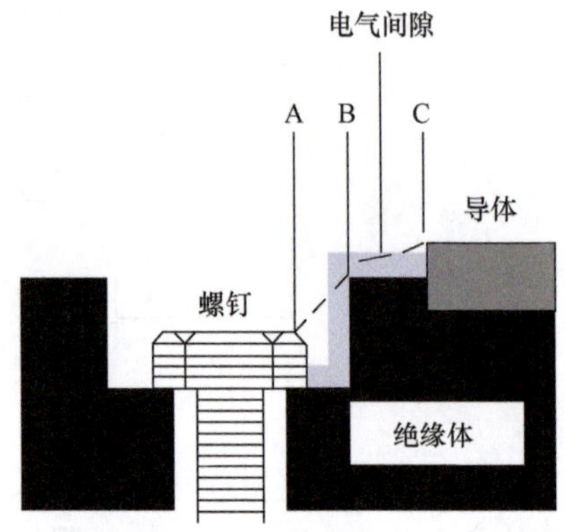

电气间隙=A至B的直线距离+B至C的直线距离

图 5-8 电气间隙图示

定义了电气间隙需考虑系统的冲击耐受电压、稳态有效值电压、暂时过电压或再现峰值电压，通过查表 F.1、F.2 和 F.7a 选取其最大电气间隙值作为电池系统的最小电气间隙值。

通过查表 F.1、F.2 和 F.7a 确定的电气间隙值，对用于海拔 2000 m 及以下的系统具有耐受能力，对用在高于海拔 2000 m 的系统需通过表 5-1 规定的海拔修正系数对值进行修正。在实际车辆使用中，可评估车辆使用地区的海拔，选择适合的修正系数对电气间隙值进行修正，以修正后的值进行详细结构设计。

表5-1 GB/T 16935.1—2008中表A.2海拔修正系数

海拔（m）	正常气压（kPa）	电气间隙的倍增系数
2000	80.0	1.00
3000	70.0	1.14
4000	62.0	1.29
5000	54.0	1.48
6000	47.0	1.70
7000	41.0	1.95
8000	35.5	2.25
9000	30.5	2.62
10000	26.5	3.02
15000	12.0	6.67
20000	5.5	14.5

电气间隙还考虑机械方面带来的影响，例如在振动或外施力下，电气间隙会因机械结构的振幅而发生微小变化，设计时需考虑并确保该范围的最小值也可

以满足系统对电气间隙的要求。

（2）爬电距离

因结构设计的需要，当高压带电部件无法通过电气间隙来隔离时，此时就需要通过爬电距离的设计将带电部件与不带电的可导电部件进行隔离，确保系统绝缘设计满足要求。爬电距离是两导电部件之间沿固体绝缘材料表面的最短距离（图 5-9）。

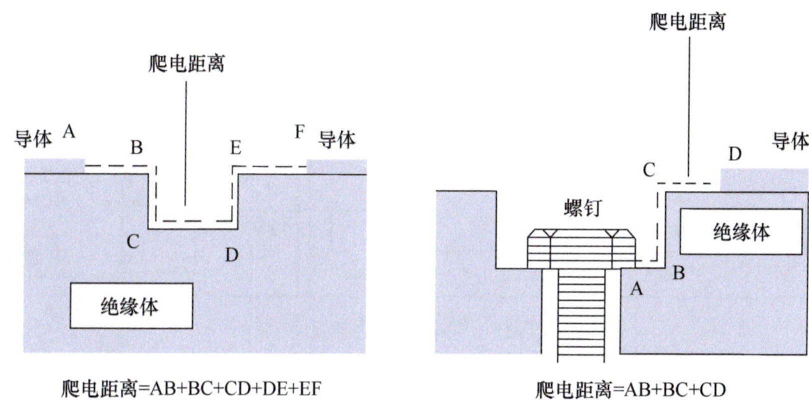

图 5-9 爬电距离图示

爬电距离的选择需考虑电池系统的有效电压值、环境污染等级、绝缘材料等影响因素。标准 GB/T 16935.1—2008 推荐采用标准中表 F.4 的值作为爬电距离的设计要求值。

以 IP67 设计的电池箱举例计算，其污染等级可选取 2 级，若电池系统最高有效电压为 750 V，材料组别按Ⅲ选取，则查询 GB/T 16935.1—2008 中表 F.4 可确定其爬电距离为：

$$6.3+\left[\frac{(750-630)\times(8-6.3)}{800-630}\right]=7.5(\text{mm})$$

5.3 外短路防护

在电动汽车生产装配、售后维护或使用过程中，因车上高压电子电气部件多且使用环境复杂，高压电气设备可能出现故障，导致电池发生外短路，动力电池组短路形成几千安培的电流，将瞬间产生巨大的能量释放，会带来起火、爆炸的危险，严重危及人员和车辆的安全。为了保证车载用电设备和人员的安全，防止电池短路及过载现象的发生，需在电池系统高压回路中选用高压熔断器进行保护，熔断器被有意设计成回路中最薄弱的环节，在正常工作下，熔断器不会熔断，当回路中发生短路或严重过载时，熔断器中的熔丝或熔片会立即熔断，以保护电路及电气设备（图 5-10）。QC/T 420—2004 中这样定义熔断器：接于电路中，当电流超过规定值和规定的时间时，使电路断开的熔断式电气保护器件，英文名称是 Fuse-link，通常称其保险丝。

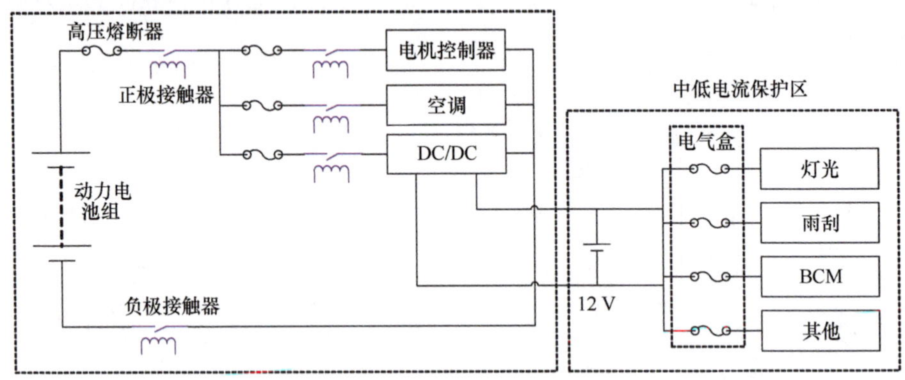

图 5-10　电动汽车电气拓扑图

高压熔断器选型注意事项：

为确保整车电气设备能够安全可靠的运行，选择一款合适的熔断器尤为重要。熔断器选用的基本原则：①该断的时候要断；②不该断的时候不要断；③断的时候必须保证安全。

直流高压熔断器的选型需要考虑的因素：

- 熔断器的额定电压是在其断开后能够承受的最大电压值，GB/T 21413.5—2008 规定由接触网供电的熔断器，其额定电压应与表 5-2 一致，不由接触网供电的熔断器其分断试验电压应至少等于与之相连的电路的最高工作电压；

表5-2　接触网供电的直流熔断体的额定电压和试验电压

标称网压（V）	熔断器的额定电压（V）	分断试验电压（V）
600	720	800
750	900	1000
1500	1800	1950
3000	3600	3900

- 分断能力是熔断器最主要的安全指标，在规定电压下且流经熔断器的电流相当大以致短路的时候，要求熔断器能安全切断电路且不带来任何破坏性；

- 根据实际的工作恒定电流，选择额定电流适合的熔断器；
- 根据熔断器运行的环境温度进行温度降额设计；
- 选用的熔断器熔化热能值应大于浪涌能量 I^2t；
- 通过计算和选择熔化热能与浪涌能量的关系，得出熔断器能够承受的脉冲次数，判定选择的熔断器是否满足实际使用脉冲工况；
- 根据计算出的电流值，考虑熔断器尺寸及安装方式，选择合适的熔断器；
- 选择相应的保险丝座，保险丝座的选取也需考虑电流降额。

5.4 高压回路主动监控与防护

动力电池系统是一个车载高压电气系统，为电动车提供电能的吸收、存储和供应，在启动、运行、停止的过程中都有可能发生各种各样的安全问题，为保证动力电池系统安全运行，对动力电池系统进行实时监控与故障诊断。

针对动力电池系统的特性和危害分析，动力电池系统应具备如下几个主要的安全功能：①过流保护；②高压互锁检测；③继电器状态检测；④绝缘监控；⑤碰撞防护；⑥上电防瞬态冲击。以下将分别对这些功能进行介绍与讲解。

5.4.1 过流保护

动力电池系统在复杂的使用环境中，并不是任何的电气短路故障都会形成几千安培的电流，当出现长时间的异常大电流时，使整个动力电源回路形成一定的热量积累，也会导致起火、爆炸的危险。

1. 过流保护的工作原理

当动力电池系统在运行过程中监测到高压回路电流超出规定的范围和持续时间时，动力电池系统将此异常信息发送给 VCU（整车控制器），并要求整车降功率运行。高压回路电流在规定的时间内，电流还未下降至规定的范围内，动力电池系统将通过控制继电器切断整个高压回路的电流，保证整个动力电源回路不会因为长时间过流导致起火、爆炸的事件发生。

2. 过流保护系统设计

通常来说，动力电池系统的过流保护系统主要由三部分组成：电流监控、过流信号处理、保护措施实施。其中电流监控功能由电流采集模块来实现，该模块一般集成在霍尔传感器上；过流信号处理由 BMU（电子控制单元）来实现，它包括信号校对、信号处理、发送报警信号和断开高压输出指令；根据过流的大小和时间选择不同的保护方式：①降功率；②断开高压输出。动力电池系统的过流保护系统设计框图如图 5-11 所示。

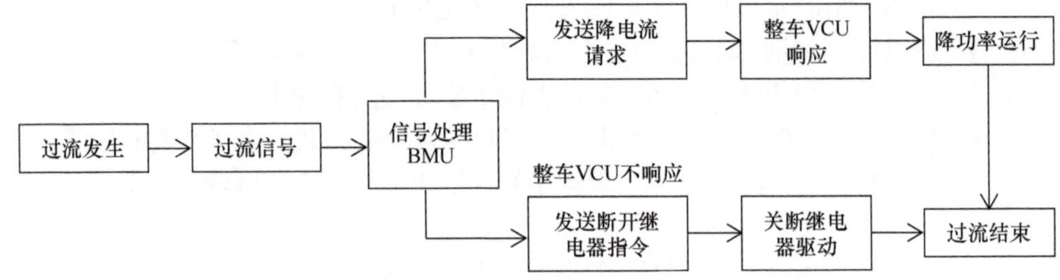

图 5-11　动力电池系统的过流保护系统示例

设计过程中注意事项：

- 零部件选择：高压回路中的所有零部件都必须满足整个系统的使用工况；根据电芯、线束和保险丝的 *I-T* 特性曲线，确保零部件满足一定的过流能力，而不至于发生因高温导致绝缘层融化烧蚀冒烟的情况。
- 控制策略：不能因瞬态的尖峰电流或 EMC 干扰导致整车突然失去动力；根据零部件的 *I-T* 特性曲线，合理地控制不同过流时间，防止整个动力系统发生起火事件。

5.4.2 高压互锁检测

高压互锁（HVIL），也叫危险电压互锁回路（US 7586722 High Voltage Interlock System and Control Strategy），是指通过使用低压信号来检查电动汽车上所有与高压母线相连的各分路，包括整个电池系统、导线、连接器、DCDC、电机控制器、高压盒及保护盖等系统回路的电气连接完整性（连续性）。当整个动力系统高压回路连接断开或者完整性受到破坏的时候，就需要启动安全措施，如报警或断开高压回路等。由于电动车动力系统是由多个子系统组成的，它们两两之间都是靠高压连接器相互连接，同时运行的环境十分恶劣，大多数工况处在振动与冲击条件下，因此高压互锁设计是确保人员安全和车辆设备安全运行的关键设计。

1. 电池系统常用的高压互锁工作原理

为能实时监测动力电池系统高压母线快插连接器的连接可靠，在高压母线快插连接器上并联了一组高压互锁回路，并通过 BMS（电池管理单元）来动态检测高压快插连接器的可靠程度。当检测到高压回路的连接没有达到预期的完整性要求时，BMS（电池管理单元）将直接或通过 VCU（整车控制器）禁止相关动力电源的输出，直到该故障完全排除为止。否则会导致因高压系统连接不良（接触阻抗变大），造成动力回路输出功率下降，甚至发生连接器烧结等危害。

2. 高压互锁系统设计的基本原则

根据动力电池系统使用环境的复杂性和恶劣性，高压互锁装置［如高压母线快插连接器或 / 和 MSD（维护开关）］应牢固可靠，并耐机械冲击。在不使用工具或无意识的情况下，它们不能被随意打开、分离或移动。而且高压电气连接件任何不期望的松动或断开都不应该导致人员和车辆产生危险。

因此，高压互锁回路的设计必须满足如下设计要求：

- 高压互锁回路必须能够有效地监控整个动力电源回路的连接通 / 断情况，并且在动力电源回路上电之前，就能够判定整个高压系统连接的完整性，使整车系统防患于未然；
- 高压互锁回路自身完整性被破坏的情况下，能够及时诊断（短路、断路和开路）并将报警信号发送给整车 VCU（整车控制器），同时动力电池系统应能存储对应的故障代码；
- 整车动力电源回路的所有高压连接器在不使用工具或者无意识的情况下，不能被随意打开、分离或移动；
- 整车动力电源回路的所有高压连接器应该有机械互锁功能，只有在高压互锁回路先行断开的情况下，高压连接器才能被打开；
- 高压连接器上的高压互锁接头，在安装完之后必须满足 IP67 以上的密封性要求；
- 需要接合整车的安全策略来防护，保证电动汽车在正常或异常上电、运行、断电过程中的高压用电安全。

3. 高压互锁监测系统设计

（1）高压互锁监测系统的电路设计

根据电动汽车的实际结构和动力电源回路特性，整个高压互锁回路的典型配置如图 5-12 所示。图中的粗实线表示整车 12 V 铅酸电池供电线，细虚线是高压互锁监控电路的连接回路。为监测动力电源回路的完整性，高压互锁与动力电源线一起集成到高压连接器端，同时将所有的高压连接器高压互锁回路串接起来组成一个完整的高压互锁回路，这种高压互锁回路的电路设计比较简单和可靠。

由图 5-12 可知，整个高压互锁监控回路信号由 BMS（电池管理单元）发送和接收。在该设计方案中，BMS（电池管理单元）可以监控整个高压互锁回路的电气连接状态，将结果通过 CAN 总线上报给 VCU（整车控制器）。

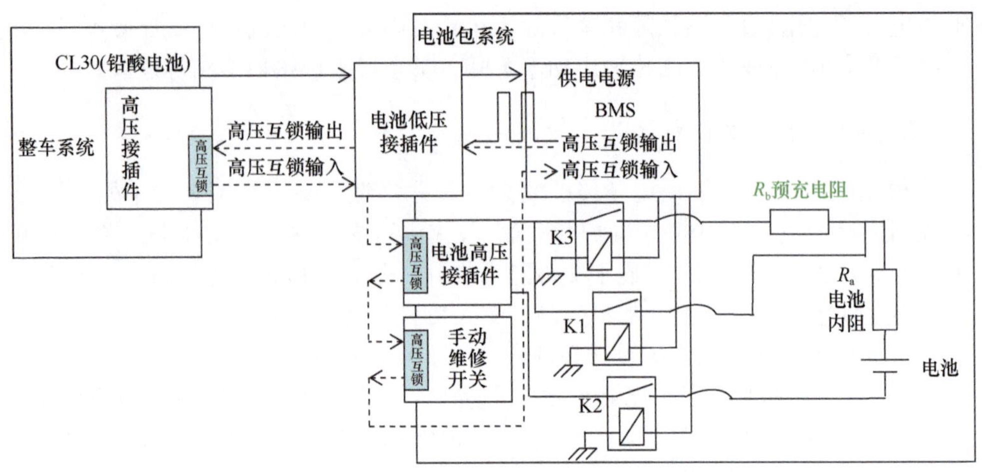

图 5-12　高压互锁原理框图示例

高压互锁（HVIL）回路的监测与故障诊断程序整体的设计思路是要保证电动汽车在正常或异常上电、运行、断电过程中的高压用电安全。

- 上电过程控制策略：当 BMS 接到整车 VCU（整车控制器）有效启动命令之后，HVIL 无故障且其他监测功能无异常后，则 BMS 接通动力电源回路，否则禁止接通动力电源回路并进行相应的报警（图 5-13）。
- 运行过程诊断策略：成功接通动力电源回路之后，车辆进入正常运行状态。这时为了保证动力电源回路用电安全，避免对乘客和车辆造成损害，系统进入实时故障诊断状态，根据发生故障的严重程度做出相应的故障处理（进行降功率和报警处理）。

（2）高压互锁（HVIL）结构设计

高压互锁主要有两部分功能，一是监测高压连接器连接是否完好（见图 5-14），二是机械锁止。

高压连接器如图 5-14 所示，图 5-14（a）为将高压互锁电路集成在连接器上的一体式设计，为防止连接器上的高压互锁信号回路因长期振动松脱，将高压连接器接头设计为机械自锁结构，见图 5-14（b）。

根据产品使用环境、安装的空间尺寸，再结合以上信息可知，对高压互锁结构有以下几方面的要求：

- 安装尺寸小，产品占用空间小；
- 产品结构简单，插拔容易；
- 防护等级大于 IP67；
- 可靠的防振动冲击性；
- 机械与电气连接的互锁性。

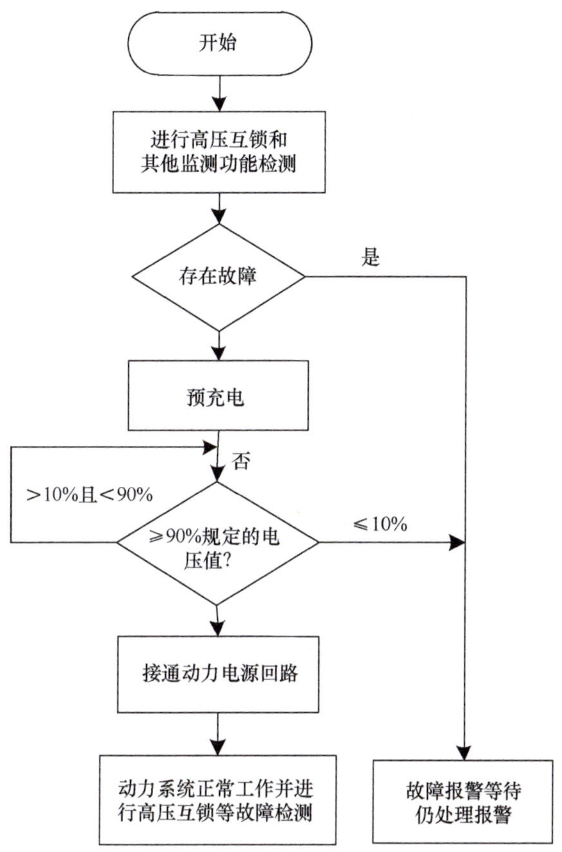

图 5-13　上电过程控制策略示例

5.4.3 继电器状态检测

动力电池系统作为电动汽车的能量源，其能量输出由一系列高压开关器件的通断来实现。所有高压开关器件的工作状态，特别是动力电池系统供给整车的高压正极和负极，以及充电机正极和负极的高压开关器件是否正常通断，对保证动力电池系统能量输出控制十分必要。

现阶段大多数动力电池系统都是通过高压继电器实现高压回路的通断功能。BMS（电池管理单元）作为动力电池系统能量输出的控制单元，必须检测动力电池系统高压继电器的工作状态。目前大多数的动力电池系统是无法判断具体哪个高压继电器出故障，导致无法完成高压上电 / 下电流程，或者完成了高压上电 / 下电流程，却无法识别高压继电器的故障情况。这些高压继电器在工作不正常的情况下，为车辆使用和维护带来不安全因素，所以对高压继电器的执行状态进行

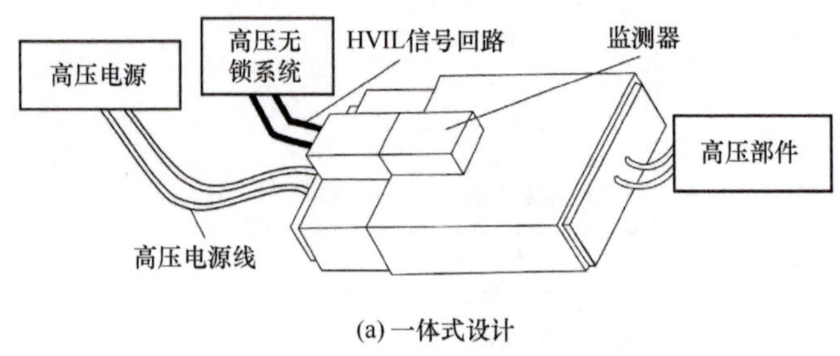

(a) 一体式设计

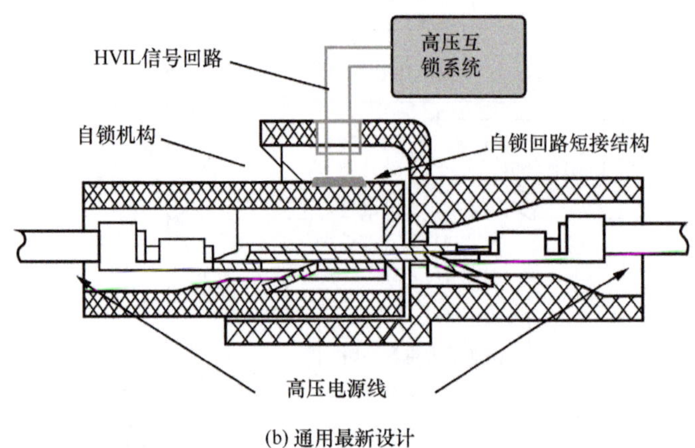

(b) 通用最新设计

图 5-14　高压互锁连接器结构设计图

有效的监控，对电动汽车安全、可靠性运行具有十分重要的意义。

1. 动力电池系统常用的继电器状态检测原理介绍

对于继电器的状态监测方法有两种：一种是监测其线圈上电情况，另一种是对其触点本身进行监测。前一种方法简单，但对于监测对象来说，上电状态是通过驱动线圈间接反馈，后一种方法直接检测高压触点连接情况，但实现起来有较大难度。图 5-15 为高压触点监测原理图，通过测量对比上电前后采样点的电压值，判断高压触点的故障状态。

2. 继电器高压触点判断策略

图 5-16 为高压回路正极（预充）、负极继电器触点状态检测等效原理图，通过监测诊断结果，BMS 采取相应措施对高压回路进行保护，例如，当检测到继电器 K1 粘连故障后，在下一次上电时禁止闭合 K2，否则由于外部电容的存在，将导致上电瞬间出现高压回路短路现象。

图 5-17 为动力电池系统通过对继电器下电时序进行故障检测的举例，分别

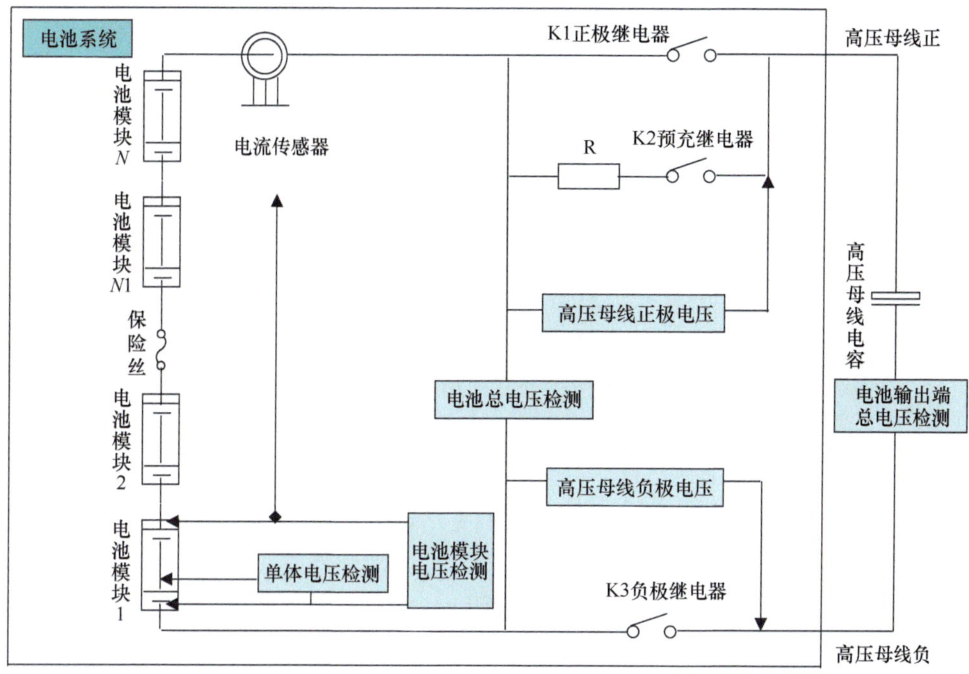

图 5-15 电池管理系统电压采样

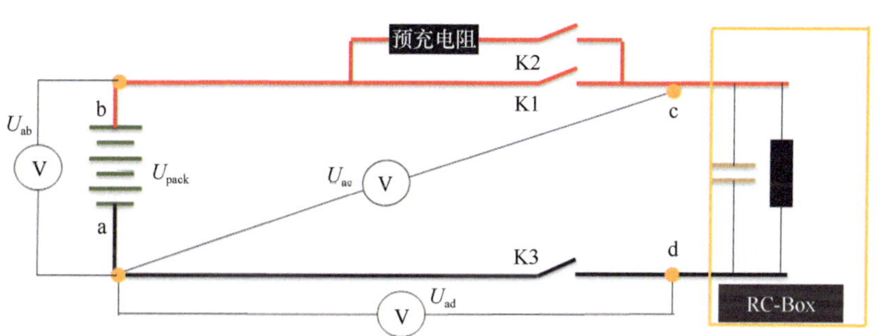

图 5-16 触点粘连诊断等效原理图

断开 K1 和 K2 继电器，同时采集记录各点的电压（见表 5-3 继电器粘连状态举例）进行继电器状态诊断。

5.4.4 绝缘监控

电动汽车的动力系统是一个高电压、大电流的电路，在正常情况下，高压动力系统是一个独立的系统，对车辆壳体是完全绝缘的，但不排除由于长时间高压电缆老化或受潮等问题带来的绝缘降低导致车身带电，且电动汽车工作环境复杂，如振动、温度和湿度急剧变化、酸碱气体的腐蚀等都会引起绝缘层的损伤，使绝缘性能下降。动力电池系统正极或负极引线通过绝缘层和底盘构成漏电回路，使底盘电位上升，危害驾乘人员的人身安全。

表5-3　继电器粘连状态诊断表举例

序号	状态	U_{ab}	U_{ac}	U_{ad}	结果判定
1	断开 K1	U_{pack}	U_{pack}	0	K3 或 K1 粘连
		U_{pack}	$U_{ac}\neq U_{pack}(\Delta U>5V)$	0	正常
2	断开 K2	U_{pack}	$U_{ac}\neq U_{pack}(\Delta U>5V)$	$U_{ad}>0$	正常
		U_{pack}	$U_{ac}\neq U_{pack}(\Delta U>5V)$	0	K2 粘连

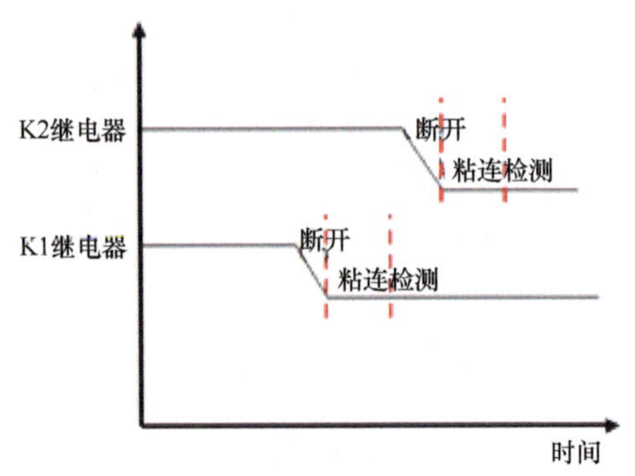

图 5-17　继电器下电时序图举例

当车辆高压动力系统和底盘之间出现多点绝缘性能下降时，会形成短路回路，产生热量积聚效应，严重时会引起电气火灾。因此，准确、实时地检测高压电气系统对车辆底盘的绝缘性能，对保证驾乘人员人身安全和车辆安全运行具有重要意义。

1. 绝缘监控工作原理

国标 GB/T 18384.1 规定，绝缘电阻是评价电动汽车绝缘情况优劣的重要参考量，设计时应保证绝缘电阻值与电动汽车直流系统标称电压的比值大于 100 Ω/V，才符合安全的要求。

标准中推荐的电池系统绝缘电阻测量原理如图 5-18 所示，图中 R_{c1}、R_{c2} 为测量用的已知阻值的标准电阻。工作原理如下：

当开关 S1、S2 全部断开，测量正、负母线与外壳 / 底盘之间的电压分别为 U_1，U_2，由电路定律可以得到：

$$\frac{U_1}{R_p}=\frac{U_2}{R_n} \tag{5-1}$$

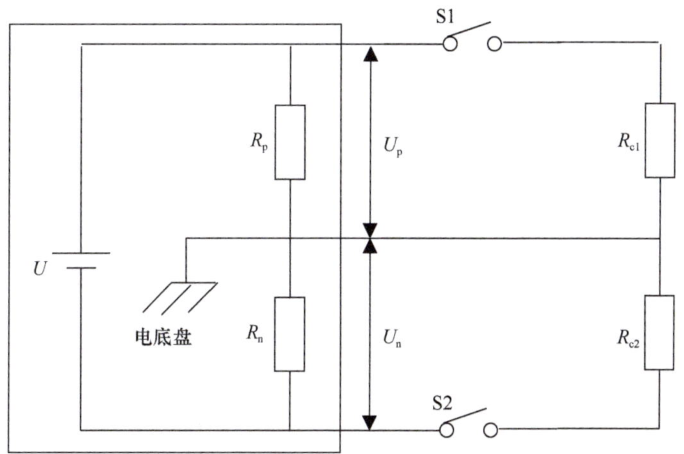

图 5-18 电动汽车绝缘电阻测量原理

当开关 S1 闭合、S2 断开时，则在正母线与外壳 / 底盘之间加入了标准偏置电阻 R_{c1}，测量正、负母线与底盘之间的电压分别为 U_{pp}、U_{nn}，同样可以得到：

$$\frac{U_{pp}}{R_p}+\frac{U_{pp}}{R_{c1}}=\frac{U_{nn}}{R_n} \tag{5-2}$$

由式（5-1）和式（5-2）联合求解可以得到：

$$R_p=\left(\frac{U_1\times U_{nn}}{U_2\times U_{pp}}-1\right)R_{c1} \tag{5-3}$$

$$R_n=\left(\frac{U_{nn}}{U_{pp}}-\frac{U_2}{U_1}\right)R_{c1} \tag{5-4}$$

同样，绝缘电阻在以下两种情况下也可以得到：

1）S1、S2 全部断开和 S1 断开、S2 闭合；

2）S1 闭合、S2 断开和 S1 断开、S2 闭合。

如果动力电池系统与外壳 / 底盘之间某一个点短路，最大泄漏电流所对应的电阻即为有效绝缘电阻。在没有故障的情况下，动力电池系统正、负极对外壳 / 底盘的绝缘电阻也是有限的，设动力电池系统负极对外壳 / 底盘电阻为 R_{i1}、正极对外壳 / 底盘为 R_{i2}，动力电池系统对地的绝缘电阻为两者中的较小值，其原因是两个电阻中的较小值会允许更大的电流流过动力电池系统另外一端与外壳 / 底盘相连的外部电路。

2. 绝缘监控系统设计

由上述计算公式可知，绝缘电阻 R_p、R_n 的具体数值由 4 个测量电压值和已知标准电阻计算得到，最终结果的精度与电压测量精度、标准电阻精度直接相关。同时，开关动作前后，动力电池系统电压随着加、减速的变化对结果的影响也较大。

选择标准电阻应遵循以下原则：

- 基本不影响被测系统原有的绝缘性能，兼顾系统的测量精度要求（通常情况是 0 ～ –30% 之间）；
- 根据系统电压等级配置不同等级的标准阻值，高精度，低温度系数。

动力电池系统的实际标准电阻配置如表 5-4 所示。

表5-4　直流母线电压与标准电阻对照表

电压等级（V）	50 ～ 150	150 ～ 250	250 ～ 350	350 ～ 450	＞ 450
限值（KΩ）	10	20	30	40	50
功率（W）	2	4	6	8	10

从上述分析可知，在标准电阻确定的情况下，电压检测的精度直接决定了最终结果的精度。一般来讲，目前电动汽车的标称电压基本在 300 ～ 500 V 之间，运行过程中电池电压存在一定的波动范围。因此，监测系统的电压测量电路必须保证在全范围内实现高精度的测量，而且正、负母线对外壳 / 底盘电压的测量必须同时完成。

动力电池系统的绝缘检测系统负责测量高压母线对外壳 / 底盘的绝缘电阻，并将绝缘状态和电阻值通过 CAN 总线上报以通知整车 VCU（整车控制器）或其他控制器。

当动力电池系统检测到自身绝缘电阻异常时，可采取分级报警的策略确保高压安全。例如，当绝缘阻值＜ 1000 Ω/V 时，动力电池系统上报报警信号，等待 VCU（整车控制器）发送断开高压回路的指令；当绝缘阻值＜ 500 Ω/V 时，动力电池系统上报严重故障并记录此故障，同时动力电池系统需直接切断继电器以确保整车高压安全。

5.4.5 碰撞防护

1. 电动汽车碰撞危害的特殊性

电动汽车相比于传统汽车在碰撞中的特殊性体现在两方面：一是高能量、大质量的动力电池系统，高压用电器等在碰撞中与车身固定件之间受到挤压损伤，可能会造成高压回路短路引起起火、爆炸；二是高电压的电驱动系统碰撞后，造成潜在的脱落、瞬间绝缘性能的快速下降，可能会与乘员或救援人员发生直接或间接接触从而引发电击伤害。

因此，电动汽车的碰撞安全性越来越受到关注。电动汽车的碰撞安全不仅通过机械结构满足驾乘人员防护和车身结构的防护要求，还必须通过安全功能满足电气安全方面的特殊要求。

2. 电池系统碰撞防护系统的组成及工作原理

（1）电池系统碰撞防护基本原理

目前大多数电动汽车动力电池系统具有碰撞断电保护功能，能有效防止碰撞后发生短路的可能性，同时保护人员因碰撞破损导致绝缘电阻过低的触电风险。

当车辆在较高车速下发生碰撞时，车辆碰撞传感器发出碰撞信号（冲击力超过预设定值），动力电池系统接收到碰撞信号后通过继电器断开高压输出回路。由于碰撞过程时间非常短，一般动力电池系统从接收到碰撞信号到完全断开高压的过程，在几十毫秒内完成，断开高压时间过长易导致车辆长时间高压带电，易发生人员触电风险，也可防止因整车绝缘破损导致动力电池系统外短路引起起火风险。同时在断开高压回路后，动力电池系统的输出正负端口之间的电压在 5 s 内下降到 60 V（DC）以下，防止人员发生触电风险。

（2）电池系统碰撞防护系统组成

动力电池系统的碰撞防护系统主要由碰撞信号（硬线连接或 CAN 信号）、BMU（电子控制单元），高压继电器组成。动力电池系统的碰撞防护系统组成如图 5-19 所示。

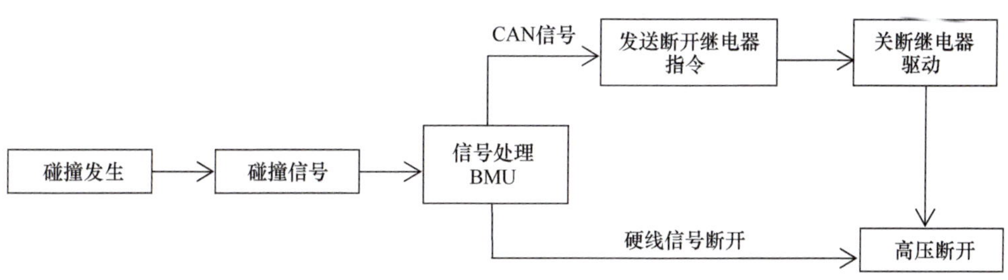

图 5-19 电池系统碰撞防护系统示例

碰撞信号：汽车碰撞传感器检测汽车在发生碰撞时的减速度或惯性力，并将碰撞信号传送到 BMU（电子控制单元），由 BMU（电子控制单元）断开高压继电器。

控制器：BMU（电子控制单元）是碰撞防护系统的核心部件，其系统的软硬件设计及内部的高压继电器断开的控制策略是主要的核心技术之一。BMU（电子控制单元）的硬件设计一般应具备如下特性：

- 在尽可能不影响系统可靠性的前提下，尽量采用集成元件，元件个数应该尽量少；
- 元件及电路应为可在线测试的；
- 减少耗电，备有双电源，使控制系统在主电源掉电的情况下可继续工作一段时间；
- 存储故障代码，以备事后诊断。

高压继电器：高压继电器是电池系统碰撞防护系统的主要部件之一，主要用于汽车发生碰撞时快速断开动力电源回路。

3. 电池系统碰撞防护控制策略的实现

根据相关数据分析，动力电池系统必须在检测到碰撞信号后 30 ms 内完成高压继电器断开的动作，整个过程包括信号采集时间、控制软件的运算时间、发出断开继电器指令的时间及继电器断开的时间。

尽管动力电池系统碰撞防护策略在电动汽车碰撞事故发生时确实能起到对车辆和驾乘人员的保护作用，但是如果设计或使用不当，也会存在一些问题，并有可能对车辆和驾乘人员造成伤害，如在车辆高速运行过程中，动力电池系统碰撞防护的启动，将导致车辆突然失去动力引发追尾和车辆失控事件。因此，动力电池系统的碰撞防护功能，需要进行更高等级的功能安全设计。

5.4.6 上电防瞬态冲击（预充电保护）

在电动汽车动力电源回路中，高压上电需确保供电、负载及动力电池系统主正 / 负继电器安全运行。由于动力电源回路在整车端存在大量的容性负载，如果直接闭合动力电池系统的主正 / 总负继电器，就会因为外部容性负载形成大电流瞬态冲击，出现回路烧毁的危险情况。因此在高电压上电过程中需对整个动力电源回路进行上电防瞬态冲击保护（以下统称预充电保护）。

1. 电池系统预充电保护工作原理

上面提到，电动汽车动力电源回路中存在容性负载，当把高压系统简化为一个由电阻和电容组成的模型（图 5-20），则在接通回路的瞬间，高压系统继电器突然被闭合，这时如果电容的电量为零，根据电路的瞬态特性可知，电容相当于短路，高压系统的瞬态电流就变得很大，从而产生一个几千安培的大电流冲击。如果不采取有效的防护措施，这种瞬态冲击电流将会对整个动力电源回路及用电设备造成严重的损伤，同时也完全有可能危及到驾乘人员的人身安全。

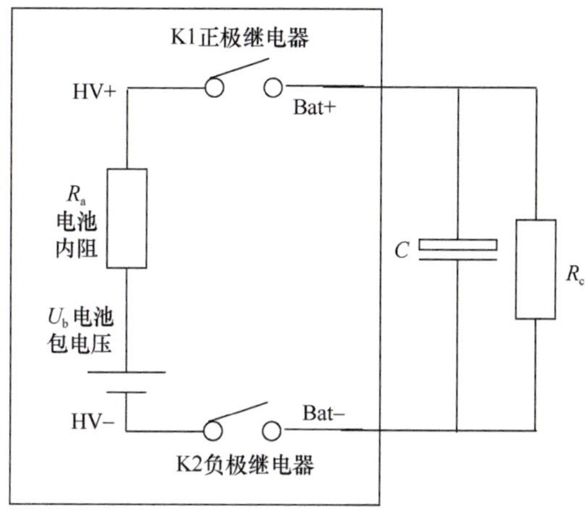

图 5-20　高压系统简化模型

在供电回路中加入图 5-21 所示的预充电电路，对容性器件进行预充电，避免产生瞬态冲击电流损坏高压系统器件，达到安全接通高压回路的目的（见图 5-22）。

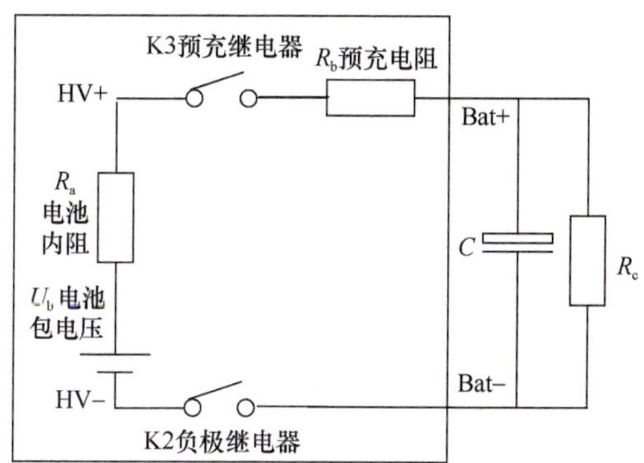

图 5-21　预充电电路图

预充电路原理中，连接动力电池系统输出正负两端是用 Bat+ 和 Bat− 来表示，电池系统的正负输出端则用 HV+ 和 HV− 来表示；K2（主负）表示连接蓄电池负端和输出回路负端的继电器；K3（预充）表示连接蓄电池正端和输出回路正端的预充继电器；R_b 表示预充电阻

2. 预充电保护系统设计

目前，预充电控制方式基本分为三种，见表 5-5。

动力电池系统预充电保护设计一般采用第二种方式，其软硬件设计如下：

（1）预充电保护系统的硬件设计

预充电结构见图 5-23，当动力电源回路进入预充电过程，总负继电器 K2 与

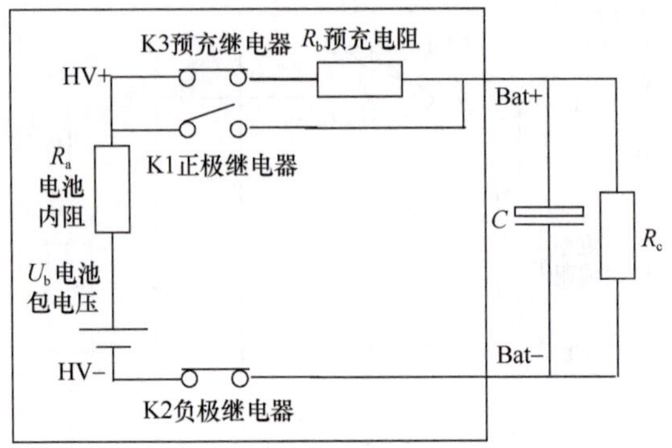

图 5-22　电池系统预充电过程

预充电路原理中，连接动力电池系统输出正负两端是用 Bat+ 和 Bat− 来表示，电池系统的正负输出端则用 HV+ 和 HV− 来表示；K2（主负）表示连接蓄电池负端和输出回路负端的继电器；K1（主正）表示连接蓄电池正端和输出回路正端的继电器；K3（预充）表示连接蓄电池正端和输出回路正端的预充继电器；R_b 表示预充电阻

表5-5　预充电控制方式

控制方式	信号采集方式	判定条件	输出方式
方式一	采集动力电池系统输出直流母线电流	当直流母线电流接近 0 A 时	输出预充完成信号
方式二	分别采集电池系统的总电压和动力电池系统输出端电压	对比两个电压值，两处电压趋于相等时	
方式三	采集动力电池系统输出端电压	当输出端电压达到设定的欠压保护点，经过延时后	

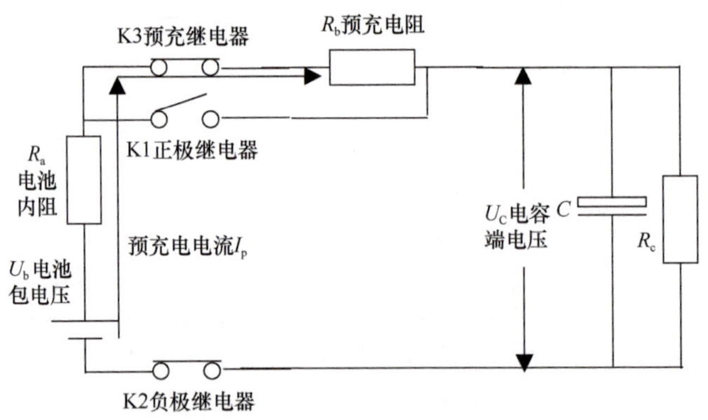

图 5-23　预充电结构图

拥有较大阻抗的预充继电器 K3 和 R（通常选择范围为 33 ～ 100 Ω 的功率型预充电阻）构成预充电回路先接通。当预充电电路工作时，负载电容 C 上的电压 U_c 越来越高［预充电电流 I_p=（U_b–U_c）/R 越来越小］，当接近蓄电池电压 U_b 时（即图中的 ΔU 足够小，一般小于 U_b 的 10%），接通总正继电器 K1，再切断预充继

电器 K3，预充电过程电压及电流变化见图 5-24。

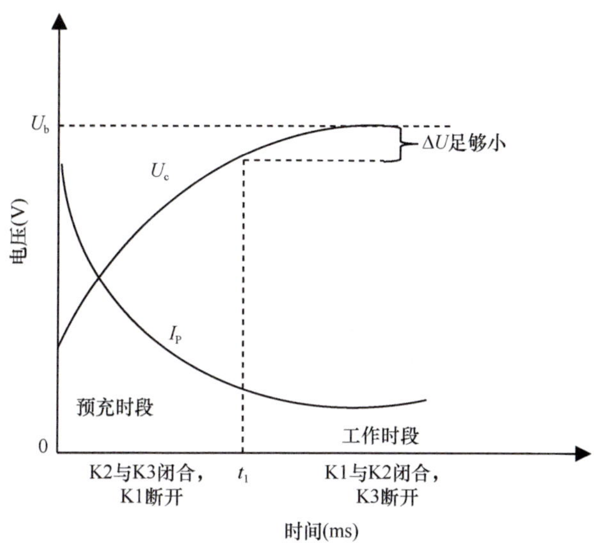

图 5-24　预充电过程波形

对预充电电路做一阶电路零状态响应等效分析，可得到 U_c、I_p 如下：

$$U_c = U_s\left(1 - e^{-t/\tau}\right) \tag{5-5}$$

$$I_p = C\frac{du_c}{dt} = \frac{U_s}{R} - e^{-t/\tau} \tag{5-6}$$

式中，τ 为 RC 电路的时间常数，$\tau = RC$。

由理论公式得知，U_c、I_p 在预充电过程中应符合一定的变化规律，同时预充电又由动力电池系统及外部负载共同作用，两者状况会影响预充电进程。

（2）预充电防护系统的软件策略设计

在接收到钥匙点火 Key On 信号后动力电池系统启动，完成自检后进入等待闭合继电器指令状态，等候 VCU（整车控制器）的指令。动力电池系统接收到 VCU（整车控制器）上电指令后，闭合总负继电器 K2 和预充电继电器 K3，开始进入预充电过程（见图 5-21）。如果在预期时间内动力电池系统输出端电压 U_c 达到电池系统端电压 U_b 的 90% 以上，则预充电过程完成，闭合总正继电器 K1，断开预充继电器 K3；否则预充电失败，预充继电器 K3 和总负继电器 K2 打开，动力电池系统报预充电故障信号给 VCU（整车控制器），同时执行相应的故障处理措施。一般电池管理系统会执行 2 ～ 3 次预充电动作，均不成功后判定预充电失败。预充电电路有以下故障类型，见表 5-6。

表5-6 预充电故障类型

故障类型	故障原因	危害
电压 U_c 增长速度慢于预期 U_c	负载有短路或较小阻性负载	1. 无法正常工作； 2. 电流过大，预充电电阻放热量增大，烧毁电阻
	在设计或安装过程中，失误造成RC匹配不当，预充时间太长	无法正常工作
电压 U_c 增长速度快于预期 U_c	负载开路导致假预充电完成	输出开路，接通主正继电器，此时负载突然加上，无限流电阻，将损害线路或继电器
	在设计或安装过程中，失误造成RC匹配不当，预充时间太短	暂无危险

由于电动汽车使用周期较长（5～8年），为降低预充电失效故障发生率，在各部件选取时，应首先选用汽车级产品，工业级产品不太适用。

主要参考文献

樊晓松, 王英. 2014. 动力电池系统高压电绝缘设计与测试[D]. 上海：上海汽车集团股份有限公司技术中心.
何国新, 符兴锋, 许永亮, 等. 2013. HEV高压互锁回路安全设计研究[J]. 机电工程技术, (7): 102-106.
姜久春, 吴智强, 邱瑞昌, 等. 2005. 电动汽车绝缘电阻在线监测系统的研究[J]. 制造业自动化, 27(5): 74-77.
李高林, 黄舞浩，邹圣星, 等. 2013. 电动汽车高压互锁研究[J]. 汽车电器, (5): 1-3.
李永庆, 孟伟. 2013. 电动汽车预充电过程研究[J]. 汽车电器, (5): 8-10.
张俊. 2012. 纯电动汽车高压电安全监控系统研究[D]. 杭州: 浙江工业大学.
赵青娟. 2011. 民用建筑等电位联结及接地[D]. 山西: 山西省建筑工程有限公司.
GB 4208—2008. 外壳防护等级(IP代码)[S]. 北京: 中国标准出版社, 2008.
GB/T 16935.1—2008. 低压系统内设备的绝缘配合 第1部分：原理、要求和试验[S]. 北京：中国标准出版社, 2008.
GB/T 18384.1—2015. 电动汽车 安全要求 第1部分：车载储能装置[S]. 北京: 中国标准出版社, 2015.
GB/T 18384.2—2015. 电动汽车 安全要求 第2部分：功能安全和故障防护[S]. 北京: 中国标准出版社, 2015.
GB/T 18384.3—2015. 电动汽车 安全要求 第3部分：人员触电防护[S]. 北京: 中国标准出版社, 2015.
QC/T 420—2004. 汽车用熔断器[S].

06

机械安全设计

本章导读

- 机械安全作为产品四大安全之一，对产品的安全性能发挥着基石般的作用，支撑着产品上层安全性能的延伸。
- 本章系统性地阐述动力电池系统机械安全需要关注的各个领域，从接触式防护、非接触式防护、IP 防护到防火、阻燃和防腐蚀。
- 接触式防护和非接触式防护阐述了通过材料性能分析、结构设计、强度计算以及结构辅助设计等方法，来达到产品机械强度的要求，既需要满足产品的安全需求，又不能过设计而影响产品的比能量。
- IP 防护设计，通过各个零件和界面的分析，阐述如何设计 IP67 的产品。
- 防火、阻燃，有被动式防护和主动式防护，通过被动式防护和主动式防护的综合运用，使产品的安全性能满足相关标准要求，达到产品安全的最终目的。

6.1 简　　介

机械安全设计的总体目标是使机械电子产品在其整个寿命期，即从制造、运输、安装、调试、设定、运行、清理、查找故障、维修、停止使用、拆卸及处理各个阶段内都是充分安全的。

为此，在产品设计中，需要系统性地从设计、生产和使用等多方面采取安全措施。为确保机械结构达到本质安全效果，一般原则来讲，可以通过设计解决的安全措施，绝不能留给生产人员、客户去解决。而当设计确实无法解决时，则需要通过书面信息的方式将风险告知和警示用户；除了对机器的正常使用情况下采取安全措施外，还需要考虑及预见到各种误用情况下的安全性；另外，所采取的安全措施均不能妨碍机器执行其正常使用功能。

在设计动力电池系统的时候，机械安全设计主要从两方面来考虑：常规情况、非常规情况。常规情况，主要考虑的是正常使用；而非常规情况主要考虑误用情况下的一种极端状态。非常规情况，从使用来看，其实是常规情况的一种恶化，对产品的要求更加苛刻。

针对这两种情况，分别从人员（人）、产品（机）和使用工况（环）三维度来说明，这三维度在设计动力电池系统的时候又可分解为：接触式受力防护、非接触式受力防护、IP 防护、防腐蚀和阻燃。

6.2　接触式受力防护

接触式受力防护主要表征为，在挤压、跌落、碰撞和底部冲击等情况下，防护结构对产品进行防护，使产品能满足功能要求且能通过相应的测试验证。它主要防护的是直接接触情况下的非常规情况，一旦发生这种情况下，防护结构会有相应的变形，甚至破裂。

动力电池系统的防护结构主要包括箱体、支架、模组框架、冷却系统、箱体内部固定结构（固定模组、电气件、高低压线束、连接器、冷却系统等结构）。

为确保防护结构发挥有效的防护作用，对这些防护结构进行设计时，就需要把它们设计成有足够的机械强度。而足够的机械强度是一个定性的指标，如何能在实际设计中，转化为一个定量的设计参数，这是需要进一步深入研究：

6.2.1 防护结构的机械强度

接触式受力防护结构，主要考虑的是在挤压、跌落、碰撞和底部球击等情况下，使产品能满足功能要求且能通过相应的测试验证。在受力后，防护结构会有变形，甚至破裂。

从安全角度来考虑，需要确保防护结构设计有足够的机械强度，让它们在发生接触式受力防护时，防护结构只会变形，不会破裂，甚至变形量也需要控制。

防护结构破裂，会有刺穿电芯、电气件或者高低压线束的可能，进而可能导致短路，引发起火、爆炸等极端情况。

变形过量，会导致原有的安全电气距离缩小，甚至是直接接触，进而可能导致短路。此外，变形过量还可能会导致电芯或者电气件的压缩过量，从而造成电芯或者电气件失效，甚至短路。

所以，在设计中，要尽量让防护结构只发生变形，并且变形量不会危害到内部结构。有了这个前提，就可以设定出一个定量参数，依据的设计原则是：防护结构所受应力小于材料本身的抗拉强度，考虑到产品长期使用的耐久问题，还需要增加一个安全系数（f）。

以箱体外壳常用材料低碳钢 DC01 作为例子来分析：

假定模块质量 2 kg，使用一个托盘固定（图 6-1），托盘上有四个挂臂，通过这四个挂臂，把托盘固定在两根横梁上，托盘重 0.7 kg（托盘选用 1.5 mm 厚度的 DC01 钢材）。为计算简便，此处只计算到托盘的结构强度，把横梁当成刚性体。

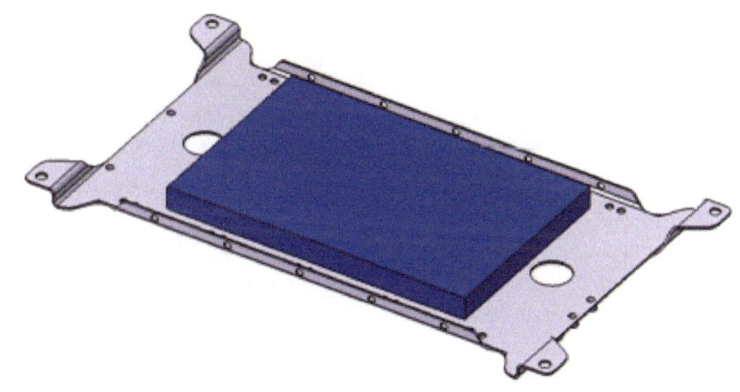

图 6-1　模块与托盘示意图

$$4\times\sigma_b\times S \geqslant f\times M\times a \tag{6-1}$$

式中，S 为挂壁结构的截面积，最薄弱点 S= 挂臂宽度 × 挂臂厚度；σ_b 为材料（DC01）的抗拉强度，270 ～ 410 MPa，取最小值 270 MPa；f 为安全系数；M 为产品的质量，2.7 kg；a 为加速度。（此公式假定产品重心为几何中心点，并简化产品的受力方向。式（6-3）至式（6-5）的假定条件与此相同。）

根据国标，碰撞和底部冲击实验的加速度 a（取最大值）是可以确定的，那

么 M（模块质量 + 托盘质量）在加速度 a 下的冲击力（Ma）是一个定值，安全系数 f 是一个经验值，这样就可计算出挂臂结构需要承受多大的应力。

通过应力大小就可以设计相应的结构，选用合适的材料。

图 6-2 和表 6-1、表 6-2 示意了低碳钢的一些性能参数，从这些参数可以看出：低碳钢在屈服极限 σ_s 的情况下，材料会开始发生显著的塑性变形，通过材料的延伸率 $\delta=\frac{l_1-l}{l}\times100\%$，可以计算出材料的变形量。低碳钢在达到抗拉强度 σ_b 后，会出现载荷应力下降，继而出现颈缩现象，甚至试件断裂。

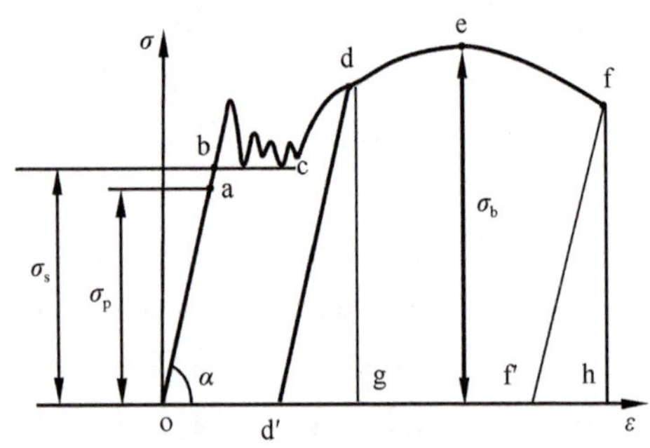

图 6-2 低碳钢拉伸时的应力 - 应变曲线

表6-1 低碳钢拉伸过程的四个阶段

阶段	图 6-2 中线段	特征点	说明
弹性阶段	oab	比例极限 σ_p 弹性极限 σ_e	σ_p 为应力与应变成正比的最高应力； σ_e 为不产生残余变形的最高应力
屈服阶段	bc	屈服极限 σ_s	σ_s 为应力变化不大而变形显著增加时的最低应力
强化阶段	ce	抗拉强度 σ_b	σ_b 为材料在断裂前所能承受的最大应力
局部形变阶段	ef		产生颈缩现象到试件断裂

表6-2 主要性能指标

性能	性能指标	说明
弹性性能	弹性模量 E	当 $\sigma\leqslant\sigma_p$ 时，$E=\frac{\sigma}{\varepsilon}$
强度性能	屈服极限 σ_s	材料出现显著的塑性变形
	抗拉强度 σ_b	材料的最大承载能力
塑性性能	延伸率 $\delta=\frac{l_1-l}{l}\times100\%$	材料拉断时的塑性变形程度
	截面收缩率 $\psi=\frac{A-A_1}{A}\times100\%$	材料的塑性变形程度

在设计中，出于安全设计考虑，接触式受力防护结构可以出现塑性变形，但不能破损，所以抗拉强度是一个极限值，我们可以把它作为最大值来考虑设计。

6.2.2 连接结构的机械强度

在设计中，防护结构很难做到一体成型，所以在这种情况下，就需要用连接结构来把防护结构组合在一起，并且组合在一起的结构也要达到足够的机械强度。如果组合结构要达到足够的机械强度，那么作为子零件的防护结构和连接结构都需要有足够的甚至是更高的机械强度。

在动力电池系统设计中，连接结构主要有：螺栓紧固、焊接、插销、卡扣，还有一些电气方面的快插连接。

1. 插销、卡扣和焊接连接

从根本上讲，插销和卡扣连接也是通过一定的压紧力来限制产品的移动，它的计算方式跟螺栓连接的计算方式很接近，区别在于提供压紧力的方式不一样。由于这些结构差异性很大，计算需要根据实际情况，可以参考螺栓连接的计算方式。

焊接的机械强度计算，是根据不同的板厚和不同的焊接方式，通过实验得出每毫米的焊接强度乘以焊缝长度就可以计算得出。

例如：2mm 厚度的铝板（5083），跟 6063 的型材用 CMT 或者激光焊接，焊接的强度约为 110 N/mm，如果焊缝长度是 100 mm，那么此处的焊接强度为：

$$110\ \text{N/mm} \times 100\ \text{mm} = 11000\ \text{N} \tag{6-2}$$

2. 螺栓连接

从功能上，螺栓连接可细分为：螺栓机械连接和螺栓电连接（高压）。

在设计中，螺栓连接可靠的安全设计，是需要多方面考虑的，它不仅仅只考虑自身的安全（计算方式如上文防护结构的计算，通过选择不同直径的螺栓来满足），还需要考虑所承载物体的安全（计算传导力防护），所以在计算的时候，会比较复杂。

（1）螺栓机械连接

螺栓机械连接是指单纯的机械方面的连接可靠，例如固定模组、Pack 在整车上的固定等。螺栓机械连接可以通过以下的计算方式来计算，在设计中可以作为一个比较重要的参考数据：

$$n \times \mu \times F \geqslant f \times M \times a \tag{6-3}$$

式中，μ 为摩擦系数；F 为压力（不同大小的螺栓压力，可以通过表 6-3 查询）；

表6-3　螺栓锁紧扭力-预紧力对照表

内六角螺栓 *S*（mm）	外六角螺栓 *S*（mm）	螺栓直径 *M*（mm）	DIN267 性能等级（螺栓强度等级）											
			3.6		5.6		6.9		8.8		10.9		12.9	
			Fv（N）	Ma（Nm）	Fv（N）	Ma（Nm）	Fv（N）	Ma（Nm）	Fv（N）	Ma（Nm）	Fv（N）	Ma（Nm）	Fv（N）	Ma（Nm）
1.5	4	M2	255	0.1	345	0.15	710	0.3	835	0.35	1170	0.5	1415	0.6
2	5	M2.5	485	0.26	655	0.35	1310	0.71	1550	0.83	2180	1.18	2620	1.4
2.25	5.5	M3	530	0.37	1050	0.62	1700	0.99	2250	1.3	3150	1.9	3800	2.2
	6	M3.5	350	0.57	1400	0.95	2250	1.5	3000	2	4250	2.9	5100	3.4
3	7	M4	1100	0.85	1850	1.4	2900	2.3	3900	3	5750	4.4	6700	5.1
4	8, 9	M5	1300	1.7	3000	2.8	4800	4.5	6400	5.9	9400	8.7	11000	10
5	10	M6	2550	2.9	4200	4.8	6750	7.7	9000	10	13200	15	15500	18
6	1314	M8	4650	7	7750	12	12400	19	16500	25	24300	36	28400	43
8	1517	M10	7400	14	12300	23	19700	37	26300	49	38700	72	45200	84
10	1921	M12	10300	24	18000	40	28800	65	38400	85	56500	125	66000	145
12	2223	M14	14300	39	24700	64	39500	105	52500	135	77500	200	90500	235
14	2426	M16	20400	59	34000	98	54500	155	72500	210	107000	310	125000	365
	27	M18	24800	81	41300	135	66000	215	91000	300	129000	430	152000	500
17	30	M20	31900	115	53000	190	85000	305	117000	425	166000	610	195000	710
	32	M22	39900	155	66500	260	106000	415	146000	580	208000	820	244000	960

续表

内六角螺栓 S（mm）	外六角螺栓 S（mm）	螺栓直径 M（mm）	DIN267 性能等级（螺栓强度等级）											
			3.6		5.6		6.9		8.8		10.9		12.9	
			Fv（N）	Ma（Nm）	Fv（N）	Ma（Nm）	Fv（N）	Ma（Nm）	Fv（N）	Ma（Nm）	Fv（N）	Ma（Nm）	Fv（N）	Ma（Nm）
19	36	M24	45900	200	76500	330	122000	530	168000	730	240000	1050	281000	1220
	41	M27	80500	295	100000	490	161000	780	222000	1100	316000	1550	369000	1800
22	46	M30	73500	395	122000	660	196000	1050	269000	1450	384000	2100	449000	2450
	50	M33	91500	540	153000	900	244000	1450	326000	1900	458000	2700	550000	3250
27	55	M36	107000	690	179000	1150	287000	1850	382000	2450	537000	3450	645000	4150
	60	M39	129000	900	215000	1500	345000	2400	460000	3200	646000	4500	775000	5400
32	65	M42	148000	1100	247000	1850	395000	2950	526000	3950	740000	5550	888000	6650
	70	M45	173000	1400	289000	2300	465000	3700	616000	4950	867000	6950	1050000	8350
36	75	M48	195000	1700	325000	2800	520000	4450	693000	5950	974000	8400	1150000	10100

n 为螺栓数量；f 为安全系数；M 为产品质量；a 为加速度。

在 $f \times M \times a$ 中，安全系数 f 是一个经验值，M 是产品的质量，a 是加速度大小。因此，只需要知道产品的质量，整体数值就可以计算出来。根据 $f \times M \times a$ 的数值，就可以对压力大小和数量来匹配设计。另外上面公式可以计算动力电池箱体跟整车固定的螺栓数量。

此外，防松也是需要额外考虑的一方面，现有的一些防松设计，主要是选用具有防松效果的紧固件，并对锁紧扭力大小作一个限定（扭力大小可以参考标准推荐值）。

（2）螺栓电连接

由于电连接不仅需要承载一定的重量，还需要满足过电流能量，所以对电连接来说，它比螺栓机械连接的要求更多。除了需要满足上面的计算外，电连接还需要关注材料的属性、压紧力大小、防松效果和接触面积大小。

材料属性：对电连接来说，主要关注材料的导电性能、电阻率、加工性能和硬度（表 6-4 和表 6-5）。导电性能电主要影响材料本身的导电能力。另外不同的材料，自身的电势不一样；在长期的通流情况下，不同材料接触时有可能会发生电化学反应，导致接触面的介质发生变化，进而影响连接部位的过流能力。

表6-4 常见金属电阻率对照表

物质	温度 t（℃）	电阻率 p（$1\times10^{-8}\Omega\cdot m$）	电阻温度系数（10^{-6}/℃）
银	20	1.586	0.0038
铜	20	1.678	0.00393
金	20	2.4	0.00324
铝	20	2.6548	0.00429
钨	20	5.65	
镍	20	6.84	0.0069
铁	20	9.71	0.00651

压紧力大小、接触面积大小和防松效果，都会对连接部位的过流能力有较大影响。压紧力会影响接触电阻，压紧力过大或者过小，对电阻都会有不同影响，并不是压紧力越大越好（压紧力过大，有可能会造成接触面变形）。接触面积大小，直接影响过流能力。而防松是确保压紧力恒定的前提条件，是对产品在生命周期

内，过流能力的保证。

表6-5 T2铜板的力学性能

牌号	状态	拉伸强度 Rm（MPa）	伸长率 A11.3（%）	维氏硬度 Hv
T2	热轧（R）	≥ 195	≥ 30	—
	软（M）	≥ 205	≥ 30	—
	1/8 硬（Y8）	215 ～ 275	≥ 25	55 ～ 100
	1/2 硬（Y2）	245 ～ 345	≥ 8	75 ～ 120
	硬（Y）	≥ 295	≥ 3	≥ 80

6.3 非接触式受力防护

非接触式受力防护结构和接触式受力防护结构，其实一体两面的相同结构，但在设计中，有一些参数跟接触式受力防护结构有所区别。

非接触式受力防护主要表征为：防护在振动、冲击、翻转和碰撞等工况下，间接力传导对防护结构造成影响，甚至破坏。非接触式受力防护也要使产品能满足功能要求且通过相应的测试验证，它主要防护的是间接接触情况下的常规和非常规情况。

6.3.1 防护结构的机械强度

对于非接触式受力防护，根据所要满足的需求不同，会设定不同的设计参数，通常这些需求来自于客户或标准法规。

例如，参考国标振动、冲击测试的合格条件：外部、内部零部件应无开裂、变形、磨损、松动、扣合失效等情况。开裂和变形两种情况，最少需要达到材料的屈服强度 σ_s 以上才会出现；所以如不能出现这些情况，那临界点就是材料的屈服强度 σ_s（注：振动判断参考材料的是疲劳强度，根据经验，疲劳强度的取值范围大概是屈服强度的 30% ～ 50%）。

在计算中，非接触式受力防护和接触式受力防护是比较类似的，只是在参数上有些区别：

接触式受力防护计算：$4\times\sigma_b\times S \geqslant f\times M\times a$ （6-4）

非接触式受力防护计算：$4\times\sigma_s\times S \geqslant f\times M\times a$ （6-5）

其余的可以参考在接触式受力防护中保护结构强度的计算。

6.3.2 连接结构的机械强度

在非接触式受力防护中，连接结构承载的只有传导力，它没有直接接触的作用力，所以不需要计算连接结构自身的结构强度（以抗拉强度 σ_b 作为临界值），只需要计算传导力的结构强度（以屈服强度 σ_s 作为临界值）。

6.4 IP 防 护

IP 防护是动力电池系统全天候长周期运行的先决条件，在允许的情况下，IP 等级越高，对产品越有利，产品的安全性能就越好。

根据电动汽车运行工况及低压电器保护要求，电池系统应满足防水、防尘要求，以避免水、固体颗粒物进入引起电池系统的腐蚀、绝缘失效甚至短路事故。

当前动力电池系统绝大部分密封方式为机械密封，它是靠弹性元件对动、静端面密封的副预紧，再通过介质压力与弹性元件压力的预紧来达到端面密封。

在动力电池系统设计中，IP67 一直是市场追求的目标。产品要做到 IP67，那电池系统的下箱体、上盖、下箱体和上盖的连接界面、高低压连接器和外露的电器件，还有高低压连接器和外露电器件跟箱体的安装界面，都需要满足 IP67。

下箱体的 IP67 可以通过焊接来实现，上盖的 IP67 可以通过焊接或者是一体成型来实现，而高低压连接器和外露的电器件，可以直接选用市场上已有的一些满足 IP67 的产品。

下箱体和上盖的连接界面、高低压连接器和外露电器件跟箱体的安装界面密封是一个设计难点。

另外，如果动力电池系统是 IP67 防护等级，在温度冲击、海拔变化的情况下，会出现内外压力差较大的情况，过大的压差有可能会破坏密封面，那么电池系统就需要一个气压平衡部件来确保电池系统在长期使用中 IP67 一直有效。

6.4.1 密封界面设计

对机械密封来说，密封界面包含动、静端面结构和弹性单元。不同的 IP 等级，对动、静端面结构和弹性单元的设计有不同的要求，而在 Pack 设计中，IP67 一直是市场追求的目标，为此下文介绍一些 IP67 结构在 Pack 上的应用。

1. 动、静端面结构

在动、静端面结构设计中，需要根据空间大小和使用场合来进行详细的设计，不同的空间大小和使用场合，可以根据实际情况考虑不同的结构设计。下面介绍两种在现有动力电池系统设计比较常见的结构。

（1）尺寸空间受限且密封要求需要达到 IP67

可以选择比较常见的单层密封端面设计，在这种密封结构中，主要部件有提供预紧力的紧固件、弹性单元、限位单元、动端面和静端面。

紧固件可以根据弹性单元的压缩回弹应力曲线参数（图 6-3），计算出需要提供多大的预紧力，进而根据预紧力的大小来选用合适的紧固件。

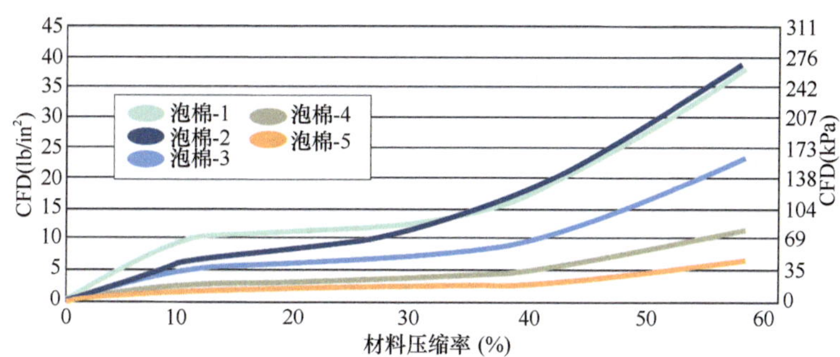

图 6-3 弹性单元压缩变形应力曲线图

1 lb/in^2=703 kg/m^2

在当前比较常见的设计中，静端面结构（也就是下箱体结构）一般选用低碳钢通过折弯或者冲压来实现，而动端面结构比较多样，可以选用低碳钢通过折弯或者冲压来实现，可以选用复合材料通过模压来实现，也可以选用塑料通过吸塑或者注塑来实现。动、静端面的设计，需要注意紧固件的间距和端面的平面度匹配（图 6-4）。

另外需要注意的是，在动或静端面上需要有限位单元，来限定弹性单元的压缩率且保护弹性单元不会被过大的预紧力破坏。

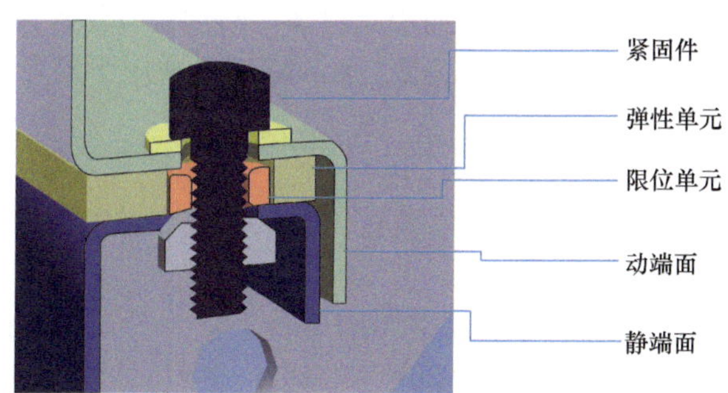

图 6-4 单层密封端面示意图

（2）尺寸空间比较充裕，而密封要求不低于 IP67

可以通过两层或者多层的密封端面来实现（图 6-5）。相对于单层密封端面来说，区别较大的是在动、静端面上会有两层或者多层跟弹性单元接触的界面，并且这两层界面一般不会在同一平面（根据不同弹性的压缩比来确定），其余的可以参照单层端面设计。

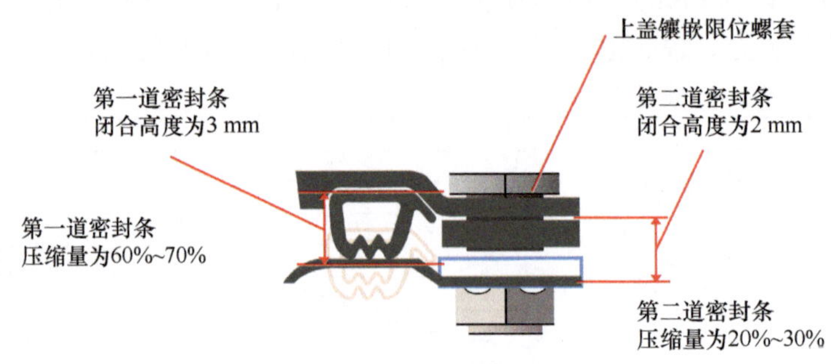

图 6-5　双层密封端面示意图

2. 弹性单元

在密封设计中，弹性单元是一个必不可少的结构单元，不同的密封设计，对弹性单元的材料和形状要求也有比较大的差异。主要有三大类：紧实型密封圈、密封胶、发泡型密封圈。

在动力电池系统设计中，考虑到密封性能、使用环境温度、成本、可维护性、耐腐蚀等因素，选用发泡型（泡棉类）密封圈作为弹性单元是比较常见的。选用发泡类材料设计的密封结构，可以称之为压缩密封；所谓的压缩密封就是将密封圈形成适当的预压缩量，借助于材料的反弹力压紧密封面而起到密封作用。

压缩密封的设计，若密封垫压缩量过小，就会引起泄露；压缩量过大则会导致密封橡胶应力松弛，甚至破坏而引起泄漏，同时会容易永久变形。因此密封垫的压缩率是一个比较重要的设计参数，压缩率 ε 通常用下式表示：

$$\varepsilon = \frac{h_0 - h_1}{h_0} \times 100\%$$

式中，h_0 为密封圈自由状态下的截面高度（mm）；h_1 为密封圈压缩后的电池系统上下盖密封平面的高度（mm）。

实验证明当 ε=10% 时，缝隙小至 0.01 mm 时，水分子仍然能渗透，当 F 继续增大到一定值时，相对变形量 ε=20% ～ 30%，由于密封件的弹性及变形作用，密封件紧贴装配面，使水分子不能渗透，从而形成密封。如果进一步增大力 F，

使相对变形量 $\varepsilon > 30\%$，此时密封效果增加已经不明显，反而会由于疲劳破坏而加速材料损坏，以至于影响密封效果。因此，在密封设计中，橡胶的相对变形量一般取 $\varepsilon=20\% \sim 30\%$ 为宜。

也有一些材料，自身的压缩率很大，变形量可以达到 30% ～ 60%，例如 HT-800。由于 HT-800 一般是板料或者卷料，在生产加工时，一般采用模切工艺，也就是说在密封结构设计时，通常设计为平面带状、单级密封结构。

这种设计时，以下三点需注意：

- 要有足够的密封接触面积，$B_1 \geqslant 20$ mm，$B_2 \geqslant 6$ mm（图 6-6）；
- 变形量要大于 30%，小于 60%；
- 密封界面压力大于 3 kPa。

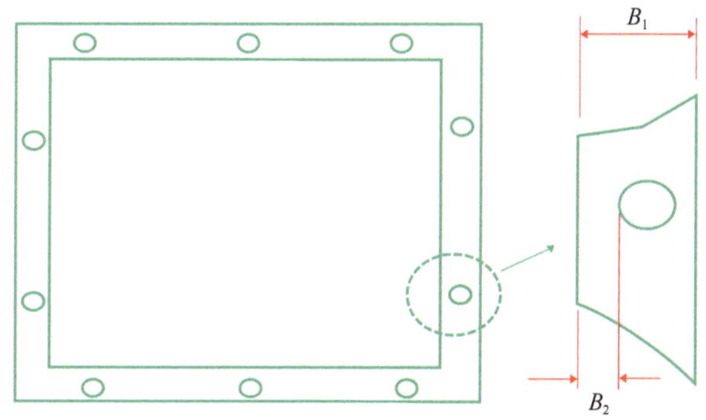

图 6-6　有效密封边距

在动力电池系统设计中，还有一些辅助密封的物料运用，例如密封胶，它一般使用在动、静端面之间，解决一些由于动、静端面平面度不够而引起的密封失效问题。

密封胶虽然可以解决一些动、静端面的缺陷问题，但密封胶的选用也需特别注意，选用时需要考虑比较多的参数。例如，密封胶的黏结力、防水性能、高低温性能、防火阻燃性能、还有比较重要的长久使用的可靠性能。

6.4.2 气压平衡部件

符合 IP67 防护等极的动力电池系统，在长期的使用中，由于温度、海拔等因素的变化，会出现内外的压力差，而密封界面能承受的压力是一定的，一旦内外压力差超过界限值，密封界面就会失效，进而导致 IP67 防护失效。为解决该问题，在电池系统的外壳上，一般都需要安装有气压平衡部件。

另外，由于电池系统是 IP67 防护等级，电池在出现极端情况（起火、爆炸）

的时候，会产生大量的气体，如果没有及时泄压，那将会加剧爆炸程度。所以在气压平衡部件上，一般都会增加防暴功能，称之为气压平衡防暴阀。

在选用气压平衡防暴阀的时候，需要重点关注这些参数：防水性能、正常情况下的透气量、爆破压力以及爆破后的透气量。

典型的气压平衡防暴阀主要包含以下部件，如图 6-7：主体（1）、透气膜（2）、密封圈（3）、外部防护罩（4）、过滤网（5）、内部防护网（6）。

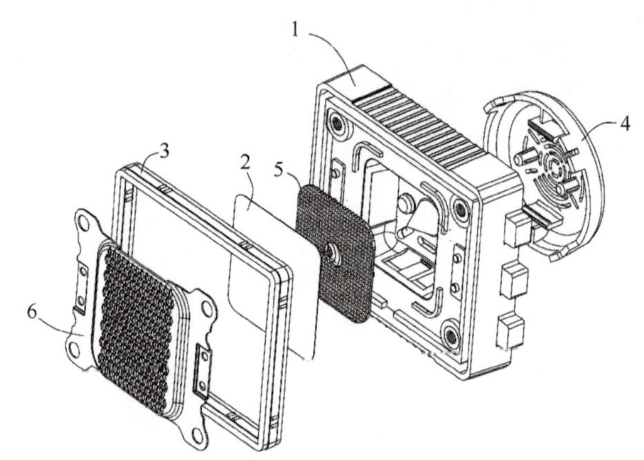

图 6-7　气压平衡防暴阀分解图

6.4.3 气密性测试

满足 IP67 防护等级的动力电池系统，需要进行 IP67 泡水测试，来验证设计是否达到 IP67。IP67 是一个关乎产品安全的重要特性，在实际生产中需要 100% 地确保 IP67 的有效性。但 IP67 泡水测试，是一个有可能破坏 Pack 的测试，同时也需要投入比较多的时间和测试资源，在实际生产中是很难 100% 进行测试的。为此，现在大多采用气密性测试（图 6-8），基本等效于 IP67 泡水测试。

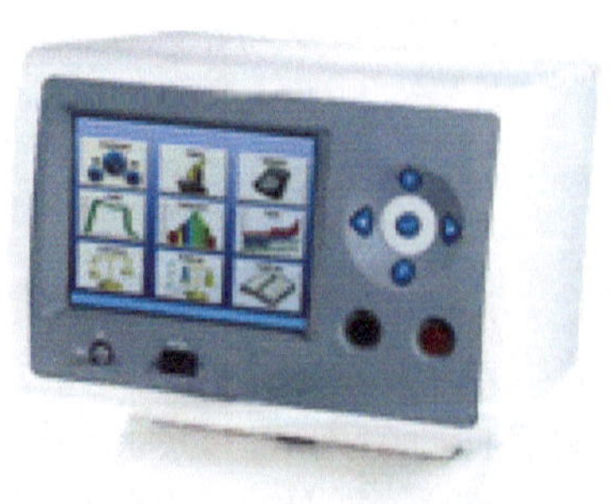

图 6-8　气密性测试仪器

气密性测试一般由以下四步骤组成（图 6-9）：

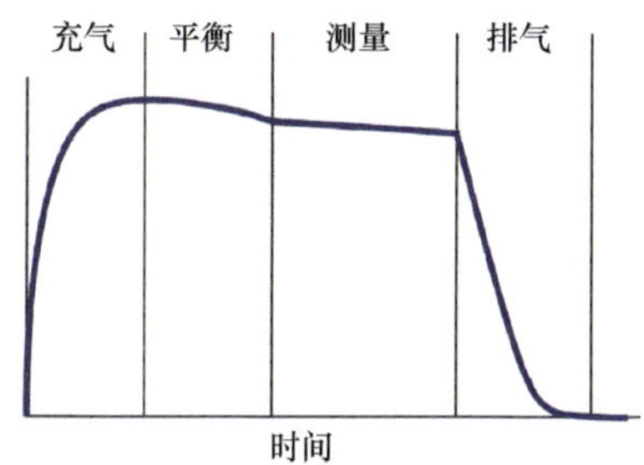

图 6-9 测试过程气压曲线

1）充气：对被检测工件充入试验压力，充气阶段的时间由测试容积和测试压力的大小来调整。

2）平衡：测试部件中的压力和温度达到平衡，平衡阶段所需的时间与测试容积、测试压力、工件的热性能有关。

3）测量：在一定时间内，测量试验容积内检验气体的泄漏率。

4）排气：在排气阶段，为测试部件提供大气排气。

泄漏率：泄漏率可定义为单位时间内的压降，例如 0.02 Pa/s。泄漏率也可定义为流量单位，比如 4 cm^3/min。完整的检测规范除规定在标准使用条件下允许泄漏的空气容积参数（例如标准 cm^3/min）外，还应规定空气泄出时的压力。

泄漏量计算公式：

$$Q = \frac{V_{\text{test}} \Delta p}{p_{\text{atm}}} \times \frac{60}{t}$$

式中，Q 为测试泄漏量（ml/min）；V_{test} 为测试样件容积（ml）；Δp 为前后压力差（Pa）；p_{atm} 为标准大气压（101325 Pa）；t 为时间（s）。

6.5 防呆设计

动力电池系统的零件数量高达数百个，高压连接可达数十处，在生产、安装和测试过程中，很容易出现因人员误操作，导致电池系统短路起火，甚至人员电击的事故。因此，防呆设计对人员安全和财产安全至关重要，可大大避免不必要的人员和财产损失。

通常来说，防呆可以分为：机械防呆、颜色防呆和标识防呆。

6.5.1 机械防呆

机械防呆是最有效的防呆设计。动力电池系统设计中，在电连接部位、模组安装部位等关键部位，优先使用机械防呆设计，并增加颜色和标识防呆设计作为辅助，以确保安装和使用过程的安全性。

例如BMW i3电池系统设计(图6-10)，电池系统内部模组连接采用串联结构，控制高压线束长度，并在高压串联线上增加标识，以防止人员误操作风险。

图6-10 BMW i3 电池系统模组连接方式

电池系统内部高压线束接头正负极采用防呆结构设计，以控制人员误操作风险。

再如，快插高压连接器（图6-11），有键位、颜色和标识的三重设计。在位置比较集中的部位，对不同高压连接选用同系列快插连接器时，应当选用键位、颜色和标识都不一样的高压连接器。

6.5.2 颜色防呆

颜色防呆比较好理解，就是不同功能部位，使用不同的颜色。例如正负极符号，一般正极使用红色（橙色），负极使用黑色（图6-12）。

6.5.3 标识防呆

标识防呆就是在不同的功能部位，使用文字或者图案来进行区分（图6-13）。

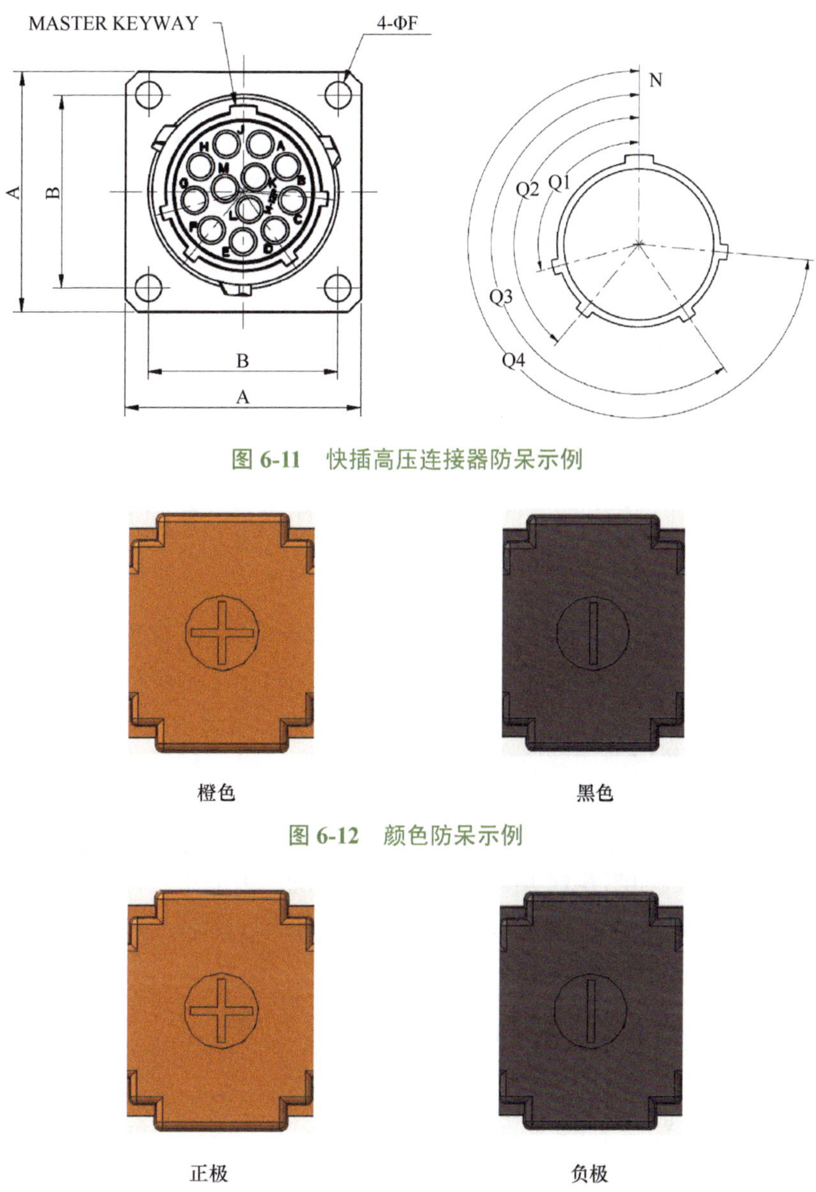

图 6-11 快插高压连接器防呆示例

图 6-12 颜色防呆示例

图 6-13 标识防呆示例

6.6 防火、阻燃和防腐蚀

动力电池系统是一个长期、频繁使用的产品，它应用的环境比较多样，并且应用场合的人员也比较集中，因此在防火、阻燃和防腐蚀设计方面需要重点关注。

不同的温度、湿度等环境因素，对产品的功能有比较大的影响。例如防护等级为 IP67 的产品，环境因素的影响主要是针对外壳体，外壳体一旦出现问题，会进一步导致防护失效、机械强度降低等问题。对于防护等级不足 IP67 的，环境因素影响的范围会更大，除外壳体，还会涉及系统内部结构件、电子元器件和电气连接部位等，进一步引发强度降低、电气安全等问题。

在人员比较集中的场所，一旦发生极端情况（起火、爆炸），如果没有相应的保护措施，将对社会造成很大的危害。因此，在防火、阻燃和防腐蚀上，需要对动力电池系统做针对性的设计。

6.6.1 防火与阻燃

防火与阻燃在可以从两方面来考虑：①被动防火与阻燃；②主动防火与阻燃。

1. 被动防火与阻燃

被动防火与阻燃指的是在动力电池系统设计时，电池系统的零部件尽量选用阻燃等级比较高或者不燃烧的材料，这样即使 Pack 发生极端情况（起火、爆炸），这些零部件也不会加剧反应，甚至会延缓极端情况的发生。

例如电池系统内部的塑胶件，尽量达到 UL94-V0 阻燃等级，高低压线束也尽量选用阻燃等级较高的产品。

此外，如果电池系统外部起火，会导致电池系统内部的温度急剧上升，且温度分别不相同，如图 6-14 所示。针对这种情况，电池系统内部的零部件，需要选用耐温较高的材料，以减少因外部传导到内部的温度过高，引起产品的间接

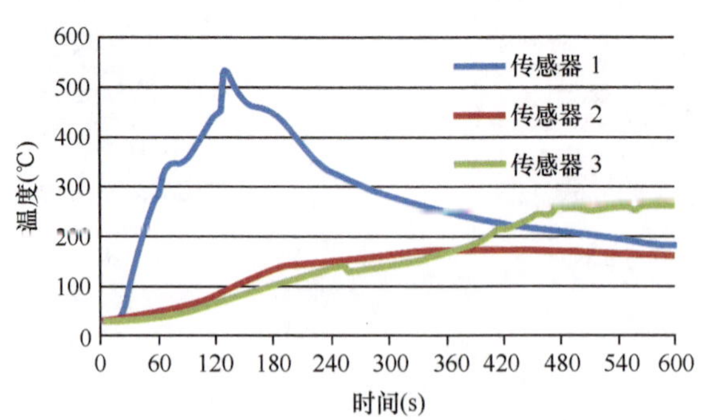

图 6-14 火烧实验电池系统内温度分布

该图是火烧测试的温度记录，可用于考虑评估 Pack 火烧测试。测试使用样品为空箱体，参考标准 ECR-R100
温度传感器说明：传感器 1 置于下箱体底部内侧，传感器 2 置于水冷板上侧（可视为模组底部温度），传感器 3 置于低压连接器内侧

破坏。

例如高温使线束外皮融化，有可能导致内部短路的发生。因此，高低压线束，需要耐温 125℃，甚至是更高。

2. 主动防火与阻燃

主动防火与阻燃设计可以从两方面来考虑：一是在动力电池系统设计中，特意设计一些防火结构来防止外部的火焰直接进入箱体内部；二是在动力电池系统设计时，在箱体内部增加消防系统。

在动力电池系统设计中，防护等级为 IP67 的产品，其弹性单元一般是比较薄弱的部位。这是由于弹性元件一般由 EPDM 橡胶、EPDM 发泡橡胶或者发泡硅胶材料构成，虽然这些材料也可以达到 UL94-V0 的阻燃等级，但在高温烘烤时，很容易碳化而导致密封界面出现间隙，如果这个时候外部有火焰的话，就很容易进入箱体内部。

因此，在弹性单元部位，出于防火考虑，一般会增加保护结构（图 6-15 中虚线），确保在弹性单元出现失效时，也能防止火焰穿入到箱体内部。

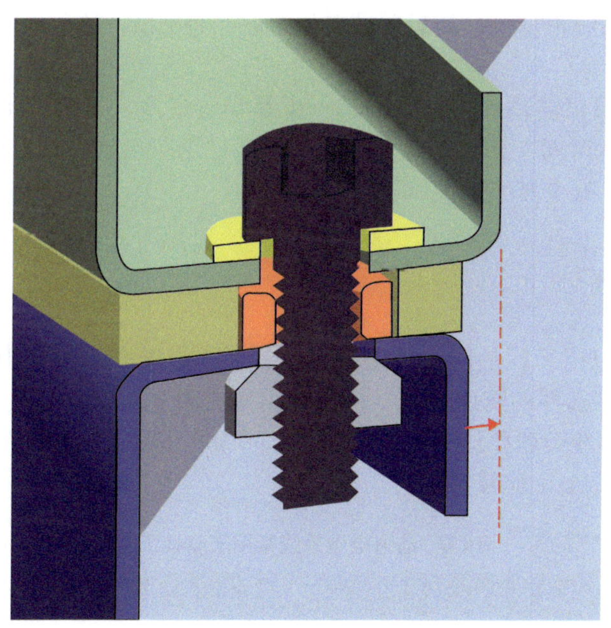

图 6-15　防火结构

在动力电池系统设计中，另外一种主动防火与阻燃设计是在箱体内部安装消防装置（图 6-16）。动力电池系统里面的电池着火，属于第六类火，它的灭火材料比较特殊，且很难做到完全扑灭。

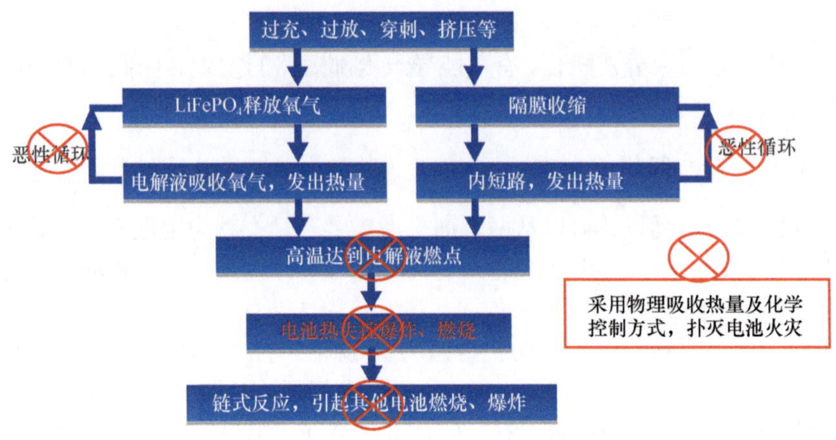

图 6-16　电池消防系统原理

对电池着火来说，水是最有效的灭火材料，但由于动力电池系统空间限制，不可能存储大量的水，所以电池系统的消防系统可以采用多级设计：在箱体内部安装小剂量的消防装置，抑制电池系统的开始火势，然后通过箱体面板上的接口连接箱外消防系统再抑制，最后通过箱体面板上的接口，接入消防水管达到完全扑灭效果。

在这种多级消防系统设计中，第一步是争取车内人员的逃生时间，第二步是争取消防到达时间，第三步是完全扑灭。通过这些措施，可以避免火势扩散，避免人员伤亡，减少财产损失。

6.6.2 防腐蚀

防腐蚀可以用不同的防腐等级来表达，主要根据产品的使用寿命和使用地区环境来确定零部件的防腐等级。例如使用寿命为 8 年，并且在沿海地区使用，那产品的防腐等级一般要达到：中性盐雾时间 480 小时（参考汽车行业规范）。

表 6-6 为 Pack 上比较常用的几种工艺。

表6-6　动力电池系统常用防腐蚀工艺

工艺	检测项	满足条件	应用场合
镀锌	外观	无明显缺陷	Pack 内部
	厚度	＞8 μm	
	防腐要求	盐雾 192 h，防腐等级：大于 8	
	附着力	＜1 级	

续表

工艺	检测项	满足条件	应用场合
镀锌	外观	无明显缺陷	Pack 内部 Pack 外部
	厚度	＞8 μm	
	防腐要求	盐雾 360 h，防腐等级：大于 8	
	附着力	＜1 级	
镀镍	外观	无明显缺陷	Pack 内铜排
	厚度	＞8 μm	
	防腐要求	盐雾 192 h，防腐等级：大于 8	
	附着力	＜1 级	Pack 内铜排
	外观	无明显缺陷	Pack 外结构件
	厚度	＞6 μm	
	防腐要求	盐雾 360 h，防腐等级：大于 8	
	附着力	＜1 级	
电泳	外观	无明显缺陷	Pack 车箱内使用
	厚度	＞18 μm	
	防腐要求	盐雾 480 h，防腐等级：大于 8	
	附着力	＜1 级	
	耐冲击	漆膜无破落	
	阻燃性	火焰熄灭时间＜10 s	
	外观	无明显缺陷	Pack 车箱外使用
	厚度	＞18 μm	
	防腐要求	盐雾 720 h，防腐等级：大于 8	
	附着力	＜1 级	
	耐冲击	漆膜无裂纹、皱纹及破落	
	杯突	漆膜无开裂或剥离	
	抗石击性	≥8 A	
	阻燃性	火焰熄灭时间＜10 s	

主要参考文献

金忠谋. 2005. 材料力学(Ⅰ)(Ⅱ)[M]. 北京: 机械工业出版社.

07

功能安全设计

本章导读

- BMS 系统的安全是通过一系列安全措施实现的。安全措施通过各种技术实现且贯穿于产品的概念设计、系统设计、硬件设计、软件设计、测试、生产，直到产品报废等不同层面。
- 如何避免不合理的风险，做到功能安全，ISO 26262 提供了一种汽车特定的基于风险的分析方法以确定汽车安全完整性等级 ASIL，并提供了一个汽车产品的安全生命周期(管理、开发、生产、运行、维护、报废)。
- 基于不同的 ASIL 等级，ISO 26262 要求在整个生命安全周期内符合相应的流程和技术要求，做到产品的安全。本章紧紧围绕 BMS 产品开发设计各个环节，结合实例，深入讲解如何做到功能安全。

7.1 功能安全标准简介

目前，汽车产业参考 ISO 26262 指导产品的功能安全设计，这份标准同样也适用于电池管理系统。ISO 26262 于 2011 年 11 月正式发布为国际标准，相对较新。这里首先对这份标准进行简单介绍。

7.1.1 功能安全标准的演变历史

安全是个永恒的话题，也是大家设计产品时必须考虑的一个重要方面。针对电子、电气产品，从 1984 年开始，可编程系统（Programmable Electronic System）就开始参考 TÜV 的设计指导书进行安全的设计，这个是功能安全的起源。下面是功能安全标准的演变历史：

- 1984 TÜV Guidelines for PES（SK Safety Classes 1-9）；
- 1987 HSE PES Guidelines Parts 1 & 2；
- 1989 EEMUA Guidelines 160；
- 1989 DIN 19250/ VDE 0801 for PES（AK Safety Classes 1-8）；
- 1994 Appendix to VDE 0801 -Harmonisation Document；
- 1996 ISA SP84 -Safety Lifecycle，Quantitative Approach and Qualitative Approach；
- 1998 IEC 61508 Functional safety of electrical/electronic/programmable electronic safety-related systems（version 1.0）；
- 2009 ISO 26262 Road vehicles - Functional safety（Draft Version）；
- 2010 IEC 61508 Functional safety of electrical/electronic/programmable electronic safety-related systems（Version 2.0）；
- 2011 ISO 26262 Road vehicles - Functional safety（Released Version）；
- 2013 年，CATARC 牵头，负责起草中国的汽车功能安全的国标版本（GBT）。截至 2015 年已经完成 2、3、4、5、6。预期 2016 年完成所有的 10 个部分。

针对汽车行业的功能安全，有两个关键的里程碑意义的时间点：

- 2009 年，ISO 26262 的草稿版发布，很多主机厂（如 BMW，VW）就开始要求供应商按照 ISO 26262 指导产品的设计。如果有 ISO 26262 阐释不清楚的地方，可以借鉴 IEC 61508。这也是为什么大家看到很多零部件供应商的功能安全是按照 IEC 61508 做的。
- 2011 年，ISO 26262 正式颁布。BMW 要求从标准颁布之日起，所有和功能安全相关的电子电气系统的供应商都要满足这份标准。其他全球性的主机厂也纷纷跟进，到目前为止，基本上所有全球性的主机厂对零部件供应商都会提出功能安全的要求。没有功能安全设计能力的厂家，没有资格进入招标体系。

7.1.2 ISO 26262 的主要内容

ISO 26262 首次提出了 ASIL（Automotive Safety Integrity Level，汽车安全完整性等级）的概念，针对电子电气安全相关系统的故障行为而引起的可能的危害，通过一套系统化的方法，得出安全目标和 ASIL 等级。然后，整个功能安全的设计围绕安全目标展开，针对不同的 ASIL 等级，在流程和技术方面有不同的要求。整个标准有将近 1500 条需求，针对不同的 ASIL，需求的数量是不同的，如图 7-1。

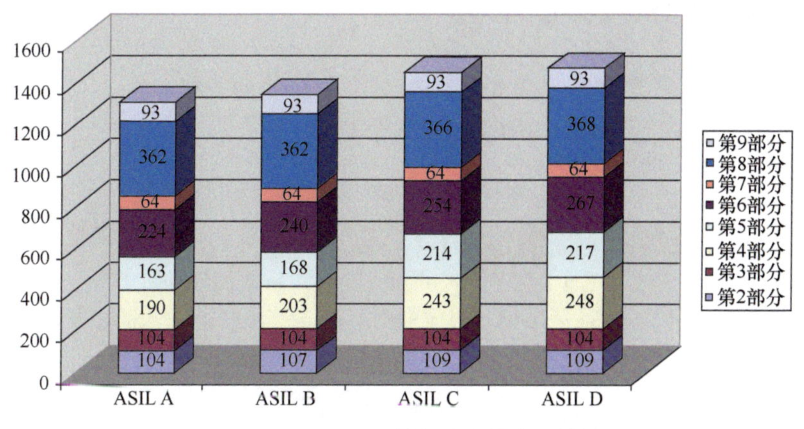

图 7-1　不同 ASIL 等级对应需求的数量

ISO 26262 的内容分为以下三类：

第一类，针对功能安全管理和流程。这一类对应 ISO 26262 第 2 部分和第 8 部分的内容，第 2 部分主要是对公司层级、产品开发阶段以及 SOP 以后这三个阶段的功能安全管理。第 8 部分是针对支持过程方面的要求，涉及分布式开发接口、需求规范管理、配置管理、变更管理、验证、文档、软件工具、软件组件、硬件组件的功能安全需求。

第二类，针对产品开发设计过程。从摇篮到坟墓，ISO 26262 对整个产品的生命周期的每个阶段都有功能安全的需求。从最初的概念设计（第 3 部分）一直到产品的报废（第 7 部分）。这是研发设计人员的核心工作，也是这个标准的核心内容，同样也是本章的重点。我们将带着大家看下 BMS 如何设计，才能满足 ISO 26262 的要求，规避不合理的风险。

第三类，安全分析。一个安全的产品，仅仅在设计完成后进行测试是远远不够的。一个好的产品需要对产品的失效模式以及产生的影响进行安全分析，分析产品的失效是否会违背安全目标。一旦可能违背安全目标，就需要在设计、测试、生产各个环节，提出功能安全的需求。因此，安全分析在功能安全中占有十分重要的位置，它能够帮助大家系统化地考虑产品故障影响，完善产品的功能安全设计。ISO 26262 专门把安全分析作为一个章节来阐释。这一部分的内容，本书会穿插在 BMS 功能安全开发环节阐释。

ISO 26262 有上千条需求，这里无法通过短短几十页的篇幅把 ISO 26262 的内容介绍一遍，本章仅围绕 BMS 的某个安全目标展开。本章所用例子，也都是简化版本，不是说 100% 地符合了 ISO 26262 的要求。

本书主要侧重于技术方面，功能安全的管理和流程方面不作具体讲解。

7.1.3 本书和 ISO 26262 的对应关系

为了便于读者理解，这里先给大家一个总括性的表格（表 7-1）。让大家能够快速地把本章内容和 ISO 26262 标准做个对应。

表7-1 本章与ISO 26262标准的对应关系

产品开发阶段	本书章节	ISO 26262
概念设计	7.2.1	3-5 相关项定义（3-5 代表标准第 3 部分第 5 章）
	7.2.2	3-7 危害分析和风险评估
	7.2.3	3-8 功能安全概念
系统开发	7.3.1	4-6 技术安全需求
	7.3.2	4-7 系统设计
硬件开发、测试	7.4.1	5-6 硬件安全需求
	7.4.3	5-7 硬件设计
	7.4.5	5-8 硬件架构指标
	7.4.6	5-9 硬件随机失效违反安全目标的评估
	7.4.7	5-10 硬件集成测试
软件开发、测试	7.5.1	6-6 软件安全需求
	7.5.2	6-7 软件架构设计
	7.5.3	6-8 软件单元设计
	7.5.4	6-9 软件单元测试 6-10 软件集成测试 6-11 软件安全需求验证
系统集成测试	7.3.3	4-8 系统集成测试

7.2 概 念 设 计

7.2.1 相关项定义

相关项定义是开展功能安全工作的基础，有助于我们充分了解所研究的对象。在相关项定义（Item Definition）中，定义并描述了相关项，及其与环境和其他相关项的依赖性和相互影响。任何与相关项相关的已有信息，如产品理念、项目梗概、相关专利、预试验结果、来自前代相关项的文档、其他独立的相关项的相关信息，都可以作为相关项定义的输入。

以电池管理系统作为相关项，应该包括以下主要内容。

1. 功能性要求

电池管理系统（BMS）是管理电池包，给车载高压系统提供电能的吸收、存储和供应。我们拿充电这个功能为例在本章作为展开。

2. 非功能性要求

非功能性的要求包括运行条件、环境约束、法规要求（特别是法律和法规、国家标准和国际标准）、已知的失效模式和危害（比如新闻报道的与BMS相关的事件或者事故）。

3. 定义接口

包括BMS与其他系统的接口以及BMS内部相关部件之间的接口。图7-2是个简单的例子，实际产品中可能会有所差异。

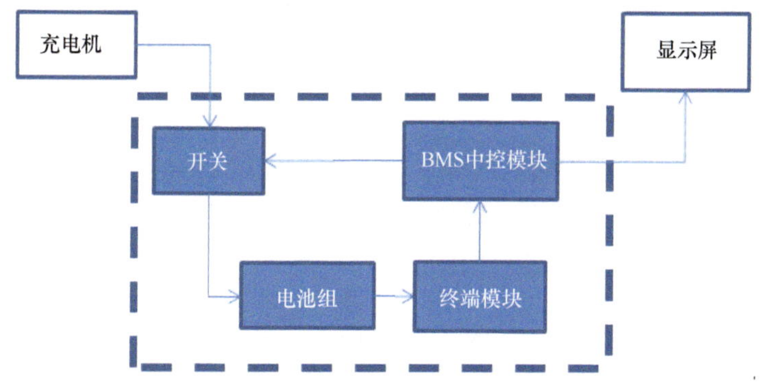

图 7-2 电池管理系统示意图

- 充电机提供充电的电能；
- 开关闭合充电回路，充电完成或者异常情况时，切断充电回路；
- 电池组蓄能，同时上面安装传感器（比如温度传感器）；
- 终端模块，采集到模组的信号，发送给 BMS 中控模块；
- BMS 中控模块根据搜集到的信息，控制开关的闭合和切断；
- 显示屏显示充电的状态和报警信息。

7.2.2 危害分析和风险评估

危害分析和风险评估（Hazard Analysis and Risk Assessment，HARA）的目的是识别相关项中因故障而引起的危害并对危害进行归类，制定防止危害事件发生或减轻危害程度的安全目标，以避免不合理的风险。

1. 基于相关项的功能定义确定功能故障

以充电功能作为例子，参考 SAE J2980 中推荐的 HAZOP 方法确定功能故障（表 7-2）。

表7-2 HAZOP确定功能故障示例

HZAOP 关键字	失去功能	过	不足	方向相反	误动作	卡死
功能：充电	不能充电	过充	充电中断	不适用此功能	不需要充电时，充电	卡滞，无法切断或者无法充电

除了 HAZOP 提供的这些关键词，还可以根据一些事故分析和经验，去挖掘更多的功能故障类型。笔者记得曾经有电动车充电时发生起火，原因是充电的接插件接触不良。实际项目中，也需要把这些故障类型考虑进去。

需要注意的是，确定功能故障时，不要考虑产品内部现有的安全机制。比如说，产品设计中已经考虑了过充会切断，就说不会发生过充，就不去分析了。

2. 场景分析

结合功能故障，选取相关联的场景。和过充相关的场景一定是和充电相关的，通常电动车充电有快充、慢充及能量回收时给电池充电。

3. 危害识别

通过诸如头脑风暴、检查列表、质量历史记录、FMEA 和现场研究等技术提取相关项层面的危害。针对过充会引起什么样的危害，大家可以基于对电池化学机理的研究或者事故等进行分析，如过充可能会引起电池过热、起火、爆炸等危害。

4. 危害事件分类

危害事件由运行场景和危害的相关组合确定。不同的危害和不同的场景会有很多种组合出现。比如针对过充起火这个危害，考虑不同的场景我们可以有以下组合：

- HZ01：过充起火和慢充；
- HZ02：过充起火和快充；
- HZ03：过充起火和长距离下坡路。

接下来，对危害事件，从严重度、暴露概率和可控性三个方面进行预估。

首先是严重度等级。对于每一个危害事件，应为严重度指定一个 S0、S1、S2 或 S3 的严重度等级。HZ01 ～ HZ03，一旦起火，肯定会危及人的生命（存活的可能性很不确定），按照表 7-3 中的定义为 S3。

表7-3　严重度等级

等级	S0	S1	S2	S3
描述	无伤害	轻度和中度伤害	严重的和危及生命的伤害（有存活的可能）	危及生命的伤害（存活可能性不确定），致命的伤害

其次是暴露概率等级。对于每一个危害事件，预估每个运行场景的暴露概率，应为暴露概率指定一个 E0、E1、E2、E3 或 E4 的概率等级（表 7-4）。

表7-4　暴露概率等级

等级	E1	E2	E3	E4
描述	非常低的概率	低概率	中等概率	高概率
场景频率	对于绝大多数驾驶员小于一年发生一次	对于绝大多数驾驶员一年发生几次	对于一般的驾驶员一个月发生一次或多次	平均几乎发生在每次驾驶中
举例	停止，需要重新启动发动机（在铁路道口）	冰雪路面 驾车闪躲，偏离预期的路线	过隧道 洗车	起步 换档 加速 制动
针对 HZ01 ～ HZ03	HZ03 长距离下坡路		HZ02 快充	HZ01 慢充（考虑到现在电池的续航里程较低，我们适当保守些）

这里指的是暴露的概率，不是指功能故障（过充）的概率，这个和 FMEA 里面的 O 值的意义不同。很多人把暴露概率理解为是功能故障的概率，这是不

正确的。

此外，E 值和车辆的目标市场有很大差异。针对同一个情境（比如超车），在不同的国家，驾驶员的驾驶习惯不同会有很大不同。在中国，平均几乎每次驾驶过程中，驾驶员都会超车，可是在国外可能一般的驾驶员一个月会有几次。因此，建议国内厂家针对中国的驾驶习惯和驾驶环境（比如行人较多），对有些场景要特别考虑，不能盲目照搬国外的做法。

最后是可控性等级。对于每一个危害事件，应预估驾驶员或其他潜在处于风险的人员对该危害事件的可控性。应为可控性指定一个 C0、C1、C2 或 C3 的可控性等级（表 7-5）。

表7-5 可控性等级

等级	C0	C1	C2	C3
描述	易控	简单可控 99% 或者更多的驾驶员或者交通参与者通常能够避免危害	一般可控 90% 或者更多的驾驶员或交通参与者通常能够避免危害	难以控制或不可控 少于 90% 的驾驶员或者交通参与者通常能够或者勉强能够避免伤害
举例	非预期的收音机音量增大	车辆启动时转向柱锁止	紧急制动情况下 ABS 失效	高速行驶中驾驶员安全气囊误触发
针对 HZ01 ～ HZ03			HZ02、HZ01 假设配备有相应的灭火设施，这里的假设会转化成对充电站或者充电设施的需求	HZ03 长距离下坡路（人在车里，车辆一旦着火，很难逃生）

指定 C 值时，我们应基于驾驶员在正常的条件下驾驶（例如不疲劳驾驶），经过相应的驾驶员培训（有驾驶执照）并遵守所有适用的法律法规，包括应有的谨慎以避免为其他交通参与者带来风险（比如看到有人横穿马路，驾驶员应该刹车，而不是熟视无睹地冲过去）。

5. ASIL 等级和安全目标的确定

确定完 S、E、C 的值，对应表 7-6，就可以确定 ASIL 等级了。比如 S3，E4，C2 对应的就是 ASIL C。

针对危害事件 HZ01 ～ HZ03，归纳如表 7-7 所示。

接下来确定安全目标（Safety Goal，SG），即我们的设计满足怎样的需求，可以防止危害的发生。针对这三个危害事件，我们可以把防止过充作为我们功能安全的设计目标。充电回路在切断状态，可以作为我们的安全状态。只要充电回路切断了，就不会再继续过充，引起起火。

表7-6 ASIL等级

严重度等级	暴露概率等级	可控性等级		
		C1	C2	C3
S1	E1	QM	QM	QM
	E2	QM	QM	QM
	E3	QM	QM	A
	E4	QM	A	B
S2	E1	QM	QM	QM
	E2	QM	QM	QM
	E3	QM	A	B
	E4	A	B	C
S3	E1	QM	QM	QM
	E2	QM	A	B
	E3	A	B	C
	E4	B	C	D

表7-7 ASIL 等级示例

危害事件	HZ01：过充起火和慢充	HZ02：过充起火和快充	HZ03：过充起火和长距离下坡路	ASIL
分类	S3 E4 C2 ASIL C	S3 E3 C2 ASIL B	S3 E1 C3 ASIL A	最终的 ASIL 等级取最高的 ASIL C

7.2.3 功能安全概念

功能安全概念（Functional Safety Concept，FSC）的目的是从安全目标中得出功能安全要求（Functional Safety Requirement，FSR），并将其分配给相关项的初步架构要素或外部措施。

功能安全概念涵盖以下方面：

- 故障探测和失效减轻；
- 过渡到安全状态；
- 容错机制，在此机制下一个故障不直接导致违背一个或多个安全目标，并且使相关项保持在安全状态；
- 故障探测和驾驶员警告，目的是将风险暴露时间降低到一个可接受的时间区间内；
- 仲裁机制，从不同功能同时生成的多种请求中选择最合适的控制请求。

定义每条功能安全要求时，应该考虑如下几点（如果适用）：

- 运行模式；

- 故障容错时间；
- 安全状态；
- 紧急操作时间；
- 功能冗余。

针对防止过充这个安全目标，以电池单体电压判定是否过充（当然还有其他方法判定过充）。表 7-8 列出了针对功能安全需求的一些简单例子。

表 7-8 功能安全需求示例

功能安全需求编号	需求描述	ASIL	运行模式	分配给
FSR-01	终端模块应该每 10 ms 检测一次电池电压	C	充电模式	终端模块
FSR-02	终端模块应该在 10 ms 以内把电压状态发给 BMS 中控模块	C	充电模式	终端模块 BMS 中控模块
FSR-03	BMS 中控模块应该在 500 ms 以内判断是否过压	C	充电模式	BMS 中控模块
FSR-04	当过压时，应该在 10 ms 内切断充电回路	C	充电模式	充电机开关 BMS 中控模块
FSR-05	开关卡在闭合的错误应该被检测	C	充电模式	BMS 中控模块
……	……	……	……	……

将功能安全需求分配给相关项的初步架构要素或外部措施如图 7-3 所示。

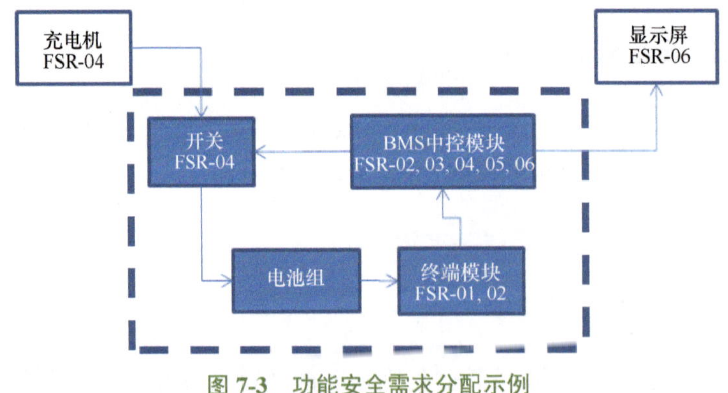

图 7-3 功能安全需求分配示例

7.3 系统开发

7.3.1 技术安全需求

同时考虑功能概念和初步的架构设想，制定技术安全需求规范（Technical

Safety Requirement，TSR）。由于实施功能安全之前已经开始了产品设计，甚至已经是在量产的产品。大家也可以把现有的产品设计架构考虑进来，比如针对终端模块。假设现有的安全设计架构如图 7-4 所示，按照 ISO26262 的要求，可以从以下方面制定技术安全需求：

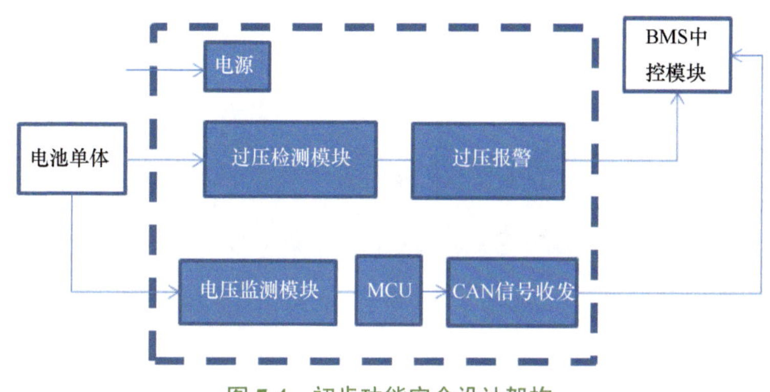

图 7-4　初步功能安全设计架构

- 根据功能安全需求，考虑外部接口，比如通信和用户接口；考虑限制条件，比如环境条件或者功能限制；考虑系统配置要求、考虑对标定数据的相关要求；
- 法律法规的要求，比如来源于欧洲经济委员会（ECE）法规、美国联邦机动车安全标准（FMVSS）、国标（GB）等的要求；
- 来自企业平台开发的策略的要求；
- 与系统自身故障相关的探测、指示和控制措施；
- 涉及探测、指示和控制与本系统有相互影响的外部设备中所发生故障的措施；
- 使系统实现或者维持在安全状态下的措施，细化和执行报警和降级概念的措施；
- 防止故障潜伏的措施，这些措施通常与上电自检，下电自检，或者作为维护过程中的一部分的测试相关；
- 关于生产阶段、使用过程、维修过程和报废时的要求；
- 定义单点故障和潜伏故障度量的目标值；
- 定义硬件随机失效导致的对安全目标违背的目标值；
- 从安全分析中，得出的技术安全需求。

表 7-9 为技术安全需求示例。

有些读者可能会对 ASIL A（C）比较困惑，这里用到了 ASIL 分解（ASIL Decomposition）。ASIL 分解是为了将安全要求冗余的分配给充分独立的要素，目的是降低分配给相关要素的冗余安全要求的 ASIL 等级。

表 7-9　技术安全需求示例

技术安全需求编号	需求描述	ASIL	分配给	类型
TSR-01	过压检测模块应该至少每 5 ms 检测一次电池单体电压	A（C）	过压检测模块	HW
TSR-02	电池单体电压高于 4.2 V 时，过压报警在 5 ms 之内持续输出一个低电平（小于 0.5 V）	A（C）	过压报警	HW
TSR-03	电压监测模块应该至少每 5 ms 监测一次电池单体电压	B（C）	电压监测模块 MCU	HW/SW
TSR-04	监测到的电池电压每隔 5 ms 通过 CAN 总线发送一次	B（C）	MCU CAN 信号收发	HW/SW
TSR-05	电压 CAN 信号传输过程中的错误，如果会违反安全目标的，应该被检测	B（C）	MCU CAN 信号收发 BMS 中控模块	HW/SW
……	……	……	……	……

进行 ASIL 分解的前提是要保证两个要素完全独立，如这个例子里，过压检测模块和电压监测模块两个要素是独立的。从功能安全的功能上来说，两个模块都可以对电压进行检测，实现了冗余。因此，我们可以对 ASIL C 分解为 ASIL A(C)+ ASIL B（C）。针对不同的 ASIL 等级，标准给出了很多组合供大家选择，具体请参考 ISO 26262-9 中表 2。

7.3.2 系统安全设计

系统安全设计的目的是开发系统设计和技术安全概念，以满足功能要求和技术安全需求规范。为了开发系统架构设计，需要实现功能安全要求、技术安全要求和非安全相关要求。

以 CAN 信号的收发作为例子，进行系统安全设计。TSR-05 要求，如果电压 CAN 信号传输过程中的错误会违反安全目标（过充），应该被检测。哪些需要检测，可以通过安全分析来分析（FMEA），见表 7-10。

这些控制措施即标准里面讲的安全机制。通过对单体电压的信号加入真实性校验、超时监测、滚码计数器，可以满足 TSR-05 的技术安全需求，至此就完成了这部分的安全设计。

ISO 26262 第 5 部分附录 D 为大家提供了汽车行业常用的安全措施和机制，针对 CAN 通信的部分，在表 D.8。

技术安全需求的制定和系统安全设计是个反复迭代的过程，在实际产品设计中是个反复的过程，可能没办法一次性想得十分到位和周全。

表7-10 FMEA安全分析示例

系统单元	失效模式	后果	SG	预防措施	控制措施
单体电压 CAN 信号	信号篡改	错误的电压信号	SG-01	CAN 线加屏蔽	BMS 中控模块对 CAN 信号进行真实性校验，最终转化为对 BMS 中控模块的技术安全要求
	信号丢失	信号来不及更新	SG-01		加入超时监测机制，超出设定时间后，进入安全状态，切断充电回路。转化为 BMS 中控模块的技术安全要求
	信号重复	信号来不及更新	SG-01		加入滚码计数器
	信号插入	信号来不及更新	SG-01		加入滚码计数器
	时序不对	信号来不及更新	SG-01		加入滚码计数器

7.3.3 系统集成测试

相关项要素的集成按照系统化的方法进行，从软件 - 硬件集成开始，经过系统集成，最后完成整车集成。在每个集成阶段要进行特定的集成测试，以证明所集成的要素之间交互的正确性。

在每个集成测试的阶段，要验证以下五个方面的内容：

- 功能安全要求和技术安全要求的正确实施；
- 安全机制的正确功能表现、准确性和时序；
- 接口实现的一致性与正确性；
- 安全机制的诊断或失效覆盖的有效性；
- 鲁棒性。

BMS 系统在集成测试时，应该完成以下几个阶段的测试（图 7-5）：

- 软硬件接口集成测试：对按照 ISO 26262-5 开发出来的硬件和 ISO 26262-6 开发出来的软件进行集成测试，测试硬件 - 软件接口（HSI）的要求。
- 子系统集成测试：测试终端模块子系统，看是否满足终端模块的功能安全技术需求；测试 BMS 中控模块子系统，看是否满足 BMS 中控模块的功能安全技术需求。
- BMS 系统集成测试：把终端模块和 BMS 中控模块集成到一起，看是否满足功能安全需求。
- BMS 上车测试：应将相关项集成到整车上，并完成整车集成测试。主要是对相关项之间以及与车内通信网络、车内供电网络的接口规范进行验证。

不同的 ASIL 等级，标准要求测试的深度和广度不同。这主要体现在针对不同的 ASIL 等级，要求生成测试案例的方法不同（表 7-11）。

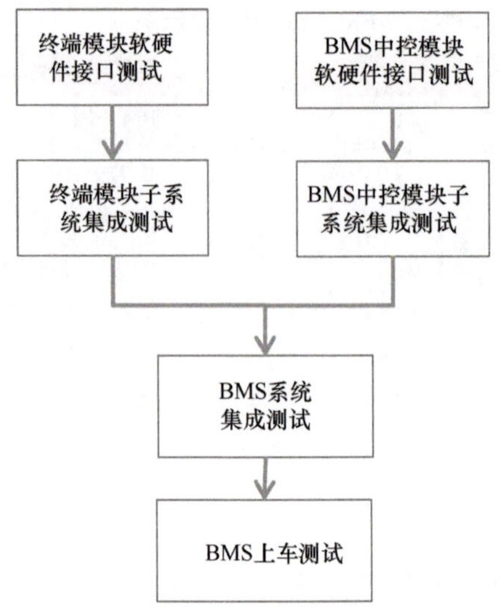

图 7-5 BMS 系统集成测试示例

表 7-11 生成系统集成测试案例的方法

方法		ASIL			
		A	B	C	D
1a	需求分析	++	++	++	++
1b	外部和内部接口分析	+	++	++	++
1c	软硬件集成等价类的生成和分析	+	+	++	++
1d	边界值分析	+	+	++	++
1e	基于知识或经验的错误猜测法	+	+	++	++
1f	功能的相关性分析	+	+	++	++
1g	相关失效的共有限制条件、序列及来源分析	+	+	++	++
1h	环境条件和操作用例分析	+	++	++	++
1i	现场经验分析	+	++	++	++

注：++ 代表强烈推荐，+ 代表推荐

7.4 硬件开发与测试

功能安全的硬件开发阶段主要在 ISO 26262 的第 5 部分中进行阐述。从标准来看，功能安全在硬件开发阶段仍需经历从需求定义，到设计，再到测试的几大阶段。从流程上来说，硬件开发阶段仍需遵循 V 模型的开发流程，见图 7-6。

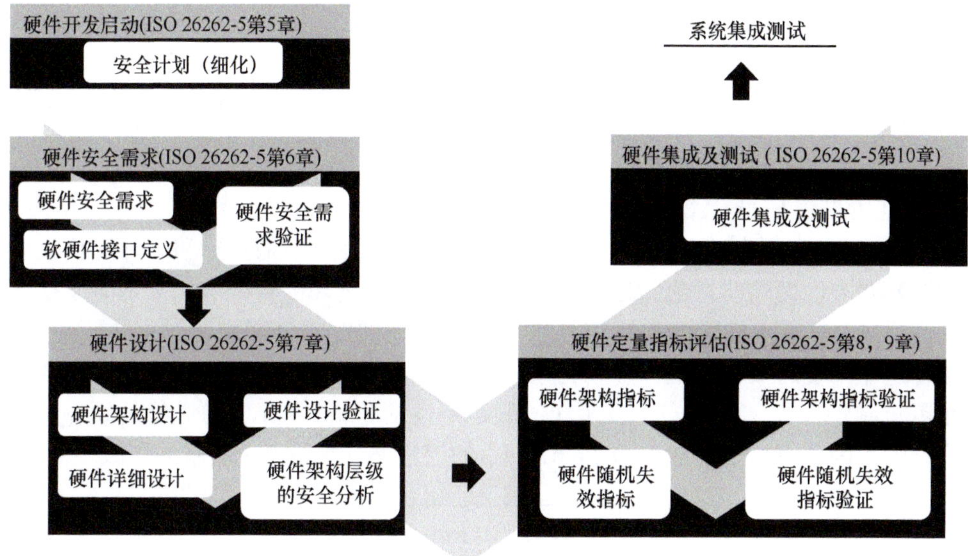

图 7-6　硬件开发阶段 V 模型开发流程

本章避免一味按照标准的内容进行解释，更多地加入了实际项目的操作经验，以供读者参考。如有和标准背离的，还应以标准为准。

7.4.1 制定硬件安全需求

1. 概念

硬件安全需求可以理解为系统层面的技术安全需求在硬件层面的具体化。硬件安全需求的制定应该以对硬件架构的安全分析为依据，并且能够追溯到系统层面的技术安全需求。硬件安全需求一般应包括两个方面的需求：

- 安全机制中对硬件电路的要求。
- 非针对安全机制的要求，包括：①对硬件架构指标和随机失效指标的要求；②对硬件元器件性能及功能的特殊要求；③使用环境的要求。

2. 硬件安全需求的制定

一个完整、合理的硬件安全需求对后续的硬件设计，随机失效的控制，以及硬件测试至关重要。那么应如何得到一个完整、合理的硬件安全需求呢？

ISO 26262 给出的答案是：从技术安全需求得出。这是一个比较笼统的答案。在实际操作中，有些硬件安全需求确实可以从技术安全需求中得出，比如：

技术安全需求	需对电芯的过压进行检测，检测过压后，需进入安全状态：通知 BMS

硬件安全需求	在硬件电路中需通过硬件检测电路对电芯的电压进行检测，超过阈值时，应触发 MCU 的中断

但如果仅依此途径，并不能可靠地得到完整的硬件安全需求。由于 ISO 26262 对硬件的结构和随机失效都有量化的指标（硬件架构指标和硬件随机失效指标）要求，而这些量化指标需等原理图设计完后，才能得到。如果那时发现无法满足 ASIL 等级规定的目标值要求，就需回到硬件安全需求，对它进行更新，这将是非常费时又费力的。所以为了尽量避免后续量化指标不满足的风险，就应在需求制定阶段，加入安全分析（一般是定性的分析），分析的对象是硬件的架构框图。因此在这里，对 ISO 26262 规定的流程略作如图 7-7 所示的修改。

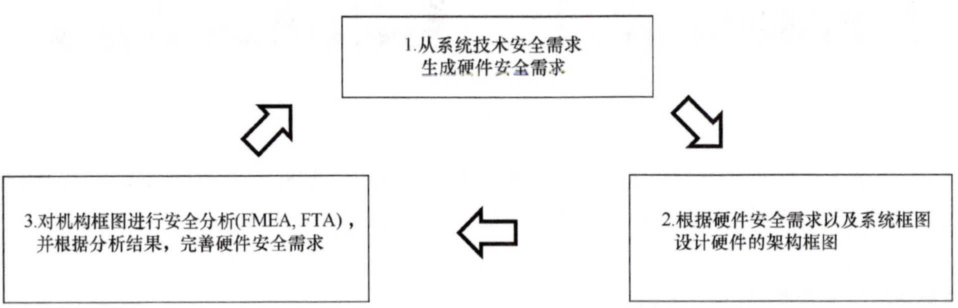

图 7-7　改进的硬件安全需求制定流程

上述过程可能需重复多遍，以满足需求、架构、分析的结果。

例　假如安全目标为，电芯过压报警（ASIL C），原先根据前文由技术安全需求得到的硬件安全需求，设计出如图 7-8 所示的硬件结构：

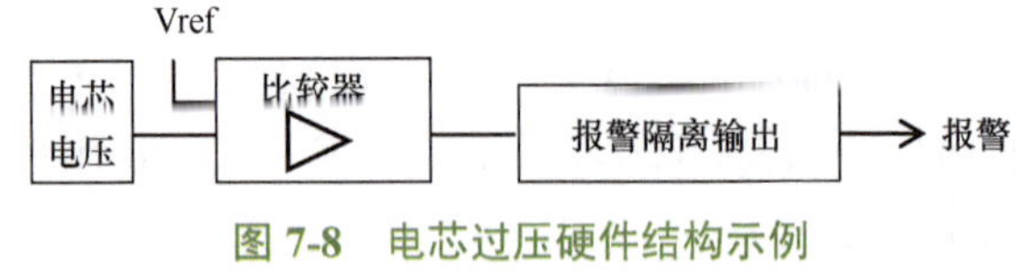

图 7-8　电芯过压硬件结构示例

经过安全分析，可以发现如果比较器的参考电源（Vref）故障，也会引起电芯过压无法报警。因此，还需加上对 Vref 进行检测的硬件安全需求。

上述是个简单的例子，对于现实项目中复杂的硬件架构，如果不经过安全分析，单单从系统技术需求中引出硬件安全需求，就会造成遗漏或过设计。

3. 硬件安全需求的验证

硬件安全需求虽然以文档的形式体现，但它是经过反复设计和分析的产物。因此，不应把硬件安全需求的制定认为是个单纯的文档工作，而应把硬件安全需求制定看成是硬件设计的一部分。这项安全活动应该由资深的硬件工程师来承担。

硬件安全需求需经过技术验证，并给出验证报告，以符合 V 模型的要求。前面提及的安全分析是硬件安全需求验证的一个重要手段，具体可参见 ISO 26262-5 的 6.4.9。

7.4.2 软硬件接口定义

由于安全机制大部分是由硬件和软件共同实现的。因此为了确保安全机制能够正确地在设计中实现，必须对软 - 硬件的接口预先进行定义。其包括（但不限于）以下几个方面：

- 安全相关的 MCU I/O 口的定义。
- 存储器的校验，以及针对安全数据的地址分配。
- 总线的检测在软硬件上的分配。
- ADC，DAC 的配置。
- 安全相关的中断的配置。
- 安全机制中，诊断反应时间在软、硬件上的分配。
- 产品各模式的状态以及转换条件的定义，例如，在软件初始化或自诊断模式时，各引脚状态的定义。

比如前面例子中，当比较器检测到过压，需触发 MCU 的外部中断。因此在软硬件接口定义中就应说明这个中断是由 MCU I/O 口的上升沿触发，还是下降沿触发，或者是高电平，还是低电平触发。

硬件工程师不单要负责 MCU 外部的硬件电路，还要对 MCU 内部一些硬件功能模块的配置进行定义。比如，如果对 A/D 转换的时间有安全需求的话，那么 A/D 模块的配置，以及相应时钟的配置都应在软硬件接口协议中体现。

总而言之，所有会影响到软件设计的硬件（包括 MCU 外部的，以及 MCU 内部的）都是软硬件接口定义中应该考虑的方面。可以参考 ISO 26262-4 附录 E 的例子。系统设计完成后，软硬件接口定义可以先由硬件工程师起草。但需经软、硬件工程师共同进行技术验证。

7.4.3 硬件设计

硬件设计是研发部门的日常工作，但要满足功能安全的需求，硬件设计应该注重以下方面的工作：

- 首先要进行硬件的架构设计。主要包括由硬件参与的安全机制应在硬件的架构设计中体现。
- 应对硬件架构设计进行安全分析。分析结果可以作为施加安全机制的依据。
- 大部分的硬件安全需求应在硬件的架构设计阶段得到落实，追溯。
- ASIL 等级可以在硬件架构设计中进行分解。
- 在硬件架构设计完成后，可以对硬件架构中的各个硬件 Block 进行硬件详细设计。
- 硬件详细设计应考虑元器件的选型是否符合硬件安全需求、环境需求，以及功能需求。
- 硬件详细设计应考虑由硬件参与的安全机制是否能达到预定的诊断反应时间和覆盖率。
- 硬件详细设计应考虑如何满足其他在硬件架构设计中未被满足的硬件安全需求。
- 硬件详细设计应考虑如何为错误注入测试提供设计上的支持。
- 硬件设计阶段，除了硬件架构图、电路原理图、BOM 表，还应产出硬件设计说明书，主要是为了阐明每条硬件安全需求是如何在硬件设计上得到满足的。

1. 硬件架构设计

硬件架构设计应该理解为是系统架构在硬件层面的细化（这也体现了 ISO 26262 所提倡的层次化设计：Hierarchical Design）。在系统架构框图中，某个框代表了在系统层面所担负的功能，而此功能在硬件层面可能需要若干个硬件模块（Hardware Component）共同实现，那么硬件架构设计就是要体现这些硬件模块如何实现系统功能。硬件架构设计的最小单元是硬件模块（Hardware Component）。图 7-9 演示了系统层面的“电压监测模块”在硬件架构中的细化。

除了硬件架构框图，在硬件结构设计时，还需阐明：

- 对每个硬件模块命名。
- 对硬件模块间的接口进行定义。
- 各个模块是如何工作的描述，特别是各模块如何协同完成某个安全机制的描述。此处可以用图表的形式进行表述，如顺序图、状态迁移图。
- 硬件架构设计对硬件安全需求的追溯。
- 在硬件架构设计中应考虑对某些环境因素的应对，如温度、振动、EMC 以及防尘防水等。

前文在谈到硬件安全需求时，已提到硬件安全需求的产生应以针对硬件架

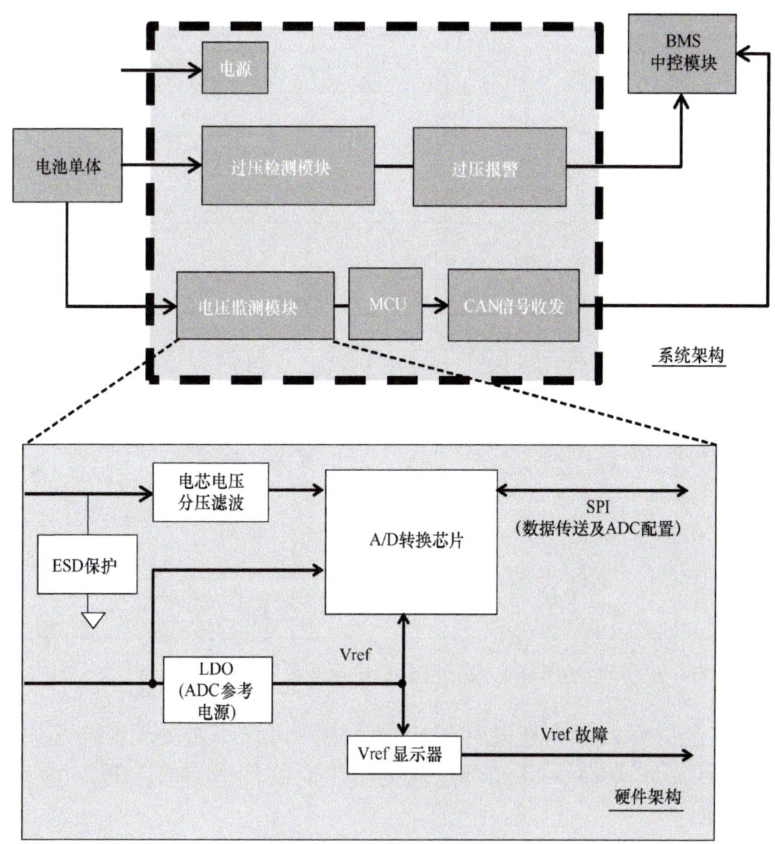

图 7-9　硬件架构设计示例

构的安全分析为依据。因此在这里还要强调：整个硬件架构设计，架构安全分析，以及硬件安全需求的制定是相互关联的，所以这三项安全活动应融合在一起，经过多次反复，才能得到完整、合理的结果。

2. 硬件详细设计

硬件详细设计可以理解为是硬件结构设计再往下一层的设计，即硬件架构设计在硬件元器件层的实现。假如前例中系统的“过压监测模块”用硬件结构中用 Comp.for OV Detect 模块来实现，经详细设计变成如图 7-10 所示电路原理图。

硬件详细设计是一般的硬件工程师都非常熟悉的，即如何产生原理图以及 BOM 表。但对于硬件功能安全相关的硬件电路设计，还需注意以下几点：

- 未在硬件架构设计中满足的硬件安全需求，需要在硬件详细设计中得到满足、追溯。
- 考虑对于局部的单双点错误的应对。比如少数几个电阻的开路会直接违

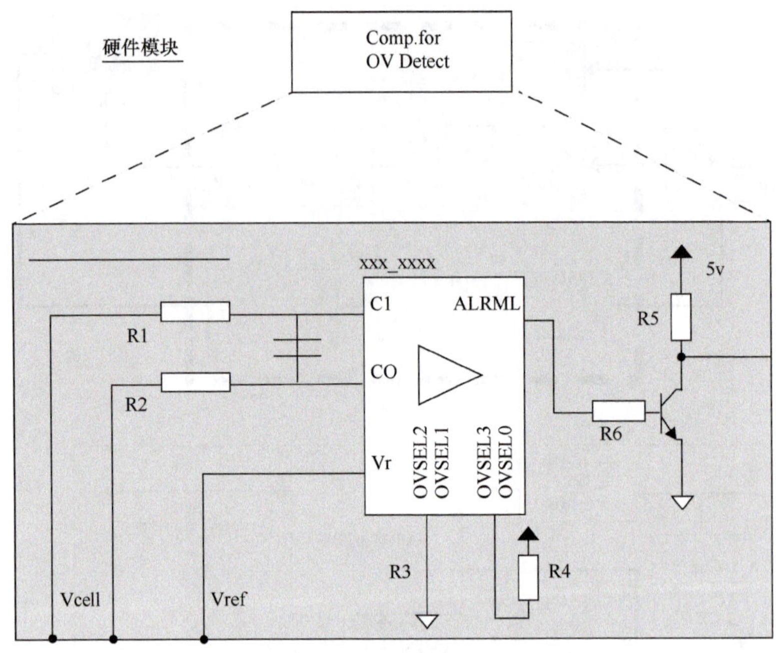

图 7-10 过压监测模块电路原理图示例

反安全目标，那么在硬件架构设计中，可以不做处理，而在硬件详细设计中考虑电阻的并联。当然这要基于对硬件电路的元器件层级的 FMEA 分析。

- 考虑元器件的选型，以满足硬件安全需求中的对元器件特殊功能的要求，以及对适用环境的要求。
- 对于 ASIL-C，ASIL-D 要求的电路，如无法消除单点故障，在设计中应考虑对这些元器件的专用措施（Dedicated Measure），如降额使用，PCB Layout 上的隔离，或增大间距等。
- 对于上述特殊处理方法，需在生产、使用、维修时实施的，如老化、来料检测等，则将此类需求写入文档 Specification of requirements related to production，operation，service and decommissioning 详见 ISO 26262-5，7.4.5。
- 硬件详细设计需考虑加入测试电路，以便后续的硬件错误注入测试，以及生产中的测试。

3. 硬件设计说明书及设计验证

硬件设计结束后，应生成硬件设计说明文档（Hardware Design Specification）。它主要阐述硬件架构设计、硬件详细设计，各项设计应有安全分析作为支撑，并能追溯到硬件的每条安全需求。

对硬件设计说明文档要进行验证（Technical Verification），以确认设计的有效性，以及是否满足硬件安全需求。同时生成验证报告，以符合 V 模型的要求。安全分析、电路仿真和手工搭建电路测试都是设计验证的手段。具体请参见 ISO 26262-2 及 ISO26262-5，7.4.4。

7.4.4 硬件设计阶段的安全分析

安全分析是硬件安全需求制定、设计技术验证，以及设计评估的重要方法。ISO 26262 主要推荐了两种：推演类型的 FTA（图 7-11）以及归纳类型的 FMEA。

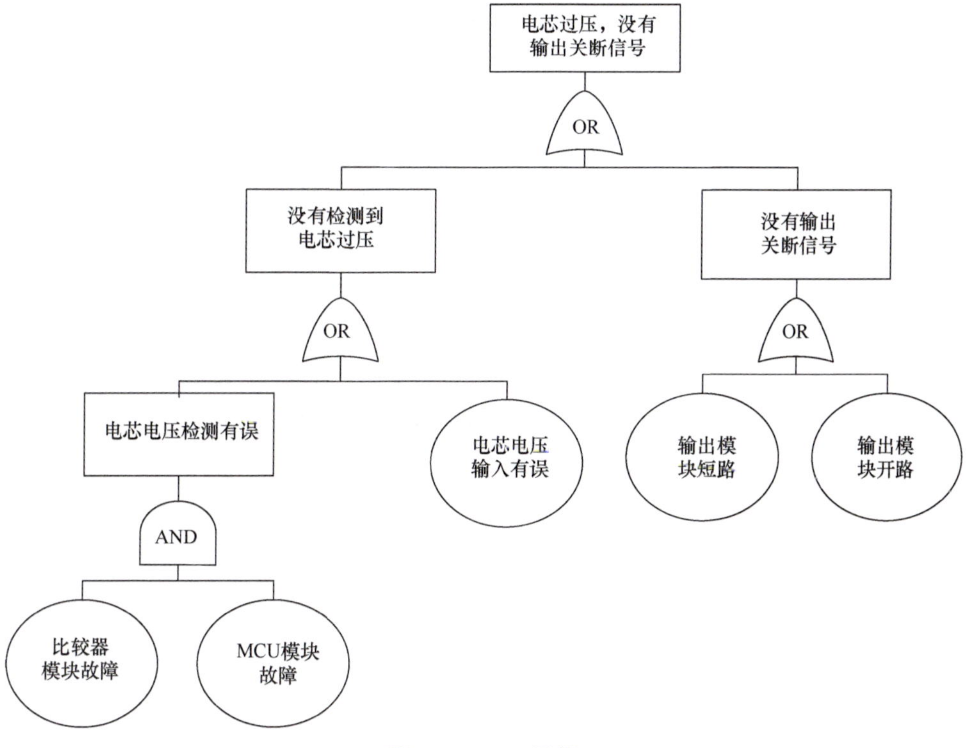

图 7-11 FTA 示例

1. FTA：故障树分析

FTA 是一种自上而下（Top-Down）的分析方法，一般以违反安全目标作为顶事件，然后逐层往下分析，找出引起顶事件发生的底层原因。至于底层的位置（即 FTA 的深度），以 FTA 实施的所在阶段为参考。比如在硬件架构设计阶段，底层设定为硬件模块（Hardware Component）失效。而在硬件的详细设计阶段，底层可设定为各硬件元器件的失效。FTA 可以进行定性和定量的分析。FTA 可以产生割集列表，这是单点失效、多点失效的重要判据，也为依赖失效分析提供了分析范围。

FTA 经常使用于硬件架构设计的安全分析，通过 FTA 分析，可以找出硬件各个模块中与安全相关的失效模式，以及架构层面的单点失效和多点失效，为硬件架构层面的安全机制提供依据。

由于 FTA 分析是图形化的分析方法，而且一般的电路分析到元器件层级，故障树能有几十页的篇幅。所以一般要用专门的工具进行。

2. FMEA：失效模式效应分析

FMEA 是一种自下而上（Down-Top）的分析方法，即从底层失效为起点，往上层分析，得出此底层失效是否会造成安全目标的违反。同样底层的设定（即 FMEA 的起点）也是以 FMEA 实施的所在阶段为参考。FMEA 的结果为是否应施加安全措施提供依据。然而在施加了安全机制后，其效果如何？这就需要进行 FMEDA（失效模式效应及诊断分析）。FMEDA 是 FMEA 的扩展，即在 FMEA 中加入了安全机制作用的考量（即诊断覆盖率），所以 FMEDA 一般是定量的分析。ISO 26262-5 第 8 章、第 9 章要求的硬件架构指标以及硬件随机失效指标可以通过 FMEDA 获得。

ISO 26262 规定 FMEA 是必须实施的安全分析，而 FTA 只要求对 ASIL C，D 的安全目标实施，见表 7-12。

表7-12 硬件设计的安全分析

方法（ISO 26262-5 表 2）		ASIL			
		A	B	C	D
1	演绎分析（如 FTA）	○	+	++	++
2	归纳分析（如 FMEA）	++	++	++	++

应该指出何时用 FTA，还是 FMEA，这个是没有定论的。有时是可以把 FTA，FMEDA 结合起来做。比如上述 FTA 的分析在硬件架构设计时进行，所以 FTA 的底事件是各硬件模块的失效模式，而各失效模式的失效率，可以在硬件详细设计后，由硬件元器件层的 FMEDA 得出。

7.4.5 计算硬件架构指标

硬件架构指标包含硬件随机单点失效指标（Single-Point Fault Metric，SPFM），以及随机潜伏失效指标（Latent-Fault Metric，LFM）。它是衡量硬件电路是否满足安全目标的重要判据。由于它是计算随机单点（包括残余）以及潜伏失效率在整个电路失效率中所占的比例，因此它经常被称为相对指标。此指标一般是通过前面提到的 FMEDA 的分析方法来得到。首先介绍和此指标相关的一些基本概念。

1. 概念

（1）随机失效

随机失效是指硬件元器件在其使用寿命中发生的无法预测的失效，它表现为硬件各类元器件的一种共同的特性。

虽然硬件元器件的随机失效具有不确定的特性，但它还是符合一定的概率分布。因此对于随机失效，通常用其发生的概率（或概率密度）来表征不同硬件元器件的随机失效的程度。随机失效是无法彻底避免的失效，因此在硬件设计中主要的应对是控制硬件元器件的随机失效，把它发生的概率降低到我们可以接受的范围内。前文提到的 FMEDA 就是对所有元器件的随机失效的后果进行分析，分类，并计算出 ISO 26262 所要求的硬件架构指标和随机失效指标。

（2）随机失效分类

ISO 26262 将随机失效主要分为：

- 安全无关失效：对于安全目标的达成或违反都没起作用的元器件的失效，称为安全无关失效。反之则是安全相关失效。安全无关失效不纳入硬件架构指标和随机失效指标的计算。
- 单点失效：如果某个元器件的单个随机失效模式会直接造成安全目标的违反，而且没有被任何安全机制覆盖，此种失效，称为单点失效。
- 残余失效：如果某个元器件的单个随机失效模式原本会直接造成安全目标的违反，但由于其部分能够被安全机制探测到，并且使系统进入安全状态，从而避免了安全目标的违反。那么其没有被安全机制覆盖到的部分，就称为残余失效。残余失效和单点失效都纳入单点失效指标（SPFM）的计算。
- 多点失效：如果某个元器件的单个随机失效模式并不会造成安全目标的违反，但它和另外一个或多个随机失效的共同作用下，会造成安全目标的违反。那么这个失效称为多点失效。在 ISO 26262 中一般只计算两点失效对安全的影响，对于两点以上的，由于发生概率太小，所以认为是安全的失效，但这不是绝对的。
- 潜伏失效：如果某种元器件的某个随机失效（失效 A）会和另外一个失效（失效 B）一起造成安全目标的违反，按前述它（失效 A）被称为两点失效，当此两点失效既没有被安全机制检测进入安全状态，也没有被驾驶员感知，那么此失效（失效 A）称为潜伏失效。潜伏失效并不会直接违反安全目标，但当一对中的另一个失效发生时，就会造成安全目标的违反。潜伏失效指标是 ISO 26262 规定的硬件架构指标之一。

- 安全失效：对于所有安全相关的失效，如果它既不是单点失效，残余失效，也不是潜伏失效，那么就把它分为安全失效。

从上述分类中可知：

1）所有分类都是以硬件元器件的某个随机失效模式为基础进行分类。

2）对随机失效模式的分类，是以安全目标为标杆而进行的。换句话说，如果同一个电路有多个安全目标，那么同一个随机失效模式会有不同的分类结果。因此硬件架构指标是对应于硬件电路的某个安全目标，而不是硬件电路本身。对于同一个电路，不同的安全目标应有不同硬件架构指标来对应。

3）失效模式的分类可参照 ISO 26262-5 附录 B 中的图 B.2。

（3）失效率

失效率（λ）是指硬件元器件的随机失效在单位时间内发生的概率。它是一个概率密度。单位是 FIT。1 FIT = 10^{-9} 次 / 小时。实际中，失效率是随时间而变化的，通常我们熟悉的浴盆曲线，就说明了这点。但在我们计算硬件架构指标时，都认为失效率是常量（即假设其位于浴盆曲线的底部）。在计算 ISO 26262 规定的硬件定量指标前，首先要算出所有安全相关器件的失效率。其来源通常是 IEC 61709（SN 29500）和 IEC/TR 62380。由于 SN 29500（德国西门子企业标准）采用了和 IEC 61709 相同的失效模型，因此很多失效率的计算都使用 SN 29500（图 7-12）。

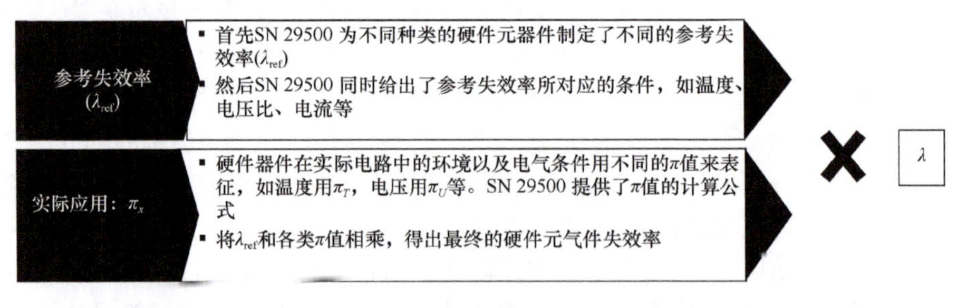

图 7-12　失效率计算模型 SN 29500

另外需注意的是虽然可以有不同的标准来获得硬件元器件的失效率，但在一个项目中，硬件量化指标的计算时，元器件失效率需要使用同一种标准来源。

（4）失效模式以及分配比例

硬件元器件的失效有不同的呈现方式，比如电阻有短路、阻值漂移。这些不同的呈现方式称为硬件元器件的失效模式。硬件元器件的所有失效模式构成了硬件元器件的失效率。因此某种失效模式的失效率在元器件失效率中所占的比例，称为失效模式的分配比例。对于简单元器件，IEC 61709，IEC/TR 62380 都提供了失效模式及其分配比例的参考值。但需指出失效模式及其分配比例是没有可以依据的绝对标准的。比如有个简单的例子：电阻一般有开路、阻值 2 倍漂移和阻值一半漂移三种失效模式。但对于 0 Ω 电阻阻值漂移的失效模式就不存在。特别对于复杂器件，如 MCU 器失效模式无法分析穷尽，那么只要找出和安全相关的失效模式，然后对其分配比例进行均分。这是一种常用的、可接受的方法。失效模式可以通过标准、安全分析（FTA，FMEA）、以往经验获得。

（5）安全机制以及诊断覆盖率

安全机制大致可分为：

- 检测型机制：即探测故障，并在探测到故障后，在规定的时间内进入预先定义好的安全状态。而且能保持在安全状态。
- 冗余型机制：即设计有 2 条或多条独立通道都可以满足安全需求。那么一条通道故障后，另外的通道可以继续完成安全功能。而无需进入安全状态。

诊断覆盖率主要是针对检测型安全机制来说的。它是一个概率值，表征了在硬件元器件某个失效模式的失效率中能够被探测到部分所占的比例。另外，它也可以理解为在故障模式发生次数中，被探测到的次数所占的比例。还可理解为在故障发生的时间上所占的比例，比如某个安全机制只能在故障发生的后期才能探测到。

ISO 26262-5 附录 D 提供了多种安全机制以及诊断覆盖率。在一般硬件量化指标计算中，都以此为参考。附录 D 提供了高（99%）、中（90%）、低（60%）三档覆盖率。这三档覆盖率是按表 7-13 进行划分的。

表7-13　高、中、低三档覆盖率划分

99%	90%	
		60%
其余的故障：包括组件的振荡及漂移。对于复杂组件：所有物理上认为可能造成的，造成违反或偏离预定功能的故障（功能型故障）	**直流故障模型**：粘连于“开路”或“高阻”或信号间的“短路”及“串扰”	**粘连故障模型**：组件 PIN 脚连续保持于“0”或“1”/“开”或“关”/“激活”或“闲置”状态

建议只用此三个覆盖率，并且认为是某个安全机制诊断覆盖率的上限，即如果覆盖率不是其中之一（如 93%）或超过规定值，都需附加详尽的理由证明。

2. 硬件架构指标计算步骤

在通过 FMEDA 来计算硬件量化指标前，首先要获得以下必要的输入：

- 安全目标，包括描述、安全状态、警告机制（Warning Concept）以及故障容忍时间（FTTI，MPFDI）
- 硬件设计说明（HW Design Specification）
- 原理图，BOM 表。

步骤见图 7-13。

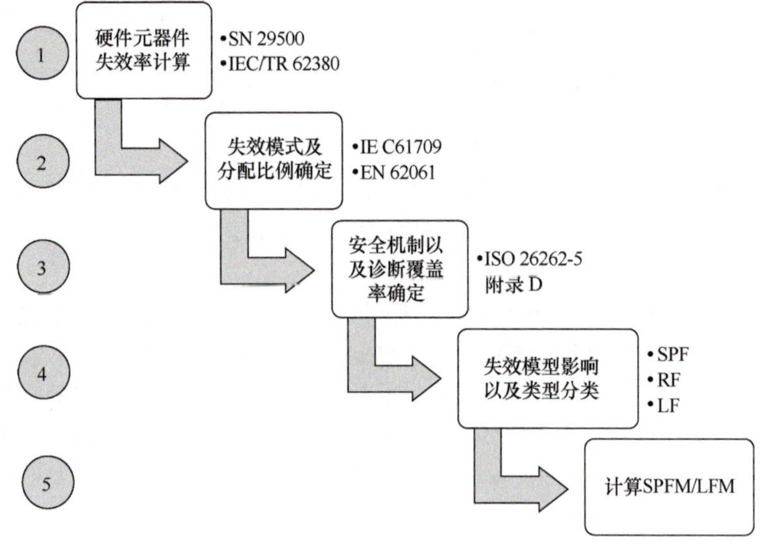

图 7-13　硬件架构指标计算步骤

- 对于图 7-13 中，第 4 步：失效影响，如果单凭电路分析无法得出结论，可以采用错误注入测试，或电路仿真予以支持。
- 第 5 步硬件架构指标（SPFM/LFM）的计算公式如下：

$$\mathrm{SPFM}=1-\frac{\sum\lambda_{\mathrm{SPF}}+\sum\lambda_{\mathrm{RF}}}{\sum\lambda_{\mathrm{Total}}-\sum\lambda_{\mathrm{NSR}}}\qquad \mathrm{LFM}=1-\frac{\sum\lambda_{\mathrm{LF}}}{\sum\lambda_{\mathrm{Total}}-\sum\lambda_{\mathrm{NSR}}-\sum\lambda_{\mathrm{SPF}}-\sum\lambda_{\mathrm{RF}}}$$

式中，$\sum\lambda_{\mathrm{SPF}}$ 为单点失效率总和；$\sum\lambda_{\mathrm{RF}}$为残余失效率总和；$\sum\lambda_{\mathrm{Total}}$为所有元器件失效率总和；$\sum\lambda_{\mathrm{NSR}}$为安全无关失效率总和；$\sum\lambda_{\mathrm{LF}}$为潜伏失效率总和。

- FMEDA 一般可以通过 MS Excel 表格进行，无需其他特殊工具，表 7-14 为 FMEDA 示例。

3. 硬件架构指标的目标值

ISO 26262 针对不同等级的安全目标，规定了硬件架构指标的目标值

表7-14 FMEDA计算示例

硬件元器件名	硬件元器件描述	是否为安全相关的元器件？	失效率（Fit）	失效模式	失效率分布（%）	影响	在缺少安全机制时是否有可能违反安全目标？	是否有合适的安全机制来控制该失效模式？	考虑残余故障的诊断覆盖率（%）	单点故障失效率（Fit）	残余故障失效率（Fit）	结合其他故障时是否会导致违反安全目标？	考虑潜伏故障的诊断覆盖率（%）	潜伏故障失效率（Fit）	安全故障失效率（Fit）
R12	金属膜电阻	是	0.2	开路	40%	ADC 检测到的电芯电压为 0V	是	SM2	99%		0.0008	是	SM2	100%	0
				漂移, 0.5×	30%	无影响	否					否			0.06
				漂移, 2.0×	30%	无影响	否					否			0.06
R13	金属膜电阻	是	0.2	开路	40%	ADC 检测到的电芯电压为 0V	是	SM2	99%		0.0008	是	SM2	100%	0
				漂移, 0.5×	30%	无影响	否					否			0.06
				漂移, 2.0×	30%	无影响	否					否			0.06
C2	X7R	是	2	开路	10%	无影响	否					否			0.2
				短路	70%	ADC 检测到的电芯电压为 0V	是	SM2	99%		0.014	是	SM2	100%	0
				漂移, 0.5×	10%	无影响	否					否			0.2
				漂移, 2.0×	10%	无影响	否					否			0.2

（表 7-15）。是否满足硬件架构指标的目标值，是衡量硬件功能安全设计的重要依据。

表7-15　硬件架构指标目标值

硬件架构指标	ASIL A	ASIL B	ASIL C	ASIL D
单点失效指标（SPFM）	–	≥ 90%	≥ 97%	≥ 99%
潜伏失效指标（LFM）	–	≥ 60%	≥ 80%	≥ 90%

ISO 26262 对 ASIL-A 等级的安全目标没有指定硬件架构指标的目标值，对于 ASIL-B 等级也没有做强制性的目标值要求。但通过对含有 ASIL-A，ASIL-B 等级安全目标的电路，进行 FMEDA 分析（可以是定性分析），能够发现电路中的单点错误和潜伏错误，即电路的薄弱点，为今后电路的改进提供依据。从这点上说，对含有 ASIL-A，ASIL-B 等级安全目标的电路进行 FMEDA 分析，还是有意义的。

7.4.6 随机硬件失效导致违背安全目标的评估（ISO 26262-5 第 9 章）

对于硬件随机失效而造成的违反安全目标的风险的评估，ISO 26262 提供了两种途径：

- 途径 1：硬件随机失效的概率性指标：PMHF（ISO 26262-5，9.4.2）；
- 途径 2：评估违反安全目标的每一项起因（ISO 26262-5，9.4.3）。

ISO 26262 规定可以通过任意一个途径进行评估。

1. 途径 1：硬件随机失效的概率性指标 -PMHF

（1）概念

前文中提到的硬件架构指标是计算随机单点、残余以及潜伏失效率在整个电路失效率中所占的比例，被称为相对指标。而这里的硬件随机失效的概率性指标（Probabilistic Metric for Random Hardware Failures，PMHF）是计算电路中所有随机单点、残余、潜伏失效率的总和。因此 PMHF 经常被称为绝对指标。由于 PMHF 是各种失效率的总和，因此它是一种概率密度。表征了电路对于某个安全目标的失效率。

（2）PMHF 计算

因为失效率是一种概率密度，而不是概率值。因此在计算时不能简单地将各类失效率进行加、乘。

而是应该将失效率转换为概率值后在进行加、乘法。以下为转换的近似算法：

$$Q(t)=F(t)=1-\mathrm{e}^{-\lambda t}\approx\lambda t$$

转换后的概率值，通常称为不可用度（Unavailability）。

首先计算整个电路的失效概率（不可用度）：

$$P_{\text{Total}} = \sum P_{\text{SPF}} + \sum P_{\text{RF}} + \sum P_{\text{LF}} = \sum \lambda_{\text{SPF}} \times T + \sum \lambda_{\text{RF}} \times T + \sum \lambda_{\text{LF}} \times T$$

然后再把 P_{Total} 转换为概率密度，即 PMHF：

$$\text{PMHF} = \frac{P_{\text{Total}}}{T} = \frac{\sum P_{\text{SPF}} + \sum P_{\text{RF}} + \sum P_{\text{LF}}}{T} = \frac{\sum \lambda_{\text{SPF}} \times T + \sum \lambda_{\text{RF}} \times T + \sum P_{\text{LF}}}{T} = \sum \lambda_{\text{SPF}} + \sum \lambda_{\text{RF}} + \frac{\sum P_{\text{LF}}}{T}$$

公式的前两项可以从前文提到的 FMEDA 结果中得到。而最后一项涉及两个参数：T 和 $\sum P_{\text{LF}}$。

T：由于在此公式里只计算没有被安全机制检测到的潜伏故障，所有此类潜伏的时间应该认为是车辆的寿命周期。一般，如果寿命是 10 年，平均每天用 1 小时，那么 $T = T_{\text{lifetime}}$=3650 小时。忽略了被检测到的（Detective，Perceived）双点错，是因为检测的间隔周期和使用寿命相比是非常小的，所以可以忽略。详见 ISO 26262-10，8.3.2。

$\sum P_{\text{LF}}$：双点潜伏失效的概率，为各自失效概率的乘积。但还需考虑对于存在于基本功能电路和检测电路中的双点，只有按检测电路故障先发生，基本功能电路故障后发生的顺序，才能引起安全目标的违反。因此可以用如下公式：

$$\sum P_{\text{LF}} = \sum\left(\lambda_{\text{DPF}} \times T \times \lambda_{\text{SM}} \times T\right) \times 0.5 + \sum\left(\lambda_{\text{ch\_A}} \times T \times \lambda_{\text{ch\_B}} \times T\right)$$

式中，λ_{DPF} 为基本功能电路故障失效率；λ_{SM} 为安全机制故障的失效率；$\lambda_{\text{ch\_A}}$ 为冗余通道 A 故障失效率；$\lambda_{\text{ch\_B}}$ 为冗余通道 B 故障失效率。

（3）PMHF 目标值（表 7-16）

表7-16 不同AISL等级对应的PMHF目标值

违反安全目标的随机硬件失效目标值		
ASIL	失效率（h^{-1}）	FIT（$10^{-9}h^{-1}$）
D	$< 1 \times 10^{-8}$	< 10
C	$< 1 \times 10^{-7}$	< 100
B	$< 1 \times 10^{-7}$	< 100

2. 途径 2：评估违反安全目标的每一项起因

ISO 26262-5，9.4.3 提供了另一条评估随机失效对安全目标违反的途径。就是不计算整个电路的失效率 PMHF，而是对每个硬件元器件进行评估。注意此评估是以元器件为单位，而不是按元器件的失效模式为单位而进行的。

将元器件的失效率按表 7-17 分为不同的级别：Class-1，Class-2，Class-3，…

Class-1 的失效率定为 ASIL-D 级别 PMHF 目标值的 1/100。其他每个级别以

10 倍的量级增加，如表 7-17。

表7-17　元器件失效率等级划分

失效率（满足）	级别	失效率（满足）	级别	失效率（满足）	级别
≤ 0.1	Class-1	≤ 10	Class-3	≤ 1000	Class-5
≤ 1	Class-2	≤ 100	Class-4	≤ 10000	Class-6

如果单个元器件含有单点失效模式，那么此元器件的失效率应符合表 7-18。

表7-18　针对单点故障的硬件元器件失效率等级目标

安全目标的 ASIL 等级	失效率等级
D	失效率等级 1+ 专用措施[a]
C	失效率等级 2+ 专用措施[a] 或失效率等级 1
B	失效率等级 2 或失效率等级 1
[a] ISO 26262-5 9.4.2.4 的注解给出了专用措施的示例	

如果单个元器件含有残余失效模式，那么此元器件的失效率，以及针对单点的覆盖率应符合表 7-19。

表7-19　对给定的硬件元器件残余故障诊断覆盖率的最大失效率等级

安全目标的 ASIL 等级	针对残余故障的诊断覆盖率			
	≥ 99.9%	≥ 99%	≥ 90%	＜ 90%
D	失效率等级 4	失效率等级 3	失效率等级 2	失效率等级 1+ 专用措施[a]
C	失效率等级 5	失效率等级 4	失效率等级 3	失效率等级 2+ 专用措施[a]
B	失效率等级 5	失效率等级 4	失效率等级 3	失效率等级 2
[a] ISO 26262-5 9.4.2.4 的注解给出了专用措施的示例				

注：表中的覆盖率是指对整个元器件的覆盖率，覆盖率=$\sum \lambda_{RF} / \lambda_{Part}$

含残余失效模式的元器件评估示例见表 7-20。

如果单个元器件含有潜伏失效模式，那么此元器件的失效率，以及针对双点的覆盖率应符合表 7-21。

只有当所有安全相关元器件按上述要求一一评估后，都满足要求，才可以认为电路符合随机失效对安全目标违反限定的要求。

7.4.7 硬件的集成和测试

通过测试来验证硬件的开发是否符合硬件安全需求以及硬件设计说明。此

表7-20 含残余失效模式的元器件评估示例

硬件元器件名	硬件元器件描述	是否为安全相关的元器件？	失效率 (Fit)	失效模式	失效率分布 (%)	影响	在缺少安全机制时是否会违反安全目标？	是否有适当的安全机制来控制该失效模式？	考虑残余故障的诊断覆盖率 (%)	单点故障失效率 (Fit)	残余故障失效率 (Fit)	在结合其他故障时是否会导致违反安全目标？	考虑潜伏故障的诊断覆盖率 (%)	潜伏故障失效率 (Fit)	安全故障失效率 (Fit)	失效率等级	硬件元器件的诊断覆盖率	是否满足要求？
R12	金属膜电阻	是	0.2	开路	40%	ADC 检测到的电芯电压为0V	是	SM2	99%		0.0008	是	SM2	100%	0	2	99.6%	是
				漂移，0.5×	30%	无影响	是					否			0.06			
				漂移，2.0×	30%	无影响	是					否			0.06			

表7-21 关于双点故障的硬件元器件失效率等级和覆盖率的目标

安全目标的 ASIL 等级	针对潜伏故障的诊断覆盖率		
	≥ 99%	≥ 90%	< 90%
D	失效率等级 4	失效率等级 3	失效率等级 2
C	失效率等级 5	失效率等级 4	失效率等级 3

注：表中的覆盖率是指对整个元器件的覆盖率，即覆盖率=$\sum\lambda_{LF}/\lambda_{Part}$

项活动位于硬件开发 V 模型的最右端，也是功能安全硬件开发周期的最后一项活动。

在测试前首先要确定测试方法，生成测试计划。并对应每种测试方法，生成测试用例。ISO 26262 规定了三种硬件测试方法：

- 功能测试；
- 错误注入测试；
- 电气性能测试。

其中错误注入测试，主要是用来验证各种硬件安全机制的有效性，是功能安全比较重要的一种测试方法。关于测试方法，详见 ISO 26262-5 表 11。

ISO 26262 还对电路的鲁棒性提出了测试要求，包括环境测试、Worst Case 测试、EMC 测试、超极限值测试等，详见 ISO 26262-5 表 12。

对于硬件测试用例的生成，ISO 26262 根据不同的 ASIL 等级，规定了必须使用或推荐使用的方法，详见 ISO 26262-5 表 10。

7.5 软件开发与测试

7.5.1 软件安全需求

根据技术安全概念和系统设计规范，编写软件安全需求规范。如果软件功能的失效可能导致违背分配到软件的技术安全，就需要对这种软件功能提功能安全的要求。失效可能导致违背安全要求的功能，可以考虑以下方面：

- 使系统进入或保持在安全状态的功能。
- 与安全相关硬件器件相关的故障探测、指示和处理相关的功能。
- 与软件自身故障的探测、控制其影响的相关的功能。这些功能包括操作系统中软件的自身监控及应用层特定的软件自身监控，以探测、指示和处理应用软件中的系统性故障。
- 与车载测试相关的功能。车载测试可以在车辆运行过程、预运行阶段和运行后阶段内，由系统自身或通过车载网络内的其他系统执行。

- 与非车载测试相关的功能。非车载测试可以是在生产或维护阶段对安全相关的功能或属性进行测试。
- 与在生产和维护过程中，对软件进行修改、配置、标定相关的功能。
- 与性能或对时间敏感的运行相关的功能。

定义软件安全需求时，还需要考虑以下方面：

- 已确定的系统和硬件的配置。
- 软硬件接口规范中的要求。
- 硬件安全规范中的要求。
- 时间的约束，由系统层面要求的响应时间得出执行或反应时间。
- 外部接口，比如通信和用户的接口。
- 对软件有影响的车辆、系统或者硬件的运行模式。硬件装置的运行模式可包括默认模式、初始化模式、测试模式、待机模式、正常工作模式等。

7.5.2 软件架构设计

软件架构设计描述全部软件组件及其交互关系。交互关系既要包括静态方面，如所有软件组件间的接口和数据路径，又要包括动态方面，如进程顺序和定时行为。为开发既实现软件安全要求又实现非安全要求的软件架构设计，在此阶段，安全和非安全性要求应同时考虑。

1. 软件架构设计符号

为确保软件架构设计获取必要信息以支持后续开发活动得到正确有效的执行，标准推荐使用表 7-22 中列出的软件架构设计符号，对软件架构设计进行恰当抽象层级的描述。

表7-22　软件架构设计符号

方法		ASIL			
		A	B	C	D
1a	非正式符号	++	++	+	+
1b	半正式符号	+	++	++	++
1c	正式符号	+	+	+	+

注："++" 表示对于指定的 ASIL 等级，高度推荐该方法；"+" 表示对于指定的 ASIL 等级，推荐该方法；"○" 表示对于指定的 ASIL 等级，不推荐或反对该方法

在项目中，工程师用 office 软件自己画的功能框图，没有对内部的框图的类型作统一化的规定，这种就是典型的非正式符号。如果对框图的类型进行了统一

的规定，比如 UML，SysML，或者基于工具的建模（如 Simulink），这种就是半正式化的符号。

2. 软件架构设计的原则

软件架构设计时，要遵循以下原则：

- 可验证性：确保软件架构与软件安全需求的双方可追溯性。
- 可适用性：确保软件的架构设计考虑到了不同的软件配置，能够适应不同的配置软件的需要。
- 可实现性：确保软件架构在后续的单元设计和代码设计阶段的可实现性。
- 可测试性：确保软件架构在后期的软件集成测试中，可以测试。
- 可维护性：便于修改和维护。
- 避免因高度复杂性导致的失效（不同 ASIL 等级，要求不同）：

a）限制软件组件的大小、每个软件组件保持高内聚：比如我们可以限定一个软件组件里面包含软件单元的数量。如果一个软件组件包含的软件单元的数量太多，我们可以考虑项目成员一起讨论下，看是否可以细化下功能，把这个软件组件拆分成几个软件组件。

b）限制接口的大小、限制软件组件间的耦合：尽量避免不必要的接口，这样既可以减少软件组件的耦合，也可以减轻后续的项目工作量（架构的安全分析、集成测试、架构维护、软件组件的测试等）。

c）恰当调度的特性：合理分配时间，确保能够满足故障容错时间和安全目标。

d）限制中断的使用：尽可能少用中断，对所使用的任何中断都必须是基于优先级的。确保能够满足故障容错时间。

3. 软件架构层面的错误探测机制

为了在软件架构层面定义必要的软件安全机制，应基于安全分析的结果，针对不同的 ASIL 等级，使用不同的错误探测机制（表 7-23）。

表7-23 软件架构层面的错误探测机制

方法		ASIL			
		A	B	C	D
1a	输入输出数据的范围检查	++	++	++	++
1b	真实性检查	+	+	+	++
1c	数据错误探测	+	+	+	+
1d	外部监控设备	○	+	+	++
1e	控制流监控	○	+	++	++
1f	多样化的软件设计	○	○	+	++

下面举些具体的例子，让大家理解如何在项目中满足这些需求，实际项目中大家可以有不同的做法。

（1）1a：输入输出数据的范围检查

假定正常的车速范围应该在 50 ～ 240 km/h。我们可以针对收到的信号做个范围检查，如果收到一个 300 km/h 车速信号，我们认为是个错误的车速信号。

（2）1b：真实性检查

真实性检查的方法很多，同样针对车速信号，我们可以对车速信号做个差分，得出车辆加速度。我们可以拿算出来的加速度和加速度传感器采集到的信号做个校验。可以看车速信号是否真实可信。

（3）1c：数据错误探测

我们可以用 ECC 探测出存储数据的错误，用 CRC 探测出数据通信中的错误。网上能查到很多 ECC 和 CRC 的实施方法，这里不做赘述。

（4）1d：外部监控设备

我们可以用看门口电路或者 ASIC 监控 CPU 运行的错误。对于 ASIL A 和 B，通常简单的窗口式的硬件“看门狗”就足够了。对于 ASIL C 和 D，通常需要智能化的“看门狗”（比如图 7-14 的 Monitor module）。

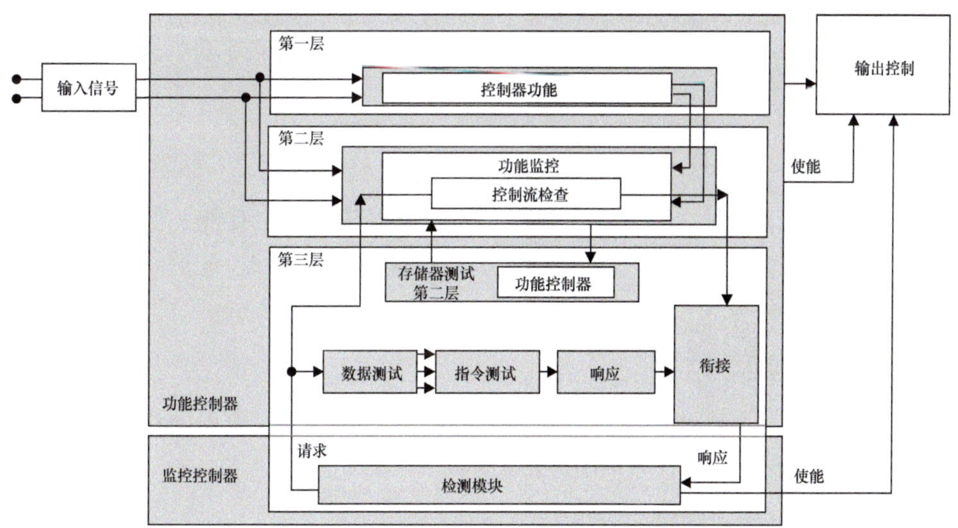

图 7-14　发动机控制三层架构

图片来源：汽油、柴油发动机标准化监控概念

（5）1e：控制流监控

我们可以在设计中加入合适的检查点，发现实际运行的过程中不是按照我们预设的运行顺序。这个可以结合方法 1d，由外部监控设备完成。

4. 软件架构层面的错误处理机制

为了在软件架构层面定义必要的软件安全机制，应基于安全分析的结果，针对不同的 ASIL 等级，使用不同的错误处理机制（表 7-24）。

表7-24　软件架构层面的错误处理机制

方法		ASIL			
		A	B	C	D
1a	静态恢复机制	+	+	+	+
1b	适度降级	+	+	++	++
1c	独立并行冗余	○	○	+	++
1d	数据纠错码	+	+	+	+

下面举些具体的例子，让大家理解如何在项目中满足这些需求，实际项目中大家可以有不同的做法。

（1）1a：静态恢复机制

静态恢复机制可包括使用恢复块、返回恢复、向前恢复以及通过备份来恢复。如果采用这种方法，一定要注意与时间相关的因素，确保不要超过设定的故障容错时间。

（2）1b：适度降级

当检测到错误时，可以适当降级，系统没办法实现全功能，但是确保实现功能或者降低功能（比如限制车速），控制错误产生的风险，并能让驾驶员把车安全地停下来或者开到维修站。

（3）1c：独立并行冗余

这个很简单，就是加冗余。我们可以用两个软件单元实现同样的功能。一个软件单元出错时，另一个软件单元还能正常工作。

（4）1d：数据纠错码

这个和前面提到的 EDC 是对应的，EDC 可以自动修正数据中的错误。具体的做法建议去查阅 EDC 相关的资料。这里不做赘述。

5. 软件架构安全分析

为了识别和确认软件的安全相关部分，并支持安全机制的定义和验证其有效性，标准要求在软件架构设计层面进行安全分析。常用的安全分析方法是软件 FMEA，下面结合实例讲解下如何做软件的 FMEA（表 7-25）。

表7-25　软件FMEA分析表头

编号	软件组件		失效模式	影响	是否会影响安全		安全机制
	名称	功能			是 / 否	对应安全目标或者需求 ID	
S1	S2	S3	S4	S5	S6	S7	S8

- S1：编号。对 FMEA 每一步进行编号，这样便于建立追溯性。可以把安全需求和 FMEA 一一对应起来。
- S2：软件组件的名称。
- S3：软件组件的功能。简要描述软件组件实现什么功能，比如更新温度信息。
- S4：失效模式。

数据相关的，我们可以考虑以下模式：

- 数据采样错误；
- 数据冲突；
- 在短时间内收到 / 发送大量数据；
- 不正确的数据。

行为 / 事件相关的：

- 没有收到 / 发出相应的命令；
- 命令顺序不正确；
- 非法的命令；
- 时序错误；
- 安全状态转移错误；
- 在短时间内多个事件发生或者被执行；
- 错误的事件。
- S5：分析失效造成的影响。
- S6：分析失效造成的影响是否会违背安全目标或者安全需求。
- S7：如果 S6 的分析结果为会违背安全目标或者安全需求，则填写相应的安全目标和安全需求的 ID。
- S8：考虑增加安全机制，可以按照软件和硬件方面分别填写。

软件 FMEA 分析示例见表 7-26。

表7-26 软件FMEA分析示例

编号	软件组件		失效模式	影响	是否会影响安全		安全机制
	名称	功能			是/否	对应安全目标或者需求ID	
1	Read Speed Value	读取车速信号	没有执行	CAN总线上的车速信号没有被读取	是	SG01 SSR034	监控每一个软件部件的执行
2			错误执行	车速信号读取不正确	是	SG01 SSR034	信号真实性检查
3			执行得太晚	丢失一些CAN总线上的有效信号	是	SG01 SR034	监控每一个软件部件的执行
4	SPI Comm	传递温度信号	没有执行	信号没有被读取	是	SG02 SR065	对数据接收进行监控（超时监控）
5			错误执行	信号传输得不正确	是	SG02 SR065	采用CRC校验
6			执行得太频	会导致CPU无法响应	是	SG02 SR065	对数据接收进行监控（超时监控）
7			执行得太晚	信息接收不正确	是	SG02 SR065	对数据接收进行监控（超时监控）
8			时序不对	丢失一些CAN总线上的有效信号	是		采用帧序号对消息进行监控

7.5.3 软件单元设计

按照软件架构设计和相关的软件安全要求，定义软件单元。按照定义，实现软件单元设计。

基于软件架构设计，开发软件单元的详细设计。详细设计将分别按照建模或编码指南，以模型或直接以源代码的形式实现。在进入到软件单元测试阶段前，对详细设计和实现进行静态验证。如果使用手工开发代码，在源代码层面具备与实现相关的特性。如果使用基于模型开发的自动生成代码，这些特性用于模型而不需要用于源代码。

进行软件单元设计时，要遵循以下原则：

- 基于软件架构设计，软件单元内的子程序和函数按照正确次序执行；
- 软件单元间接口的一致性；
- 软件单元内和软件单元间的数据流及控制流的正确性；
- 简单性；
- 可读性和可理解性；

- 鲁棒性，如避免不合理值、执行错误、以零做除数、数据流及控制流错误的方法；
- 软件修改的适宜性；
- 可测性；
- 根据不同的 ASIL 等级，还要满足表 7-27 的要求。

表7-27 软件单元设计和实现的设计原则

方法		ASIL			
		A	B	C	D
1a	子程序和函数采用一个入口和一个出口	++	++	++	++
1b	无动态对象或动态变量，在其产生过程中也没有在线测试	+	++	++	++
1c	变量初始化	++	++	++	++
1d	不能重复使用变量名称	+	++	++	++
1e	避免全局变量，否则需证明对全局变量的使用是合理	+	+	++	++
1f	限制使用指针	○	+	+	++
1g	无隐式类型转换	+	++	++	++
1h	无隐藏数据流或控制流	+	++	++	++
1i	没有无条件跳转	++	++	++	++
1j	无递归	+	+	++	++

软件单元设计完成后，根据不同的 ASIL 等级，采用不同的方法进行设计验证，如走查、检查、控制流分析、数据流分析、代码静态分析（检查是否满足编码规范的要求）、语义代码分析等手法。这些方法是目前大家常用的方法，这里不做赘述。

7.5.4 软件功能安全测试

软件测试方面的书籍很多，本书不做详细阐释。这个阶段通过测试验证最终的软件满足单元设计的需求、软件架构的要求和功能安全的要求。标准对测试的方法、生成测试案例的方法和测试的覆盖率有相关要求。

主要参考文献

EGAS Workgroup. 2013. Standardized E-GAS Monitoring Concept for Gasoline and Diesel Engine Control Units [S]. 2013-07-05.

ISO 26262-1. Road Vehicles Functional Safety Part 1: Vocabulary [S]. ISO, 2011.

ISO 26262-2. Road Vehicles Functional Safety Part 2: Management of Functional Safety [S]. ISO,

2011.
ISO 26262-3. Road Vehicles Functional Safety Part 3: Concept Phase [S]. ISO, 2011.
ISO 26262-4. Road Vehicles Functional Safety Part 4: Product Development at the System Level [S]. ISO, 2011.
ISO 26262-5. Road Vehicles Functional Safety Part 5: Product Development at the Hardware Level [S]. ISO, 2011.
ISO 26262-6. Road Vehicles Functional Safety Part 6: Product Development at the Software Level [S]. ISO, 2011.
ISO 26262-7. Road Vehicles Functional Safety Part 7: Production and Operation [S]. ISO, 2011.
ISO 26262-8. Road Vehicles Functional Safety Part 8: Supporting Processes [S]. ISO, 2011.
ISO 26262-9. Road Vehicles Functional Safety Part 9: Automotive Safety Integrity Level (ASIL)-oriented and Safety-oriented Analyses [S]. ISO, 2011.
ISO 26262-10. Road Vehicles Functional Safety Part 10: Guideline on ISO 26262 [S]. ISO, 2011.

08

化学安全设计

本章导读

- 动力电池系统的化学安全通常包括电芯安全、防火与阻燃、防腐蚀、禁用物质等。这就要求研发人员在进行电池系统化学安全设计时，不仅要关注电芯安全的提升，同时对冷却剂、阻燃材质、热失控预警与控制等方面也要引起重视。
- 本章对锂离子电池安全问题展开了一些分析，包括突发事件或滥用原因、锂离子电池自身原因等，阐述了锂离子电池安全性的特征与安全设计的基本原理，并从电极材料、电解液、电解质、热失控阻断添加剂、黏结剂和隔膜等多个方面对如何提高锂离子电池安全性的化学设计进行了探讨。
- 除电芯外，冷却剂是动力电池系统内最常用的化学材料，其安全性不容忽视。本章就热管理常用冷却剂的密度、导热系数、动力黏度、冰点、沸点和比热容等方面综合评比，为冷却剂安全设计提供参考依据。
- 对电池热失控进行预警与控制，避免安全事故恶化，一直是研发人员不断研究的领域。本章在锂离子电池热失控机理分析的基础，结合标准要求和趋势，对预警系统的选择进行了归纳总结。

锂离子电池具有能量密度大、输出电压高、循环寿命长、环境污染小等优点，已被广泛应用于微电子领域，同时，在电动车、军事、空间技术等领域也有着广阔的应用前景。然而，锂离子电池在给人类造福的同时，也具有一些安全隐患。近年来，锂离子电池安全事故时有发生，如 2006 年苹果、联想笔记本电脑因电池安全性问题被召回，2008 年本田混合电动车发生起火事件，2011 年上海 825 路纯电动公交车因电池过热起火自燃 …… 这些事件使得锂离子电池安全性问题受到越来越多的重视，因此，有效地解决锂离子电池的安全性问题已势在必行。

8.1 锂离子电池安全性分析

锂离子电池产生安全性问题的原因，主要可归结为两大方面：一是由突发外部事件或电池应用不当造成的；二是由锂离子电池自身特点决定的。锂离子电池内部存在着一系列潜在的放热反应，这是诱发锂离子电池安全问题的根源。

8.1.1 突发事件或滥用原因

一些突发事件或滥用情况下，如电池发生过充电、硬物穿刺、挤压，以及高温环境等，容易导致电极、有机电解液、隔膜等材料发生一系列物理、化学反应，如 SEI 膜的分解、有机电解液的氧化、还原，隔膜机械破损导致的内短路、正极的分解，正极分解产生的氧气进一步与有机电解液反应等。这些反应产生的大量热量如果不能及时散失到周围环境中，必将导致热失控的产生，最终导致电池的燃烧、爆炸等。

8.1.2 锂离子电池的自身原因

锂离子电池自身特点是决定其安全性优劣的根本原因：

1）锂离子电池由于能量密度很高，很容易由于热失控导致不安全行为发生。

2）锂离子电池在过充时，正极材料脱锂，结构发生变化，具有强氧化能力，或者正极材料直接放出氧，都易使电解液中的溶剂发生强烈氧化；负极表面固体电解质界面（SEI）膜的分解，负极析出的金属锂与电解液的反应，这些过程放出的热量如果积累可能会引发热失控。

3）锂离子电池电解液大多为有机溶剂，主要成分为碳酸酯类，闪点很低，沸点也较低，在 4.6 V 左右易被氧化。若出现泄漏等情况，容易引起电池着火，甚至燃烧和爆炸等。

4）隔膜在电池累积到一定温度时发生热收缩或熔融，导致电池内短路，引发电池大量放热，并加速上述化学反应。

5）锂离子电池中黏结剂的晶化、铜枝晶的形成和活性物质剥落等均易造成电池内部短路，带来安全隐患。

8.2 锂离子电池安全性的特征

国际上有很多组织已经制定了多个锂离子电池的安全性标准，如美国保险商实验室（Underwriters Laboratories，UL）的 UL 1642，UL 2054 和 UL 2575 等认证标准，国际电气电子工程师协会（Institute of Electrical and Electronics Engineers，IEEE）的 IEEE 1625 和 IEEE 1725 标准，美国电气制造商协会（National Electrical Manufacturers Association，MEMA）的 C18.2M 标准，美国汽车工程师学会（Society of Automotive Engineers，SAE）的 J2464 标准，国际电工委员会（International Electrotechnical Commission，IEC）的 IEC 62133 和 IEC 62281 标准，联合国（United Nations，UN）的 PtIII S38.3 标准，日本标准协会（Japanese Standards Association JSA，JIS）的 JIS-C8714 标准，国际电池安全组织（Battery Safety Organization，BASTO）的 BATSO-01 标准，以及中国的相关行业协会制定的标准。

目前众多的标准并不能消除人们对锂离子动力电池安全性的担忧。即使是通过了上述标准检验的产品也存在安全隐患。究其原因，是因为标准的有些检测项目只是测试电池的滥用安全性，例如穿刺、短路、挤压、跌落、过充电、热冲击等等。这些测试均不能完全反映动力电池发生安全事故的情况，因此通过安全性标准检测的产品还会发生安全性事故。

实践经验表明，锂离子电池发生安全性事故的情况具有下列特征：

- 事故具有不可预测性和突发性；
- 事故是随机小概率事件，其发生概率为 $10^{-6} \sim 10^{-7}$；
- 此类事故无法通过测试进行评估，也不能通过质量管理来完全消除；
- 目前电池的所有安全性措施，均不能完全消除锂离子电池的安全隐患；
- 发生安全事故的锂离子电池在制成时，均是合格品，应用之前均通过相关标准的安全认证；
- 事故原因基本上是由不可预测的内短路导致的，而这种内短路似乎不能完全消除；
- 目前滥用安全性标准的测试结果，与发生或者不发生安全性事故之间没有任何联系；
- 在人们如此重视锂离子电池安全性的今天，严重的安全性问题还时有发生；
- 人们还没有找到合适的方法来预测和评测这类安全隐患问题。

锂离子电池具有以上特征的安全性问题是目前对锂离子电池规模应用的最大威胁。我们把具有上述特征的锂离子电池安全性称为“现场失效安全性”（Field Failure），以区别于目前大多数安全性标准所描述的短路、穿刺等等的安全性，后者可称为“滥用热失控安全性”（Abuse Thermal Runaway）。产生电池现场失效安全性的根本原因是内短路，而产生内短路的原因却很多。

对于滥用热失控安全性问题，其特征如下：

- 可预测；
- 对每一个电池都适用；
- 可以通过测试进行评估；
- 发生过程一般较长，不具备突然性；
- 可以通过保护措施进行改善。

因此，解决动力电池的安全性问题需要分析电池“现场安全性”发生的原因，了解电池热失控的演变过程及其控制因素。因“现场安全性”是电池在没有外界主动干预下，电池自己内部的原因引发的热失控，称之为“自引发热失控安全性”也比较准确。

8.3 锂离子电池安全性设计的基本原理

目前“自引发热失控”安全性的评估和控制是锂离子电池研究领域最具挑战性的难题之一，因为至今还没有找到一种测试方法可以完全模拟动力电池内部短路产生的“自引发热失控”过程。美国的 UL 公司提出了缓慢挤压方法，该方法的原理是通过缓慢挤压使电池发生变形产生内短路。但该方法还是不能完全模拟电池随机内短路产生的安全性问题。同时，全世界的科学家还没有完全找到控制“自引发热失控”的解决方案。但是，普遍认为，电池在热失控过程中，不同温度下材料分解及材料间化学反应放热是导致电池燃烧爆炸的根本原因，其过程粗略地描述如下：

由于内部短路、外部加热，或者电池自身在大电流充放电时自身发热，使电池内部温度升高到 90 ～ 100 ℃左右，锂盐 $LiPF_6$ 开始分解，而且电极材料表面 SEI 膜发生分解，并放出热量使电池温度上升到 110 ～ 120 ℃左右。由于负极固体电解质界面膜（Solid Electrolyte Interface Films，SEI 膜）被破坏，因此失去保护的非常活泼的 LiC_6 与溶剂及黏结剂发生放热反应，进一步把电池温度推高到 150 ℃。此温度下又有新的剧烈放热反应发生，例如电解质大量分解，生成 PF_5，PF_5 进一步催化有机溶剂发生分解反应等。

在 150 ～ 200℃范围内，电池内聚烯烃隔膜发生热收缩或熔融，导致电池大面积内短路，剧烈放热，使得电池进一步温升及加速内部化学反应。电池温度进一步升高到 180 ～ 300 ℃时，充电态正极材料开始发生剧烈分解反应，电解液发生剧烈的氧化反应，释放出大量的热，产生高温和大量气体，电池发生燃烧爆炸。以上过程可以称为“电池热失控的链式放热反应”。

电池热失控发生过程见图 8-1，图中温度是粗略值，其值与具体电池的材料组成相关。

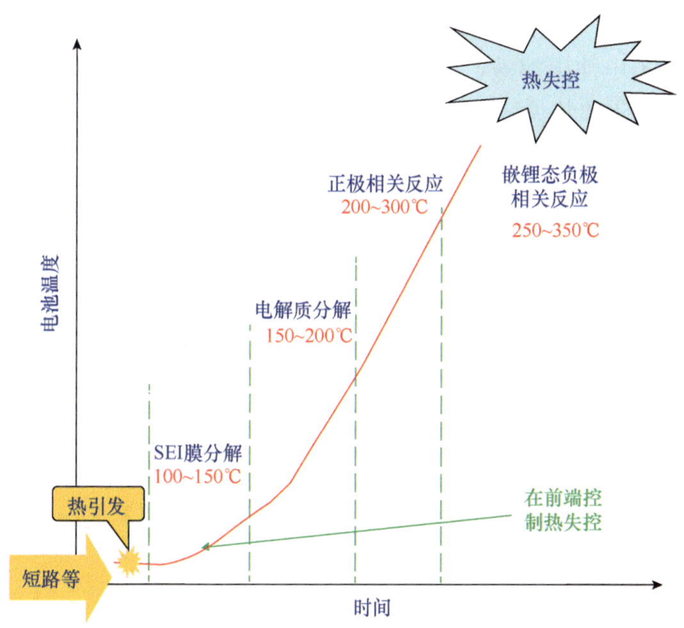

图 8-1　动力锂离子电池热失控过程示意图

分析电池发生热失控的过程，如图 8-1，我们可以认为，如果能切断“自引发热失控”的“链式放热反应”,在“自引发热失控”的初期控制电池温度的上升，就可以控制电池热失控。因此，可以通过下列控制策略来控制电池温度的上升，切断“自引发热失控”的“链式放热反应”,从而解决动力锂离子电池的安全问题。

- 减少化学反应的放热量，如对于负极 SEI 膜分解放热，采用低比表面积的碳负极材料，可以降低 SEI 膜的量，从而降低 SEI 膜的分解放热量。
- 控制放热反应速率，降低产热速度，如形成稳定的 SEI 膜，添加电解液阻燃剂等等。
- 提高放热反应发生的温度，如采用高稳定性的正极材料。
- 改善电池散热，缓解电池温升。

以上是动力锂离子电池热失控的一般化学设计思路，对于特定的动力电池，需要详细分析电池的热失控微观过程，抓住主要矛盾，就可以解决或改善动力锂离子电池的安全性。要实现控制电池热失控的化学设计，需要了解电池关键材料对电池热失控的影响。

8.4 提高锂离子电池安全性的化学设计

基于上述关于锂离子电池安全问题的分析，可以从以下几个方面来提高锂离子电池的安全性。一是改善电极材料的热稳定性，积极提高电池本身安全性能；二是改进锂离子电池电解液，使用安全型的电解液；三是通过添加特种添加剂，阻断电池内部化学放热反应。通过上述手段，从化学设计的角度保证锂离子电池的安全。

8.4.1 选用热稳定性高的电极材料

一般而言，电池材料的热稳定性是锂离子动力电池安全性的主要根源之一。故要改善锂离子电池的安全问题，首先要从提高电池材料本身的热稳定性出发。

1. 正极材料

研究表明，在高温条件下，正极材料和电解液之间的反应是引起电池安全问题的主要原因之一。因此，寻找热稳定性较好的正极材料是改善锂离子电池安全性的有效手段。

目前，锂离子电池使用的正极材料主要是锂过渡金属氧化物，层状结构的钴酸锂（$LiCoO_2$）、镍酸锂（$LiNiO_2$）、尖晶石结构的锰酸锂（$LiMn_2O_4$）和聚阴离子类的磷酸铁锂（$LiFePO_4$）是研究较多的正极材料。其中，$LiCoO_2$ 热稳定性适中，电化学性能优异，但钴的一些特点诸如储存量小、价格昂贵，有毒性等限制了它的应用；$LiNiO_2$ 容量虽然高，但制备要求苛刻，尤为是热稳定性差，不宜作为正极材料；尖晶石型 $LiMn_2O_4$ 具有原料成本低、合成工艺简单、热稳定性高、耐过充性好、放电电压平台高等优点，一直是锂离子电池重要的正极材料；$LiFePO_4$ 价格便宜、性能稳定、对环境友好、热稳定性最佳，是理想的锂离子动力电池的正极材料。

研究不同的正极材料在充电状态下的热稳定性，结果表明，$LiFePO_4$ 热稳定性最好。其他材料热稳定性依次为：$LiNi_{3/8}Co_{1/4}Mn_{3/8}O_2 > Li_{1-x}Mn_{2-x}O_4 > LiCoO_2 > LiNi_{0.7}Co_{0.2}Ti_{0.05}Mg_{0.05}O_2 > LiNi_{0.8}Co_{0.2}O_2 > LiNiO_2$。大量研究结果表明，$LiFePO_4$ 较 $LiCoO_2$、$LiNiO_2$ 和 $LiMn_2O_4$ 等具有更高的热稳定性，其在充电状态下与电解质在 340℃以下没有表现出明显的吸热或放热现象。

寻找热稳定性好的正极材料固然重要，然而通过对正极材料改性提高其热稳定性，也不可忽视，相关的研究方法有很多，例如优化合成条件，改进合成方法，改性电极材料等。

电极材料改性是一种提高锂离子电池热稳定性的有效措施，而改性尖晶石锰酸锂、锂镍锰钴氧三元复合氧化物、磷酸铁锂也是目前正极材料研究的重点。

常用的改性方法主要是表面包覆和掺杂改性。表面包覆能减少活性材料与电解液之间的反应，同时减少正极材料过充中的释氧，稳定基体材料的相变从而达到提高锂离子电池热稳定性的目的。当前，关于包覆用的材料种类较多，如氧化物包覆［三氧化二铝（Al_2O_3）、二氧化钛（TiO_2）］、磷酸盐包覆［M= 铝（Al）、铁（Fe）、钴（Co）］、氢氧化铝［$Al(OH)_3$］包覆、碳包覆和有机物包覆，虽然不能从理论上确定哪类包覆材料最适合于表面修饰，但都在一定程度上提高了正极材料的热稳定性。采用纳米磷酸铝（$AlPO_4$）颗粒 / 涂层包覆 Li_xCoO_2 能有效地抑制正极材料与电解液之间的放热反应。

掺杂改性的最初目的在于提高材料结构稳定性从而提高材料循环性能。然而随着人们对掺杂的深入研究，发现掺杂材料的热稳定性明显提高。在研究铝（Al）、镁（Mg）的掺杂对 $LiNi_{0.7}Co_{0.3}O_2$ 热稳定性的影响时发现，Al 掺杂材料的放热起始温度并没有发生移动，但是放热量却明显减少。当掺入 Mg 后，$Li(Ni_{0.7}Co_{0.3})_{0.9}Al_{0.05}Mg_{0.05}O_2$ 放热起始温度由 223℃提高到了 256℃，热稳定性进一步提高。与包覆相比，离子掺杂只是起到稳定材料结构的作用，不能减少电极材料与电解液之间的接触面积，但能很大程度地提高材料热稳定性。

2. 负极材料

早期负极材料直接采用金属锂，金属锂具有价格低廉、比容量高等优点。但是，以金属锂组装的电池稳定性很差，在多次充电过程中易产生锂枝晶，会刺破隔膜导致短路，甚至发生爆炸。嵌锂化合物的使用有效地避免了锂枝晶的产生，从而大大提高了锂离子电池的安全性。目前负极材料的研究主要集中在碳基材料、锂的锡或硅合金、氮化物、氧化物和 $Li_4Ti_5O_{12}$ 等体系。

碳基材料是当前锂离子电池使用的负极材料，主要包括石墨、碳纤维、中间相沥青炭微球（MCMB）、硬炭等。碳基材料充放电过程中锂离子从碳颗粒中嵌入和脱出，减少了产生锂枝晶的可能，从而提高了锂离子电池的热稳定性。

这几种碳材料的热稳定性不同，且存在一定的争议。有文献报道认为，在相同的充放电条件下，电解液与嵌锂人造石墨反应的放热速率远大于与嵌锂的碳纤维、MCMB 等的反应速率。这是因为石墨类材料层间距最小，在锂离子的嵌入和脱出过程中形变最大，锂离子在此类碳层中的扩散速度也较慢，大电流充放电时，极化大、电阻大、电池的安全性差，硬碳类材料则反之。然而也有人认为，石墨化程度增加可以降低锂离子扩散的活化能，有利于锂离子的扩散，而硬碳类材料由于内部存在大量的空洞，大电流充放电时，其表现接近于金属锂负极，安全性反而不好。

关于负极材料的热稳定性除了材料本身之外，负极与电解液界面的固体电解质膜（SEI 膜）的热稳定性更为重要。提高 SEI 膜热稳定性的途径主要有两种：一是负极材料的表面包覆，如在石墨表面包覆无定形碳或金属层；另一种是在电解液中添加成膜添加剂，在电池活化过程中，它们在电极材料表面形成稳定性较高的 SEI 膜。研究发现，在电解液中加入少量碳酸锂（Li_2CO_3），不仅能有效地抑制电解液的分解，并能快速形成稳定坚固的 SEI 膜。目前，用于改善 SEI 膜性能的无机添加剂主要有二氧化碳（CO_2）、二氧化硫（SO_2）等，有机添加剂主要有氯化碳酸乙烯酯（Cl-EC）、1,2- 亚乙烯基碳酸酯（VC）等。

8.4.2 选用安全型锂离子电池电解液

电解液在锂离子电池的正、负极之间起着输送锂离子（Li^+）的作用。电解液几乎参与了电池内部发生的所有反应，不仅包括电解液与负极材料、正极材料之间的反应，同时也包括电解液自身的分解反应。电解液的热稳定性对锂离子电池安全性起着至关重要的作用。因此，安全型电解质体系成为锂离子电池电解质研究和开发的热点。

1. 采用高闪点的氟代溶剂

目前，锂离子电池电解液主要用的是有机溶剂，广泛应用的有碳酸酯、醚类和羧酸酯类等。其中，线形碳酸酯能够提高电池的充放电容量和循环寿命，但其闪点低，在较低温度下即会闪燃。而氟代溶剂具有高点闪点甚至无闪点，不易燃，因此使用它将有效改善电池在受热、过充电等状态下的安全性能。目前，研究的氟代溶剂包括氟代酯和氟代醚。研究二氟代乙酸甲酯（MFA）、二氟代乙酸乙酯（EFA）等氟代溶剂时发现，$LiPF_6$/MFA 电解液与金属锂负极或 $Li_{0.5}CoO_2$ 正极共存时都具有较好的热稳定性。一些氟代链状醚如 $C_4F_9OCH_3$ 也能有效改善有机电解液热稳定性。使用氟代丁基甲基醚（$CF_3CF_2CF_2OCH_3$）的电解液可消除电解液体系的闪点，在针刺以及过充试验中未出现热击穿，提高了锂离子电池的安全性能。

常规锂离子电池电解液溶剂的氟代产物具有不燃性，加入到电解液中能够降低电解液的可燃性。不燃有机溶剂分为氟代碳酸酯类及氟代醚类。作为不燃溶剂，FEC 具有黏度低、对电极成膜作用好等优点，因此也被广泛用于研究不燃性电解液。单独用三氟代碳酸丙烯酯（TFPC）和氯代碳酸乙烯酯（Cl-EC）作为锂离子电池的溶剂也能得到较好的放电容量和循环寿命。TFPC、Cl-EC 及常用的碳酸酯类溶剂 EC、PC 组成二元体系均具有较高的闪点，并能进行充放电测试。

二氟乙酸甲酯（MFA）与二氟乙酸乙酯（EFA）均可用作锂电池电解液不燃溶剂，1 mol/L $LiPF_6$/MFA 电解液与金属锂负极或 $Li_{0.5}CoO_2$ 正极共存时都具有较好的热稳定性。但是还原稳定性差，在首次充放电循环过程中，MFA 大约在 1.0 V 左右发生还原分解，导致电池库仑效率明显降低。醚类有机溶剂具有较低的黏度和熔点，典型的锂离子电池用醚类溶剂有 MFE（$CH_3OC_4F_9$）和 EFE（$CH_3CH_2OC_4F_9$）。MFE 能与 EMC 互溶，并且闪点随着 MFE 含量的增加而升高，当混合溶剂比例为 4 ∶ 1（MFE ∶ EMC）时无闪点。但是电导率小于常用有机溶剂 1 mol/L $LiPF_6$/EC : EMC 的体系。该电解液对 $LiCoO_2$ 正极的充放电容量无不良影响，但会导致石墨负极的充放电容量下降较多。在 MFE ∶ EMC（4 ∶ 1）中加入 $LiPF_6$ 和 EC，25℃下 $LiCoO_2$/ 石墨全电池具有较好的循环性能，500 次循环后，放电容量可保持在初始容量的 79% 以上。

在电解液中添加了部分的氢氟醚，电解液的电导率虽然有所降低，但是对电池循环性能没有太大的影响；并且氢氟醚的添加降低了由于碳酸酯的分解产生的气体，有效提升了其在高温下的稳定性和电池的安全性。分别以 $LiPF_6$ 和 $LiClO_4$ 为锂盐，几种来自日本大金公司的氟代碳酸酯作为电解液共溶剂配置电解液，这些电解液的热稳定性研究表明，电解液中氟代碳酸酯含量的提升会抑制 PC 的分解，因而电池的首次库仑效率增加。并且，DSC 测试结果显示锂负极与碳酸酯类电解液的热分解起始温度远低于氟代碳酸酯与金属锂的起始温度，表明氟代碳酸酯的添加会明显提高电解液对负极的热稳定性及安全性。两种氢氟醚 2- 三氟甲基 -3- 甲氧基全氟戊烷（TMMP）和 TPTP 作为电解液共溶剂，TMMP 的添加量达到 50% 以上时，电解液不仅不可燃，对应的 MCMB/$LiCoO_2$ 还具有较好的倍率性能和循环稳定性。

2. 采用含氟阻燃添加剂

添加阻燃剂一方面可以降低电解液可燃性，提高电池的安全性；另一方面最大限度地保留电解液的原有性能。磷、氮、氟是三种常用的阻燃元素，相对于单一元素的阻燃剂而言，氟磷、氟氮及氟磷氮复合阻燃剂的综合性能更佳。例如，有机磷系阻燃添加剂虽然具有良好的阻燃效果，但是黏度较高，加入后会一定程度上降低电解液的电导率，严重恶化电池性能，若磷酸酯的烷基上的 H 被 F 取代，其物理化学性质会发生改变，氟化后的有机磷酯具有低熔点、高闪点、低黏度、稳定的电化学性能和强的阻燃性，氟基团有助于电极表面形成稳定的 SEI 膜。对比氟化磷酸酯三（2,2,2- 三氟乙基）磷酸酯（TFP）与烷基磷酸酯磷酸三甲酯（TMP）、磷酸三乙酯（TEP）、六甲基膦腈（HMPN）的性能，发现 TEP 的综合性能最佳，阻燃效果明显优于烷基磷酸酯。在 1 mol/L $LiPF_6$EC/EMC（体积比 1 ∶ 1）中，TFP 具有较高的阻燃效率，TFP 含量为 20%时电解液就可达到不燃级别(自熄时间＜6 s)。5%～15%的TFP加入到1 mol/L $LiPF_6$ / EC/EMC(体积比1 ∶ 1)的电解液中，表现出很好的电化学稳定性，并且对氧化镍基电极和石墨电极的电化学性能具有促进作用，循环100周后容量高于无添加剂的电池，当TFP含量增加到20%时才损害电池的性能。

氟化膦腈分子同时含有P、N、F三种阻燃元素，因而具有非常好的阻燃效果。采用如图8-2所示的三种氟化膦腈作为电解液的阻燃剂，电解液1 mol/L $LiPF_6$/EC∶DMC中氟化膦腈的含量达到15%即完全不燃，然而，由于阻燃剂黏度较高，阻燃剂添加后电解液电导率略微有降低，常温下芳香基氟化膦腈的添加对18650型$LiMn_2O_4$/石墨电池的放电容量影响不大，但低温下电池的放电容量会明显下降。并且，经过1C/10V过充测试，含有三种添加剂的电池均未爆炸燃烧。对于HMOCPN和FCPN两种环状的氟化磷氮阻燃剂，电解液中添加5% FCPN就可以使电解液对$LiCoO_2$材料在300℃内没有明显的放热峰，50次循环$LiCoO_2$容量由170 mAh/g下降至140 mAh/g。

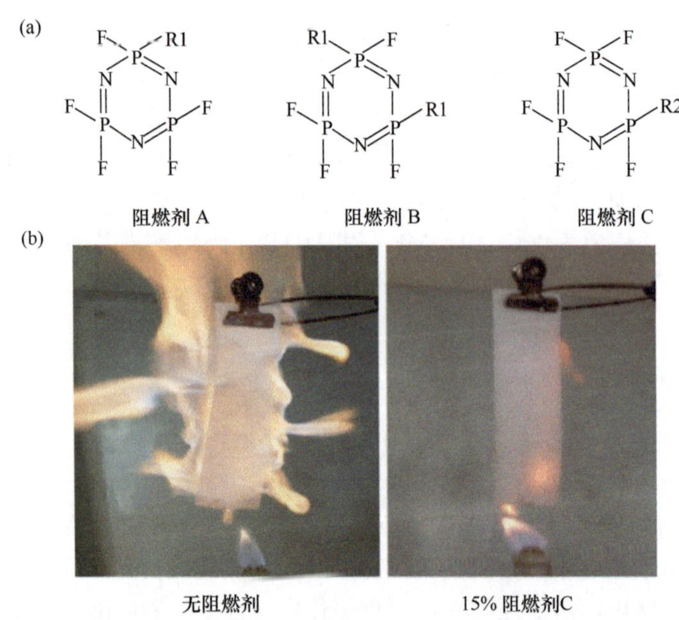

图8-2 （a）不同含氟膦腈阻燃剂的分子结构；（b）可燃性测试结果

3. 采用有机磷化物阻燃添加剂

有机磷化物类的阻燃剂主要是烷基磷酸酯和氟化磷酸酯，是锂离子电池电解液重要的添加剂。添加剂三(4-甲氧基苯基)磷酸酯（TMPP），具有阻燃和电压钳制两种功能，表现出良好的过充安全保护性。二甲基(2-甲氧基乙氧基)磷酸甲酯（DMMEMP）阻燃效果好，具有合适的黏度、高的介电常数和好的热稳定性。对于较早出现的磷酸酯类化合物，磷酸酯上取代基越大，磷含量越低，相应地阻燃效率越低。虽然磷化物阻燃效果好，但如磷酸三甲酯（TMP）和甲基膦酸二甲酯（DMMP）却存在与石墨负极兼容性较差的问题。此外，有机卤化物、磷氮和磷卤复合型的阻燃剂也引起了人们极大的兴趣，如六甲氧基磷腈（HMPN）、(2,2,2- 三氟代乙基) 二乙基磷酸酯（TDP）和三 (2,2,2- 三氟乙基) 亚磷酸酯（TTFP）等。其中，TTFP 和 HMPN 的加入基本不损坏电池性能，但是由于 TTFP 的介电常数较小，影响了离子电导率；氟化物的使用将会大大增加锂离子电池的生产成本，难以被产业界接纳；含氮化合物对电池性能影响不大，但是它们的阻燃效率不高，而且毒性较大。综合而言，TMP 和 DMMP 阻燃效率高，价格低廉，虽然与石墨负极的兼容性较差，但是可以通过成膜添加剂、高温化成技术、黏合剂和导电剂等方面进行改善，因而非常有希望在改善锂离子电池的安全性上发挥作用。

8.4.3 采用离子液体电解液

常规含阻燃添加剂的电解液虽具有阻燃效果，但是其溶剂仍然是易挥发成分，蒸气压较高，对于密封的电池体系来说，仍存在一定的安全隐患。而以完全不挥发、不燃烧的室温离子液体为溶剂，将有希望得到理想的高安全性电解液。

采用高闪点、高沸点的 PC 和安全性能好的离子液体共混，得到的电解液几乎没有闪点，实现了 PC 基电解液在天然石墨负极的有效成膜，从根本上消除了电池的安全隐患。目前对于离子液体研究最多的是咪唑类和季铵盐类。若以单一的离子液体作为电解质，其黏度较大、电导率小，所以应用于锂离子电池时通常采用离子液体跟其他电解质混合的方式。然而，离子液体价格昂贵，目前尚处于实验室探索性研究的阶段。但是，离子液体可回收利用、绿色环保的特点决定了其是未来的一个重要发展方向。

8.4.4 采用固态电解质

固体电解质能有效地避免有机液态电解质漏液、着火、爆炸等安全隐患，提高锂离子电池的安全性。固体电解质包括聚合物固体电解质和无机固体电解质。聚合物电解质又分为多孔型和凝胶型，而其中凝胶型聚合物电解质的研究已取得很大进展，目前已经成功用于商品化锂离子电池中。以 $LiNi_{1/3}Co_{1/3}Mn_{1/3}O_2$ 为正极，多孔 - 凝胶复合型聚合物为电解质制得的锂离子电池具有较高的安全性，针刺、挤压、加热、短路和过充等安全测试均不起火、不爆炸。但多孔型和凝胶型聚合物电解质也存在低温放电能力不强、机械性能不理想、电极与电解质的界面不稳定等缺点。

干态聚合物电解质由于不像凝胶型聚合物电解质那样包含液态易燃的有机增塑剂，所以它在漏液、蒸气压和燃烧等方面具有更好的安全性，但是由于其室温电导率较低，目前尚不能满足聚合物锂离子电池的应用要求。与聚合物电解质相比，无机固体电解质具有更好的安全性，不挥发，不燃烧，更不存在漏液问题，但是其电导率方面往往比干态聚合物电解质的更低，目前仅仅在薄膜电极上有所应用。为改善无机固体电解质的电导率和热稳定性，当前采取的方法主要有三种：一是在传统的玻璃体系中添加锂盐，如碘化锂（LiI），硫酸锂（Li_2SO_4）等；二是使用混合网络形成氧化物或硫化物；三是形成玻璃-陶瓷电解质。在二元玻璃电解质体系 Li_2O-B_2O_3 中添加高极化性的氧化硒（SeO_2）可将材料的离子电导率提高到 8×10^{-7}S/cm，将二元玻璃体系的 Li_2O-B_2O_3 电导率（1.2×10^{-8} S/cm）提高 60 倍以上。

8.4.5 采用热失控阻断添加剂

双马来酰亚胺（BMI）单体或其寡聚物可作为锂离子电池的添加剂，有效提高锂离子电池的安全性。当电池发生高热、遇到撞击或穿刺时，BMI 或其寡聚物能吸收热量发生聚合反应，产生闭锁效果，阻断热失控过程，防止高热与爆炸事件发生。BMI 单体及其寡聚物可分别添加入锂离子电池的相关结构提供保护，目前的研究主要分为电解液添加剂和电极材料添加剂两类。

用 *N, N'*-(4,4'- 亚甲基二苯基) 双马来酰亚胺作电解液添加剂，其在锂离子电池过热中有保护的作用，这种 BMI 单体能在 110℃时快速聚合使电解质发生固化，有效阻断电极间的离子传输，终止电极反应，起到安全保护的效果。同时，这种 BMI 添加剂的存在几乎对锂离子电池的充放电过程没有影响。台湾的研究人员研制出一种“STOBA（Self Terminated Oligomerswith Hyper Branched Architecture）安全电池”，通过将各种不同结构的 BMI 单体及其寡聚物添加入电极浆料或电解质中，提高电池安全性。例如，将 *N, N'*-(4,4'- 亚甲基二苯基) 双马来酰亚胺的寡聚物添加入电池正极浆料中，能有效降低穿钉实验的最高温度，使其保持在 130℃以下，防止电池过热发生燃烧。BMI 寡聚物添加入电解质后，这种寡聚物在电池充放电过程中可形成一层 SEI 层，当温度上升时，这种特殊的 SEI 层能吸收外部的热量并发生二次聚合，从而隔离正负极防止电池内部短路。*N*- 苯基马来酰亚胺与 *N, N'*-(4,4'- 亚甲基二苯基) 双马来酰亚胺共聚的寡聚物添加入电解质后，在穿钉实验中，电池的最高温度始终控制在 85℃以下，而未添加这种寡聚物的电池温度高达 635℃。直接在电解质中添加改性过的

BMI 高分子，利用改性马来酰亚胺类似树枝状（dendrimer-like）的超支化结构作为高分子电解质的架桥支柱，长时间地将电解液包覆于其中，避免电解液发生漏液的情况。

8.4.6 选用高稳定性黏结剂

充电态的正极材料和负极材料在一定温度下，均能与常规黏结剂 PVDF 反应，产生热量。研究新型黏结剂，替代 PVDF，可阻止电极材料与黏结剂的放热反应。清华大学何向明课题组研发的一种聚酰亚胺（PI）类黏结剂用于三元材料正极电池，在过充电实验中，电池的最高温度始终控制在 95℃以下，而采用常规 PVDF 黏结剂的电池温度高达 600℃以上。

8.4.7 选用热稳定性高的隔膜

首先，隔膜垂直方向上的机械强度（抗压强度）越高，电池发生微短路的概率就越小。因此在隔膜表面复合陶瓷涂层等可以大幅度地改善动力电池的安全性。隔膜的微孔关闭功能是改进动力电池安全性的另一方法，隔膜该功能的原理是当电池温度上升到一定值时，组成微孔隔膜的聚合物发生熔融，微孔结构被破坏，电解液中锂离子的迁移通道被阻断，电池放电停止，可以在一定程度上改善动力电池的安全性。另一方面，隔膜的热收缩特性对电池的安全性也非常重要。如果电池温度上升造成隔膜收缩，从而引发正负极间短路，使电池温度急剧升高，引发热失控。因此，隔膜的热收缩率越小，电池的安全性能越好。普通商品隔膜在温度为 120 ℃和 150 ℃时的热收缩率分别为 22% 和 42%，而复合陶瓷涂层隔膜的热收缩较小，在上述温度下的热收缩率可降至 5% 和 14% 以下。如果隔膜热收缩率在 150 ℃下小于 5%，则隔膜对电池安全性的贡献就不可忽视。

8.4.8 小结

近年来，随着锂离子电池的迅速发展，锂离子电池的安全性也越来越受到人们的关注，而能否有效地解决这个问题也成为制约其进一步发展的关键因素。目前随着对电池体系、电池材料、电池设计等方面的深入研究，锂离子电池的安全性已有了显著提升，但要彻底解决安全性问题以满足锂离子动力电池的广泛应用，还有待进一步的研究。而通过优化安全性的化学设计，改进电池化学体系和电池内的化学环境，找寻安全型锂离子电池的化学设计，为解决锂离子电池安全性提供了重要的解决方案。

8.5 电池热管理常用冷却剂

为了避免电池的热失控，排散电池工作时产生的热量，降低电池工作时的温度，需要对电池进行冷却。因此，电池的冷却对保证电池的寿命和安全运行十分重要。除了对电池进行冷却以避免电池热失控之外，保持电池组或电池模块中单体电池的温度一致性同样非常重要。图 8-3 给出了一种电池系统热管理系统的示意图。

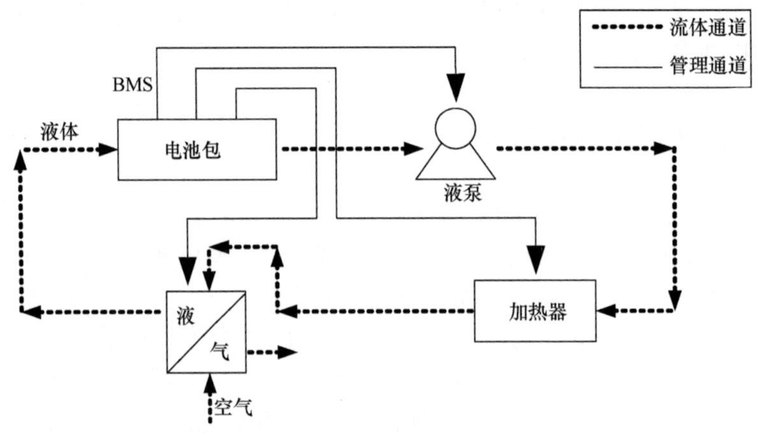

图 8-3 一种电池系统热管理系统的示意图

冷却剂是动力电池冷却系统中不可缺少的一部分，它在冷却系统中循环，将工作中产生的热量带走，最终保证电池组能够在合理的温度下运行。冷却剂的设计，应从密度、导热系数、动力黏度、冰点、沸点和比热容等方面综合来考虑。常用的电池冷却系统冷却剂有空气、水、乙二醇水溶液、硅油、变压器油、含氟化合物和蓖麻油等。下面分别介绍这几种冷却剂的物理特性及应用。

1. 空气

风冷是冷却方式的一种，即利用空气作为流体冷却电池组，风冷冷却系统具有结构简单、成本低、可靠性高和占用空间少等优点。但是风冷冷却效率一般，仅用于发热功率密度比较小的场合。当风道复杂时，对保证温度场均匀性提出了挑战。在电池系统应用中，合理的风道设计和高密封等级（如 IP65）有时也会存在矛盾。

2. 水

从密度、导热系数、动力黏度、冰点、沸点和比热容等方面来看，不考虑绝缘和腐蚀性，水大概是最好的冷却液。在冷却液使用中主要有纯净水、去离子水和乙二醇水溶液。冷却液如果要考虑绝缘，需要使用去离子蒸馏水。去离子水是指除去了呈离子形式杂质的纯水。但是去离子水也存在缺点，工作温度只能在 0 ～ 100℃之间。为了解决这个问题，需要在水中添加其他冷却剂，例如乙二醇，这时工作温度范围可以扩展到 –24 ～ 105℃，但是乙二醇的导热系数较低，会降低整体的导热性能。如果循环系统中使用铜或铝等材料，就需要考虑乙二醇对材料的腐蚀性。

3. 硅油

硅油是一种很有效的冷却剂，它的凝固点一般小于 –50℃，有的甚至可以达到 –70℃，其在低温下可以长期贮存而黏度不会发生变化。硅油具有良好的抗氧化稳定性，如热分解温度大于 300℃，蒸发损失小，黏度变化小。但是硅油具有热膨胀系数比较大、可能产生超压问题、具有一定的吸湿性、表面张力小（易从机器中泄漏）等缺点。然而这些问题可以通过优化设计减少甚至杜绝，常用于高要求高压电器绝缘含浸（如油浸电容器等）。

4. 变压器油

变压器油又称绝缘油，是指通过石油炼制的矿物型绝缘油，凝固点一般小于 –45℃。变压器油的耐电强度和导热性能都比较好，因此目前国内外的电气设备，尤其是大中型电力变压器及电抗器等基本上都采用油浸式结构，变压器油起着绝缘和散热的双重作用。

5. 蓖麻油

蓖麻油是脂肪酸的三甘油酯。蓖麻油具有流动性好的优点，精制蓖麻油在 –22℃时仍可流动，–50℃急冷后无混浊。蓖麻油的相对介电常数约为 4.3，在常见的油脂中为最高。用蓖麻油为原料制造的聚氨酯胶黏剂具有良好的低温性、耐水解性以及优良的电绝缘性。蓖麻油用途广泛，由于是非石化矿物油，环境亲和性好，与有机物含浸时溶胀小、成本低和黏度大，常用于经济型产品。

6. 氟化液

氟化液是一种黏度与水接近的液体，具有优秀的导热性和绝缘性。但是氟化液价格昂贵，常用作稀释剂。部分计算机工作站常使用氟化液含浸散热。表 8-1 给出了 25℃时几种常用冷却剂的物理属性。

表8-1　几种常用冷却剂的物理属性（25℃）

冷却剂	动力黏度（Pa·s）	密度（kg/m^3）	导热系数[W/（m·K）]	比热容[kJ/（kg·K）]	冰点（℃）	沸点（℃）	闪点（℃）	膨胀系数（K^{-1}）	电导率（μS/cm）	表面张力（N/m）	价格指数（元/kg）
空气	17.8×10^{-6}	1.23	0.026	1.013	—	—	—	1.8×10^{-3}	$10^{-8}\sim10^{-9}$	—	—
水	1.01×10^{-3}	995	0.611	4.17	0	100	—	0.2×10^{-3}	150～300	72.75×10^{-3}	1
去离子水	1.01×10^{-3}	995	0.611	4.17	0	100	—	0.2×10^{-3}	≤0.5	72.75×10^{-3}	5
40% 乙二醇水溶液	1.2×10^{-3}	1052	0.423	3.52	−24	105	—	0.5×10^{-3}	0.1	—	3
硅油	48×10^{-3}	950	0.152	1.48	−50	101	300	0.96×10^{-3}	10^{-10}	20.8×10^{-3}	20～30
变压器油45	10.2×10^{-3}	895	0.128	1.78	−45	260	≥135	1.6×10^{-3}	10^{-10}	45×10^{-3}	10
蓖麻油 $C_{57}H_{104}O_9$	6.8×10^{-3}	965	0.18	1.8	−12	313	230	0.7×10^{-3}	10^{-10}	39×10^{-3}	15
3-甲氧基全氟乙烷	1.2×10^{-3}	1650	0.062	1.137	−38	102	—	1.44×10^{-3}	3.33	15.0×10^{-3}	200～300

注：— 表示不适用

8.6 热失控预警及控制

在电动汽车行业中，“公交先行”带来了电动客车的大量应用，燃烧和爆炸事故也呈高发态势。究其原因，大多与动力电池热失控有极大的关系。为保障电动汽车的安全使用，进行动力电池热失控机理和预警及控制方法的研究，已成为当务之急。

令人欣慰的是，国家相关部门已着手行动，例如交通部交运发〔2015〕34号文件、JT/T 325—2013 与 JT/T 888—2014 的第 1 号修改单、JT/T 1026—2016 等文件、标准对电动客车的安全性配置有着明确的要求；公安部强制性国家标识 GB 7258《机动车运行安全技术条件》征求意见稿中，对电动客车的安全性配置也有明确的要求；工信部除 GB/T 31485—2015《电动汽车用动力蓄电池安全要求及试验方法》、GB/T 18384—2015《 电动汽车 安全要求》等具体测试标准外，对动力电池生产企业也作了较为详尽的规范，如《汽车动力蓄电池行业规范条件》的系列要求。除此之外，工信部《电动客车安全技术条件》等标准的制定，对整车及部件厂商作了另一维度的安全性要求。凡此种种，体现了国家相关部门对电动汽车（尤其是电动客车）安全应用的期许，同时，这些措施及标准的实施，为电动汽车行业的健康发展奠定了良好的基础。

为达到安全的目的，广大从业者需进行技术创新，采取一系列技术措施才能达到相关安全标准，其中对热失控机理及防控技术的研究是重中之重。

六西格玛过程控制允许每百万只电池故障概率 3.47。每辆车按 500 只电池计算，故障概率为 1.74‰，其绝大多数表现为燃烧。事实上，燃烧事故也基本符合。随着各类安全措施的加强，如阻燃材料、贫液电芯、阻燃电解液、熔断丝、焊接连接方式、成组方式等动力电池系统安全技术的应用，蓄电池热失控的概率有所降低，但尚无法达到“安全出行”的要求。

本节主要介绍热失控的机理及预警控制方法，为行业同仁在进行动力电池安全设计时提供一种可行思路。

8.6.1 锂离子电池热失控的机理

热失控（Thermal Runaway），指的是单体蓄电池放热连锁反应引起电池自温升速率急剧变化的过热、起火、爆炸现象。热失控扩展（Thermal Runaway Propagation），指的是蓄电池包或系统内部的单体蓄电池或单体蓄电池单元热失控，并触发该蓄电池系统中相邻或其他部位蓄电池的热失控的现象。（摘自《电

动客车安全技术条件》）

引起动力锂电池热失控的因素主要有外部短路、外部高温和内部短路。

外部短路，实际车辆运行中发生危险的概率较低，一是整车系统装配有熔断丝、熔断器和BMS（电池管理系统）；二是电池本身可以承受短时间的大电流冲击。极限情况下，短路点越过整车熔断器，较长时间的外部短路一般会导致电路中的连接薄弱点烧毁，很少导致电池发生热失控事件。现在，较多的动力电池系统企业采用回路中加装熔断丝的做法，更能有效地避免外短路引发的危害。

外部高温，由于锂离子电池结构的特性，高温下SEI膜、电解液、EC等会发生分解反应，电解液的分解物还会与正极、负极发生反应，电芯隔膜将融化分解，多种反应导致大量热量的产生。隔膜融化导致内部短路，电能量的释放又增大了热量的生产。这种累积的互相增强的破坏作用，其后果是导致电芯防爆膜破裂，电解液喷出，发生燃烧起火。

值得注意的是，三元系电池相比磷酸铁锂电池，正极材料易发生分解反应，释氧。更加快速的发生热失控。以钴酸锂为例（如下），达到一定温度时，正极瞬时分解释氧，氧气与溶剂发生氧化反应产生大量气体和热量，导致快速发生热失控，极易燃烧。

SEI膜的分解反应（～100℃）：

$$2CH_2OCO_2Li \longrightarrow Li_2CO_3 + C_2H_4\uparrow + CO_2\uparrow + \frac{1}{2}O_2\uparrow$$

电液的分解反应（～150℃）：

$$LiPF_6 \longrightarrow LiF + PF_5(\text{Lewis酸})$$

$LiPF_6$很不稳定，在加热或较高温度下就会分解。而PF_5是呈强Lewis酸的高活性物质，能使碳酸酯类溶剂热稳定性降低，并与之反应，在分解的气体产物中，C_2H_5F是该反应的特征产物。

$Li_{0.5}CoO_2$的分解反应（～180℃）：

$$Li_{0.5}CoO_2 \longrightarrow \frac{1}{2}LiCo + \frac{1}{6}Co_3O_4 + \frac{1}{6}O_2\uparrow$$

$$Co_3O_4 \longrightarrow 3CoO + \frac{1}{2}O_2\uparrow$$

电液的氧化反应（～180℃）：

$$\frac{5}{2}O_2 + C_3H_4O_3(\text{EC}) \longrightarrow 3CO_2\uparrow + 2H_2O\uparrow$$

$$4O_2 + C_4H_6O_3(\text{PC}) \longrightarrow 4CO_2\uparrow + 3H_2O\uparrow$$

$$\frac{9}{2}O_2 + C_4H_8O_3(\text{EMC}) \longrightarrow 4CO_2\uparrow + 4H_2O\uparrow$$

总氧化反应（以 EC 为例）：

$$Li_{0.5}CoO_2 + \frac{1}{10}C_3H_4O_3\ (EC) \longrightarrow \frac{1}{2}LiCoO_2 + \frac{1}{2}CoO + \frac{3}{10}CO_2\uparrow + \frac{1}{5}H_2O\uparrow$$

结论：O_2 与溶剂发生氧化反应是大量气体的重要来源，同时也是热量的重要来源。

磷酸铁锂的橄榄石结构带来的是高温稳定性。在热失控的化学反应中，在电解液喷出前大量发生的是分解反应，而非氧化反应，产气较少且慢，鼓包胀气而非剧烈燃烧，这正是磷酸铁锂相对安全的原理。磷酸铁锂相对安全，但并不意味着磷酸铁锂不发生热失控，不发生燃烧，近期的电动客车燃烧事故充分证明了这点。磷酸铁锂燃烧的主要原因是，热失控导致防爆膜破裂，继而电解液喷出。在此时高温的环境中，快速达到电解液的燃点，电解液燃烧，继而引燃电芯包裹材料等其他可燃物，进而加剧热量的散发，导致其他电芯发生热失控连锁反应。易燃物燃烧的过程中，热失控电芯持续发生反应放热。锰酸锂的尖晶石结构具有相似的稳定性，也属于相对安全的正极材料。

内短路，由于电池的滥用，如过充过放导致的支晶、电池生产过程中的杂质灰尘、使用环境导致的热变形等，将恶化生长导致隔膜被刺穿，产生微短路，电能量的释放导致温升，温升带来的材料化学反应又扩大了短路路径，形成了更大的短路电流。形成了累积的互相增强的破坏，导致热失控。

下面以钴酸锂电芯为例，简述一个典型热失控的过程（图 8-4）。

需要说明的是，大多数电池火灾，首先是内短路引发的，其热量和温度对相邻电池形成了“外部高温环境”，引发相邻电池热失控，导致整个电池系统的连锁反应。

8.6.2 应对措施

由机理可以看出，热失控根本上来说，是热量聚集引发的，且由互相叠加而加剧。如果能有效提高散热效果，并且采取某种措施斩断“互相叠加”，从而将电池温度控制在一定范围内，则会出现一款安全的电池。这正是从业者孜孜不倦的追求。业内为此进行了不懈的努力，并且初见成效，例如良好的热管理设计、内部短路器等。

另有一个可行的思路，在模组或 Pack 成组技术上进行技术创新，侧面达到电芯“本质安全”的效果。“本质安全”有两层含义：一是最小能量单元的能量限制为若万一发生燃烧爆炸，不足以产生损伤性后果，属可接受风险；二是成组后，一个能量单元若发生燃烧爆炸，其能量不会引起其他单元连锁燃烧爆炸，属孤立可接受事件。如某动力电池企业在电芯周围灌装添加陶瓷粉的硅胶，就是这

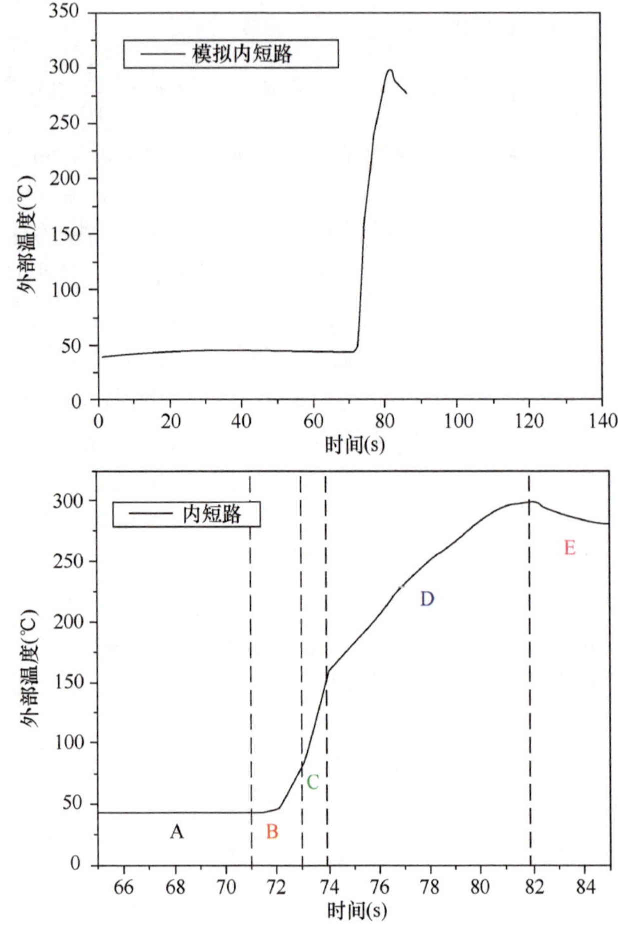

图 8-4 电芯热失控示例

A. 准备阶段，电池处于满电状态；B. 内短路发生，大电流通过短路点，而产生热量，并通过 LiC_6 热扩散，达到 SEI 膜分解温度，SEI 膜开始分解，放出少量 CO_2 和 C_2H_4，壳体轻微鼓胀，随着短路位置的不断放电，电池温度的不断上升，电液中链状溶剂开始分解，LiC_6 与电液也开始反应放热，伴随着 C_2H_5F、C_3H_6 和 C_3H_8 产生，但反应较慢，放热量均较小（此过程用时约 2 s）；C. 随着放电的进行，短路位置温度继续升高，隔膜局部收缩熔化，短路位置扩大，温度进一步升高，当内部温度达到 $Li_{0.5}CoO_2$ 的分解温度时，正极瞬时分解，并释放 O_2，后者与电液瞬间反应，放出大量热量，同时放出大量 CO_2 气体，造成电池内压增大，如果压力足够大，冲破电池壳体——电池爆炸（此过程用时约 1 s）；D. 如壳体炸开，极片散落，温度不会继续升高，反应终止；但如壳体只开裂，极片没有散落，这时 LiC_6 继续与电液反应，温度会继续升高，但升温速率下降，由于反应速率较慢，所以可以维持较长时间（此过程用时约 8 s）；E. 当电池内部反应的产热速率小于散热速率时，电池开始降温，直至内部反应完毕。

种理念的体现。单体电芯发生热失控后，配合灭火器的合理喷射时间与剂量，使得单体电芯“不足以产生损伤性后果”；热失控导致的热量使得陶瓷粉固化，阻断温度的传递，截断模组热失控的通道，使得单体电芯热失控“不会引起其他单元连锁燃烧爆炸”。经国家权威试验机构检验，采用此技术的产品安全性远大于一般的动力电池系统。

一个错误的逻辑是，电池起火是必然的，关键在于灭火。锂电池热失控问题的防控，是一个系统工程，是多种技术措施共同作用的结果。热失控防控，应秉持预防为主，灭火为辅的设计理念。众所周知，动力电池是储能单元，其火灾是由内存的电能和化学能转化而来，电能和化学能消耗未尽时，其热量处于持续释放阶段，特别是发展后热失控扩展阶段，灭火效果极为有限，这就是“动力电池火灾无法扑灭”说法的由来。尤其是三元电池，电池火灾发展极为迅猛，且本身释氧，火势发展起来后基本无法扑灭。当然，采取一定的针对性方法，是可以抑制火灾的产生和蔓延的。

除了明火阶段的灭火，热失控阶段的控制显得尤为重要，如阻燃材料的使用、电解液中阻燃剂的添加、热失控阶段电池的使用策略、热管理措施等。这些措施的目的是保障电池的状态不再持续恶化。

更为重要的是，发展早期预警技术。“发展早期预警的监测技术是美国能源部的优先考虑，以提供人员反应时间。这个时间避免因单体电池失效而传递给其他电池造成更大的灾难是极其关键的。”（美国能源部国家能源实验室《电动车用蓄电池模块安全路线图指导》）

能监测电池的生命健康状态是我们的远期目标，目前的技术能市场化的最早监测阶段是单体电芯防爆膜爆开的阶段，此阶段的有效预警和控制能避免更大灾难的形成，底线是保障生命安全。据了解，目前预警方面做得最好的，可以实现单体防爆膜爆开后 4 s 内预警，如采用磷酸铁锂电池，能实现火灾前 10 min 预警，如采用三元电池，能实现火灾前 2 min 预警。2 min，可以满足人员逃生的最低要求。

8.6.3 预警系统选择方法

1. 合规性

合规性指的是符合国家相关法规、标准。目前，交通运输行业相关标准中“动力电池箱专业自动灭火装置”的要求是通过“国家固定灭火系统和耐火构建质量监督检验中心”（下称中心）的试验。中心要求，此类试验要求提供 1 ∶ 1 成组后电池包，且要求电池内短路导致的火焰燃烧 60 s 后再进行灭火，用于检验灭火效果。如 10 min 后无复燃现象，则判定灭火成功。

笔者认为，此判定方法是合理且可接受的。对于锂离子电池火灾，首先考量的目标是保障乘客的逃生机会，10 min 的时间足以保障客车乘客逃生。有一种说法认为“彻底灭掉”才能算成功，此说法不大妥当。其一，何为“彻底”？总要有时间的判定，对客车用锂离子电池火灾，10 min 是恰当的；其二，热失控发生后的电池，搁置一段时间后，是有再次热失控的危险的，不能因为有再次发生的危险而否定本次处置的成功。

根据试验结果分析，在合适的时机启动灭火装置，对磷酸铁锂而言，大部分的灭火是可以成功的。成功的关键在于“合适的时机”，扑灭开始阶段的明火，切断火焰导致的热量传播渠道，可以有效防止热失控扩展，此为灭火成功的原因所在。

2. 可靠性

可靠性指的是系统本身的可靠性，不能误报、漏报，不能误动、拒动，不能引发灾害和二次伤害，不能破坏电池包防护，电子设备应符合汽车级电子设备最高安全等级标准。系统要有可靠逻辑，确保正常工作和自检报警，要考虑到意外状况下的可靠性策略，还应具备使用过程中至少一次的检验功能。

设备可靠性主要考虑以下几个方面：

1）多传感器融合技术。单传感器技术在电池包内实现热失控预警的可靠度不足以满足需求。要实现准确可靠的预警，前提是需要同时监测电池内的特征气体含量、变化趋势、温度、温度趋势、固体颗粒浓度、固体颗粒变化趋势、火焰等多种实时数据。图 8-5 是一种典型的结构。

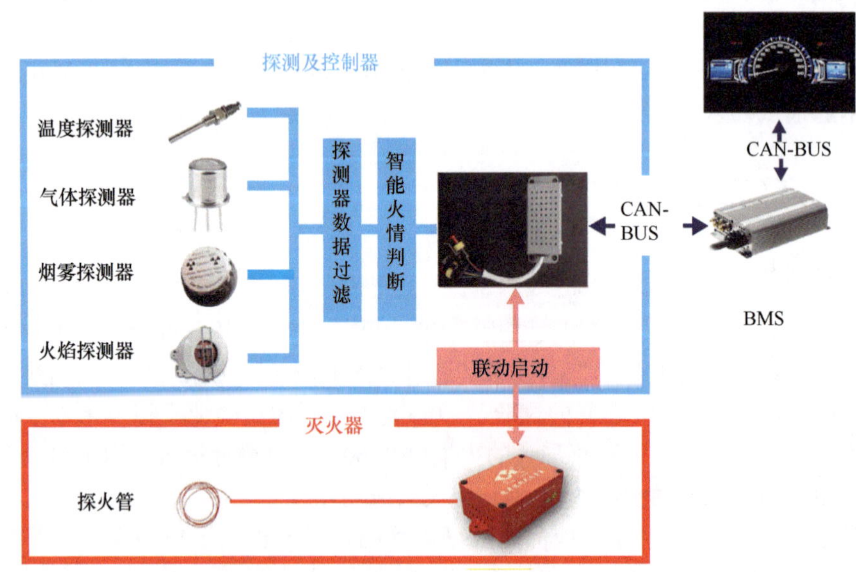

图 8-5　用于预警的多传感器融合技术示例

2）预警模型可靠性。预警系统的核心在于电池组热失控模型和智能算法。其准确性与可靠性直接影响系统的可靠性。热失控预警模型考察的是开发者对于电芯、模组、动力电池系统技术的理解，不同材料体系电池热失控的发生及发展机理的深刻洞悉，并经大量实验数据验证。真正装车前还要根据具体的电池做实际实验，检验预警时间、火情抑制时间，用于指导客户驾驶行为。

3）系统架构可靠性。架构可靠性，体现的是系统在意外状况下，系统如何保障响应。意外状况，如 12V 蓄电池馈电、CAN 缺失、通信阻塞等状况。考验这些状况下，系统的响应策略，以及对蓄电池和车辆的反向保护策略。

4）通过国家第三方权威检测机构可靠性检测是保障系统可靠性的有效途径。

3. 便捷性

便捷性指的是方便安装于汽车实际工况使用。商用车、乘用车和专用车的安装方式不尽相同，预警系统应能适应这些不同的安装环境，尽量简化动力电池系统企业和整车企业的安装、维护难度。图 8-6 和图 8-7 是针对客车的两个典型实现方式。

4. 智能化

智能化指的是系统能与整车进行通信，使得整车获得实时信息；预警系统也能获知 BMS 的实时信息，用于增强热失控判定的准确性和及时性。准确的

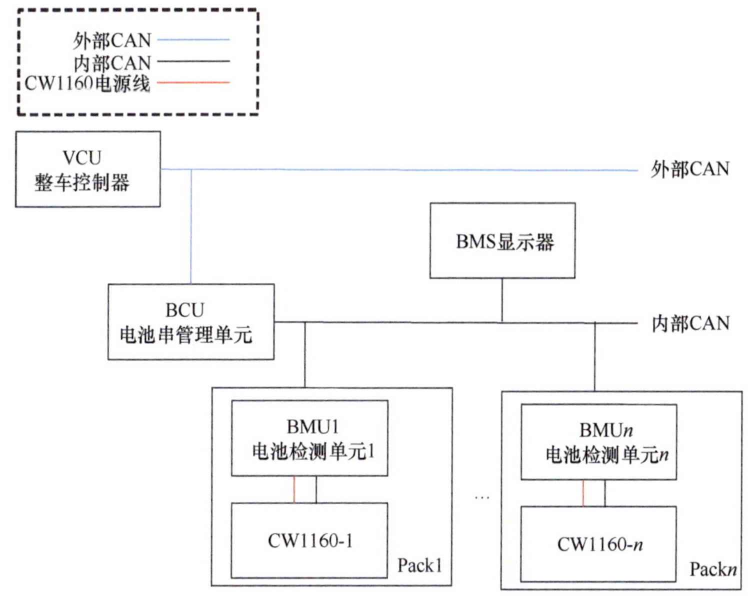

图 8-6 利用 BMS 的显示终端实现报警与控制

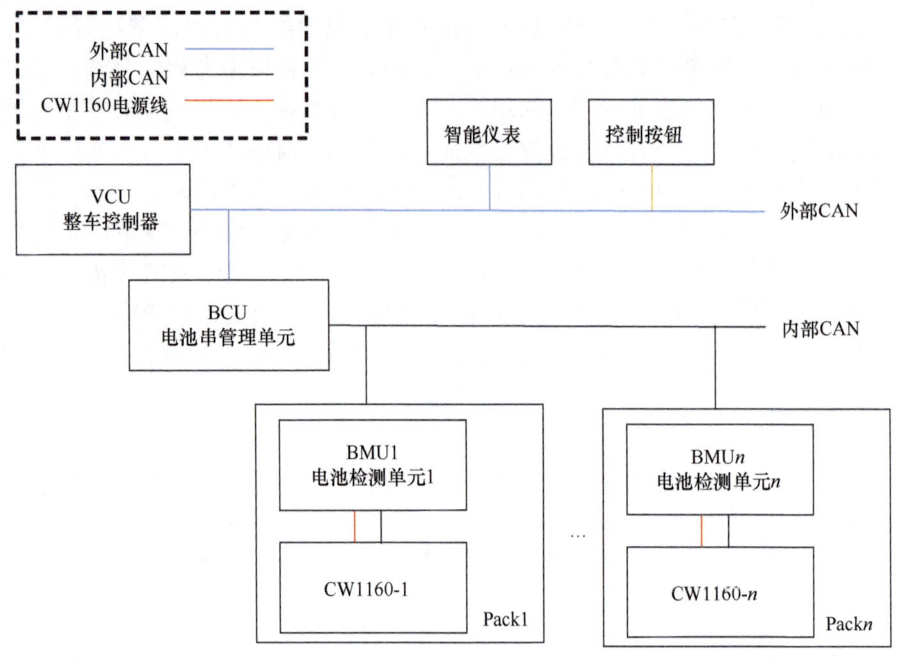

图 8-7　利用整车仪表实现报警与控制

热失控预警及热失控阶段的判断，可以有效用于指导乘客驾驶行为，保障乘员安全。

预警系统与 BMS 既有区别又有联系，严格地讲，预警应该算作 BMS 的一个必要功能，BMS 与热失控预警系统有融合的趋势。总之，智能化是必然的诉求，也是必然之结果。

主要参考文献

方谋, 赵骁, 李建军, 等. 2013. 电动车用锂离子蓄电池模块安全性之内短路[J]. 新材料产业, (10): 26-29.

公安部天津消防研究所检测中心. 2015. 烟台创为新能源科技有限公司“电池箱专用自动灭火装置”试验报告[R].

国家轿车质量监督检验中心. 2016. 烟台创为新能源科技有限公司“电池箱专用自动灭火装置”试验报告[R].

李贺, 于申军, 陈志奎, 等. 2010. 锂离子电池内部短路失效的反应机理研究[J]. 电化学, (2): 185-191.

李建军，王莉，高剑，等. 2012. 动力锂离子电池的安全性控制策略及其试验验证[J].汽车安全与节能学报，2: 151-157.

李然, 李革臣, 于智龙. 2015. 高功率锂动力电池安全性技术研究[C]//第31届全国化学与物理电源学术年会论文集.

凌志军，王莉，何向明，等. 2007. 锂离子电池用固体聚合物电解质的最新进展[J].化工新型材料，4: 25-27.

钱冠男，王莉，杨聚平，等. 2013. 双马来酰亚胺及其聚合物在锂离子电池中应用的研究进展[J]. 科学通报，32: 3239-3245.

王浩，李建军，王莉，等. 2013. 绝热加速量热仪在锂离子电池安全性研究方面的应用[J]. 新材料产业，23001: 53-58.

王浩，杨聚平，王莉，等. 2012. 锂离子电池的安全性问题[J]. 新材料产业，9: 88-94.

王莉，李建军，高剑，等. 2012. 钴酸锂正极锂离子电池的过充电安全性[J]. 电池， 42(21806): 299-301.

杨聚平，王莉，赵鹏，等. 2013. 锂离子电池电解液阻燃添加剂研究进展[J]. 新材料产业，4: 50-58.

余建祖, 高红霞, 谢永奇. 2008. 电子设备热设计及分析技术[J]. 北京: 北京航空航天大学出版社: 64-65.

张立磊, 李明明, 等. 2016. 烟台创为新能源科技有限公司企业标准[S]. Q/CW 1101—2015.

Cao Jiang, Wang Li, Fang Mou, et al. 2014. Structure and electrochemical properties of composite polymer electrolyte based on poly vinylidene fluoride-hexafluoropropylene/titania-poly(methyl methacrylate) for lithium-ion batteries [J]. Journal of Power Sources, 246: 499-504.

Cao Jiang, Wang Li, He Xiangming, et al. 2013. *In situ* nano-crystalline TiO_2-poly(methyl methacrylate) hybrid enhanced composite polymer electrolyte for Li-ion batteries [J]. Journal of Materials Chemistry A, 1: 5955-5961.

He Xiangming, Pu Weihua, Wang Li, et al. 2006. Plastic crystals: An effective ambient temperature all-solid-state electrolyte for lithium batteries [J]. Progress in Chemistry, 18: 24-29.

He Xiangming, Shi Qiao, Zhou Xiao, et al. 2005. In situ composite of nano SiO2-P(VDF-HFP) porous polymer electrolytes for Li-ion batteries [J]. Electrochimica Acta, 51: 1069-1075.

Li Ning, Wang Li, He Xiangming, et al. 2008. Synthesis of star macromolecules for solid polymer electrolytes [J]. Ionics, 14: 463-467.

Ling Zhijun, He Xiangming, Li Jianjun, et al. 2006. Recent advances of all-solid-state polymer electrolyte for Li-ion batteries [J]. Progress in Chemistry, 18: 459-466.

Pu Weihua, He Xiangming, Wang Li, et al. 2008. Preparation of P(AN-MMA) gel electrolyte for Li-ion batteries [J]. Ionics, 14: 27-31.

Pu Weihua, He Xiangming, Wang Li, et al. 2006a. Preparation of P(AN-MMA) microporous membrane for Li-ion batteries by phase inversion [J]. Journal of Membrane Science, 280: 6-9.

Pu Weihua, He Xiangming, Wang Li, et al. 2006b. Preparation of PVDF-HFP microporous membrane for Li-ion batteries by phase inversion [J]. Journal of Membrane Science, 272: 11-14.

Qian Guannan, Wang Li, Shang Yuming, et al. 2016. Polyimide binder: A facile way to improve safety of lithium ion batteries [J]. Electrochimica Acta, 187: 113-118.

Wang Li, Li Ning, He Xiangming, et al. 2012a. Macromolecule plasticized interpenetrating structure solid state polymer electrolyte for lithium ion batteries [J]. Electrochimica Acta, 68: 214-219.

Wang Li, Li Ning, He Xiangming, et al. 2012b. In situ polymerization of methoxy polyethylene glycol (350) monoacrylate and polyethyleneglycol (200) dimethacrylate based solid-state polymer electrolyte for Li-Ion batteries [J]. Journal of the Electrochemical Society, 159: A915-A919.

Yang Juping, Zhao Peng, Shang Yuming, et al. 2014. Improvement in high-voltage performance of lithium-ion batteries using bismaleimide as an electrolyte additive [J]. Electrochimica Acta, 121: 264-269.

09

产品安全验证

本章导读

- 安全验证作为产品开发阶段最后的把关环节，是检验产品安全设计，识别产品安全风险最重要工作内容。常见的产品安全验证方法有测试、仿真技术（结构仿真与热流体仿真）、分析论证（FMEA、FTA 等）。
- 本章对电池系统的安全测试进行了概述与分析，根据通过测试的难易程度对测试项目进行了风险等级评估，以海水浸泡为例，说明了如何通过测试为安全设计提供有效的设计指导。
- 本章对电池系统的结构仿真技术进行了阐述，包括静强度、模态、随机振动、机械冲击、底部球击、滑车、碰撞、跌落等，对仿真结果进行了解读，并进一步解释了不同仿真项目对于电池系统设计的作用及意义。
- 通过热流体仿真技术可以大幅度缩减热管理系统设计的周期和成本，本章以热流体基本原理与数值方法为基础，对电池系统热流体仿真的流程与方法做了较详细描述，以真实案例讲解了热流体仿真的具体应用。
- 作为分析论证的主要工具，FTA 在安全验证中得到了广泛认可，本章深化了 FTA 在电池系统中的应用方法，提出了 FTA 在安全目标分配和验证时的基本规则，对定性分析、定量分析做了实例说明。

9.1 概　　述

前文讲述了动力电池系统的危害分析、安全目标以及安全设计方案，但安全设计的工作并未到此结束。如何验证这些设计方案的有效性，同样是设计工作的重要部分。所有的安全设计必须是可验证的，也必须是经过验证的。一般来讲，验证的手段可以是测试，可以是仿真计算，也可以通过分析论证。作为设计人员，应能掌握通过哪些方法来验证所进行的安全设计，并理解验证的评判标准是什么。

9.2 安全测试概述

与设计相同，测试工作也源于需求，包括来自客户的需求、标准法规的要求，以及设计团队内部需求。

首先，要把以上需求解析为相应的测试项，其次，众多的测试项组合成测试验证方案，最后，在能够掌握的资源限制下拟定出最优的测试计划。

安全测试从测试对象来讲，可分为电芯级别安全测试、模组级别安全测试和电池系统（Pack）级别安全测试。

9.2.1 电芯安全测试

电芯在正常允许的使用环境 / 场景范围内，是不会发生热失控事件，但是由于电芯在整个生命周期内会发生一些滥用情况，从而导致人员或财产的损失。为了能客观地去评价电芯的安全性能，大多数都是通过模拟外部较恶劣的使用环境 / 场景来验证电芯的安全性，表 9-1 是电芯级别的安全测试项，其中高风险表示该测试项目在实际测试中较难通过，要格外关注。

9.2.2 模组安全测试

模组是由多电芯和外框等多部件组合而成，由于模组内部电芯的串并联结构不同，且电芯在模组内的散热性较差，因此，不能用电芯的安全性等效模组的安全性，即通过电芯安全性测试并不能保证可以通过模组级相应测试。表 9-2 是模组级别的安全测试项，这里风险等级的划分比电芯级别更明细，分为高、中、低三个等级。

表9-1 电芯级别安全测试项目

序号	测试项	测试要求	判断条件	风险等级
1	单体过放电	满充电池以 1 C 放电 90 min 后停止，观察 1 h	不爆炸、不起火、不漏液	低风险
2	单体过充电	电池满充后，继续以 1 C 充电至截止电压 1.5 倍或充电时间达到 1 h 后停止，观察 1 h	不爆炸、不起火	高风险
3	单体短路	电池满充后，正负极外部短路 10 min，短路电阻小于 5 mΩ，观察 1 h	不爆炸、不起火	高风险
4	单体跌落	电池满充后，正负端子一侧向下，从 1.5 m 高度自由跌落至水泥地面，观察 1 h	不爆炸、不起火、不漏液	低风险
5	单体加热	电池满充后，放入温箱，按照 5℃ /min 的速率上升到 130℃并保持该温度 30 min，停止加热，观察 1 h	不爆炸、不起火	低风险
6	单体挤压	电池满充，垂直于电池极板方向挤压 挤压板：半径 75 mm 的半圆柱体；挤压速度：(5±1) mm/s 挤压程度：电压达到 0V 或变形量达到 30% 或挤压力达到 200 kN 停止，观察 1 h	不爆炸、不起火	高风险
7	针刺单体	电池满充，用直径 5 ～ 8 mm 的耐高温钢针从垂直于电池极板方向进行贯穿 贯穿速度：(25±5) mm/s；贯穿位置：靠近所针刺面的几何中心 钢针停留在电池中，观察 1 h	不爆炸、不起火	高风险
8	单体海水浸泡	电池满充，浸入 3.5% 的 NaCl 溶液 2 h，溶液整体浸没电池，观察 1 h	不爆炸、不起火	低风险
9	单体温度循环	电池满充后放入温箱，按要求进行 5 次温度循环，观察 1 h	不爆炸、不起火、不漏液	低风险
10	单体低气压	电池满充后放入低气压箱，调节气压为 11.6 kPa，保持 6 h，观察 1 h	不爆炸、不起火、不漏液	低风险

表9-2 模组级安全测试项目

序号	测试项	测试要求	判断条件	风险等级
1	模组过放电	满充电池以 1 C 放电 90 min 后停止，观察 1 h	不爆炸、不起火、不漏液	低风险
2	模组过充电	电池满充后，继续以 1 C 充电至截止电压 1.5 倍或充电时间达到 1 h 后停止，观察 1 h	不爆炸、不起火	高风险
3	模组短路	电池满充后，正负极外部短路 10 min，短路电阻小于 5 mΩ，观察 1 h	不爆炸、不起火	中等风险
4	模组跌落	电池满充后，正负端子一侧向下，从 1.2 m 高度自由跌落至水泥地面，观察 1 h	不爆炸、不起火、不漏液	中等风险
5	模组加热	电池满充后，放入温箱，按照 5℃ /min 的速率上升到 130℃并保持该温度 30 min，停止加热，观察 1 h	不爆炸、不起火	中等风险
6	模组挤压	电池满充，选择模组在整车安装位置上最容易受到挤压的方向进行挤压 挤压板：半径 75 mm 的半圆柱体；挤压速度：(5±1) mm/s 挤压程度：电池模组变形量达到 30% 或挤压力达到模组重量的 1000 倍或标准表中数值较大者后停止，观察 1 h	不爆炸、不起火	高风险

续表

序号	测试项	测试要求	判断条件	风险等级
7	模组针刺	电池满充，用直径 6 ～ 10 mm 的耐高温钢针从垂直于模组极板方向进行贯穿 贯穿速度：(25±5) mm/s；依次贯穿至少 3 个电池单体；钢针停留在电池中，观察 1 h	不爆炸、不起火	高风险
8	模组海水浸泡	电池满充，浸入 3.5% 的 NaCl 溶液 2 h，溶液整体浸没模组，观察 1 h	不爆炸、不起火	
9	模组温度循环	电池满充后放入温箱，按要求进行 5 次温度循环，观察 1 h	不爆炸、不起火、不漏液	中等风险
10	模组低气压	电池满充后放入低气压箱，调节气压为 11.6 kPa，保持 6 h，观察 1 h	不爆炸、不起火、不漏液	低风险

9.2.3 电池系统安全测试

电池系统安全测试侧重于整车实际使用状态下的电池安全防护特性，包括电气安全测试、机械防护及环境测试、化学安全测试三个类别。与模组安全测试相同，电池系统系统级别的测试对风险等级的划分，也分为高、中、低三个级别。电池系统安全测试项，具体见表 9-3 电气安全测试项目、表 9-4 机械防护及环境测试项目和表 9-5 化学安全测试项目。

表9-3　电气安全测试项目

序号	测试项	测试目的	判断条件	风险等级
1	过温保护	模拟高温滥用情况下系统的保护功能	要求系统无喷气，无外壳破裂，无起火或燃烧，绝缘正常	低风险
2	短路保护	模拟外部短路情况下系统的保护功能	要求系统无泄漏，无外壳破裂，无起火或燃烧，绝缘正常	中等风险
3	过充电保护	模拟过充电滥用情况下系统的保护功能	要求系统无外壳破裂，无起火或燃烧，绝缘正常	低风险
4	过放电保护	模拟过放电滥用情况下系统的保护功能	要求系统无外壳破裂，无起火或燃烧，绝缘正常	低风险
5	供电电源异常	找出产品复位电压的临界值	依据 ISO 16750 标准，供电电压以 5% 速率从 U_{min} 降到 0.95 U_{min}，保持 5 s，再上升到。然后将电压降至 0.9 U_{min}，最后直到降到 0 V	中等风险
6	继电器粘黏检测	用于检测系统对继电器状态的监控能力	通过模拟继电器粘黏故障来检测系统对继电器的监控能力	中等风险
7	接触防护（IPXXD）	用于检验防止手持金属丝触及危险部件	按 GB 4208—2008 进行测试	中等风险
8	接触防护（IPXXB）	用于检验防止手指触及危险部件的基本防护	按 GB 4208—2009 进行测试	中等风险

续表

序号	测试项	测试目的	判断条件	风险等级
9	等电位测试	依照 GB 18384 标准，测试电流为 25 A，测试时间 5 s	阻抗小于 0.1 Ω	中等风险
10	绝缘电阻	依照 GB 18384 标准，测试电压为 500 V（DC），测试时间 60 s	绝缘阻抗大于 2.5 M Ω（仅供参考）	中等风险
11	抗电强度	依照 GB 18384 标准，测试电压为 2121 V（DC），测试时间 60 s	漏电流小于 1 mA	中等风险
12	高压互锁异常（HVIL）	检测系统高压互锁功能	通过外部模拟高压互锁故障来判断内部高压互锁功能是否正常	中等风险
13	绝缘监控	检测系统绝缘监控功能	通过外部模拟绝缘故障来判断内部绝缘监控功能是否正常	中等风险
14	高压标识	判断系统是否做了规定的高压危害标识，以防触摸	目检	低风险

表9-4　机械及环境安全防护测试项目

序号	测试项	测试目的	判断条件	风险等级
1	振动	模拟安装在车辆上的随机振动情况	要求测试过程中和测试后，系统完好，无机械、电气、精度、绝缘、性能等方面的损伤	高风险
2	机械冲击	模拟安装在车辆上，或运输状态时，因车辆颠簸所造成的 Z 轴方向的冲击 / 撞击力	要求无机械损伤，无泄漏，无起火或爆炸现象，绝缘正常	低风险
3	跌落	模拟安装或维修过程中可能造成的自由跌落	要求无电解液泄漏，无起火或爆炸现象	低风险
4	翻滚	模拟安装在车辆上随整车翻滚的情况	要求结构完好，连接可靠，绝缘正常，无电解液泄漏，无起火和爆炸现象	低风险
5	模拟碰撞	模拟安装在车辆上发生车辆碰撞的情况	要求绝缘正常，无电解液泄漏，无起火和爆炸现象	中等风险
6	挤压	模拟安装在车辆上发生车辆碰撞，并且电池系统发生严重挤压变形的情况	要求无起火和爆炸现象	高风险
7	温度冲击	模拟外部环境温度快速变化的使用情况	要求绝缘正常，无电解液泄漏，无起火和爆炸现象	中等风险
8	湿热循环	模拟高温高湿的存储或运输情况	要求绝缘正常，无电解液泄漏，无起火和爆炸现象	中等风险
9	海水浸泡	模拟产品被海水完全浸没的极端情况（多见于我国南方地区）	要求无起火和爆炸现象	中等风险
10	外部火烧	模拟产品直接暴露于外部火焰的情况（一般发生于整车因线路短路或燃油泄漏着火的情况）	要求无爆炸现象	高风险
11	盐雾腐蚀	模拟高盐雾地区（海边城市）使用的情况	要求无外壳破损，无电解液泄漏，无起火和爆炸现象	中等风险
12	高海拔	模拟高海拔低气压的使用情况	要求各项指标和性能正常	低风险
13	重锤测试	验证电池系统内的零部件对一定量冲击的承受能力	测试参数：1.7 kg 测试试具、跌落高度 300 mm 判定条件：测试过程中不发生热失控、满足接触防护 IPXXB、绝缘阻抗大于 2.5 MΩ	中等风险

续表

序号	测试项	测试目的	判断条件	风险等级
14	泄压测试	验证电池系统在发生故障情况下，是否及时把压力泄放出去，防止爆炸或随机性外壳破损。	测试参数：直径 8 mm 钢针垂直刺穿模组内电芯、穿透 60 mm 判定条件：泄压阀打开，电池系统内部不起火、不爆炸	中等风险
15	浸水测试（IPX7）	检验 IP67 密封等级性能	测试条件：依照 GB 4208 标准，将 Pack 浸入 1 m 水深，持续 30 min 判定条件：没有水进入 Pack 内部	中等风险
16	扬尘（IP6X）	检验 IP67 密封等级性能	测试条件：依照 GB 4208 标准，Pack 在尘埃试验箱持续 8 h 判定条件：试验后 Pack 内部无明显的灰尘沉积	中等风险
17	碎石冲击	验证整车行驶遭遇碎石冲击底部时，电池系统的安全性能	测试参数：依照 ISO 20567-1 标准，以 200 kPa 压强、10 s、石子颗粒 4 ～ 5 mm 进行测试 判定条件：测试前后功能一致，绝缘阻抗大于 2.5 MΩ，满足气密性要求	中等风险

表9-5 化学安全测试项目

序号	测试项	测试目的	测试要求	风险等级
1	冷却液泄漏	验证电池系统在冷却液泄露情况下的安全风险	测试参数：注入足够的冷却液，摆放一定的角度确保冷却液浸没总正总负 判定条件：氢气的浓度不能超过 4%（氢气的爆炸点）、绝缘、介电强度的检测	低风险
2	化学腐蚀	验证电池系统外壳体及零部件对特定化学品的抗腐蚀能力	以特定的化学品为试剂进行测试，不能褪色、不能掉落	低风险
3	气体排放	检测电池系统特定气体的排放量	测试方法：依照 GB/T 27630 标准进行测试 判定条件：苯、甲苯、二甲苯、乙苯、苯乙烯、甲醛、乙醛、丙烯醛排放浓度低于规定值	低风险

9.2.4 测试案例分析

这里以海水浸泡测试进行讲解，说明如何从测试验证过程角度为安全设计提供反馈。

海水浸泡测试，主要是考虑车辆行驶在海边时，如果电池系统的 IP 等级不高，或者气密性失效，就会有海水进入到电池系统的内部，引发安全事故，那设计上应该如何防止这类的风险的发生。

电池系统的浸海水，分为完全浸没与部分浸没，两种情况的安全风险不同。电池系统浸海水后主要的化学反应为：

$$2NaCl + 2H_2O \longrightarrow 2NaOH + H_2\uparrow + Cl_2\uparrow$$

式中，H_2 是易燃易爆气体，质量比较轻，容易在 Pack 的上盖内部聚集。

电池系统内部浸入海水后，安全风险情况可以参考表 9-6。

表9-6 电池系统浸海水的安全风险分析

浸水的情况	部分浸入海水	全部浸入海水
出现情况	车外的箱体气密性失效，整车趟海水。	车外的箱体受到较严重破坏，整车泡在海水中。
可能的安全风险	反应程度：一般 产生较多的 H_2 与 Cl_2，这些气体在箱体内部聚集 出现打火的风险：高 起火风险：高 爆炸风险：高	反应程度：剧烈 产生大量的 H_2 与 Cl_2，气体会比较快散发出去。 出现打火的风险：高 起火风险：中 爆炸风险：低
测试经验说明	据已经测试的 Pack 浸入海水实验经验，高压位置很容易出现打火	淹没的深度越深，起火的风险越低。 海水会起到灭火与降温的作用。

我们知道，电池系统的主要部件有模组、电池监控系统和线束，如果海水进入了电池系统的内部，这些子部件也会出现不同程度的安全风险，可以参考表 9-7。

表9-7 主要部件浸海水后风险分析

序号	部件	浸海水后的风险	测试经验说明
1	电池管理系统	1. 电池管理系统功能受到损伤 2. 局部短路	
2	模组	少量海水（未淹没极柱）： 相邻的金属体通过海水发生电化学腐蚀，模组的绝缘失效 大量海水（淹没极柱）： 所有电芯通过海水短路放电，释放出氢气与氯气	单个模组的海水浸没过程一般没有安全风险，浸没的模组长期存放有起火的安全风险
3	线束	低压采样接插件浸海水： 电芯通过接插件处的海水放电，会有短路冒烟的现象。 高压线束接插件浸海水： 会通过海水发生局部的短路放电，由于短路电流太大温度上升迅速点燃释放出的可燃气体发生起火爆炸事件	1. 高压回路很容易出现打火 2. 海水淹没的深度越深，起火的风险越低（水会起到灭火与降温的作用）

通过对以上测试过程分析，可以得出，为使电池系统能够满足浸海水测试的要求，并降低由此带来的安全风险，电池的安全设计要额外注意以下三方面：

（1）设计保证 Pack 寿命周期内的气密性可靠。保证 Pack 浸海水的安全性，模组的防水设计，CSC 的防护都不能解决根本问题，只有提高 Pack 的 IP 可靠性，在整个寿命周期内都能保证 Pack 的气密性，不让海水进入，才能防止这种风险。

（2）在 Pack 的中间位置设计 MSD。MSD 设计在 Pack 的中间位置，浸入海水后，Pack 对海水短路，MSD 断开，起到对 Pack 降压的作用，同时也降低了 Pack 起火的安全风险。

（3）合理排布 Pack 内部高压回路的安全距离。高压回路之间，如果靠得比较近，同时电压差也比较大，在海水短路时易发生近距离放电，也容易出现起火。

9.2.5 测试计划

通常来说，对动力电池系统测试制定测试计划，其主要目的在于：①为产品确认具体的测试类别和项目，方便内部资源协调和准备；②识别出整个项目在测试活动中的风险，并及时与内部或客户商讨降低风险；③作为与客户商讨的基础文档，以制定测试费用；④为整个项目组及时跟进和更新项目各阶段结果。

在制定测试计划时，首先要对产品需求中的可测试性需求进行确认，并及时反馈需求中的疑惑与问题(风险),并为每个测试项目确认测试周期和设备资源。其次，要确定每项测试的参考标准、执行时间、实施人员和资源需求等重要信息，同时根据项目周期、需求变更、产品开发状态和资源调整等因素的影响及时地更新并调整计划。

测试计划是测试责任人编写测试流程和执行测试项目的重要依据，对于电池系统来说产品的安全测试属于重中之重，如何在时间、资源有限和多项目并行条件下设计安排出最优的测试计划，大多数电池厂为了方便与整车厂开发进度的匹配，将整个产品开发周期分为 A/B/C/D 样阶段，根据经验各阶段对应的测试计划安排有如下建议，见表 9-8（供参考）。

表9-8　产品各阶段安全测试要求（供参考）

属性	A 样	B 样	C 样	D 样
主要用途	为整车驱动系统概念设计方案验证提供动力，演示电池系统基本功能	设计认证（DV），跑公告，耐久试验，坏路试验	用于认证，碰撞试验（指第三方认证试验），涉水试验，可用于整车工艺验证（PV）	用于整车产线提速期间的生产，验证 C 样期间整改项目，调试内部产线量产能力
最低安全测试要求	电芯性能测试，模组振动测试，Pack 带温度循环振动测试（为了早期发现问题，进行改进），电气安全及等电位和人员 IP 防护测试（保证人员的基本安全）	模组 UN38.3，高压绝缘功能、等电位，QCT743，首轮 IP 防水测试	Pack 级机械强度试验等所有安全测试项完成，PV 启动	PV 试验完成（> 90%），产线下线测试流程定稿

9.3 结 构 仿 真

9.3.1 仿真在电池系统设计中的作用与意义

结构仿真即有限元分析（Finite Element Analysis，FEA），它利用数学近似的方法对系统对象进行模拟，其做法是将结构划分成有限个相互连通的子区域，即单元，用有限数量的单元去逼近真实的系统，将复杂系统简化后求出近似解，因而这种近似解能满足工程应用的需求。

电池系统 Pack 作为电动汽车的“心脏”，须保证其在设计寿命周期内既能提供持久稳定的动力，又不能存在安全隐患。如何在低成本和短时间内确保电池系统机械结构性能满足要求？答案就是结构仿真，仿真分析能够给设计带来的作用不言而喻，大致可以归结为以下几点：第一，对结构进行拓扑优化，指出哪里需要布置材料，哪里不需要材料，确保概念设计的初期使设计朝着正确的方向推进；第二，能够及时地发现结构存在的强度和刚度问题，并给出优化的方向；第三，能够确保认证测试一次性通过，缩短开发时间和节约开发成本。

9.3.2 基础知识和常用仿真工具介绍

为能够在电池系统设计中，灵活有效地运用结构仿真技术，结构仿真人员至少应具备以下三个方面的技能和经验：

1）坚实的理论基础，包括力学理论和有限元理论。这方面的知识需在校期间打牢，还需要进一步提升自己的理论水平，提高自己分析问题、解决问题的能力。

2）必要的程序使用经验，对常用的商业有限元分析程序能够熟练应用。

3）丰富的工程实践经验。对于不同的问题能够进行有限的模型简化，简化模型能够反映实际问题，结合自己积累的工程经验对分析的问题给出判断和方案。

目前主要的有限元软件有很多种，在汽车行业比较常用的仿真软件有 ANSYS 系列产品、HyperWorks 系列产品，MSC 系列产品、Abaqus 软件。从仿真分析的阶段来介绍，HyperMesh、ANSA 等都是比较好用的前处理工具，Radioss、ANSYS、Nastran、Abaqus 都是比较常用的求解器工具，HyperView 是很常用的后处理软件，能够兼容大部分的结果文件格式。从仿真分析的类型来说，Abaqus、Marc、ANSYS、Nastran 擅长于解决电池系统结构隐式线性和非线性分析问题，其中以 Abaqus 的非线性求解功能最为广泛使用。LS-Dyna、Radioss 等作为常用的显式非线性分析软件，用于解决冲击、碰撞、挤压、跌落等大变形问题。

9.3.3 电池系统仿真分析的基本理论

1. 静力学分析

静力学分析是电池系统仿真分析中使用频繁的手段，主要用于求解与时间无关或时间作用效果可以忽略不计的载荷响应（如集中力、强制位移、重力加速度、温度等）。

在静载作用下，结构的受力状态可以描述为以下公式：

$$KU=P \tag{9-1}$$

式中，K 为结构的刚度矩阵；U 为位移矩阵向量；P 为作用在结构上的载荷向量。

此方程实际上是外力和内力的平衡方程。

一般在评价电池系统结构刚度时会采用静载荷分析，主要要求在 1 *g* 和 3 *g* 加速度工况下，电池系统的最大变形量分别不能超过 1 mm 和 3 mm。

2. 模态分析

模态分析是研究电池系统结构最常用的方法。模态是电池系统的固有振动特性，电池系统结构在特定频率下的变形形式即为振型，该特定频率是电池系统结构的固有频率。对电池系统结构进行模态分析，就能够知道每个轴向对应的共振主频，就可以与振动功率谱密度（PSD）曲线对比，从而大致判断结构在该振动 PSD 下的振动响应是否会导致结构发生疲劳失效。

模态分析实际上就是解自振动结构的平衡方程，求特征值。具体的方程式如下：

$$(\boldsymbol{K}-\lambda\boldsymbol{M})\boldsymbol{X}=0 \tag{9-2}$$

式中，$\boldsymbol{K}$ 为结构刚度矩阵；$\boldsymbol{M}$ 为质量矩阵；λ 是特征值矩阵。实模态分析通常不考虑阻尼效应。求解特征值问题可以得到 n 个特征值 λ_i（n 是自由度），向量 $\boldsymbol{X}$ 是与特征值对应的特征向量，这些特征值向量构成一个线性空间的一组正交基，一个有限元模型的任意变形都可以由这组基的线性叠加来表达。特征值问题使用 Lanczos 方法求解，通常只计算最低阶的一些特征值，而并不需要求解所有的特征值。得到 λ_i 后可以根据下式求得自然频率 f_i：

$$f_i=\frac{\sqrt{\lambda_i}}{2\pi} \tag{9-3}$$

模态分析的主要作用在于：能够获得电池系统结构的共振主频及阵型，用于振动测量和结构动力学分析，可以基于模态试验的结果来修正仿真模型，使简化模型与实际系统更为接近，也可以基于模态分析结果来指导测试传感器的布置，其他后续的动力学分析都可以在模态分析结构的基础上进行。

模态分析对于电池系统来说尤为重要，电池系统作为电动汽车的一个大的组件，其振动性能在很大程度上会影响整车的 NVH 和疲劳性能。因此电池系统在设计时需要避开路谱载荷里面的共振频率点，尽可能提高电池系统的一阶固有频率和一阶共振频率。GM 对电池系统的第一阶频率要求大于 30 Hz，而基于 GMW 16390 的台架试验，要求一阶共振频率大于 35 Hz。

3. 随机振动分析

当结构受到不确定性的连续载荷激励时，其振动规律不能用确定性函数来表示，只能用概率和统计的方法来描述，这种振动被称为随机振动。图 9-1 为一随机振动的时间历程样本函数，用 X_t 表示。

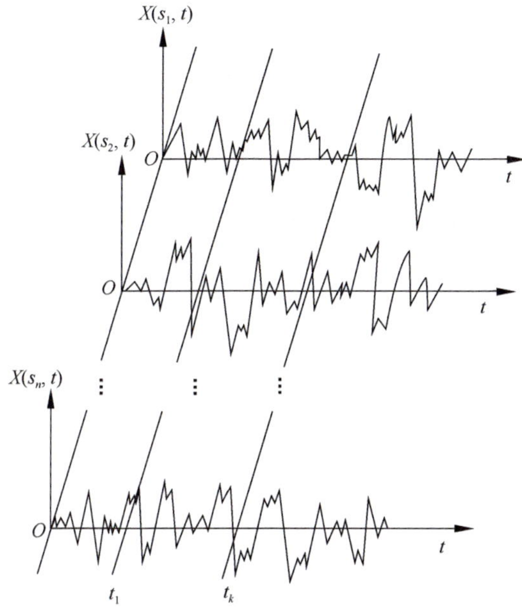

图 9-1　随机振动时间历程样本函数

汽车行驶时，路面的凹凸不平造成电池系统经历这种随机振动的载荷工况，通过采集路谱信息只能得到时间历程的样本函数，需将其转化成和概率有关的函数，如功率谱密度（PSD）函数。

PSD 是电池系统结构在路谱载荷激励下响应的统计结果，其 PSD 的形式一般是加速度功率谱密度。在本文中所述的路面激励随机振动都服从正态分布，数学上，PSD 的关系曲线下的面积就是方差，即响应标准偏差的平方值。

（1）随机振动激励分布规律

汽车在路面行驶所受到的路面载荷激励一般都假设服从高斯正态分布，因此没有计算发生概率为 100% 的结构响应，高 σ 激励发生的概率很低，如图 9-2 所示，基于这个特点，在实际计算中一般取 3σ 为计算的上限。

高斯正态分布具一个很重要的属性：如果高斯正态分析激励作用在线性系统上，则输出的激励仍然服从另外一个高斯正态分布，因此随机振动计算出来的应力、位移、速度、加速度都是统计值。

（2）随机振动的基本理论

设平稳随机过程 $X(t)$ 的自相关函数为 $R_{XX}(\tau)$，其傅里叶变换存在，记为

$$R_{xx}(\tau) = \lim_{\tau\to\infty}\left(\int_{-\tau/2}^{\tau/2} x(t)x(t+\tau)\mathrm{d}t\right) \tag{9-4}$$

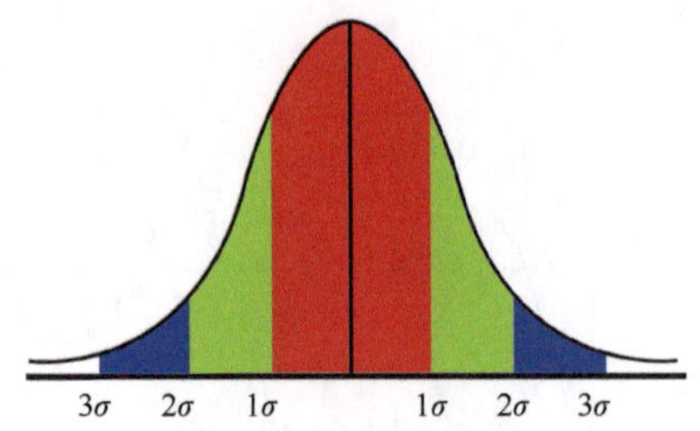

图 9-2　高斯正态分布

$$S_{xx}(\omega)=\frac{1}{2\pi}\int_{-\infty}^{\infty}R_{xx}(\tau)\mathrm{e}^{-j\omega\tau}\mathrm{d}\tau \tag{9-5}$$

式中，S_{xx}（ω）称为 X（t）的自功率谱密度函数，是 ω 的非负实偶函数；ω 为圆频率。S_{xx}（ω）与 R_{xx}（τ）形成傅里叶变换对，即有

$$R_{xx}(\tau)=\int_{-\infty}^{\infty}S_{xx}(\omega)\mathrm{e}^{j\omega\tau}\mathrm{d}\omega \tag{9-6}$$

考虑两平稳随机过程 X（t）和 Y（t）的互相关函数，可以定义互功率谱密度函数为

$$S_{xy}(\omega)=\frac{1}{2\pi}\int_{-\infty}^{\infty}R_{xy}(\tau)\mathrm{e}^{-j\omega\tau}\mathrm{d}\tau \tag{9-7}$$

其逆傅里叶变换为

$$R_{xy}(\tau)=\int_{-\infty}^{\infty}S_{xy}(\omega)\mathrm{e}^{j\omega\tau}\mathrm{d}\omega \tag{9-8}$$

$$S_{xy}(\omega)=S_{yx}^{*}(\omega)=S_{yx}(-\omega) \tag{9-9}$$

即 S_{yx}（ω）是 S_{xy}（ω）的复共轭。

令 τ=0，X（t）的方差：

$$\delta^2(x)=R_{xx}(0)=\int_{-\infty}^{\infty}S_{xx}(\omega)\mathrm{d}\omega \tag{9-10}$$

响应 X（t）的均方根可以表示如下：

$$x_{\mathrm{rms}}=\sqrt{\int_{-\infty}^{\infty}S_{xx}(\omega)\mathrm{d}\omega} \tag{9-11}$$

频率响应问题可以通过直接法或者模态叠加法来求解。如果 $H_{xx}(\omega)$和 $H_{xy}(\omega)$是第 X 个自由度分别在载荷工况 x 和 y 作用下的频响函数（位移、速度或者加速度），则第 x 个自由度的谱密度响应 $Resp_x$（ω）可以表示为如下式所示：

$$Resp_x(\omega)=H_{xx}(\omega)S_{xy}(\omega)H_{xy}^{*}(\omega) \tag{9-12}$$

式中，S_{xy}（ω）为两个激励输入功率谱密度；* 表示共轭复数。如果 S_x（ω）是某个激励单独的功率谱密度，则由工况 x 引起第 X 个自由度谱密度响应可以表示如下：

$$Resp_x(\omega)=\left|H_{xx}(\omega)\right|^2 S_{xx}(\omega) \tag{9-13}$$

总的谱密度响应是所有单独载荷工况和交叉载荷工况引起的功率谱密度之和。

（3）结构动力学分析

结构动力学分析是在时域内计算结构在随时间变化的载荷作用下的动力响应。利用虚功原理建立的非线性动力学有限元控制方程为

$$\boldsymbol{M}\ddot{\boldsymbol{x}} + \boldsymbol{C}\dot{\boldsymbol{x}} + \boldsymbol{K}\boldsymbol{x} = \boldsymbol{F}_{\text{ext}} + \boldsymbol{f}_{\text{c}} \tag{9-14}$$

式中，$\boldsymbol{M}$ 为质量矩阵；$\boldsymbol{C}$ 为阻尼矩阵；$\boldsymbol{K}$ 为总体刚度矩阵；$\boldsymbol{F}_{\text{ext}}$ 为外力矢量；$\boldsymbol{f}_{\text{c}}$ 为接触力矢量；$\boldsymbol{x}$、$\dot{\boldsymbol{x}}$、$\ddot{\boldsymbol{x}}$分别为位移矢量、速度矢量和加速度矢量。为简单起见，令 $\boldsymbol{Q} = \boldsymbol{F}_{\text{ext}} + \boldsymbol{f}_{\text{c}}$，表示包含接触力的外力矢量。

非线性显示动力学分析通常采用中心差分算法。这种算法具有二阶精度，在求解有限元控制方程时，只需要在各个时刻点上直接进行计算，不需要在时间步长内迭代，将总的计算时间分成若干步，每步间隔为 $\Delta t_1, \Delta t_2, \cdots, \Delta t_{i-1}, \Delta t_i, \Delta t_{i+1}, \cdots$。如果总时间是均匀分隔的，即 $\Delta t_1 = \Delta t_2 = \cdots = \Delta t_{i-1} = \Delta t_i = \Delta t_{i+1} = \cdots = \Delta t$，得到中心差分算法下的 t 时刻速度和加速度为

$$\dot{x}_t = \frac{1}{2\Delta t}\left(x_{t+\Delta t} - x_{t-\Delta t}\right) \tag{9-15}$$

$$\ddot{x}_t = \frac{1}{\Delta t^2}\left(x_{t+\Delta t} + x_{t-\Delta t} - 2x_t\right) \tag{9-16}$$

而在 t 时刻的有限元控制方程为

$$\boldsymbol{M}\ddot{x}_t + \boldsymbol{C}\dot{x}_t + \boldsymbol{K}x_t = \boldsymbol{Q}_t \tag{9-17}$$

将 t 时刻速度和加速度代入上式

$$\left(\frac{1}{\Delta t^2}\boldsymbol{M} + \frac{1}{2\Delta t}\boldsymbol{C}\right)x_{t+\Delta t} = \boldsymbol{Q}_t - \left(\boldsymbol{K} - \frac{2}{\Delta t^2}\boldsymbol{M}\right)x_t - \left(\frac{1}{\Delta t^2}\boldsymbol{M} - \frac{1}{2\Delta t}\boldsymbol{C}\right)x_{t-\Delta t} \tag{9-18}$$

如果 $x_{t-\Delta t}$ 和 x_t 已经求得，则 $t+\Delta t$ 时刻的位移$x_{t+\Delta t}$可以由上式解出，也即上式是求各个离散时间点处解的积分递推公式。由于在 $t+\Delta t$ 时刻用的是 t 时刻的控制方程，$\boldsymbol{K}$ 矩阵不出现在上述递推公式的右端，所以这种求解过程被称为显式积分算法。

由上述递推公式可知，中心差分算法有一个起步问题。因为 t=0 时刻，为了计算 $x_{\Delta t}$，除了已知的初始条件 x_0 外，还需要知道 $x_{-\Delta t}$，所以必须要用一个专门的起步方法。

$$x_{-\Delta t} = x_0 - \Delta t\dot{x}_0 + \frac{\Delta t^2}{2}\ddot{x}_0 \tag{9-19}$$

式中，$\dot{x}_0$，$\ddot{x}_0$ 可以从给定的初始条件得到。非线性动力学有限元求解流程如图 9-3 所示。

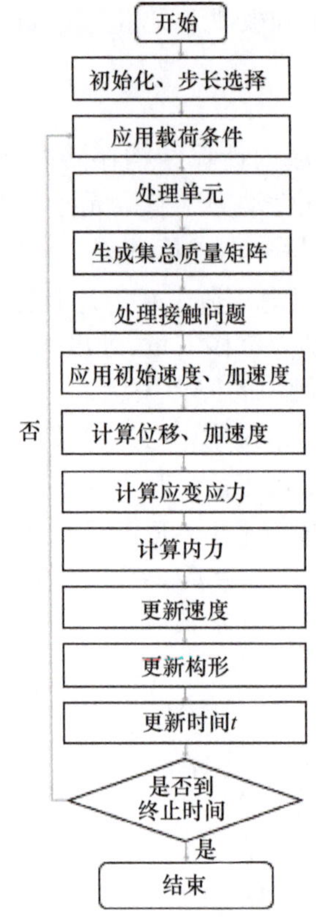

图 9-3　非线性动力学有限元求解流程图

9.3.4 案例分析

如图 9-4 所示为某电池系统结构，电池系统下箱体材料为 DC03，其屈服强度 154 MPa，抗拉强度为大于 270 MPa；上盖材料为 SMC，其抗拉强度为 170 MPa；内外部加强筋及固定点材料为 B380VK，其屈服强度为 380 MPa，抗拉强度为 590 MPa。

1. 静强度分析

如前文所述，静强度分析一般考察电池系统在 Z 向 1g 和 3g 加速度情况下，箱体底面变形量分别不超过 1 mm 和 3 mm，且不影响电池系统功能及性能。图 9-5 和图 9-6 所示为电池系统在 1g 和 3g 加速度下的位移云图。

由图 9-5 可以看出，在 1g 加速度载荷下，电池系统下底面变形量 0.5 mm。

由图 9-6 可以看出，在 3g 加速度载荷下，电池系统下底面变形量 1.5 mm。

图 9-4　电池系统结构示例

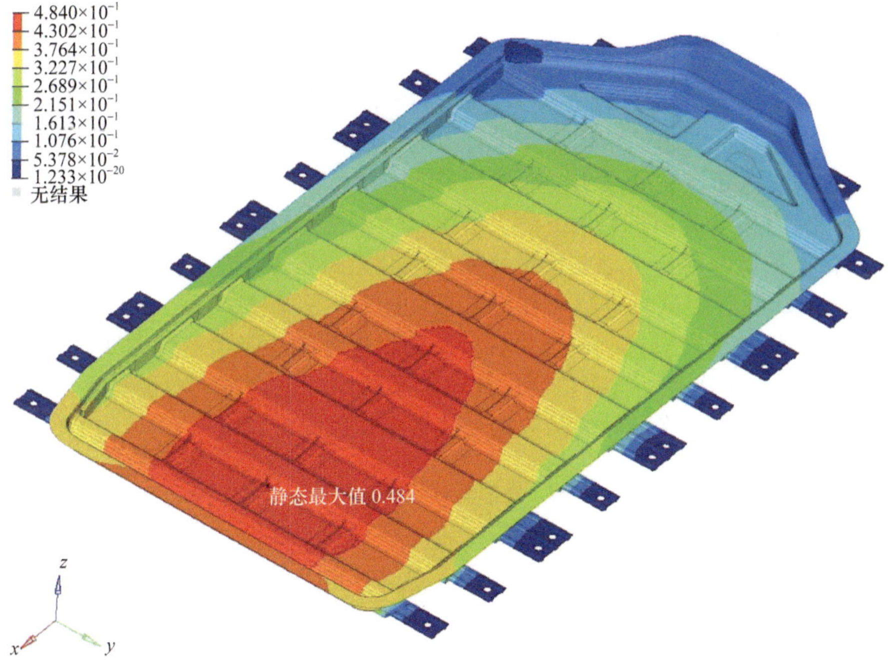

图 9-5　*Z* 向 1*g* 加速度结构仿真

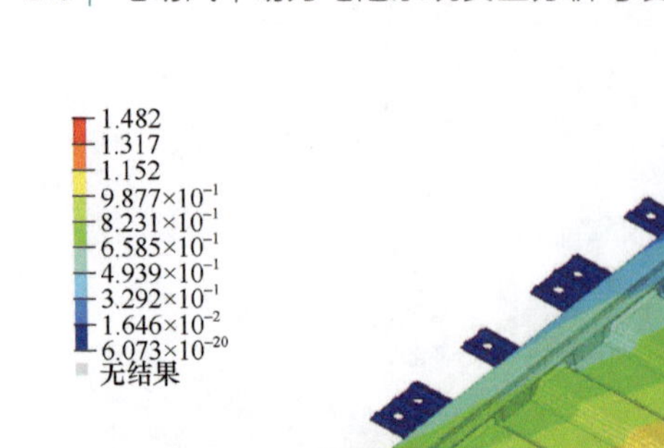

图 9-6　*Z* 向 3*g* 加速度结构仿真

2. 模态分析

对电池系统结构进行模态分析，获得每个轴向对应的共振主频，对于不满足某方向频率设计要求的结构需要进行改进，通过对结构进行修改从而避免结构的共振主频落在随机振动高激励载荷频率范围。

表 9-9 为模态分析的结果，可以很清楚地了解结构在每个方向的共振主频以及共振主振型中参与振动的质量比率。从结果来看，*Z* 向共振主频为 24.2 Hz，而 GMW 16390 台架试验对第一阶共振主频的要求为 35 Hz 以上，电池系统 Pack 的 *Z* 方向共振主频没有达到设计目标。从随机振动的功率谱密度曲线来看，24.2 Hz 属于随机振动高激励频率范围，该电池系统结构也有很大可能性无法通过随机振动台架测试，将在后续的随机振动分析中加以验证。

表9-9　电池系统共振频率信息

模态阶数	频率（Hz）	有效振动质量占总质量的比率		
		X	*Y*	*Z*
3	24.2			0.62
35	61.32		0.16	
45	77.81	0.20		0.11

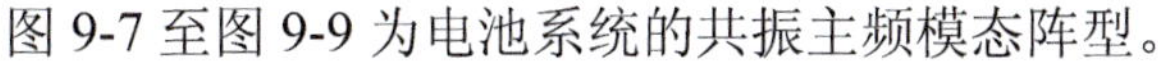

图 9-7 至图 9-9 为电池系统的共振主频模态阵型。

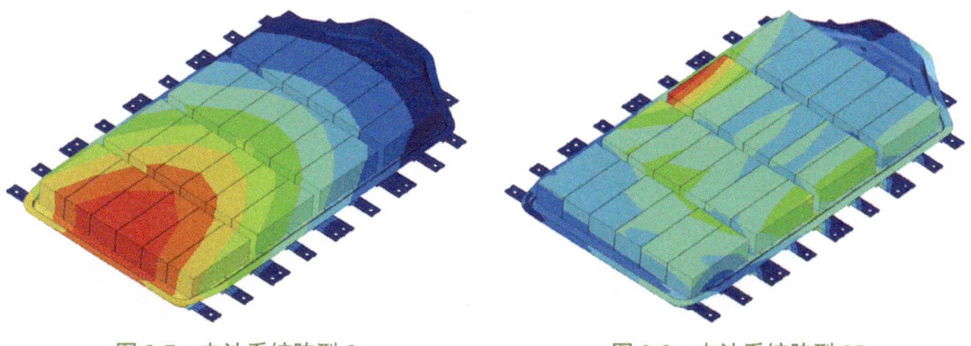

图 9-7　电池系统阵型 3　　图 9-8　电池系统阵型 35

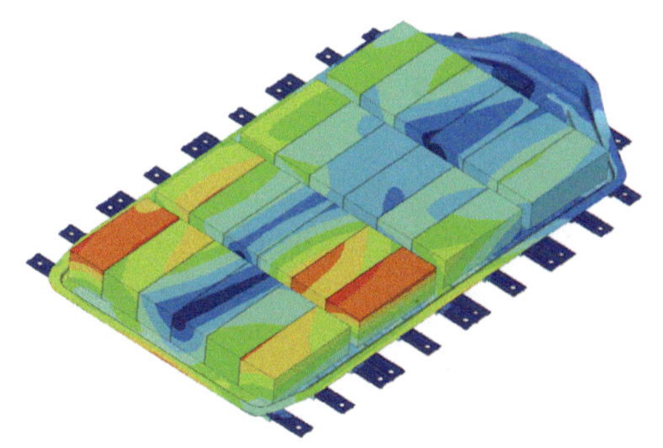

图 9-9　电池系统阵型 45

3. 随机振动仿真分析

汽车行驶时，路面的凹凸不平会使电池系统经历这种随机振动的载荷工况，载荷工况一般以功率谱密度 - 频率曲线的形式进行定义。根据 GB/T 31467.3—2015 的 7.1 章节，电池系统要经受如表 9-10 至表 9-13 所示的随机振动载荷，每个方向 21 h，可认为能够保证电池系统至少 8 年或 20 万 km 以上的质保要求。电池系统也因底盘或者安装位置不一样，而有其自身的随机振动谱，因此也可以建议根据自身的车型和安装位置来采集路谱，制定随机振动测试载荷。

表9-10　*Z*轴PSD值

频率（Hz）	功率谱密度（PSD）（g^2/Hz）	功率谱密度（PSD）[（m/s^2）^{2}/Hz]
5	0.05	4.81
10	0.06	5.77
20	0.06	5.77
200	0.0008	0.08
RMS	1.44 g	14.13 m/s^2

表9-11 *Y*轴PSD值（蓄电池系统或系统的安装在车身上）

频率（Hz）	功率谱密度（PSD）（g^2/Hz）	功率谱密度（PSD）[（m/s^2）^{2}/Hz]
5	0.04	3.85
20	0.04	3.85
200	0.0008	0.08
RMS	1.23 g	12.07 m/s^2

表9-12 *Y*轴PSD值（蓄电池系统或系统的安装在车身下）

频率（Hz）	功率谱密度（PSD）（g^2/Hz）	功率谱密度（PSD）[（m/s^2）^{2}/Hz]
5	0.01	0.96
10	0.015	1.44
20	0.015	1.44
50	0.01	0.96
200	0.0004	0.04
RMS	0.95 g	9.32 m/s^2

表9-13 *X*轴PSD值

频率（Hz）	功率谱密度（PSD）（g^2/Hz）	功率谱密度（PSD）[（m/s^2）^{2}/Hz]
5	0.0125	1.20
10	0.03	2.89
20	0.03	2.89
200	0.00025	0.02
RMS	0.96 g	9.42 m/s^2

分别对 *X*、*Y*、*Z* 三个方向进行随机振动工况分析，1σ 应力如图 9-10 至图 9-13 所示。

从仿真分析的结果来看，在 *X* 向的随机振动工况中，最大 3σ（3×45.1 MPa）应力没有超过其材料的屈服强度 380 MPa，满足随机振动疲劳的要求。

同理 *Y* 向最大 3σ（3×99.4 MPa）应力也没有超过材料的屈服强度（380 MPa），根据仿真结果来看，*X* 与 *Y* 向都能够满足随机振动要求。

Z 向的 3σ 应力很大（3×748.0 MPa），应力最大的位置在底部固定点加强横梁上和下箱体上（3×519.6 MPa），两者材料不一样，因而判定的指标也不一样，都不满足随机振动的要求，而且预测失效的区域很多，与前面模态分析中提到的担忧吻合，因此需要通过提升 *Z* 向的结构刚度来达到提高结构频率并降低此方向随机振动应力。

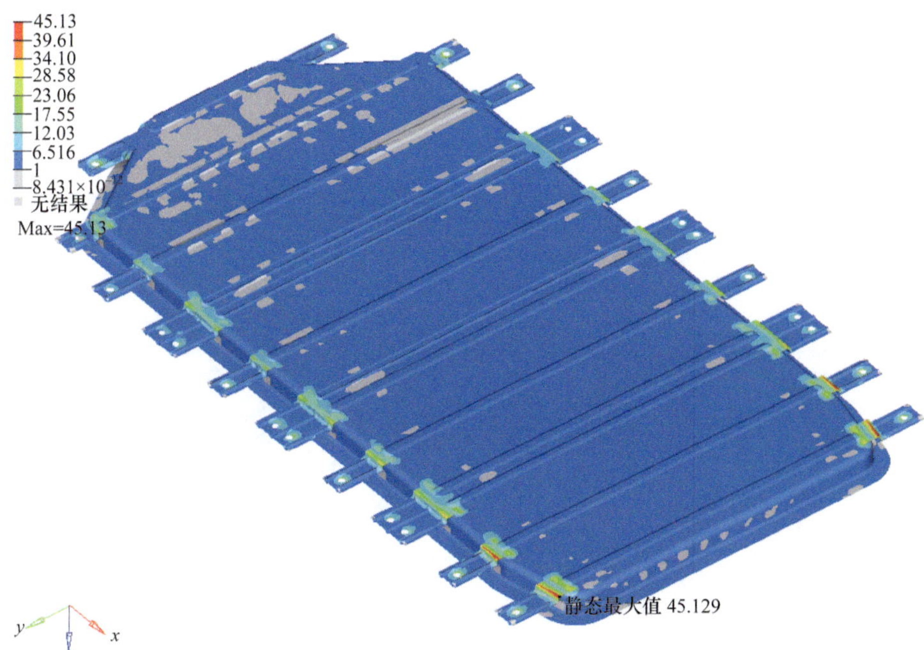

图 9-10　*X* 向 1σ 应力 45.1 MPa

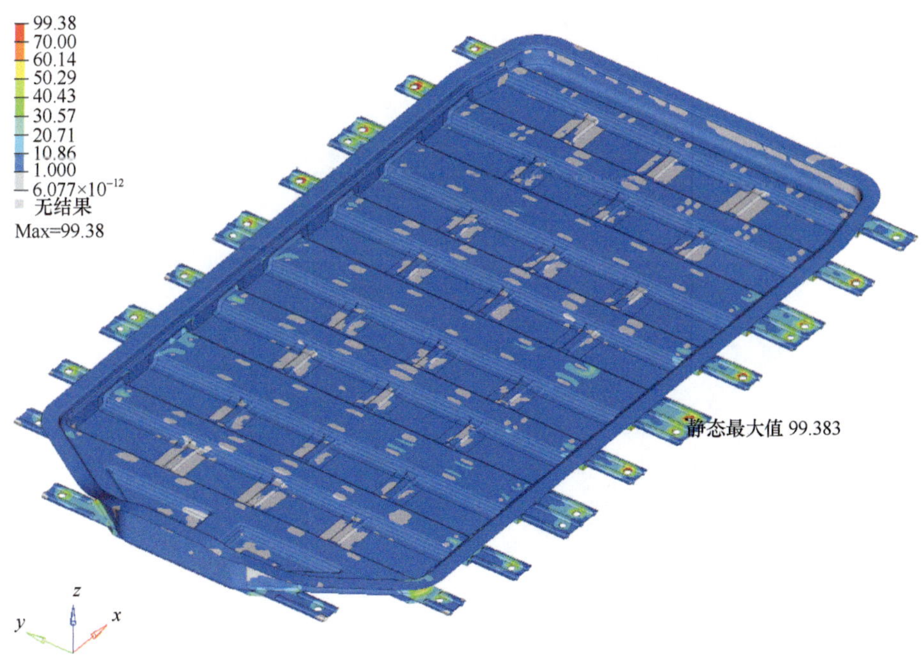

图 9-11　*Y* 向 1σ 应力 99.4 MPa

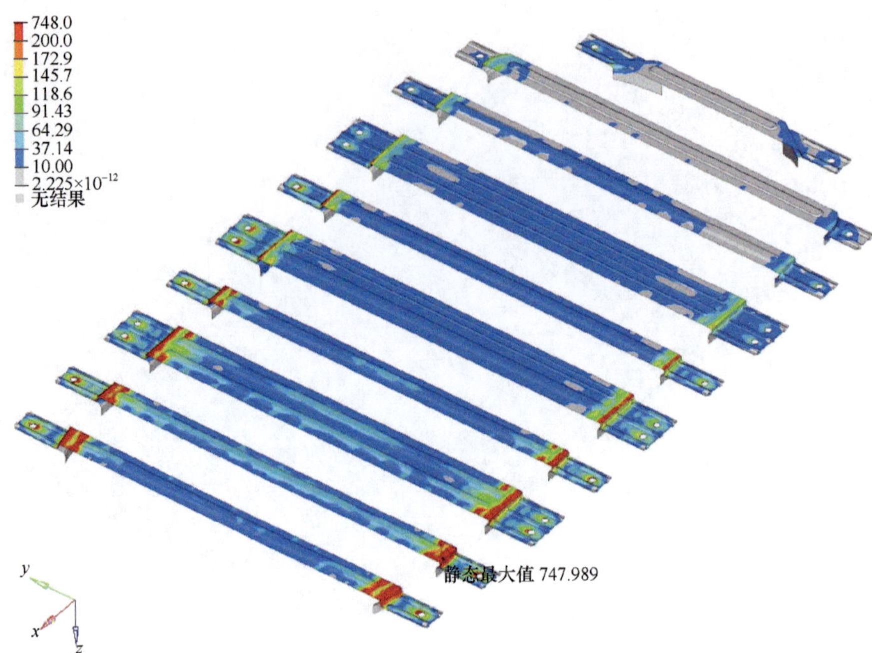

图 9-12　*Z* 向挂点横梁 1σ 应力 748.0 MPa

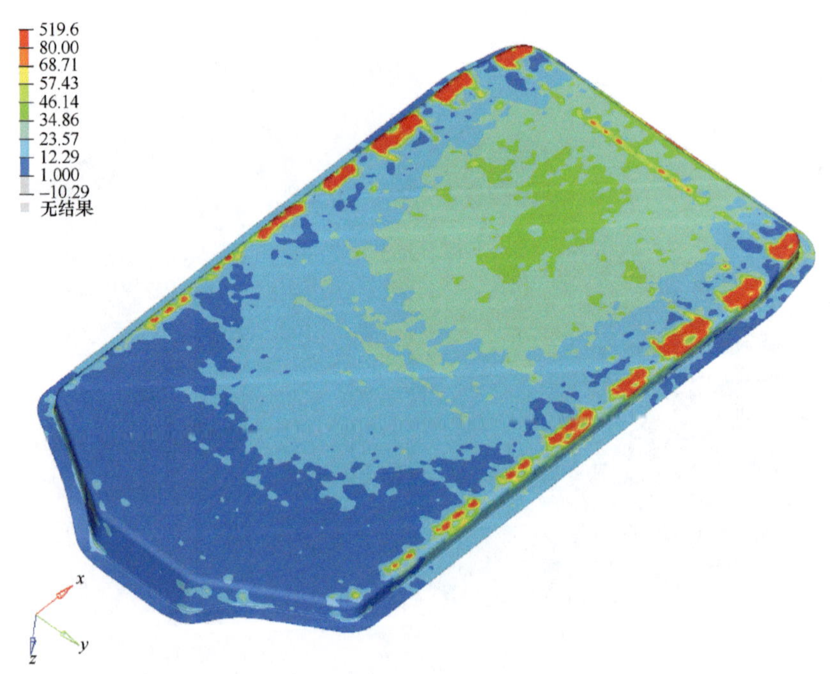

图 9-13　*Z* 向箱体 1σ 应力 519.6 MPa

由图 9-12 和图 9-13 可以看出，*Z* 向挂点横梁 1σ 应力最大为 748.0 MPa，箱体为 519.6 MPa。

4. 机械冲击仿真分析

机械冲击仿真的目的是评价在加速、减速、车轮掠过有凹坑或者石头路面等工况下的电池系统机械结构强度。一般地讲，在进行冲击测试时，将电池系统固定在测试夹具上，通过在夹具与振动台的固定点上加载半正弦的冲击载荷，查看机械件的应力是否超过安全许用值（安全许用值一般取比抗拉强度稍小的值，以保留一定的安全系数，该安全系数需要根据经验来制定）。图 9-14 所示为机械冲击载荷，参考自 GMW 16390，不同的企业也会有各自不同的标准。

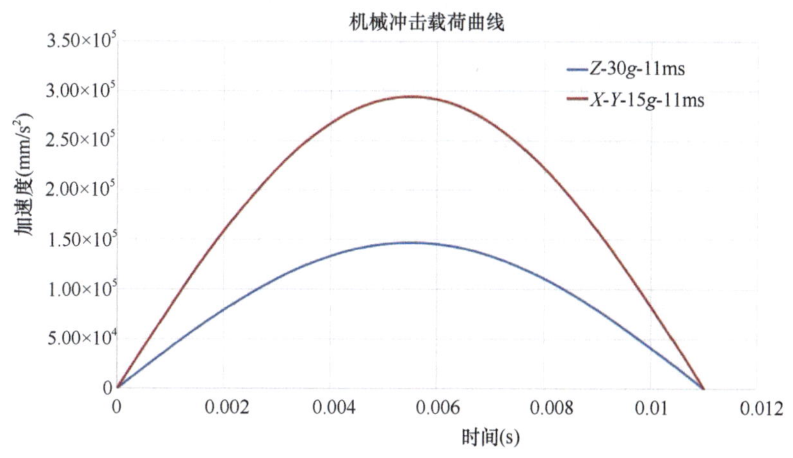

图 9-14 机械冲击载荷示例

图 9-15 至图 9-17 为电池系统机械冲击仿真的应力结果。

从 *X* 向的冲击仿真结果来看，最大应力为 176.0 MPa，出现在固定点上，该处的应力没有超过指标（B380VK，抗拉强度为 590 MPa），结构在 *X* 向是安全的；*Y* 向冲击最大应力 381.6 MPa，小于材料 B380VK 的抗拉强度，结构在 *Y* 向是安全的；*Z* 向的最大应力出现在电池系统底部的固定加强横梁上，最大应力为 424.0 MPa，小于 B380VK 的抗拉强度，结构在 *Z* 向是安全的。

通过机械冲击仿真分析，发现潜在的设计缺陷并在设计上给予改善，避免在后续台架试验中出现失效，争取让电池系统一次性通过测试。

滑车仿真分析与冲击分析类似，不同点在于滑车分析时有初始速度，通过加载负加速度半正弦波，让初始速度减小到零为止。初始速度 60 km/h，*X* 向的减加速度为 60*g*，45 ms，*Y* 向的减加速度为 35*g*，45 ms。

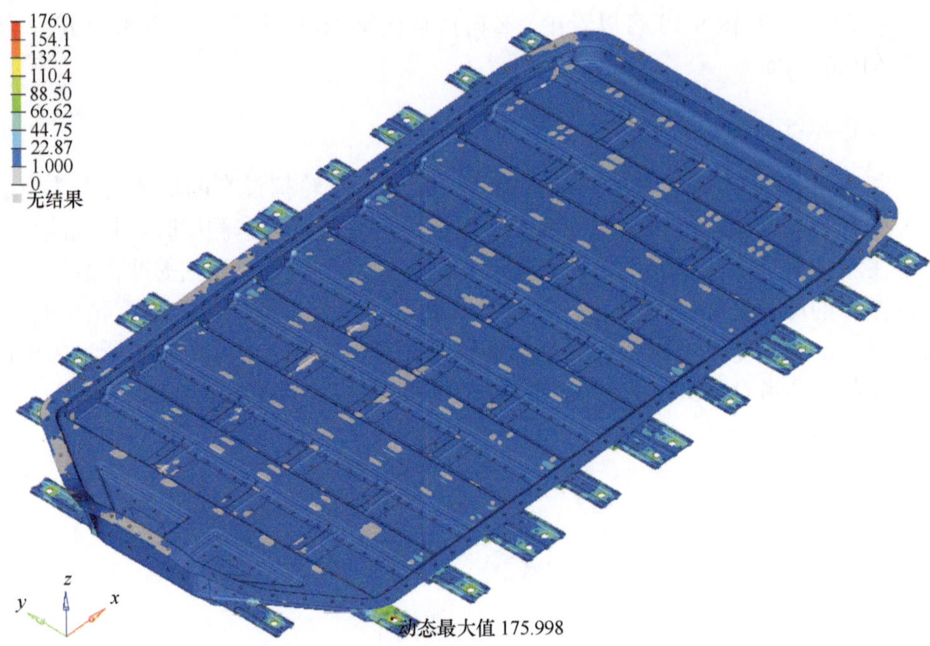

图 9-15 *X* 方向的最大 Von Mises 应力为 176.0 MPa

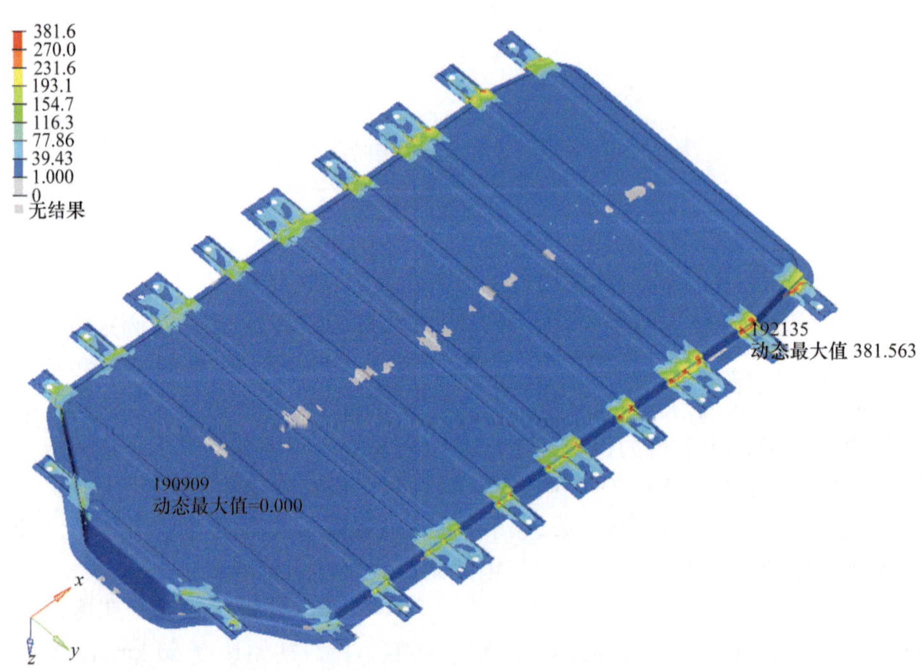

图 9-16 *Y* 方向的最大 Von Mises 应力为 381.6 MPa

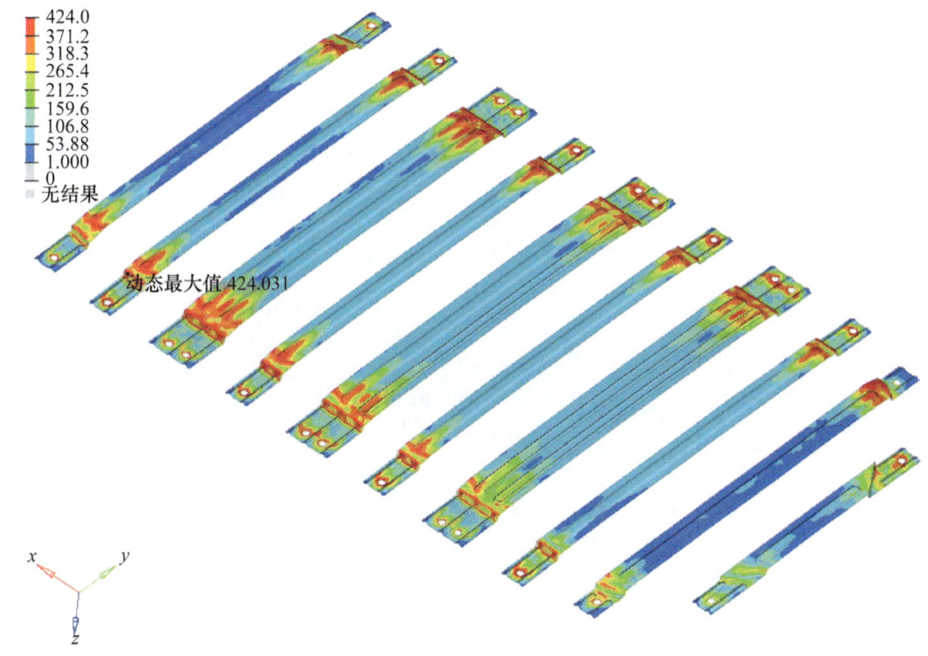

图 9-17 *Z* 方向的最大 Von Mises 应力为 424.0 MPa

5. 底部球击仿真分析

底部球击仿真的目的是评估电池系统底面在汽车行驶的过程中遭遇石头冲击而抵抗变形的能力，只有安装在车身底部的电池系统需要进行此类仿真。根据电池系统的底部结构设计可以大致确定比较薄弱的点或者关键位置，如模组与箱体底部之间有加装水冷板的位置属于关键位置，需要加以评估，评估此区域在遭受石头冲击后，是否会影响水冷系统的散热功能。

基本要求如下：使用直径为 150 mm 的球挤压电池系统的薄弱点，在球的位移达到 30 mm 时（此距离需根据模组与箱底底部的最小距离来确定），球的支反力必须达到 20 kN，否则被判定此区域的刚度不满足设计要求。

如图 9-18 所示为某 EV 电池系统的底部球击仿真结果。从结果来看，球的支反力达到 20 kN 时，球的位移为 26.6 mm，结构设计满足底部球击的刚度要求。

6. 电池系统挤压仿真分析

根据 GB/T 31467.3—2015 中 7.6 的要求，使用半径为 75 mm 的半圆柱体（长度大于测试对象的高度，但是不超过 1 mm）挤压电池系统，挤压方向包括 *X* 和 *Y* 向，当挤压力达到 200 kN 或者挤压变形量达到挤压方向整体尺寸的 30% 为止，保持 10 分钟，观察 1 小时。要求电池系统不起火、不爆炸。

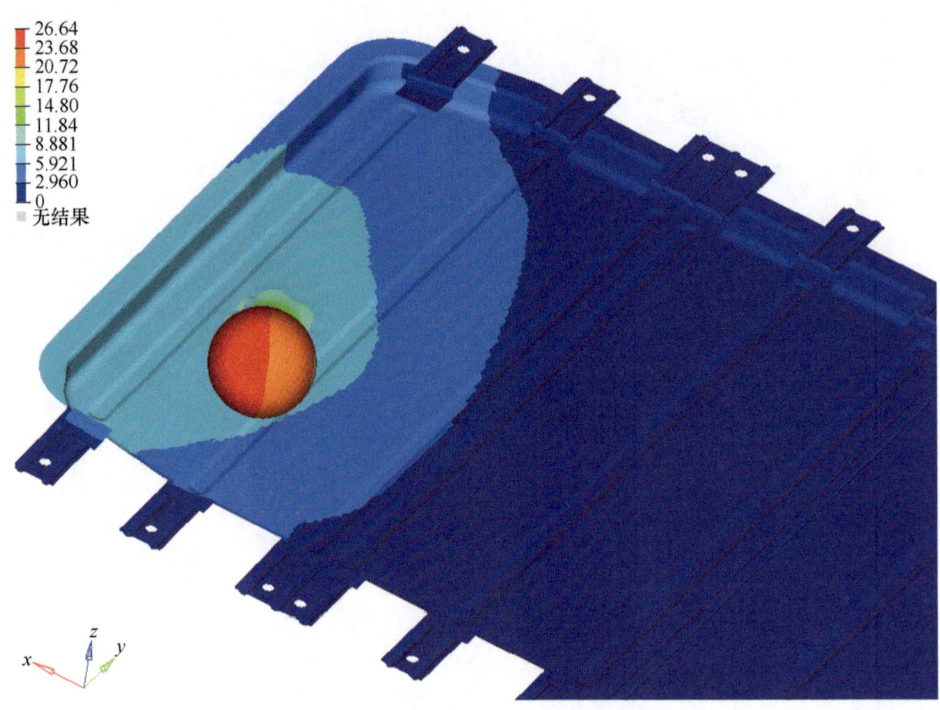

图 9-18　电池系统底部球击仿真结果

如图 9-19 所示为电池系统侧边挤压的仿真结果。当挤压力达到 200 kN 时，模组只受到了轻微的挤压，从经验来看，电芯不会发生起火、爆炸，能够满足国标的要求。

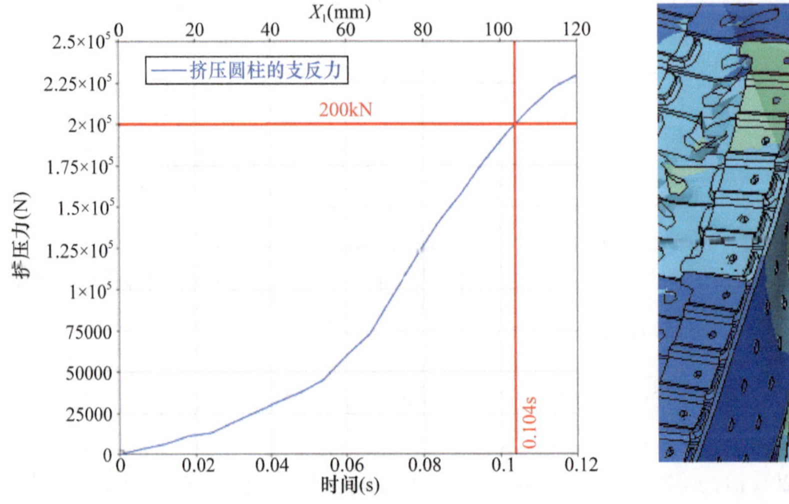

图 9-19　电池系统侧边挤压的仿真结果

9.4 热流体仿真分析

9.4.1 Pack 设计中的热流体仿真分析

Pack 设计需要保证电池始终处在一个比较舒适的温度环境（电池温度范围：15 ～ 40℃；电池之间的温差：5 ～ 10℃）下工作，从而保证整车的长寿命、良好的续航里程性能、良好的功率性能以及较短充电时间。

Pack 设计中往往会借助热流体仿真分析来辅助工程师完成 Pack 热管理系统设计，图 9-20 是 Pack 热管理系统设计的一个流程图。从流程图中可以看出：从热管理系统设计开始，到子系统设计（冷却子系统、加热子系统和保温子系统），再到零部件设计，都需要借助热流体仿真分析进行辅助设计和验证。

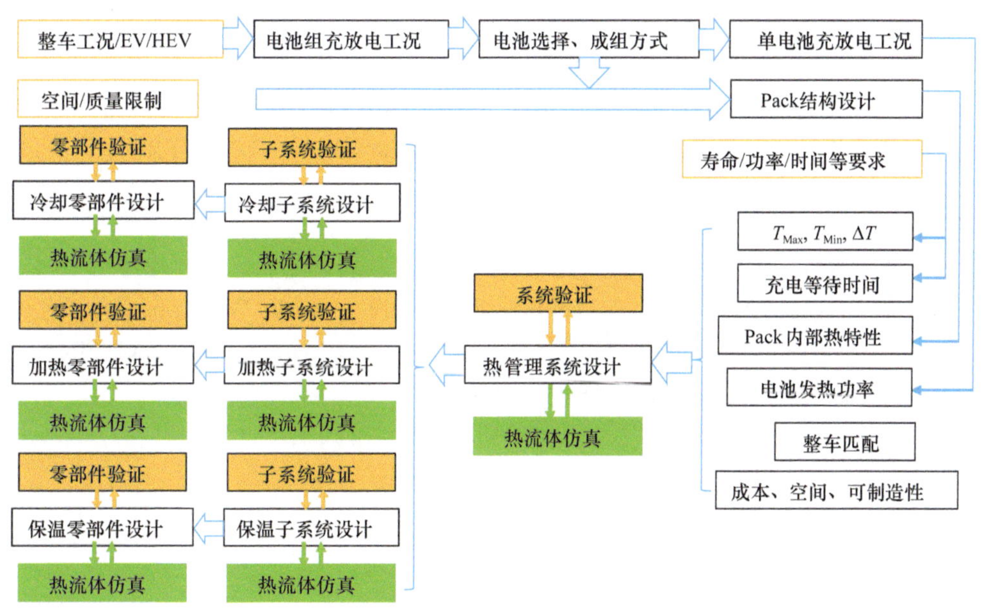

图 9-20 Pack 热管理设计流程图

在热管理系统设计阶段，可以对 Pack、模组或者电池进行热场仿真分析，并根据仿真结果快速地选择出冷却方式、加热方式和保温方式；在冷却子系统设计阶段，可以对 Pack、模组或者电池（带冷却子系统）进行热场和流场仿真分析，根据仿真结果确定冷却通道设计、冷却介质、冷却入口温度和流量以及风扇或者泵的参数等。在零部件设计阶段，以加热膜设计为例，对 Pack、模组或者电池（带加热膜）进行热场和流场仿真分析，根据仿真结果确定加热膜的安装位置和发热功率。

借助热流体仿真分析工具，大部分的 Pack 热管理设计工作和部分测试工作都可以在办公室的电脑上完成。大量的设计、制造、测试工作可以被省略，Pack 设计的成本也会大幅度下降。

9.4.2 基础知识简介和常用热流体仿真工具介绍

热流体仿真工程师需要具备相关的理论知识和工程经验。此外，仿真往往需要借助一些工具。下面对这些要求和工具做简单介绍。

1. 仿真工程师必备的知识

一个合格的 Pack 热流体仿真工程师需要具备以下三个方面的技能和经验：

1）坚实的热流体理论基础。仿真工程师需要具备完善、扎实的热流体理论知识，能对工程中的传热与流动问题进行理论分析。

2）扎实的数学功底。热流体仿真分析是将热流体物理现象抽象成数学模型，然后利用数值方法进行求解，因此要求仿真工程师具备扎实的数学功底。

3）丰富的工程实践经验。对于不同的问题能够进行合理的模型简化，简化模型能够反映实际问题，能够结合自己的工程经验对实际问题进行评估并提出解决方案。

2. 热流体仿真软件介绍

热流体仿真软件大体分为三类：前处理软件、求解器和后处理软件。

常用的前处理软件主要有 Gambit、ICEM-CFD、Ansys Workbench 等；求解器主要有 Ansys Fluent、FloEFD、FloThermal、Star CCM+、X-flow、AVL Fire 等；后处理软件主要有 Tecplot、Anasys Workbench 等。

在某些情况下，还需要仿真工程师根据实际情况编写一些仿真程序。常用的编程语言有 Fortran、Matlab、C/C++ 等。

9.4.3 热流体仿真基础理论

热流体仿真是将工程中涉及的传热和流体流动的物理现象用数学模型进行描述，然后利用数值方法对这些数学模型进行求解并得到相关的物理量（如温度、流体速度、流体压力等），进而为工程设计提供指导。

1. 传热与流体流动理论基础

（1）热传递的三种方式

导热、对流换热和辐射换热是热量传递的三种基本形式。

当物体之间直接接触时（或物体内部不发生相对运动时），依靠微观粒子（分子、原子和自由电子等）热运动而产生的热量传递称为导热。例如，在电动汽车运行过程中，Pack 内锂离子电池的温度较高，而与电池接触的模组底板温度较低，此时热量会从电池向模组底板传递，这种传热方式就是一种导热。

从微观角度来看，气体、导电固体、非导电固体和液体的导热机理是有所不同的（杨世铭和陶文铨，2006）[33]。气体中的导热是气体分子不规则热运动相互碰撞的结果。导电固体的导热是自由电子在晶格中相互碰撞的结果。非导电固体中的导热是通过晶格的振动来实现的，即一种弹性波（伊萨琴科等，1987）[14]。液体中导热机理则存在着不同的观点，一种认为与气体类似，只是情况更为复杂（Holman，2002），另一种则认为与非导电固体类似（Eckert and Drake，1972）[42-47]。

通过大量的实验证明：在导热现象中，单位时间内通过给定截面的热量，正比例于垂直于该截面方向上的温度梯度。这就是著名的傅里叶导热定律，式(9-20)是其数学描述。

$$\Phi=-\lambda A\frac{\partial T}{\partial x} \tag{9-20}$$

式中，– 表示热量传递的方向与温度升高的方向相反；Φ 为单位时间内通过截面的热量（W）；λ 为物体的导热系数［W/（m·K）］；A 为截面面积（m^2）；T 为物体温度（K）；x 为垂直于截面方向上的维度（m）。

式（9-20）描述的是某一截面导热的热流量（单位时间传递的热量称为热流量），工程中往往面对的是一个系统，如电池、模组和 Pack 等。式（9-21）所示的导热微分方程描述了系统的导热机理。

$$\rho c_p\frac{\partial T}{\partial t}=\lambda\left(\frac{\partial^2 T}{\partial x^2}+\frac{\partial^2 T}{\partial y^2}+\frac{\partial^2 T}{\partial z^2}\right)+\Phi_V \tag{9-21}$$

式中，ρ 为物体的密度（kg/m^3）；C_p 为物体的比热容［J/（kg·K）］；T 为物体的温度（K）；t 为时间（s）；λ 为物体的导热系数［W/（m·K）］；x，y，z 为笛卡儿坐标系的三个维度（m）；Φ_V 为单位体积的物体单位时间内的产热量（W/m^3）。

工程中将流体流过固体表面时热量的传递过程称为对流换热。对流换热包括导热和热对流两种现象。热对流是指由于流体宏观运动引起的冷、热流体相互掺混，进而导致的热量传递的过程。固体与流体界面（例如 Pack 中液冷板与冷却液界面）通过对流换热传递的热量可以通过牛顿冷却公式进行计算，如式（9-22）所示。

$$\Phi=hA\left(T_{\mathrm{w}}-T_{\mathrm{f}}\right) \tag{9-22}$$

式中，Φ 为单位时间内通过界面的热量（W）；h 为对流换热系数［W/（m^2·K）］；A 为固体与流体接触面面积（m^2）；T_w 为接触面固体的温度（K）；T_f 为流体的温度（K）。

前面介绍的导热和对流换热分别是由微观粒子热运动和流体宏观运动引起的，这两种热传递方式只在有物质存在的条件下才能实现。接下来要介绍的辐射换热则是由物质的电磁波运动引起的热量传递过程。辐射换热可以在真空中进行。

热辐射是由于热的原因而产生的电磁波辐射现象，热辐射的电磁波是由于物体内部微观粒子热运动的状态改变而激发出来的。自然界中的各个物体都在不停地向空间散发出辐射热，同时又在不停地吸收其他物体散发出的辐射热，这种在物体表面之间由辐射与吸收综合作用下完成的热量传递就是辐射换热（杨世铭等，2006）[351-352]。

（2）流体动力学控制方程

流体力学研究的是流体的宏观平衡和运动规律。在流体力学中，假设组成流体的最小物质实体是流体质点，流体是由无限多个流体质点连绵不断地组成，质点之间不存在间隙，流体的温度、密度和压力是组成流体质点的微观粒子的宏观统计平均（景思睿等，2001）[1-2]。

描述流体动力学机理的数学模型可以通过最基本的物理原理推导出来：通过质量守恒定律可以推导出连续性方程；通过牛顿第二定律（动量守恒定律）可以推导出动量方程；通过能量守恒定律可以推导出能量方程。

对于一个流体微元，质量守恒定律可以解释为单位时间内流体微元质量的增量等于通过流体微元边界流入的净质量。其数学描述可以表示成式（9-23）。

$$\frac{\mathrm{D}\rho}{\mathrm{D}t}+\rho\left(\frac{\partial u}{\partial x}+\frac{\partial v}{\partial y}+\frac{\partial w}{\partial z}\right)=0 \tag{9-23}$$

式中，ρ 为流体的密度（$\mathrm{kg/m^3}$）；t 为时间（s）；x，y，z 为笛卡儿坐标的三个维度（m）；u 为流体在 x 方向上的分速度（m/s）；v 为流体在 y 方向上的分速度（m/s）；w 为流体在 z 方向上的分速度（m/s）。

动量守恒定律可以解释为流体微元动量随时间的变化率等于流体微元所受外力之和。其数学描述可以表示成式（9-24）。

x 方向动量方程：

$$\begin{aligned}&\rho\left(\frac{\partial u}{\partial t}+u\frac{\partial u}{\partial x}+v\frac{\partial u}{\partial y}+w\frac{\partial u}{\partial z}\right)=\\&-\frac{\partial p}{\partial x}+\frac{\partial \tau_{xx}}{\partial x}+\frac{\partial \tau_{yx}}{\partial y}+\frac{\partial \tau_{zx}}{\partial z}+\rho f_x\end{aligned} \tag{9-24a}$$

y 方向动量方程：

$$\rho\left(\frac{\partial v}{\partial t}+u\frac{\partial v}{\partial x}+v\frac{\partial v}{\partial y}+w\frac{\partial v}{\partial z}\right)=
-\frac{\partial p}{\partial y}+\frac{\partial \tau_{xy}}{\partial x}+\frac{\partial \tau_{yy}}{\partial y}+\frac{\partial \tau_{zy}}{\partial z}+\rho f_y \tag{9-24b}$$

z 方向动量方程：

$$\rho\left(\frac{\partial w}{\partial t}+u\frac{\partial w}{\partial x}+v\frac{\partial w}{\partial y}+w\frac{\partial w}{\partial z}\right)=
-\frac{\partial p}{\partial z}+\frac{\partial \tau_{xz}}{\partial x}+\frac{\partial \tau_{yz}}{\partial y}+\frac{\partial \tau_{zz}}{\partial z}+\rho f_z \tag{9-24c}$$

式中，p 为流体的压力（Pa）；τ_{ab} 为作用在 a 平面上指向 b 方向的应力（Pa）；f_x 为作用在流体上的体积力在 x 方向上的分加速度（m/s^2）；f_y 为作用在流体上的体积力在 y 方向上的分加速度（m/s^2）；f_z 为作用在流体上的体积力在 z 方向上的分加速度（m/s^2）。

能量守恒定律可以解释为流体微元内能量的增加率等于进入流体微团的净热量加上体积力和表面力对流体微元做的功。其数学描述可以表示成式（9-25）。

$$\rho\frac{\mathrm{D}}{\mathrm{D}t}\left(e+\frac{\vec{v}^2}{2}\right)=\rho q+\lambda\frac{\partial^2 \mathrm{T}}{\partial \mathrm{x}^2}+\lambda\frac{\partial^2 \mathrm{T}}{\partial \mathrm{y}^2}+\lambda\frac{\partial^2 \mathrm{T}}{\partial \mathrm{z}^2}-\frac{\partial(up)}{\partial x}
-\frac{\partial(vp)}{\partial y}-\frac{\partial(wp)}{\partial z}+\frac{\partial(u\tau_{xx})}{\partial x}+\frac{\partial(v\tau_{yy})}{\partial y}+\frac{\partial(w\tau_{zz})}{\partial z}+\frac{\partial(u\tau_{yx})}{\partial y}
+\frac{\partial(u\tau_{zx})}{\partial z}+\frac{\partial(v\tau_{xy})}{\partial x}+\frac{\partial(v\tau_{zy})}{\partial z}+\frac{\partial(w\tau_{xz})}{\partial x}+\frac{\partial(w\tau_{yz})}{\partial y}+\rho\vec{f}\vec{v} \tag{9-25}$$

式中，e 为流体的内能（J）。

（3）边界条件

式（9-20）至式（9-25）表述的控制方程适用于所有的流体流动与传热问题。各个不同过程之间的区别是由初始条件和边界条件决定的，控制方程及其初始条件和边界条件构成了对一个物理过程的完整数学描述（陶文铨，2001）[6]。

在求解控制方程过程中，初始时刻的物理量（速度、温度、压力和密度等）分布必须是已知的，这就是所谓的初始条件。求解稳态问题时，不需要初始条件。

边界条件是指在求解域的边界上给定未知函数或者未知函数一阶导数的值。边界条件的种类有多种多样，但大体可分为三类：第一类边界条件给定了未知函数在边界上的数值；第二类边界条件给定了未知函数在边界外法线方向上的导数值；第三类边界条件给定了未知函数与边界外法线方向导数的线性组合。

2. 偏微分方程的离散方法

9.4.3.1 已经将热流体的物理现象进行了数学描述。从中可以看出，用于描述热流体物理现象的数学方程主要是由偏微分方程组成。解析方法只能求解少数简单的热流体偏微分方程。在大多数情况下，求解热流体偏微分方程需要采用数值方法。在求解之前需要把偏微分形式的控制方程组变成离散方程组。常见的离散方法有三种：有限容积法、有限差分法和有限单元法。

（1）有限容积法（Finite Volume Method，FVM）

有限容积法先将计算区域划分成一系列不重复的控制体积（网格），并使每个网格点周围有一个控制体积；之后将偏微分方程对每一个控制体积积分，进而建立起以网格节点函数值为未知数的一组离散方程。为了求出控制体积的积分，必须假定未知函数在网格点之间的变化规律。

有限容积法的基本思路易于理解：与未知函数（密度、浓度、电荷量、速度和温度等）相关的物理量（物质、动量和能量等）在有限大小的控制体积中的守恒，近似于微分方程表示与未知函数相关的物理量在无限小的流体微团上守恒一样。有限容积法得出的离散方程，要求未知函数的积分守恒对任意一组控制体积都得到满足，对整个计算区域自然也得到满足。

（2）有限差分法（Finite Difference Method，FDM）

在介绍有限差分法之前，先介绍一下差分的概念。

图 9-21 所示的是一个一维坐标系，x 方向上有三个点（i-1、i 和 i+1），三个点之间的间距均为 Δx。假设函数 ϕ 在这三个点的值已知，且分别为 ϕ（i-1）、ϕ（i）和 ϕ（i+1），则函数 ϕ 在 i 点的一阶导数与二阶导数可分别近似成式（9-26）和式（9-27）。这种利用函数值来近似导数的方法称为差分。

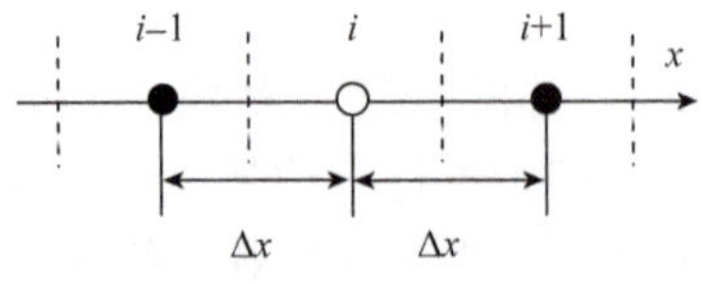

图 9-21　差分示意图

$$\left.\frac{\partial\phi}{\partial x}\right|_i \approx \frac{\phi(i+1)-\phi(i-1)}{2\Delta x} \tag{9-26}$$

$$\left.\frac{\partial^2\phi}{\partial x^2}\right|_i \approx \frac{\phi(i+1)-2\phi(i)+\phi(i-1)}{\Delta x^2} \tag{9-27}$$

有限差分法先对连续的计算域进行网格剖分，然后在网格节点上把控制方程中的导数用节点函数值的差分格式来代替，进而建立起以网格节点函数值为未知数的一组离散方程。

（3）有限单元法（Finite Element Method，FEM）

有限元方法先将计算域分割成有限多个互不重叠的单元，在每个单元内选择一个合适的节点作为求解函数的插值点，将微分方程中的变量改写成由各变量或其导数的节点值与所选用的插值函数组成的线性表达式，然后借助变分原理或加权余量，进而建立起一组离散方程。

3. 离散方程组的求解

通过 FVM、FDM 或 FAM 将热流体的控制方程离散之后，得出的离散方程都可以表示成式（9-28）所示的形式。

$$\boldsymbol{A\phi}=\boldsymbol{b} \tag{9-28}$$

式中，$\boldsymbol{A}$ 为系数矩阵；$\boldsymbol{\phi}$ 为待求的未知量（密度、速度和温度等）矩阵；$\boldsymbol{b}$：广义源项矩阵。

一般采用数值方法求解式（9-28）所示的离散方程组。常用的方法有 Jacob 迭代法、Gauss 消元法、TDMA、ADI 和共轭梯度法等方法（陶文铨，2001）[263-325]。

9.4.4 热流体仿真实例分析

热流体仿真分析主要应用于电池系统热管理设计中，帮助设计工程师进行热管理方案选择及热管理设计优化。

在设计冷却系统时，可以先对 Pack、模组或者电芯在不同冷却方式（自然冷却、强制风冷、液冷或者制冷剂直冷）下运行整车厂指定工况的情形进行热流体仿真，并得出电池温度与温差数据，据此初步选择合理的冷却方式。在强制风冷设计时，根据热流体仿真分析得出系统所需要的冷风温度和流量之后，可以对系统进行流体仿真并得出系统的流阻，然后根据流阻选择合适的风扇。在加热膜设计时，可以对不同安装位置和不同发热功率的情形进行热流体仿真，并得出电池升温速率和加热膜干烧温度，然后据此设计出合理的加热膜。在 Pack 设计过程中，可以对 Pack 进行热失控（三元电池）热流体仿真分析，并根据仿真结果设计隔热方案和防爆方案。

本节将介绍几则常规工况下的 Pack 热流体仿真分析案例。对于极限工况（热失控）下的 Pack 热流体仿真分析，可以参考常规工况下的热流体仿真分析案例。

1. 冷却系统设计的热流体仿真分析

电池系统在运行过程中产生的热量会使电池温度升高，通常需要采用冷却设计使电池温度和温差不超过一定值。常用的冷却方式有自然冷却、强制风冷、液冷和制冷剂直冷等方式。可以借助热流体仿真分析选择出合理的冷却方式。

图 9-22 所示为某 EV Pack 的结构图，整个 Pack 由 12 个模组组成。整车厂要求 Pack 在 40℃环境温度下运行某工况（电池单体以 0.5 C 倍率从 70%SOC 放电至 20%SOC）时，电池的最高温度≤ 45℃，电池之间的最大温差≤ 5℃。

图 9-22　某 EV Pack 结构图

明确设计需求之后，就可以开展冷却方式的选型工作。首先，根据整车厂提供的工况进行测试，获取电池的发热特性；然后，对电池、模组或者 Pack 在自然冷却、强制风冷、液冷和制冷剂直冷等几种冷却条件下运行整车厂指定工况时的热场分布进行仿真分析，并提取出电池的最高温度和最大温差数据；最后，对比分析几种不同冷却情况下的热流体仿真结果，并结合可制造性和成本等因素选择出合理的冷却方式。

本则案例以模组为对象进行热流体仿真分析。图 9-23 所示为自然冷却方式下运行整车厂指定工况时模组的热流体仿真结果。图 9-23（a）所示为模组的仿真模型，图 9-23（b）所示为通过仿真分析得出的模组温度分布云图。图 9-24 所示为根据仿真结果提取出来的电池温度和电池之间的温差随时间变化的数据。

热流体仿真分析的结果表明：模组在运行完指定的工况之后，内部电池的最高温度＜ 43℃，电池之间最大温差＜ 0.35℃，满足设计要求，可以初步选择自然冷却方式。

有一点需要加以说明：本则案例并没有对比自然冷却、强制风冷、液冷和制冷剂直冷情况下的仿真结果，就初步选择了自然冷却方式，这是因为现有的仿真结果显示，选择自然冷却这种散热效率低的方式就可以满足设计要求。

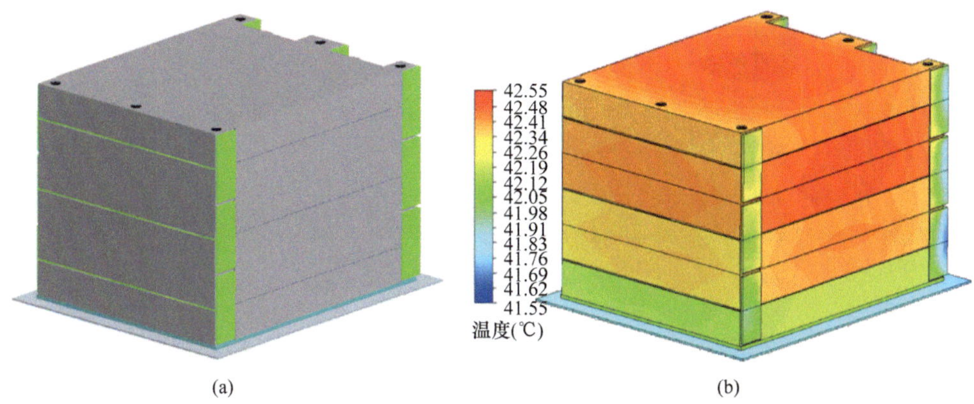

图 9-23　某 EV Pack 热流体仿真分析结果

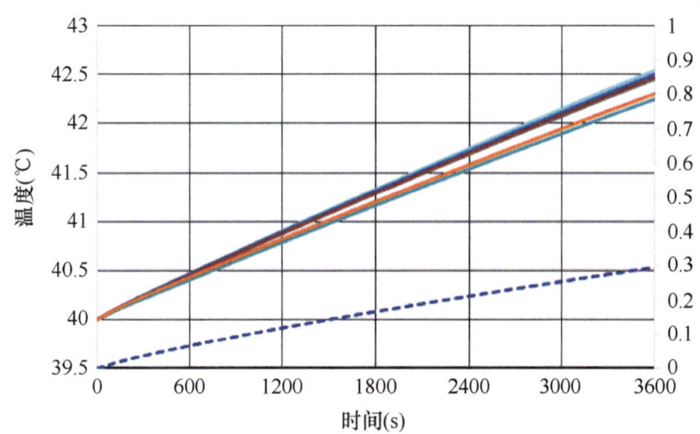

图 9-24　电池温度和电池温差随时间变化的曲线

2. 强制风冷系统设计中的风扇选型

在强制风冷系统设计过程中，除了设计冷却风道，还需要选择合适的风扇。以某 EV Pack 强制风冷系统设计为例，系统要求所选用的风扇能够提供足够的升力以保证系统有 0.06 kg/s 的冷却流量。

工程师可以借助热流体仿真分析选择出合适的风扇。首先，对冷却风道进行流场分布的仿真，并提取出冷却风道的风阻特征曲线；然后将风阻特征曲线与风扇的压力 - 流量曲线（即 p-Q 曲线）进行对比，结合风扇尺寸、重量、噪声、功耗和成本等因素选择出合适的风扇。

图 9-25 中蓝色虚线所示的是根据冷却风道流场分布仿真结果提取出来的风阻特征曲线，图 9-25 中彩色实线所示的是某风扇供应商提供的同一系列不同型号风扇的 p-Q 曲线。将风阻特征曲线与风扇 p-Q 曲线进行对比的结果表明：只有

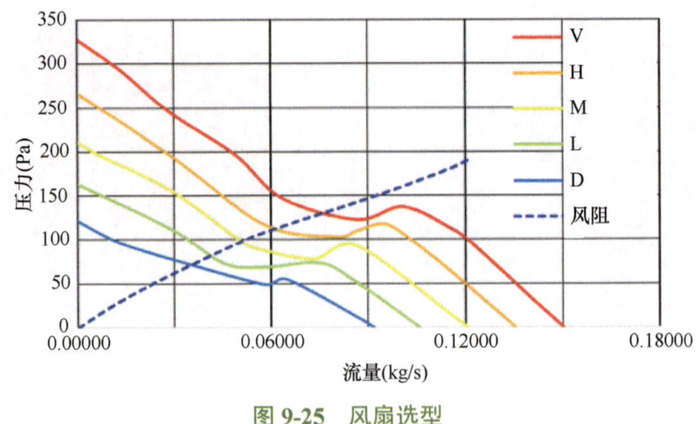

图 9-25　风扇选型

H 和 V 两种型号的风扇才能满足强制风冷系统对风扇升力的要求，因此可以根据实际情况在 H 和 V 型号的两种风扇中选择其一。

3. 加热膜选型设计

当锂离子电池遇到低温环境时，其放电功率会下降，此外为了控制低温析锂现象，锂离子电池低温充电功率也会受到比较大的限制，因此有必要将低温环境下的电池加热到适当的温度，从而保证其有足够的充 / 放电功率。在众多的电池加热方式中，加热膜是较为常见的一种，本则案例也以加热膜选型设计为对象进行阐述。在加热膜选型设计过程中，热管理设计工程师需要根据客户对电池升温速率和加热膜干烧温度的要求，选择合适的加热膜安装位置和加热膜发热功率。

图 9-22 所示的某 EV Pack 要求使用加热膜对低温环境下的电池进行加热，并要求将电池从 –20℃加热到 10℃，电池升温速率≥ 0.2℃ /min，加热膜的干烧温度＜ 75℃。

在明确设计需求之后，首先对加热膜不同安装位置和不同发热功率情况下的模组或 Pack 进行热场分布的仿真，然后从仿真结果中提取出电池升温速率和加热膜干烧温度与加热膜安装位置和发热功率关系的数据，最后根据整车厂对电池升温速率和加热膜干烧温度的要求，结合实际情况选择合适的加热膜安装位置和发热功率。

由于 Pack 结构设计的限制，本则案例中的加热膜安装位置已经确定，如图 9-26（a）所示，其中红色几何实体为加热膜。

本则案例同样以模组为对象进行热流体仿真分析。图 9-26 所示为某加热膜热流体仿真的结果，图 9-26（b）所示为模组温度分布云图（加热膜发热功率为 50 W，加热 117 min 后的温度分布）。图 9-26（a）所示为仿真模型，图 9-27 所示的是电池升温速率和加热膜干烧温度随加热膜功率变化的曲线，其中绿色实线所

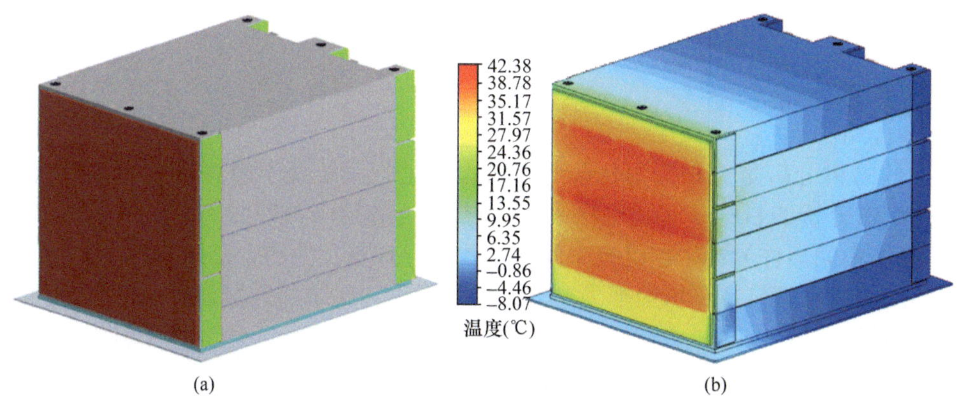

图 9-26　某 EV Pack 加热膜热流体仿真分析结果

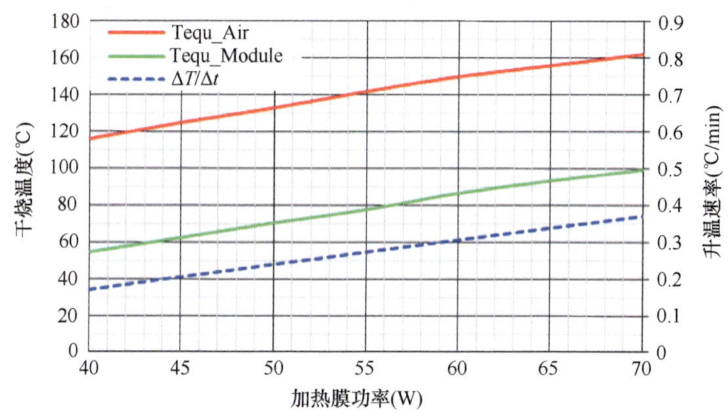

图 9-27　加热膜设计参数随加热膜发热功率变化的曲线

示的是加热膜贴模组时加热膜的干烧温度，蓝色虚线所示的是电池的升温速率。

仿真分析结果表明：当加热膜发热功率为 50 W 时，电池的升温速率为 0.23℃ /min，加热膜干烧温度为 70℃，满足设计要求，可以初步确定加热膜发热功率为 50 W。

9.5　故障树分析

相对于归纳式的系统分析方法（如 FMEA），故障树分析（FTA）是一种演绎式的分析方法。在安全分析和设计过程中，灵活地使用 FTA，不仅能对产品设计中的故障进行辨识和评估，分析出故障的各种原因，同时也可以作为一种设计验证手段，以表明设计的符合性。

9.5.1 基本概念

故障树分析是一种图形化演绎方法，它是把系统最不希望发生的故障状态作为逻辑分析的目标（即顶事件），继而找出导致这一故障状态发生的所有可能原因（即中间事件），再根据这些中间事件找出导致其发生的直接原因（即底事件）。用相应的代表符号及逻辑门把顶事件、中间事件和底事件连接成树形逻辑图，即为故障树。

通常来说，故障树所用的符号可以分为三类：事件符号、逻辑符号和转移符号，见表 9-14。

表9-14 故障树符号

事件符号			
1		顶事件	顶事件是故障树分析中所关心的结果事件
2		中间事件	中间事件是位于顶事件和底事件之间的结果事件
3		基本事件（底事件）	基本事件，是分析中无需探明其发生原因的事件
4		未探明事件	未探明事件，即原则上应进一步探明其原因，但暂时不必或暂时不能探明其原因的事件。它又代表省略事件，一般表示那些可能发生，但概率值微小的事件，或者对此系统到此为止不需要再进一步分析的故障事件，这些故障事件在定性分析中或定量计算中一般都可以忽略不计
逻辑符号			
5		与门	与门表示仅当所有输入事件发生时，输出事件才发生
6		或门	或门表示至少一个输入事件发生时，输出事件就发生
转移符号			
7	（子树代号字母数字）	相同转移符号	表示“下面转到以字母为代号所指的子树中去”

9.5.2 定性分析与定量分析

一般的 FTA 分析流程如图 9-28 所示。

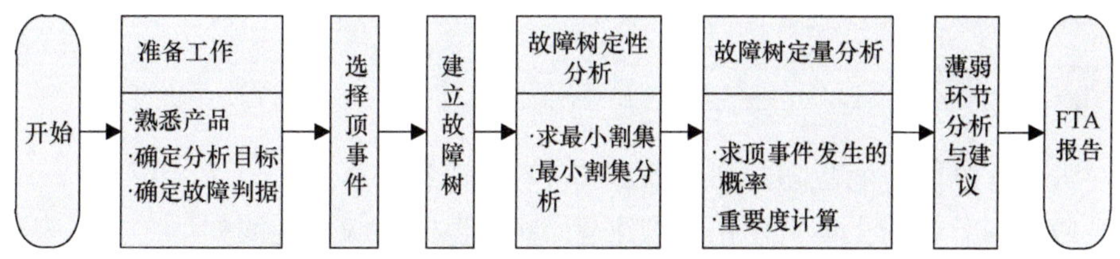

图 9-28 故障树分析基本流程

1. 故障树的定性分析

故障树定性分析的目的在于寻找导致顶事件发生的原因事件及原因事件的组合，即识别导致顶事件发生的所有故障的集合，帮助分析人员发现潜在的故障，发现设计的薄弱环节，以便改进;还可用于事后故障的原因分析，以指导故障诊断，改进使用和维修方案。定性分析的主要工作在于寻找故障树的割集和最小割集。

所谓割集，就是故障树中一些底事件的集合，当这些底事件发生时，顶事件必然发生；最小割集是引起顶事件发生的最低限度的割集，它是顶事件发生的充分条件，有几个最小割集，顶事件就有几个发生的途径。因此，一个系统的最小割集数越少越安全，因为最小割集越少说明能引起系统故障的方式就越少；而最小割集中的基本事件数则越多越安全，则因为对一个最小割集来说，只有它所含有的基本事件全部发生才能导致系统发生故障，通常所有事件同时发生的概率非常小。

通常，最小割集的求解包括两部分：首先，求出故障树的所有割集，主要方法有行列法、矩阵法、布尔代算法等；其次，要从所得出的割集中得出最小割集，主要方法有质数代入法、布尔代数吸收简化法。目前，对于最小割集的求解，一般的 FTA 软件均能够直接给出，而不需要手工一一推算。

行列法求解最小割集的基本原则是："或门"增加最小割集的个数，"与门"增加最小割集的内容。

2. 故障树的定量分析

故障树定量分析的主要任务是在底事件相互独立和已知其发生概率的条件下，计算顶事件发生的概率和底事件重要度等定量指标。这里，着重对顶事件发生的概率进行分析。

理论上应当对所有的最小割集取交集来计算顶事件发生的概率。在工程实际中，一般来说，底事件发生的概率较小，顶事件发生概率可以近似等于各最小割集（以 K_i 示）发生概率之和，即：

$$P(T)=P(K_1\cup K_2\cup\cdots\cup K_N)\approx\sum_{i=1}^{N}P(K_i)$$

9.5.3 案例分析

涉及产品安全的故障，都应当对其进行故障树分析。

故障树分析的主体工作在于构建故障树，其具体流程说明如下：

1）将顶事件作为输出事件，分析导致顶事件发生的所有直接原因事件，并将它们作为下一级输入事件；建立这些输入事件与输出事件之间的逻辑门关系，并画出输出事件与输入事件之间的故障树图。

2）依此类推，将这些下一级事件作为输出事件进行展开，直到所有的输入事件都为基本事件（底事件）时停止（底事件的确定要根据企业自身解决能力确定)，至此初步的故障树建立完毕。

3）对故障树中的事件建立定义和表达符号，利用符号取代故障树中的事件文字描述，利用转移符号简化故障树，实现故障树的规范化表达。

上述建树的基本原则和流程可根据实际需求进行调整。

这里以“电芯过压保护失效”为故障树分析的顶事件，阐述定量分析验证。通常，故障树的定量分析在电子电路设计分析中应用得更多。此外，对 ASIL C 和 ASIL D 的安全目标，ISO 26262 标准强烈推荐进行 FTA 分析。

以动力电池系统“电芯过压保护失效”为例，为便于理解，将保护系统简化为图 9-29 所示功能框图。

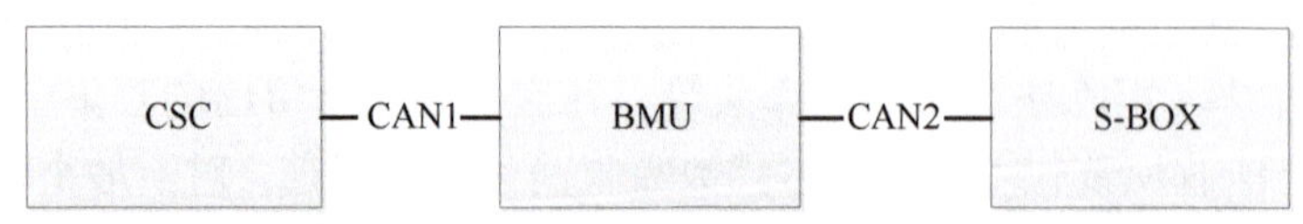

图 9-29 保护系统功能框图

CSC：Cell Supervision Circuit，电芯监控单元；BMU：Battery Management Unit，电池管理单元；S-Box：Switch-Box，高压关断单元；CAN1、CAN2 分别负责 CSC 与 BMU、BMU 与 S-Box 之间的通信

电芯过压保护的基本原理是，由 CSC 对电芯电压进行采样，将数据传递给 BMU 进行处理，判断电压是否超过规定阈值，S-Box 根据接收到的 BMU 指令执行高压的关断。

顶事件是“电芯过压保护失效”，即当有电芯发生过压时，执行机构 S-Box 没有关断高压。S-Box 没有执行关断动作，有两种可能原因：一是 S-Box 收到了正确的指令，但自身故障导致未执行关断；二是 S-Box 收到了错误的指令，正确地执行了指令。

进一步分析中间事件“S-Box 收到了错误的指令”，由功能框图可以看出，有两种可能原因会直接导致此事件发生：一是 CAN2 故障，使正确的指令在传输中发生了错误；二是 CAN2 没有发生故障，而 BMU 向 CAN2 发出了错误的指令。

按此思路，对 CSC － CAN1 － BMU 的功能部分进行分析，可得出余下的中间事件和底事件，具体见图 9-30。

由图 9-30 可以看出“电芯过压保护失效”故障树，每一层级均有两个事件，且中间层级都由一个底事件（右侧）和一个中间事件（左侧）构成，建树完成后能够很清晰地看出斜坡箭头线上的各事件即为底事件。再根据每个层级的逻辑门类型（“或门”），可快速推断出每个底事件就是一个最小割集。

本书将这种方法称之为“二分法”。这种方法特别适合于非零部件级故障树构建，可以避免遗漏致因因子。在具体运用时，主要在于把握对故障的分类思路，可参考 DIN 25242 对系统故障的分类，如图 9-31 所示。

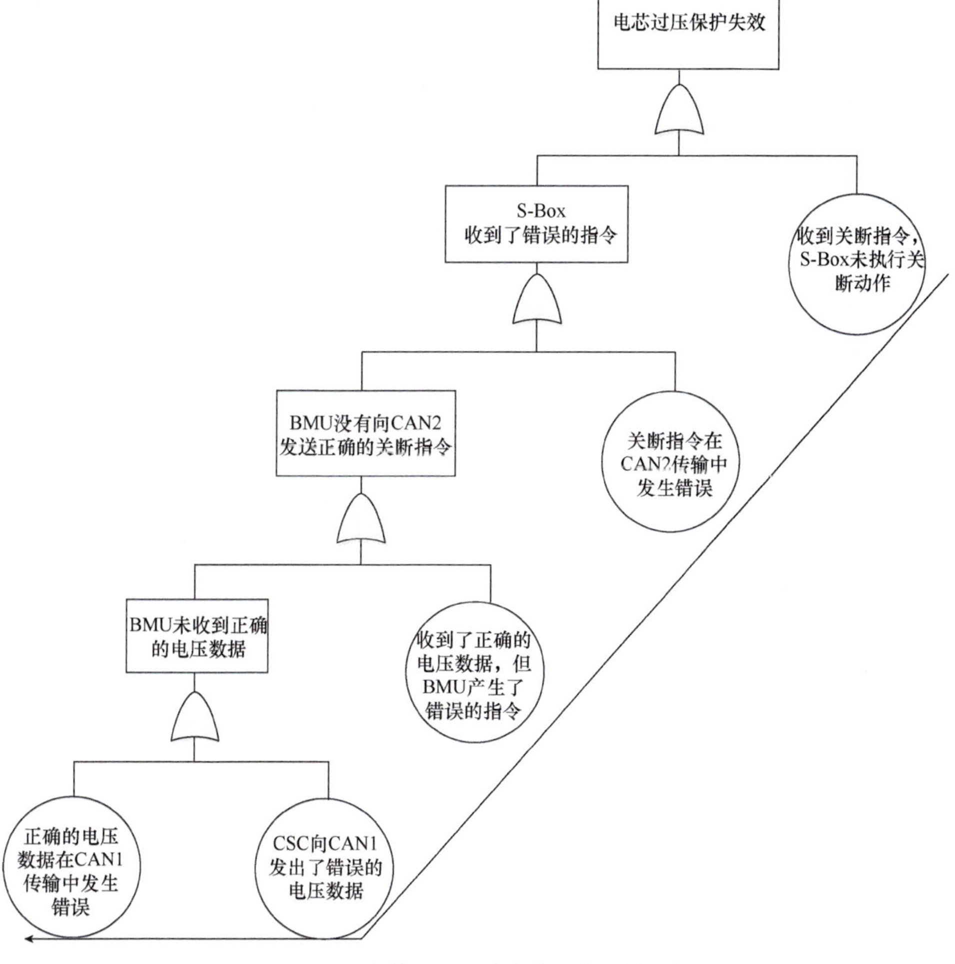

图 9-30 “电芯过压保护失效”故障树示例

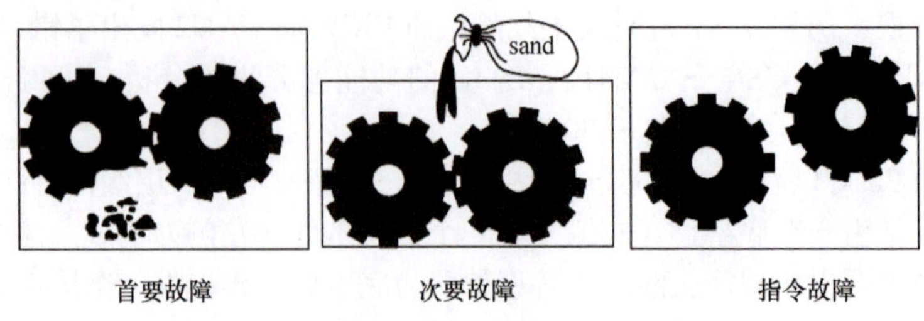

图 9-31 DIN 25242 中系统故障的分类

DIN 25242 将故障分为三类。其中，首要故障（primary failure）指由自身缺陷所引起的零部件故障，如“收到关断指令，但 S-Box 未执行关断动作”；次要故障（secondary failure）指由周围环境或不当操作所导致的零部件故障，该故障仅对开放式的系统存在；指令故障（command failure）指零部件功能正常，而由错误的指令或指令缺失所引起的故障，如“S-Box 收到了错误的关断指令”。

作为 ISO 26262 所推荐的一种安全设计分析与验证方法，在进行功能安全设计中，FTA 可以：①有助于分析哪些条件或因子会违反安全目标；②进行 ASIL 分解，以及残余失效率分配和验证；③有助于确定对故障或失效的应对措施。

结合上例，假定安全目标为“电芯过压情况下，系统应在 XX 时间内断开高压”，其相关参数要求为下：

ASIL 等级：C

容错时间（FTT）：T

残余失效率（RF）：λ

由故障树图可知，所有最小割集均是会造成违反此安全目标的因子，参数的分配如图 9-30 所示。

利用故障树对以上参数分配或验证时，应遵循的规则如表 9-15 所示。分配是一个自上而下（Top-Down）的正向设计思路，参数的设计应在规则条件下，考虑技术复杂性及成本等方面，与各功能模块设计人员反复讨论，并非一蹴而就。验证是一个自下而上（Bottom-Up）的论证过程，以向客户说明当前的设计满足以及如何满足其需求。

表9-15 FTA在安全目标分配或验证时的规则

逻辑符号	ASIL	容错时间（FTT）	残余失效率（RF）
或门	遵循 ASIL 分解规则	$T_1+T_2 \leqslant T$	$\lambda_1+\lambda_2 \leqslant \lambda$
与门	继承上一级	Max（T_1，T_2）$\leqslant T$	$\lambda_1 \cdot \lambda_2 \leqslant \lambda$

最后，由故障树图 9-32 可以看出，电芯过压保护设计方案存在单点失效，如果不能满足安全目标的参数要求（如残余失效率），则可以采取两种应对措施：

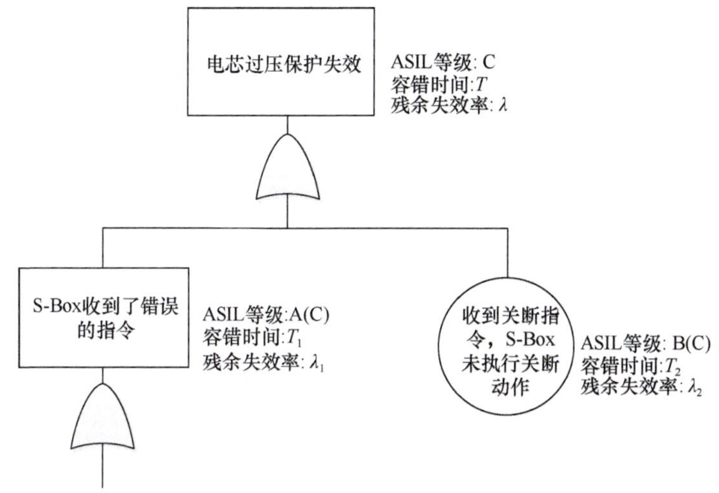

图 9-32　FTA 在安全目标参数分配和验证的应用示例

①引入“与门”，即进行冗余设计，如传输过程增加硬线方案；②选用更好的零部件，降低底事件的失效率。

主要参考文献

冯毅. 2008. 锂离子电池数值模拟研究[D]. 上海: 中国科学院上海微系统与信息技术研究所.

景思睿, 等. 2001. 流体力学[M]. 西安: 西安交通大学出版社.

纽兰D E. 1974. 随机振动与谱分析[M]. 方同, 黄嘉璜, 等译. 北京: 机械工业出版社.

欧贺国, 方献军, 等. 2013. RADIOSS理论基础与工程应用[M]. 北京: 机械工业出版社.

陶文铨. 2001. 数值传热学[M]. 第2版. 西安: 西安交通大学出版社.

杨世铭, 陶文铨. 2006. 传热学[M]. 第4版. 北京: 高等教育出版社.

伊萨琴科, 等. 1987. 传热学[M], 王丰, 等译. 北京: 高等教育出版社.

曾声奎, 王自为. 2011. 可靠性设计与分析[M]. 北京: 国防工业出版社.

Bertsche B. 2008. Reliability in Automotive and Mechanical Engineering [M]. Berlin: Springer-Verlag.

Eckert E R G, Drake R M. 1972. Analysis of Heat and Mass Transfer [M]. Tokyo: McGraw-Hill Kogagusha Ltd.

GB/T 31467.3—2015. 电动汽车用锂离子动力蓄电池系统和系统　第3部分：安全性要求与测试方法[S]. 中国国家标准化管理委员会，2015.

Holman J P. 2002. Heat Transfer [M]. 7th Ed. New York: McGraw-Hill Book Company.

10

国内外锂动力电池法规和标准体系

本章导读

- 新能源汽车行业的健康与快速发展离不开法规与标准的支持，作为锂动力电池系统的从业人员，理解与把握各国家 / 地区的法规与标准要求，对产品的研发与销售至关重要。
- 本章从法规、标准两个层面，对国际、欧盟、美国与中国的锂动力电池系统相关标准法规进行了全面介绍，对应用与影响较广泛的 FMVSS 305、ECE R100、IEC 62660 和 ISO 12405 进行了详细解读。
- 随着 2015 年我国新能源汽车行业一系列新国标的颁布与执行，快速理解和掌握新旧国标间的区别亟需解决。为此，本章对 GB/T 31484 ～ GB/T 31486 与 QC/T 743—2006，及 GB/T 18384.1—2015 与 GB/T 18384.1—2001 进行了全方位对比，并对 GB/T 31467-1/-2/-3 做了全面分析。

10.1 世界汽车技术法规概述

当前，世界上主要的汽车法规有美国汽车法规、欧洲汽车法规和日本汽车法规三大汽车法规体系。此外，中国、加拿大、澳大利亚、新加坡等国家都有自己的汽车法规，但这些法规基本上都是参照美国法规或欧洲法规再结合本国具体情况制订的。

1. 美国汽车法规体系

美国车辆法规主要包括汽车安全技术法规（FMVSS）、汽车环保技术法规、汽车节能技术法规和汽车防盗技术法规。

以上法规是美国联邦政府根据国会通过的有关法律，如《国家交通及机动车安全法》《机动运载车法》《机动车情报和成本节约法》《噪声控制法》《大气污染防治法》及《机动车辆防盗法实施令》等为依据，分别授权美国运输部（DOT）和环境保护署（EPA）所制定并实施的。

其中，美国汽车安全技术法规（FMVSS）是目前国际上汽车安全技术法规的三大主要体系之一，在全球范围内具有深远影响。近年来已有越来越多的国家逐步参照美国的 FMVSS 修改或替换自己本国原有的技术法规。

2. 欧洲汽车法规体系

欧洲各国除有自己国家的汽车法规外，主要有两个地区性汽车法规，分别是联合国欧洲经济委员会（ECE）制定的汽车技术法规和欧洲经济共同体（EC）制定的指令。EC 指令具有强制性，成员国必须遵守，ECE 法规则是非强制性的，各国自愿选用。

EC 型式批准指令涉及整车、系统和零部件的技术要求，它是根据原欧洲经济共同体 1957 年签订的基本法律《罗马条约》以及 1991 年欧盟成立时通过的《马斯特里赫特条约》进行制定和实施的。现行框架指令 2007/46/EC 不仅列出了系列独立的 EC 技术指令，而且也给出了等效的 ECE 法规。

ECE 法规是以联合国欧洲经济委员会于 1958 年签订的《1958 年协定书》为依据进行制定和实施的，其内容与 EC 指令基本相同，但部分内容领先于 EC 指令，尤其在关键条款修改和制定方面。ECE 法规体系是目前国际上最具影响力的技术法规，不仅被《1958 年协定书》缔约方所采用，也得到许多非缔约方的承认和采用。

3. 日本汽车法规体系

日本的汽车技术法规以《道路运输车辆法》《大气污染控制法》《噪声限制法》

《能源综合利用法》为法律基础，由日本国土交通省负责制定，主要包括两方面，一是道路车辆安全法规，内容涉及对机动车辆、摩托车、轻型车辆的安全、排放法规要求，二是技术标准和型式认证试验规程（TRIAS）。

由于日本的汽车工业以出口为主，因此日本汽车企业执行的标准法规大多为美国 FMVSS 法规和欧洲 ECE 法规。在 1998 年加入《1958 年协定书》后，日本积极开展与欧洲 ECE 法规的协调工作，并逐步向 ECE 法规靠拢，因此日本汽车技术法规作为国际三大典型汽车技术法规体系的特点正在不断地弱化。

4. 中国汽车法规体系

我国目前还没有国际通用的汽车技术法规，强制性标准是我国较为系统的技术法规表现形式。

此外，我国参照 ECE 法规体系建立了中国汽车技术法规体系（CMVDR），作为中国汽车产品车型认证的技术依据。

10.2 与锂动力电池相关的主要技术法规解读

近年来，新能源汽车在各国家和地区的快速发展，促使世界主要汽车技术法规针对新能源汽车进行了相应的增补和修订，如美国汽车安全技术法规 FMVSS 305，欧盟 ECE R100、ECE R94、ECE R95、2006/66/EC 等。对于锂动力电池的研发人员来说，应该充分理解这些对电动汽车整车或电池系统本身的法规，以指导自己的产品开发。下面，我们就对与锂动力电池安全相关的主要技术法规进行分析和解读。

- FMVSS 305 Electric-powered vehicles：Electrolyte spillage and electrical shock protection（电动汽车：电解液溢出及电击防护）；
- ECE R100 Uniform provisions concerning the approval of vehicles with regard to specific requirements for the electric power train（关于机动车型式批准中电驱动系统特殊要求的统一规定）；
- ECE R12 Uniform provisions concerning the approval of vehicles with regard to the protection of the driver against the steering mechanism in the event of impact（关于就碰撞中防止转向机构伤害驾驶员方面批准车辆的统一规定）；
- ECE R94 Uniform provisions concerning the approval of vehicles with regard to the protection of the occupants in the event of a frontal collision（关于车辆正面碰撞乘员保护认证的统一规定）；
- ECE R95 Uniform provisions concerning the approval of vehicles with regard to the protection of the occupants in the event of a lateral collision（关于车

辆侧面碰撞乘员保护认证的统一规定）。

10.2.1 FMVSS 305 电动汽车：电解液溢出及电击防护

FMVSS 305 是美国汽车安全技术法规中唯一针对电动汽车所制定的，它规定了电动汽车在碰撞中和碰撞后的安全要求，包括电解液溢出、动力电池系统位置保持和电气安全。

FMVSS 305 要求电动汽车在前碰、侧碰、后碰，以及随后的静态翻滚中满足：

1）电解液泄漏。从动力电池泄漏到乘员舱的电解液不超过 5 L，不得有电解液溢出到乘员舱内。

2）动力电池系统位置保持。动力电池系统至少应通过一个紧固点、支架或其他结构件使电池系统保持在安装位置，位于乘员舱外的电池系统不得进入乘员舱。

3）电气安全。以下条款应满足其一：

（a）绝缘阻值：应大于或等于

- 500 Ω/V（对交流高压部件）；
- 500 Ω/V（对不具有绝缘监控的直流高压部件）；
- 100 Ω/V（对具有绝缘监控的直流高压部件）。

（b）电压要求：高压电路电压（V_b、V_1 和 V_2）应不大于 30 V（AC）或 60 V（DC）。

4）绝缘监控。采用（a）中第 3 个方案的每个直流高压部件须有绝缘监控系统对其监控，并能在绝缘失效时发出警告。

与 GB/T 31498—2015《电动汽车碰撞后安全要求》相比，FMVSS 305 增加了对“绝缘监控”的要求，对于防触电保护，仅认可两种电气安全手段，即绝缘阻值和电压要求。而 GB/T 31498 则认可四种可选方案，即绝缘阻值、电压要求、电能要求和物理防护。此外，GB/T 31498 绝缘阻值的对象与 FMVSS 305 不同。

对于动力电池系统位置保持，GB/T 31498 明确指出“位于乘员舱内的电池系统部件应保持在其壳体内”，而 FMVSS 305 对此没有要求。GB/T 31498 对位于乘员舱外的电池系统仅要求其任何部件均不应进入乘员舱，在此种情况下，该区域的电池系统可以脱离安装位置，只要不进入乘员舱即可，而 FMVSS 305 还要求其应保持在安装位置。

除此以外，GB/T 31498 增加了“RESS 不起火、不爆炸”的特殊要求。

10.2.2 ECE R100 关于机动车型式批准中电驱动系统特殊要求的统一规定

ECE R100.2 是联合国欧洲经济委员会针对电动汽车制定的具体要求，涵盖了电动汽车必须满足的最低安全风险要求。从 2014 年 1 月 1 日起，车辆必须满足 ECE R100.2.1（ECE R100.2 的第 1 次修订版）才能在欧盟进行注册和上市销售。2013 年 7 月 15 日，发布了最新的修订版 ECE R100.2，大幅增加了对动力电池系统型式批准的要求，将于 2016 年 7 月正式强制执行。

ECE R100.2 整体分为两大部分，Part I 对应于 ECE R100.1 的内容，Part II 为新增的对可充电能量存储系统的安全要求。

在技术要求上，Part I 主要从电击防护、可再充电储能系统、功能安全和氢气排放判定等四个方面对电动汽车电驱动系统进行了规范。

1. 电击防护

ECE R100.2 对电动汽车正常使用条件下的防电击保护做了详细要求，包括直接接触保护、间接接触防护和绝缘电阻三方面。

（1）直接接触防护

ECE R100.2 要求，乘客室和载货舱内的带电体至少要满足 IPXXD 等级的保护，乘客室和载货舱外的带电体至少要满足 IPXXB 等级的保护。这些保护装置（固体绝缘、遮拦、外壳等）其本身在未使用工具的情况下，不能被打开、拆开或移除。

对于不用工具即可打开、拆开或移除的维修断电装置，则要求在被打开、拆开或移除时能符合 IPXXB 的保护等级。对于连接器（含车辆端插座），ECE R100.2 给出了四个可选要求，一是在不用工具就能打开情况下，连接器自身满足 IPXXD/IPXXB 的保护要求；二是连接器被安装在车身地板下面，有锁紧机构；三是具有锁紧机构，且连接器外的其他部件只有用工具才能拆除以分离出连接器；四是连接器分开 1 s 内，裸露的带电体电压不高于直流 60 V 或交流有效电压 30 V。

与此同时，ECE R100.2 规定高压线颜色应为橘黄色；在可充电储能系统上或附近，以及高压带电体防护外壳和遮栏上应有高压警示标识，如图 10-1 所示。

图 10-1　高压警示标识

（2）间接接触防护

ECE R100.2 要求，裸露的导电部件应与电底盘进行等电位连接，在大于 0.2 A 的测试电流下情况下，所有导电部件与电底盘的连接阻抗应保证小于 0.1 Ω；连接可通过电线、接地电缆、焊接或锁紧螺栓等方式实现。如车辆需外部的接地电源供电，应保证电底盘与地等电位连接，等电位连接须在接通电源前实现，在断开电源后方可断开。

（3）绝缘阻抗

ECE R100.2 要求，当直流与交流电路电隔离时，直流电路与电底盘之间应大于 100 Ω/V，交流电路与电底盘之间应大于 500 Ω/V；当直流与交流电路未进行电隔离时，高压电路与电底盘之间均大于 500 Ω/V（若交流电路具有防直接接触的双重 / 多重绝缘保护，或足够健壮的机械保护，则可取大于 100 Ω/V）。

2. 可再充电储能系统

过电流保护和防止氢气累积是 ECE R100.2 对可再充电储能系统的主要关注点。在过流情况下，ECE R100.2 要求可充电储能系统应具有主动保护装置，如保险丝或融断器。为防止氢气累积至危险浓度，可充电储能系统应设计有通风扇或通风管道。

3. 功能安全

为避免使用者误操作造成人员伤害或车辆损坏，ECE R100.2 规定了相应的功能安全项目，主要包括：当车辆处于可行驶模式时，应有及时的信号提醒驾驶者车辆处于可行驶状态；当驾驶者欲下车离开，而车辆却处于可行驶模式时，应提供相应信号（光或声响）给驾驶者；当车辆外接充电时，应保证车辆不能由自身的推进系统作用而移动；车辆驾驶的控制状态必须容易地被驾驶者识别。

4. 氢气排放判定

氢气排放判定要求是针对可再充电储能系统在充电过程中的氢气排放所提出的。ECE R100.2 对在正常充电过程和充电器故障情况下的氢气排放做出了规定，并对测试步骤和氢气排放量计算方法进行了详细描述。ECE R100.2 要求按正常充电程序，氢气排放量在 5 h 内应低于 125 g，或在 t_2 小时内低于 $25t_2$ 克；若在充电器发生故障情况下进行充电，则氢气排放量控制在 42 g 以下，且充电器必须把失效时间控制在 30 min 以内。

Part II 对电动汽车用电能存储系统的安全做了进一步规定，从内容上看，Part II 参考了当前主要的电动汽车安全标准，给出了电动汽车用能量存储系统需要通过的测试项目。ECE R100.2 对测试项目进行了详尽的描述，包括测试条件、测试方法和判断准则。与此同时，ECE R100.2 也保证了相当的可操作性，整车厂和动力电池系统供应商可根据实际情况进行商讨，选择按“整车测试”还是仅进行“动力电池系统”系统级别的测试。具体地讲，ECE R100.2 规定了以下安全测试项，见表 10-1。

表10-1　ECE R100.2 安全测试项目

振动	测试目的	验证电池系统在车辆正常行驶状态下的振动安全性能
	测试方法	温度：(20 ± 10) ℃ SOC：50% 以上 保护装置（功能）开启 脉冲形式：正弦波形 扫频形式：对数扫频，在 15 min 内，频率 7 Hz—50 Hz—7 Hz 总时间：共进行 12 个循环，总计 3 h 振动方向：振动方向为与电池系统安装平面垂直 振动后进行一个标准充放电循环 测试后观察 1 h
	测试要求	1）无电解液泄漏； 2）无破裂； 3）不起火； 4）不爆炸； 5）电池系统绝缘阻抗不低于 100 Ω/V
热冲击和热循环	测试目的	验证电池系统在温度突变时的承受力（安全性）
	测试方法	SOC：50% 以上 保护装置（功能）开启 电池包 / 电池系统置于（–40 ± 2）℃（或 T_{min}）至（60 ± 2）℃（或 T_{max}）环境中，两种极端温度的转换时间在 30 min 以内，被测样品在每个极端温度环境中保持 6 h 至少做 5 个循环，循环完成后在（20 ± 10）℃温度下存储 24 h，而后进行一个标准充放电 测试后观察 1 h
	测试要求	1）无电解液泄漏； 2）无破裂； 3）不起火； 4）不爆炸； 5）电池系统绝缘阻抗不低于 100 Ω/V

续表

<table>
<tr><td rowspan="3">机械冲击</td><td>测试目的</td><td>验证电池系统在车辆碰撞中，受到惯性载荷时的安全性能</td></tr>
<tr><td>测试方法</td><td>整车测试：
按 ECE R12/R94/R95 的方法进行
系统单独测试：
温度：(20 ± 10) ℃
SOC：50% 以上
按法规表 1、表 2、表 3 参数进行</td></tr>
<tr><td>测试要求</td><td>整车测试：
1）不起火；
2）不爆炸；
3）电解液泄漏要求：①碰撞结束 30 min 内，不应有电解液从电池系统中溢出到乘员舱；②不得有超过 7% 的电解液泄漏到乘员舱外（开放式动力电池同时不得超过 5 L）；
4）位于乘员舱内的电池系统应保持在安装位置，系统部件应保持在外壳内；
位于乘员舱外面的电池系统其任何部分不得进入乘员舱
5）绝缘阻抗应大于 100 Ω/V，或防护等级达到 IPXXB
系统单独测试：
1）无电解液泄漏；
2）不起火；
3）不爆炸；
4）电池系统应保持在其固定位置，所有部件应操持在外壳内；
5）绝缘阻抗应大于 100 Ω/V，防护等级达到 IPXXB</td></tr>
<tr><td rowspan="3">结构完整性</td><td>测试目的</td><td>验证电池系统在车辆碰撞过程中，受到接触式载荷时的安全性能</td></tr>
<tr><td>测试方法</td><td>整车动态测试：
按 ECE R12/94/95 测试
整车特殊零部件测试：
温度：(20 ± 10) ℃
SOC：50% 以上
保护装置（功能）开启
挤压板：半径 75 mm 的半圆体，600 mm × 600 mm 或更小
挤压力：由实际碰撞测试数据获得，或是由 ECE R12/94/95 所规定的仿真获得（也可以由其他碰撞测试获取数据，但挤压力不得小于 ECE R12/94/95 所规定的）
系统级测试：
测试温度：(20 ± 10) ℃；SOC：高于 50%；电池系统各功能开启
挤压板：半径 75 mm；挤压力：100 ～ 105 kN
挤压时间：3 min 内完成挤压过程，至少保持 100 ms（不超过 10 s）
测试后观察 1 h</td></tr>
<tr><td>测试要求</td><td>整车测试：
1）不起火；
2）不爆炸；
3）电解液泄漏要求：
(i) 碰撞结束 30 分钟内，不应有电解液从电池系统中溢出到乘员舱；
(ii) 不得有超过 7% 的电解液泄漏到乘员舱外（开放式动力电池同时不得超过 5 升）
4）位于乘员舱内的电池系统应保持在安装位置，系统部件应保持在外壳内；位于乘员舱外面的电池系统其任何部分不得进入乘员舱。
5）绝缘阻抗应大于 100 Ω/V，或防护等级达到 IPXXB
系统单独测试：
1）无电解液泄漏；
2）不起火；
3）不爆炸；
4）绝缘阻抗应大于 100 Ω/V，或防护等级达到 IPXXB</td></tr>
</table>

续表

阻燃性	测试目的	验证电池系统在外部火烧时的安全性能
	测试方法	整车测试： 电池系统应尽可能模拟真实装车状态地安装在测试夹具上； 除电池系统自身物料外，不得有用其他可燃物料 系统级测试： 温度至少 0 ℃；SOC：大于 50%；油盘尺寸超过电池系统水平尺寸 20 cm（不超过 50 cm），高度不高于油面 8 cm；油面离电池系统距离 50 cm。 预热 60 s、直接火烧 70 s、间接火烧 60 s（或双方协定继续直接火烧 60 s）、油盘移走，待电池系统表面温度降至室温或至少降温 3 h
	测试要求	电池系统无爆炸现象
外短路防护	测试目的	验证短路保护的安全性能
	测试方法	温度：(20 ± 10) ℃ SOC：50% 以上 保护装置（功能）开启 短接电池系统正负极（连接电路电阻小于 5 mΩ） 达到以下条件，终止测试：①电池系统保护功能断开或降低充电电流；②电池系统外表温度稳定时间超过 1 h（该时间内温度变化差小于 4℃） 短路后进行一个标准充放，观察 1 h
	测试要求	在测试过程中： 1）无电解液泄漏； 2）无破裂； 3）不起火； 4）不爆炸； 绝缘阻抗大于 100 Ω/V
过充保护	测试目的	验证过充保护的安全性能
	测试方法	温度：(20 ± 10) ℃ 保护装置（功能）开启 至少以 1/3 C 倍率进行充电 充电终止条件： 1）电池系统自动断开或限制充电； 2）达到标定容量的 2 倍（自动断开功能失效或不具有此功能） 过充后进行一个标准充放，观察 1 h
	测试要求	在测试过程中： 1）无电解液泄漏； 2）无破裂； 3）不起火； 4）不爆炸； 绝缘阻抗大于 100 Ω/V

续表

过放保护	测试目的	验证过放保护的安全性能
	测试方法	温度：(20±10)℃ 保护装置（功能）开启 至少以 1/3 C 倍率进行放电 放电终止条件： 1）电池系统自动断开或限制放电； 2）达到标定容量的 25%（自动断开功能失效或不具有此功能） 过充后进行一个标准充放，观察 1 h
	测试要求	在测试过程中： 1）无电解液泄漏； 2）无破裂； 3）不起火； 4）不爆炸； 绝缘阻抗大于 100 Ω/V
过温保护	测试目的	验证在正常运行或冷却功能失效情况下，动力电池系统内部过热保护的安全性能
	测试方法	除冷却功能外，其他保护装置（功能）处于工作状态 测试过程连续监测电芯邻近壳体的温度 用恒定电流对电池系统进行充放电以尽可能快地增加电芯温度 电池系统应放置于加热炉或人工气候箱中，温度逐渐升高 温度的最高值：对具有过热保护装置的电池系统，为保护措施的设定值；不具有过热保护装置的电池系统，为制造商规定的最大运行温度 测试终止条件： 1）电池系统禁止 / 限制充放电； 2）在 2 h 内温度变化小于 4℃； 3）出现违反判断标准的情况
	测试要求	在测试过程中： 1）无电解液泄漏； 2）无破裂； 3）不起火； 4）不爆炸； 绝缘阻抗大于 100 Ω/V

10.2.3 ECE R94 关于车辆正面碰撞乘员保护认证的统一规定 / ECE R95 关于车辆侧面碰撞乘员保护认证的统一规定

ECE R100.2 规定了在正常情况下，电动汽车应满足的安全要求，2011 年修订后的 ECE94 和 ECER95 则对碰撞情况下的电动汽车安全做了进一步规范。就碰撞安全而言，ECE 并没有单独对电动汽车制定新的法规，而是在原有传统汽车碰撞规范中新增加入了针对电动汽车的特殊要求。

从修订的内容上看，ECE R94 和 ECE R95 对电动汽车碰撞后的安全要求是相同的，都是在常规的汽车碰撞试验后再开始进行电动汽车碰撞安全检测，而碰撞试验过程与之前传统汽车相比变化不大。二者对电动汽车碰撞后的安全要求则集中于电击防护、电解液泄漏和电池系统位置保持三个方面。

1）对于电击防护，ECE R94/R95 规定了四条技术条款：

- 物理防护：至少满足 IPXXB 防护等级，且在至少 0.2 A 的电流通过时，所有外露的可导电部件与电底盘之间的电阻必须低于 0.1 Ω；
- 绝缘电阻：如动力系统由单独的直流或交流母线组成，则对于直流母线来说，最小值应为 100 Ω/V；对于交流母线来说，最小值应为 500 Ω/V；如交流高压母线和直流高压母线是互相传导连接的，则最小值应为 500 Ω/V（碰撞之后，若所有交流高压母线的保护级别达到 IPXXB，或交流电压等于或小于 30 V，最小值应为 100 Ω/V）；
- 安全电压：高压母线上电压≤ 30 V（AC）或 60 V（DC）；
- 低电能：小于 2 J。

在碰撞试验后，以上 4 条至少应满足其中一条。

对绝缘电阻，ECE R94/95 强调，如果乘客舱内有 2 个或 2 个以上带电电位没有受到 IPXXB 级别的防护，则该项不适用。此外，如果在碰撞时电动汽车具有自动断开功能（或装置），那么被隔离后的高压电路均需满足以上四条技术要求之一。

2）对于电解液体泄漏，ECE R94/R95 规定，从碰撞开始 30 min 内，电解液不能从动力电池系统中溢出到乘客舱，并且不得有超过 7% 的电解液从动力电池系统中溢出。对于开放型动力电池，则强调不得有超过 7% 且最大不超过 5.0 L 的电解液溢出。ECE R94/95 指出，可以使用化学涂层以确认碰撞后是否有电解液泄漏，在车辆制造商未提供方法来区分泄漏的液体类别时，所有泄漏液体都将被视为电解液。

3）对于电池系统位置保持，ECE R94/95 要求位于乘员舱里面的电池包应保持在安装位置，电池包部件应保持在其壳体内；位于乘员舱外面的电池包则不得进入乘员舱。

须注意，ECE R94/95 并没有对电池包自身的结构完整性提出要求，仅强调其位置不可移动，因此，碰撞后电池包机械结构（如外壳）是否允许开裂等没有明确的规定。

10.2.4 UN 38.3 联合国《关于危险货物运输的建议书——试验和标准手册》第 38.3 节“金属锂电池和锂离子电池组”

UN 38.3 是联合国危险货物运输专家委员会针对锂电池运输安全性所制定的

法规，要求锂电芯和锂电池在运输前应按规定的试验进行测试，并满足测试要求。

根据锂电池在运输过程中可能遇到的各种环境状况，UN 38.3 规定了 8 项模拟试验，分别是：T1 高度模拟、T2 热试验、T3 振动试验、T4 冲击试验、T5 外部短路、T6 撞击 / 挤压、T7 过充试验和 T8 强制放电。

在测试流程上，UN 38.3 要求 T1 ～ T5 必须在同一个电芯或电池组上按顺序进行，T6 和 T8 必须使用未进行过其他测试的电芯或电池组，而 T7 则可以使用在 T1 ～ T5 中没有损坏的样品。此外，UN 38.3 对不同类型锂电池需做的测试项目和送检样品数量也做了明确规定，具体如表 10-2 所示。

表10-2　不同类型锂电池需做的测试项目和送检数量

测试项目	不可充电池			可充电池		
	电芯	电池组		电芯	电池组	
		小型＜ 12 kg	大型＞ 12 kg		小型＜ 12 kg	大型＞ 12 kg
T1 ～ 5	10(un/)10(dis)	4（un） 4（dis）	4（un） 4（dis）	10（ch1）	4（ch1） 4（ch50）	2（ch1） 2（ch25）
T6	5（un） 5（dis）	5（un） 5（dis）	5（un） 5（dis）	5（ch1-50%）	5（ch1-50%）	5（ch1-50%）
T7	—	—	—	（注①）	4（ch1） 4（ch50） （注②）	2（ch1） 2（ch25） （注②）
T8	10（dis）	10（dis）	10（dis）	10（ch1-dis） 10（ch50-dis）	10（ch1-dis） 10（ch50-dis）	10（ch1-dis） 10（ch50-dis）
总计	40 个电芯	8 个电池组 + 20 个电芯	8 个电池组 + 20 个电芯	35 或 40 个电芯	16 个电池组 + 25 个电芯	8 个电池组 + 25 个电芯

注：①未安装过充保护装置电芯不需要做 T7 测试；

②未安装过充保护装置且按照设计要求只用于带过充保护装置的电池不需要做 T7 测试；

③ un：未放电状态；dis：完全放电状态；ch1：在第 1 个充放电周期完全充电状态；ch25：在 25 个充放电周期后完全充电状态；ch50：在 50 个充放电周期后完全充电状态；ch1-50%：在第 1 个充放电周期 50% 额定容量状态；ch1-dis：在第 1 个充放电周期后完全放电状态；ch50-dis：在第 50 个充放电周期后完全放电状态

目前，动力锂电池系统供应商需要对电芯和模组进行 UN 38.3 测试，不要求在电池包级别或系统级别进行该法规测试。

10.3　电动汽车锂动力电池主要安全标准解读

当前，开展电动汽车标准化工作的国际性组织主要是两个，即国际标准化组织（ISO）和国际电工委员会（IEC）。两者分工不同：ISO 主要从整车级别来考虑，包括性能要求、测量方法、车上的非牵引装备等；IEC 则主要考虑电动汽车的电器零部件，包括电力牵引系统、控制和充电装置等。区域性标准主要是欧盟标准，在其制定过程中，也参考了相应的 ISO 和 IEC 等国际标准。

与此同时，各国家也在积极推进相应的国家性标准，影响力较大包括美国标准（SAE、UL、USABC、IEEE 等）、德国标准（DIN、VDA 等）、日本标准（JIS、JEVS 等）以及我国的标准（GB、GB/T、CQ/T 等）。

这些标准，有些是直接针对锂动力电池系统而制定的（如 ISO 12405 系列、GB/T 31467 系列等），其他则是锂动力电池系统作为电动汽车的重要零部件而必须参考的标准。以下，我们将就锂动力电池系统安全相关的主要标准进行解读。

10.3.1 ISO 相关标准

ISO（国际标准化组织）作为全球性的非政府组织，是目前世界上最大、最具权威性的国际标准化专门机构。该组织的主要活动是制定国际标准，协调全球范围内的标准化工作，组织各成员国（或地区）和技术委员会进行信息交流，与其他国际组织共同研究有关标准化问题等。ISO 的技术工作主要通过其技术委员会（Technical Committee，TC）开展。

ISO 在电动汽车标准化方面主要致力于针对整车应用进行研究，目前已制定的与锂动力电池相关的标准主要如表 10-3 所示：

表10-3 与锂动力电池相关的ISO标准

标准号	标准名称
ISO 6469-1：2009	Electrically propelled road vehicles—Safety specifications—Part 1：On-board rechargeable energy storage system（RESS） 电动道路车辆 安全要求 第 1 部分：车载可充电储能系统
ISO 6469-2：2009	Electrically propelled road vehicles—Safety specifications—Part 2：Vehicle operational safety means and protection against failures 电动道路车辆 安全要求 第 2 部分：操作安全与故障防护
ISO 6469-3：2011	Electrically propelled road vehicles—Safety specifications—Part 3：Protection of persons against electric shock 电动道路车辆 安全要求 第 3 部分：人员触电防护
ISO 6469-4：2015	Electrically propelled road vehicles—Safety specifications—Part 4：Post crash electrical safety 电动道路车辆 安全要求 第 4 部分：碰撞后电气安全
ISO 12405-1：2011	Electrically propelled road vehicles—Test specification for lithium-ion traction battery packs and systems—Part 1：High-power applications 电动汽车用锂离子动力蓄电池包和系统 第 1 部分：高功率应用测试规程
ISO 12405-2：2012	Electrically propelled road vehicles—Test specification for lithium-ion traction battery packs and systems—Part 2：High-energy applications 电动汽车用锂离子动力蓄电池包和系统 第 2 部分：高能量应用测试规程
ISO 12405-3：2014	Electrically propelled road vehicles—Test specification for lithium-ion traction battery packs and systems —Part 3：Safety performance requirements 电动汽车用锂离子动力蓄电池包和系统 第 3 部分：安全性能要求

1. ISO 6469：电动道路车辆　安全要求

ISO 6469 是从整车角度出发，对电动汽车安全提出的一系列要求，该标准共有四部分组成：第 1 部分　车载可充电储能系统，第 2 部分　操作安全与故障防护，第 3 部分　人员触电防护，第 4 部分　碰撞后电气安全。

第 1 部分　车载可充电储能系统主要规定了正常使用条件下和碰撞条件下，电动汽车应满足的安全要求，包括：安全警示标识、可充电储能系统要求、过流断开以及可充电储能系统在碰撞下的特殊要求。

1）安全警示标识。

2）可充电储能系统要求：

- 绝缘阻抗：大于 100 Ω/V（如果动力电池系统没有交流电路，或交流电路有附加防护），大于 500 Ω/V（如果动力电池系统有交流电路，且没有附加防护）。
- 爬电距离：高压端子之间≥（0.25U+5）mm、带电部件与电底盘之间≥（0.125U+5）mm，U 为两个输出端子之间最大工作电压。
- 危害气体及其他危害物质排放：在正常环境和操作条件下，驾驶舱、乘客舱及其他载货空间的有害气体或其他有害物质，不能达到危险浓度，具体要求遵照相应的国标。
- 产生的热量：防止任何单点失效（如电压、电流、温度传感器等）造成可能危害人员的热量的产生。

3）过流断开：如果动力电池系统自身无防短路功能，应有一个过流断开装置在汽车厂商规定的条件下断开动力电池系统，以防止对人员、车辆和环境的危害。

4）可充电储能系统在碰撞下的特殊要求：

- 乘员防护：位于乘员舱里面的动力电池系统应保持在安装位置，动力电池系统部件应保持在其壳体内。位于乘员舱外面的任何动力电池系统部分不得进入乘员舱。
- 电解液泄漏：碰撞试验中和试验后，不得有电解液从动力电池系统中溢出到乘客舱。
- 第三方保护：动力电池系统及其部件不能由于碰撞而从车上甩出。
- 防止短路：碰撞时，应防止造成短路，可采用标准第 7 部分的过电流断开装置。

针对电动汽车特有的危害，第 2 部分　操作安全与故障防护主要规定了操作安全和故障防护要求，以保护车内外的人员安全，包括：

1）操作安全：

- 驱动系统电源接通和断开程序：①从电源切断转换到可行驶模式，至少需要经过两次有意识的不同动作；②从可行驶模式到电源切断只需一个动作；③动力电源对驱动电路的主开关功能是驱动系统电源接通/断开程序的必要部分；④应连续的或间歇的向驾驶员提示，车辆已处于可行驶模式；⑤车辆停止，驱动系统关闭后，只能通过上述程序重新进入可行驶模式。

- 外接充电：当车辆通过外接电源充电时，车辆不能通过其自身的驱动系统移动。
- 行驶：①功率降低显示，如果电驱动系统采取自动限制和减少驱动功率会影响车辆的行驶，则应向驾驶员指示该状态；②低电量显示，当剩余电量低于一定值（系统下限），应通过一个明显的信号装置显示，且能使车辆依靠自身动力驶出交通区域，并能够为照明系统提供所需电量。
- 倒车：如果通过改变电机的旋转方向来实现倒车，需满足：①前进和倒车，应通过驾驶员两个不同的动作来完成，或②如果只通过一个动作来完成，应使用一个安全装置，使开关只有在静止或低速时才能转换到倒车位置。
- 停车：当驾驶员离开车辆时，如驱动系统仍处于“可行驶”状态，应通过明显的信号装置提示驾驶员切断电源后，车辆不能产生由自身驱动系统产生的不期望的行驶。
- 电磁兼容性：电磁抗扰度，满足 ISO 11451-2 的要求，最小试验场强为 30 V/m，电磁发射应满足相关国际标准（如 CISPR12）或相关法规。

2）故障防护：

- 故障安全：针对电动汽车系统和组件的设计应考虑故障安全。
- 单点失效响应：应对可能的单点失效采取管理措施。
- 非预期的车辆动作：应避免或防止由电动汽车特有系统和零部件的软硬件单点失效所造成的不希望的加速、减速和倒车。

第 3 部分　人员触电防护，规定了正常情况下，为防止车内外人员触电而必须满足的技术要求（表 10-4）。主要的技术要求可分为三个内容：

1）给出了电动汽车防触电安全的方法，制造商可以根据实际情况采用不同的防护方法达到电安全的目的；

2）针对不同的防护方法规定了相应的要求；

3）给出了所有要求对应的试验方法。

除以上触电防护方法，车辆制造商还可以进行适当的危害分析，以建立起一系列预防单点失效情况下触电的有效防护措施。

第 4 部分　碰撞后电气安全，规定了电动汽车发生碰撞后，为保护车内外人员安全，动力推进系统及传导相连的辅助电气系统应满足的电气安全要求。主要包括防触电保护、过电流保护和电解液泄漏。

表10-4 人员防护技术要求

序号	防护方法	技术要求
1	标识	动力电池系统及高压带电部件应具有高压警告标识； 高压电路中的电缆和电线应使用橙色加以区分
2	基本防护： 基本绝缘	用于包裹的绝缘层，除非被破坏否则无法除掉； 绝缘材料能够承受环境温度及最大工作电压； 绝缘体满足耐压要求，按照标准规定的测试不应发生绝缘击穿或电弧现象
3	基本防护： 遮栏或外壳	位置关系：带电部件应布置在外壳内 / 遮栏后； 应有足够的机械阻力； 防误打开 / 拆除：只能通过工具或钥匙打开 / 拆除，或采用某种方法使高压带电部件断电（如互锁）； 防护等级：乘客舱和行李舱的遮栏或外壳满足 IPXXD，其他地方需满足 IPXXB，未连接情况下的连接部件也应符合 IPXXB
4	单点失效防护： 电位均衡	所有电位均衡电流通路的组件（导体、连接部件）应能承受单点失效情况下的最大电流； 高压通路中任意两个可以被人同时触碰到的外露可导电部分间电阻应不超过 0.1 Ω
5	单点失效防护： 绝缘电阻	非传导连接到电网的高压电路： 直流电路＞100 Ω/V，交流电路＞500 Ω/V，交流与直流共存＞500 Ω/V 或 100 Ω/V（交流电路有附加防护）； 如上述要求不能满足，应采取持续 / 间歇的监测或附加防护。 传导连接到电网的高压电路：（充电口断开情况下）至少 1 MΩ。 绝缘配合： 所有高压带电部件与连接线应满足电气间隙、爬电距离和固体绝缘的要求，具体参考 IEC 60664；或满足标准所要求的耐电压性，以通过标准所规定的测试为合适
6	单点失效防护： 电容耦合	低电能：任何高压带电部件和电平台间的总电容在其最大工作电压时所存储的能量小于 0.2 J； 安全电流：电容耦合放电产生的流过人体的交流电流不应超过 5 mA 采取附加防护的方法
7	单点失效防护： 断电	切断供电的电路应在制造商规定的时间内满足下列条件之一： 交流电路电压＜30 V（AC）（RMS），直流电路电压＜60 V（DC）； 电路存储的总能量小于 0.2 J

注：附加防护包括双重绝缘 / 加强绝缘、增加绝缘层或遮栏 / 外壳、机械强度和耐久性足够的遮栏或外壳

其中，防触电保护与电解液泄漏要求与 GB/T 31489—2015《电动汽车碰撞后安全要求》相同。相比 GB/T 31489，ISO 6469-4 去掉了“电池系统位置保持”，因为 ISO 6469-4 是对碰撞后的电气安全作出规定，而位置保持不属于电气安全范畴。ISO 6469-4 增加对过电流保护的要求，标准规定碰撞测试后，可能存在的过电流不应造成危害，如果具备过电流保护，则本条款视为满足。

2. ISO 12405-3：电动汽车用锂离子动力蓄电池包和系统　第 3 部分：安全性能要求

ISO 12405 是从整车应用角度出发，特别针对锂动力电池系统级别所制定的标准，此标准系列共包括三个部分，ISO 12405-1 高功率应用测试规程、ISO 12405-2 高能量应用测试规程和 ISO 12405-3 安全性能要求。

ISO 明确提出该标准系列为试验方法标准，目的是帮助车辆生产商选择测试项目和测试方法，从而对供应商的动力电池系统进行测试、评价和比较。尽管如此，ISO 12405-3 中对安全相关的测试给出了相应的判断要求，可以作为第 1 部

分和第 2 部分中可靠性测试和滥用测试的判断依据。

ISO 12405-3 的主要技术内容包括机械测试、环境测试、模拟整车事故、电气测试和系统功能性测试，具体分析见表 10-5。

表10-5　ISO 12405-3安全测试项目

机械测试		
振动	测试目的	验证电池系统在车辆正常行驶过程中，因振动受到机械载荷作用下的安全性能
	测试方法	分三个轴向进行，首先进行 Z 轴，然后 Y 轴，最后 X 轴； 振动时间为每个轴向 21 h，如果样品数量为 2 个，则减为 15 h，如果样品数量为 3 个，则减为 12 h；具体振动参数参照标准或与客户商定
	测试要求	测试过程中及测试后 1 h 内，电池系统无泄漏、外壳破裂、着火或爆炸等现象；试验后，进行绝缘电阻测试时，直流电路阻值不小于 100 Ω/V，含交流电路的阻值不小于 500 Ω/V
机械冲击	测试目的	验证电池系统在车辆正常行驶过程中，因冲击受到机械载荷作用下的安全性能
	测试方法	冲击波形为 50 g、6 ms 的正弦波形；冲击方向为 Z 轴向；冲击次数为 10 次。或与客户商定的冲击参数
	测试要求	测试过程中及测试后 1 h 内，电池系统无泄漏、外壳破裂、着火或爆炸等现象；试验后，进行绝缘电阻测试时，直流电路阻值不小于 100 Ω/V，含交流电路的阻值不小于 500 Ω/V
环境测试		
凝露（湿热循环）	测试目的	模拟在整车行驶过程中由于气候变化导致的凝露现象，验证电池系统在湿热环境下的安全性
	测试方法	参考 IEC 60068-2-30，执行试验 Db；循环次数 5 次
	测试要求	测试过程中及测试后 1 h 内，电池系统无泄漏、外壳破裂、着火或爆炸等现象；试验后，进行绝缘电阻测试时，直流电路阻值不小于 100 Ω/V，含交流电路的阻值不小于 500 Ω/V
温度冲击	测试目的	验证电池系统在受到周围温度突变时的安全性能
	测试方法	电池系统置于 –40~85℃环境中，两种极端温度的转换时间在 30 min 以内，被测样品在每个极端温度环境中保持 1h； 或 –40℃ ~(60 ± 2) ℃的环境中，两种极端温度的转换时间在 30 min 以内，被测样品在每个极端温度环境中保持 6 h； 循环 5 次
	测试要求	测试过程中及测试后 1 h 内，电池系统无泄漏、外壳破裂、着火或爆炸等现象；试验后，进行绝缘电阻测试时，直流电路阻值不小于 100 Ω/V，含交流电路的阻值不小于 500 Ω/V
模拟整车事故		
碰撞（非接触式载荷）	测试目的	验证电池系统在车辆发生碰撞事故受惯性载荷影响时的安全性
	测试方法	至少选取一个车辆行驶中发生碰撞的方向作为测试轴向（参照相关法规） 具体参数参照标准中的表 1~3 模拟碰撞试验脉冲参数
	测试要求	电池系统单独测试： 测试过程中及测试后 1 h 内，电池系统无泄漏、外壳破裂、着火或爆炸等现象；试验后，进行绝缘电阻测试时，直流电路阻值不小于 100 Ω/V，含交流电路的阻值不小于 500 Ω/V 整车测试： 参考碰撞安全相关的法规或标准

续表

模拟整车事故		
挤压（碰撞中接触式载荷）	测试目的	验证电池系统在车辆发生事故时受到直接载荷（挤压）时的安全性
	测试方法	1）电池系统级测试 测试温度（20 ± 10）℃，冷却系统带冷却液； 半径为 75 mm 的挤压板（板要足够长，至少多出电池系统两边 50 mm）； 挤压方向：应从国际法规或区域法规所要求的碰撞测试推算出来，双方达到一致； 挤压力为 (100 −0/+5) kN 或双方根据碰撞测试中期望的力大小来协定； 测试时间：挤压变形应在 3 min 内完成，保持 100 ms（最多不超过 10s）。 2）整车测试 参考相应的国家法规或区域性法规
	测试要求	1）测试过程中及测试后 1 h 内，电池系统无外壳破裂、着火或爆炸等现象； 2）参考相应的国家法规或区域性法规
浸水		
浸水	测试目的	验证电池系统在车辆发生浸没等危险情况下的安全性
	测试方法	电池系统浸没在清水或盐水中
	测试要求	电池系统浸水最严酷的后果是短路，参见短路测试
火烧		
火烧	测试目的	验证电池系统在火烧情况下的安全性
	测试方法	预热：在离电池系统至少 3 m 外点然燃烧盆，60 s 后置于电池包 / 电池系统下。如燃料的温度高于 20℃以上，可以省略该步骤； 直接火烧：火烧 70 s； 间接火烧：间接火烧或者再直接火烧 60 s
	测试要求	在测试中以及测试后电池系统无爆炸现象
电气测试		
短路	测试目的	测试电池系统在发生短路时的安全性
	测试方法	满充，电池系统中所有控制系统应处于工作状态； 短路电阻不大于 20 mΩ，由双方共同商定； 短路时间为 10 min
	测试要求	测试过程中及测试后 1 h 内，电池系统无泄漏、外壳破裂、着火或爆炸等现象；试验后，进行绝缘电阻测试时，直流电路阻值不小于 100 Ω/V，含交流电路的阻值不小于 500 Ω/V。 如具有过流保护功能，应断开短路电流
系统功能测试		
过充保护	测试目的	测试电池系统对过充电的控制保护功能
	测试方法	充电电流由双方协定，推荐 5C 停止条件：①电池系统管理系统起作用，自动断开充电；②达到系统电压的 1.2 倍；③ SOC 达到 130% 或电芯温度超过 55℃
	测试要求	测试过程中及测试后 1 h 内，电池系统无泄漏、外壳破裂、着火或爆炸等现象；试验后，进行绝缘电阻测试时，直流电路阻值不小于 100 Ω/V，含交流电路的阻值不小于 500 Ω/V

续表

系统功能测试		
过放保护	测试目的	测试电池系统对过放电的控制保护功能
	测试方法	标准放电至放电截止条件，继续以 1C 放电，直到达到以下条件：①电池管理系统起作用；②总电压低于额定电压的 25%；③过放电时间超过 30 min
	测试要求	测试过程中及测试后 1 h 内，电池系统无泄漏、外壳破裂、着火或爆炸等现象；试验后，进行绝缘电阻测试时，直流电路阻值不小于 100 Ω/V，含交流电路的阻值不小于 500 Ω/V
热管理 / 冷却功能失效	测试目的	测试电池系统在热管理或冷却功能失效情况下，防止内部过热的能力
	测试方法	SOC：处于正常运行的任一水平；主动冷却装置关闭 电池系统置于加热炉或气候箱内，以允许的最大持续充放电电流进行充放电试验 加热截止条件：炉内温度超过规定运行温度最大值 20 K 或达到系统温度保护临界点 测试截止条件：①系统保护功能断开充放电；②充放电流被系统保护功能限值；③电池系统的温度变化在 2 h 内小于 4K；④达到最大运行温度的时间超过 2 h
	测试要求	测试过程中及测试后 1 h 内，电池系统无泄漏、外壳破裂、着火或爆炸等现象；试验后，进行绝缘电阻测试时，直流电路阻值不小于 100 Ω/V，含交流电路的阻值不小于 500 Ω/V。 热管理或冷却功能应断开充放电

10.3.2 IEC 相关标准

1. 简述

国际电工委员会（International Electro Technical Commission，IEC）正式成立于 1906 年，是世界上成立最早的非政府性国际电工标准化机构，是由各国家委员会组成的国际范围的标准化组织，负责制订电气和电子领域的国际标准。

目前，IEC 所发布的动力电池标准主要有 IEC 62660-1　Secondary lithium-ion cells for the propulsion of electric road vehicles　Part 1：Performance testing（电动道路车辆用二次锂离子电池　第 1 部分 性能试验）和 IEC 62660-2　Secondary lithium-ion cells for the propulsion of electric road vehicles　Part 2：Reliability and abuse testing（电动道路车辆用二次锂离子电池　第 2 部分 可靠性和滥用试验）。

2. IEC 62660 电动道路车辆用二次锂离子电池 第 2 部分：可靠性和滥用试验

IEC 62660 系列标准是针对锂离子电芯所制定的，电池包 / 电池系统级别的试验要求则相应参考 ISO 12405 系列，通过这两个标准系列国际标准就完成了从电芯级别、电池包 / 模组、电池系统级别测试要求的制定。

与 ISO 12405 标准一样，IEC 62660 仅给出了试验过程与方法，并没有对评判标准作出规定。不过，IEC 62660 对可能出现的试验结果给出了分类描述，可以作为对试验结果的比较。

IEC 62660 的主要测试包括机械测试、热测试和电气测试，具体要求如表 10-6 所示。

表10-6　IEC 62660主要安全测试项

类别	项目	内容
机械测试	振动	
	测试目的	模拟整车使用中受到的振动，测试电芯对振动的响应特性
	测试方法	能量型应用的电芯调整 SOC 至 100%，功率型应用的电芯调整 SOC 至 80%； 按照 IEC 60068-2-64 规定的随机振动方法进行试验，电芯每个轴试验时间为 8 h； 振谱参照标准中的表 2、图 2，加速度均方根值为 27.8 m/s^2，最高频率为 2000 Hz
	结果记录	开始和结束时电芯电压和容量； 根据条款 7 记录的结束时电芯的状态
	机械冲击	
	测试目的	模拟整车使用中受到的冲击，测试电芯对振动的响应特性
	测试方法	能量型应用的电芯调整 SOC 至 100%，功率型应用的电芯调整 SOC 至 80%； 按照装车实际承受机械冲击的方向施加试验的冲击加速度。如果装车实际承受机械冲击的方向未知，电芯应在所有 6 个方向上经受试验； 冲击参数按照 ISO 16750-3 的规定和表 3
	结果记录	在试验开始和结束时，电芯的电压和容量； 根据条款 7 记录的结束时电芯的状态
	挤压	
	测试目的	模拟电芯受外力产生形变时的响应特性
	测试方法	BEV 应用的电芯调整 SOC 到 100%，HEV 应用的电芯调整 SOC 到 80%； 将电芯放置于绝缘平面，用 150 mm 直径的半圆棒或半球体工具进行挤压； 推荐用半圆棒碾压圆型电芯，用半球形工具挤压方型电芯； 试验的力应施加在与电芯正极或负极垂直的表面上； 达到以下条件之一可停止施力：①电芯电压有 1/3 的跌落；② 15% 的变形或大于电芯的原始尺寸；③力达到受试电芯自重的 1000 倍。 达到以下条件停止试验：电芯保持试验状态 24 h，或从试验上升达到的最高温度后下降 20%
	结果记录	挤压的工具、挤压速度、测试过程的电压、测试过程的电芯温度、按条款 7 试验结束时受试电芯的状态
热测试	耐高温	
	测试目的	测试电芯对高温环境的响应特性
	测试方法	BEV 应用的电芯调整 SOC 到 100%，HEV 应用的电芯调整 SOC 到 80%； 将电芯放置在有空气流通的试验箱内，在室温下稳定； 然后，试验箱温度以 5 K/min 上升到 130℃ ±2℃； 电芯在此温度下保持 30 min 后，试验结束； 为了防止变形，在不违反试验目的的前提下，电芯可以留在试验箱内到室温
	结果记录	按条款 7 试验结束时受试电芯的状态； 推荐记录电芯的温度、电压和试验期间试验箱的温度

续表

热测试	温度循环	
	测试目的	测试电芯在低温和高温中暴露，经受膨胀和冷缩的耐温度特性
	测试方法	非工作状态： BEV 应用的电芯调整 SOC 到 100%；HEV 应用的电芯调整 SOC 到 80%； 试验按 ISO 16750-4 温度曲线，最低温度 –40℃ 或 T_{min}，最高温度 85℃ 或 T_{max}，30 个循环（480 min ×30=14400 min=l0d） 工作状态： BEV 应用的电芯调整 SOC 到 80%；HEV 应用的电芯调整 SOC 到 60%； 按 ISO 16750-4 温度曲线，最低温度 –20℃，最高温度 65℃，30 个循环； 按标准要求施加电流作用
	结果记录	开始和结束时电芯电压和容量； 根据条款 7 记录的结束时电芯的状态； 每个循环测试中，电压、电流、温度应连续记录
电气测试	外部短路	
	测试目的	检验电芯在外部短路条件下的特性
	测试方法	电芯调整 SOC 至 100%，在室温条件放置，将正极端与负极端用外部电阻将其短路，10 min； 外部短路体的总电阻应等于或小于 5 mΩ
	结果记录	电压和电流的采样率应≤ 10 ms；测试过程中的电压、温度；测试过程中的电流，如测量精度与 IEC 62660 给出的要求存在偏离，应将偏离记录在报告中；总外电阻值；根据条款 7 记录的结束时电芯的状态
	过充测试	
	测试目的	检验电芯在过充条件下的特性
	测试方法	电芯调整 SOC 到 100%； 在室温条件下，能量型应用用 $1I_t$，功率型应用用 $5I_t$ 电流，以恒定电流连续地向受试电芯充电，直到超过 100%SOC。 电芯电压达到 2 倍于生产商规定的电压，或相当达到受试电芯 200% SOC 实用电量，停止充电
	结果记录	测试过程的电压、电流、温度，以及根据条款 7 记录的结束时电芯的状态
	过放测试	
	测试目的	检验电芯在过充条件下的特性
	测试方法	对已充分放电的电芯样品，用 $1I_t$ A 放电 90 min
	结果记录	测试过程的电压、电流、温度，以及根据条款 7 记录的结束时电芯的状态

10.3.3 欧盟相关标准

1. 简述

除了在法规与指令上对电动汽车及动力电池系统作出强制要求外，欧盟也在电动汽车整车层面、关键零部件及动力电池方面进行了标准规定。涉及锂动力电池的标准主要如下：

- EN 1987-1：1997 Electrically propelled road vehicles—Specific requirements for safety—Part 1：On board energy storage（电动道路车辆安全性的特殊规定 第 1 部分：车载储能装置）；
- EN 1987-2：1998 Electrically propelled road vehicles—Specific requirements for safety—Part 2：Functional safety means and protection against failures（电动道路车辆安全性的特殊规定 第 2 部分：功能安全与故障防护）；
- EN 1987-3：1998 Electrically propelled road vehicles—Specific requirements for safety—Part 3：Protection of users against electrical hazards（电动道路车辆安全性的特殊规定 第 3 部分：人员触电防护）。

2. EN 1987 电动道路车辆安全性的特殊规定

（1）EN 1987-1：1997

车载储能装置，主要包括标记与标识、气体排放、电池安装规则（防直接接触、绝缘阻值、爬电距离、通风、化学危害、模组间的连接）、过电流断开装置、碰撞要求和整车反转要求等共九个方面。此版标准对标的是 ISO 6469-1：2000，因此它与 GB/T 18384-1：2001 较相近，但也有以下区别：

- 对绝缘电阻的要求，新安装的电池应大于 500 Ω/V，在整个寿命周期内不低于 100 Ω/V，GB/T 18384-1：2001 没有对新安装电池作出规定。
- 通风对氢气浓度的要求，正常行驶时，氢气浓度应低于气体体积的 0.8%，故障情况下应低于 3.5%，GB/T 18384-1：2001 要求分别为 1% 和 2%。
- 增加了化学危害要求，在正常情况下，不应有达到危害程度的化学反应剂溢出；非正常情况下，液体的泄漏、喷溅和蒸发所造成的危害应降低到最小程度。
- 增加了电池模组间的连接要求，模组间的连紧、密封应能满足车辆运行环境（振动、机械冲击、热冲击）。
- 增加了对过流断开器数量的要求，如果电池系统由 N 个电池包组成，那至少应有 N 个过流断开器。
- 增加了翻车对电池系统的安全要求，位于乘员舱的电池系统，其任何移动都不得给人员带来危害，位于乘员舱外的电池系统，其任何部分都不应进入乘员舱。
- 在碰撞安全要求中，未规定无电解液泄漏要求。

（2）EN 1987-2：1997

功能安全与故障防护，主要包括操作安全和故障防护，与 GB/T 18384-2：2001 相比，区别在于：

- 对倒车的要求更详细，EN 1987-2 要求对车行驶状态的控制应该可辨识的，并用“R”表示倒车模式。
- 对停车的要求，EN 1987-2 增加了当车辆处于静止状态而电机还在转动时，应在用户手册中指出传动装置使能时车辆可能会移动。
- 对不期望的车辆动作要求不同，强调任何故障（如能量控制单元故障）都不能导致未刹车、处于静止状态的车辆移动位置超过 0.1 m。
- 对用户手册的内容规定更为详细，要求涵盖基本操作指导（尤其是上电过程）、运行功能（如行驶、停车、充电）、行驶性能（如爬坡能力）、服务与维护、安全指导，以及必要的使用环境限制。

（3）EN 1987-3：1998

人员触电防护，主要包括直接接触防护、间接接触防护、温升防护、防水。与 GB/T 18384-3：2001 的区别如下：

- B 级电压等级划分不同，EN 1987-3：1998 规定 $60 < U \leqslant 750$（DC）或 $25 < U \leqslant 500$（AC）为 B 级电压。
- 对电位均衡的要求更明确，EN 1987-3 指出 Ⅰ 类设备应采用电位均衡，电位均衡实现的设计方案可采用一个保护导体，如电线、接地，或直接通过螺栓、焊接与车底盘连接。如果两个外露导电部分在整个寿命周期内会出现电位均衡断点，那么须采用保护导体进行电位均衡。
- 绝缘电阻测试条件不同，测量准备阶段 GB/T 18384-3：2001 要求在（5±2）℃下经过 8 h 准备，EN 1987-3 未做要求；在随后处理阶段，GB/T 18384：2001 要求温度为（23±5）℃，EN 1987-3 要求为（20±5）℃。
- 耐压测试的交流电压频率不同，EN 1987-3 要求为 50 Hz，GB/T 18384-3：2001 要求为 50 ～ 60 Hz。
- 增加了温升防护要求，整车上的电气设备不应给人员造成热伤害；在乘员舱、载货舱应避免由热导致的起火、材料腐蚀和烫伤的危害发生；应具有过流断开装置以保护人员不被过流所造成的过温伤害。
- 在防水中，仅包括模拟涉水测试，GB/T 18384-3：2001 还包括模拟清洗和模拟暴雨。

10.3.4 美国相关标准

除了在强制法规层面对电动汽车有准入要求（如 FMVSS 系列），在标准上美国对电动汽车也制定了一系列的规定。影响较大的包括 SAE（美国机动车工程协会）标准、UL（保险商实验室）标准、USABC（美国先进电池联盟）标准等。

美国机动车工程师协会成立于1905年，是国际上最大的汽车工程学术组织。研究对象是传统机动车辆、电动汽车、飞机、发动机、材料及制造等。美国机动车工程师协会（SAE）所制订的标准具有权威性，广泛地为汽车行业及其他行业所采用，并有相当部分被采用为美国国家标准。SAE机动车标准是机动车行业的技术标准，规定了市场上销售的传统机动车辆、电动汽车的术语、安全、试验方法等方面的标准。

保险商实验室（UL）没有制定针对电动汽车整车的安全标准，但对电动汽车的关键零部件如动力蓄电池、电动马达、车载充电器、交直流转换器等制定了相应的安全标准。电动汽车动力蓄电池可根据UL 2580进行UL认证，锂离子单体蓄电池和锂离子电池包也可分别依据UL1642和UL2054进行UL认证。

其中，与锂动力电池安全相关的标准主要如表10-7所示。

表10-7 与锂动力电池安全相关的美国标准

标准号	标准名称
SAE J1766	Recommended practice for electric，fuel cell and hybrid electric vehicle crash integrity testing 电动和混合动力汽车电池系统碰撞整体性试验推荐规程
SAE J2990	Hybrid and EV first and second responder recommended practice 混合动力和电动汽车第一和第二响应者推荐规程
SAE J2464	Electric and hybrid electric vehicle rechargeable energy storage system（RESS）Safety and Abuse Testing 电动和混合动力汽车电池系统安全和滥用测试
SAE J2929	Electric and hybrid vehicle propulsion battery system safety standard—Lithium-based Rechargeable cells 纯电动和混合电动车用电池系统安全标准：锂离子可充电电池
UL 2580	Standard for batteries for use in electric vehicles 电动汽车电池安全标准
SAND 2005-3123	Freedom CAR electrical energy storage system abuse test manual for electric and hybrid electric vehicle applications 纯电动和混合动力汽车用电能存储系统滥用测试手册

1. SAE J1766电动和混合动力汽车电池系统碰撞整体性试验推荐规程

SAE J1766是电动汽车碰撞测试的规范，规定了电动汽车碰撞后的电池系统要求及电气安全。其中，电动汽车碰撞后的电池要求与FMVSS 305中的要求一致，主要是不希望碰撞发生后电池侵入乘客舱，造成乘客的危险，同时也不希望电解液进入乘客舱，造成化学性伤害。

而对于碰撞后及翻滚测试中的电气安全，SAE J1766规定了四个可选要求：

1）低电压，动力电池系统本身导电体之间、电池系统与车辆电底盘间的电压不能高于30 V（AC）或60 V（DC）；

2）高阻抗，直流系统内的高压母线与电底盘间的阻抗不低于100 Ω/V，交流系统内的高压母线与电底盘间的阻抗不得低于500 Ω/V（无电气保护装置）或

100 Ω/V（带电气保护装置）；

3）低能量，高压系统可释放的能量小于 0.2 J；

4）采用符合防护等级（IPXXB）且满足绝缘阻抗要求的电气防护遮栏。

以上这些测试指标必须在碰撞 10 s 内达到，且能维持到碰撞后 30 min。

2. SAE J2464 电动和混合动力汽车电池系统安全和滥用测试

SAE J2464 是最早一批应用于北美和全球地区的车用电池滥用方面的测试手册，通过实施滥用测试可检测动力电池系统对非正常条件或环境的响应特性。这些非正常条件或环境的出现频率不高，但可合理预期其发生，如驾驭员人为疏忽、车辆事故、系统故障、控制功能失效、运输 / 拆卸过程中的事故等。SAE J2464 标准中主要测试项目包括：

1）机械滥用：机械冲击、跌落、穿刺 / 穿钉、翻转、浸水、挤压试验等；

2）热滥用：模拟火灾、热稳定性、无热管理循环、热冲击循环、防热失控蔓延等；

3）电气滥用：外部短路、过充电、过放电试验等。

此外，SAE J2464 对测试项目的适用等级（电芯级别、模组级别或系统级别）进行规定，对每个测试项目需要采集的数据给出明确要求，同时对每个测试项所需要的电芯、模组与电池包的数量也给出推荐建议。

3. SAE J2929 纯电动和混合电动车用电池系统安全标准：锂离子可充电电池

SAE J2929 是 SAE 颁布的关于锂离子电池安全性的最新标准，该标准是在总结之前 SAE 颁布的各种动力电池安全检测标准及其他国际相关标准的基础上提出的。与 ECE R100、ISO 12405-3 类似，SAE J2929 在给出测试项目、评估方法的同时，也给出了具体的判断准则。

SAE J2929 主要可分为两部分：一部分是针对电动车辆行驶过程中可能出现的常规情况进行测试，包括振动、热冲击、湿度测试、电磁兼容性。其中，振动测试标准给出了 3 种可选测试方案，分别是电池系统级别测试、子系统级别和整车测试。另一部分是针对电动车辆行驶过程中可能出现的异常情况进行测试，如跌落、浸水、机械冲击、结构完整性测试（挤压）、模拟火烧、外部短路、过充保护、过放保护，以及热管理系统失效。

除此以外，SAE J2929 首次明确了故障分析在电池系统开发过程中的必要性和重要性，要求对电池系统（包括电芯、壳体、冷却系统、导电回路、连接接口、电池控制功能、充放电控制功能、充电设备、放电载荷等）进行故障分析，并保存故障分析的文档材料，包括已识别故障的改进措施。通过对系统设计的故障分析来论证，可发现的单点失效不会导致起火、爆炸、壳体破裂或电击。

SAE J2929 对高压危害防护也作出相应规定，包括自动断开装置和手动断开方式。自动断开装置要求断开系统被触发时，至少有一个高压连接端子能在触发后 5 s 内断开。手动断开，可以通过以下三种方案来避免在自动断开装置失效后，人员触及高压：

1）去掉高压正负极间的任何高压。手动断开后，测试所有电池的外部端子，在 5 s 内，端子间的电压要小于 60 V（DC）。

2）高压器件应满足 IPXXB 要求。

3）电池系统外壳满足 ISO 6469-3 中的直接接触防护要求。

与此同时，SAE J2929 对测试过程的一些判断标准作了详尽的规定，如外壳破裂这一现象，SAE J2929 指出当外壳不满足 IPXXA 时即外壳破裂。

4. UL 2580 电动汽车电池安全标准

美国保险商实验室（UL）是美国最有权威的安全检测机构，也是世界上从事安全试验和鉴定的较大的民间机构。2011 年 UL 颁布了关于动力电池安全性的新标准 UL 2580，2013 年 9 月颁布了 2.0 版本。UL 2580 主要用于评估动力电池系统在模拟滥用情况下的安全性，包括滥用所导致的危害情况下对人员的防护性。

UL 从三个方面对电池系统的安全要求进行了规范，分别为结构、性能和标识。

在结构方面，UL 要求非金属材料应满足 UL 746C，并对阻燃性、耐热性进行了规定，须最低满足 UL 94-V1 阻燃等级，高分子材料耐热最低为 100℃。对金属材料，UL 强调要良好的耐腐蚀性。对于外壳，UL 要求满足相应的防水、防外来物 IP 等级，以及满足相应的高压接触防护要求。对于导线与端子，UL 要求满足绝缘，高压线应能够与低压线区别，内部导线应经布置引导、支撑、夹紧或紧固，对与整车相连接的外部端子，（当安装在整车上）应能防短路、防交错、防断开。对于电路间的距离与隔离，UL 要求应具有可靠的物理间隔来防止正负极电路短路，电气间隙和爬电距离应满足 UL 60950-1 或 ISO 6469-1 的要求，与此同时，UL 对绝缘等级和保护接地也作出了相应规定。

UL 对动力电池系统的保护电路也进行了相应规定，包括保护电路功能要求、手动开关与自动断开装置的要求。对冷却 / 热管理系统，UL 强调在冷却系统故障时，动力电池系统应能关闭，水管、软管等应耐冷却液腐蚀，应进行良好的布局设计和保护，满足相应的机械和材料性能要求。

对于制造与产线测试，UL 强调动力电池系统 / 部件应进行 100% 功能检测，应进行 100% 的绝缘耐压和保护接地检测。同时，UL 要求动力电池系统设计应进行 FMEA 等安全分析工作。

在性能方面，UL 规定了电气测试、机械测试、环境测试和材料测试四类应满足的测试内容，具体如下：

- 电气测试：过充、短路、过放电保护、温度测试、非平衡充电测试、耐压、绝缘阻抗、保护接地回路连续性，以及冷却 / 热稳定系统失效测试。
- 机械测试：翻转测试、振动、冲击、跌落和挤压测试。
- 环境测试：热循环、盐雾测试、浸水测试、外部火烧和内部火烧。
- 材料测试：阻燃性测试（如材料满足 UL 94-V1 以上可不进行）。

在标识方面，UL 强调标识应具有永久性，且对标识内容作了具体规定。

10.3.5 中国相关标准

随着 2015 年新版 GB/T 国家推荐标准的陆续发布，我国电动汽车产业围绕动力电池系统已基本上构建了完整的标准体系，形成了行业的准入门槛，有利于行业的规范发展和优胜劣汰。

新国标在 2015 年 5 月颁布（部分标准在 10 月份或年底颁布），与旧标准之间有一年的过渡期，从 2016 年开始，相关企业都将遵循新的标准进行检验检测。新国标与工信部 2015 年 3 月发布的《汽车动力蓄电池行业规范条件》一起，将加速动力电池行业的洗牌，提高行业集中度水平。

当前，我国已颁布的动力电池系统相关的标准见表 10-8。

表10-8　动力电池系统相关的标准

序号	新标准	旧标准
1	GB/T 31484—2015 电动汽车用动力蓄电池循环寿命要求及试验方法	QC/T 743—2006 电动车用锂离子蓄电池
2	GB/T 31485—2015 电动汽车用动力蓄电池安全要求及试验方法	QC/T 743—2006 电动车用锂离子蓄电池
3	GB/T 31486—2015 电动汽车用动力蓄电池电性能要求及试验方法	QC/T 743—2006 电动车用锂离子蓄电池
4	GB/T 31467.1—2015 电动汽车用锂离子动力蓄电池包和系统　第 1 部分：高功率应用测试规程	—
5	GB/T 31467.2—2015 电动汽车用锂离子动力蓄电池包和系统　第 2 部分：高能量应用测试规程	—
6	GB/T 31467.3—2015 电动汽车用锂离子动力蓄电池包和系统　第 3 部分：安全性要求与测试方法	—
7	GB/T 31489—2015 电动汽车碰撞后安全要求	—
8	GB/T 18384.1—2015 电动汽车 安全要求 第 1 部分：车载可充电储能系统	GB/T 18384.1—2001 电动汽车 安全要求 第 1 部分：车载储能装置
9	GB/T 18384.2—2015 电动汽车 安全要求 第 2 部分：操作安全和故障防护	GB/T 18384.2—2001 电动汽车 安全要求 第 2 部分：功能安全和故障防护
10	GB/T 18384.3—2015 电动汽车 安全要求 第 3 部分：人员触电防护	GB/T 18384.3—2001 电动汽车 安全要求 第 3 部分：人员触电防护
11	—	QC/T 897—2011 电动汽车用电池管理系统技术条件

动力电池系统的安全防护主要在于如何防止电能和化学能的非正常释放所造成的危险，新版国标则完整地围绕电能和化学能的防护作了严格的规定，并明确了测试规范，形成了较为完整的体系，如表10-9所示，从这方面来讲，产品安全设计与国标的检验要求，殊途同归。

表10-9 国标对动力电池系统防护目标与层级

标准	防护目标	层级
GB/T 31485	化学能	单体 / 模组
GB/T 31467	化学能	系统
GB/T 18384	电能	系统
GB/T 18387	电磁能	整车（涵盖电池系统）

以下我们将系统地论述各项标准所规定的内容，对比新标准与旧标准的差异等，希望能够为大家在标准的理解和运用方面提供更多信息，进一步指导设计。

1. GB/T 31484、GB/T 31485、GB/T 31486 解读

GB/T 31484、GB/T 31485、GB/T 31486 主要是由 QC/T 743—2006 标准演化而来，将 QC/T 743—2006 标准的相关内容重新划分，并在此基础上进行升级，制订了更符合电动汽车实际使用情况的三份独立的标准规范（表10-10）。

表10-10 与QC/T 743—2006对比

基本要求	QC/T 743—2006	GB/T 31484、GB/T 31485、GB/T 31486
电池类型	锂离子电池	主要是锂离子蓄电池和金属氧化物镍蓄电池
样品级别	单体，模组	单体、模组、系统
模组定义	5 个或以上的单体串联	1 个以上的单体串联、并联、串并联 （测试应满足： - 总电压不低于单体蓄电池电压的 5 倍； - 额定容量不低于 20 Ah，或者与整车用蓄电池系统额定容量一致）
默认充放电倍率	C/3	1C
每项测试样品数量	单体 2 个，模组 1 个	单体 2 个，模组或系统 1 个
默认试验条件	20℃ ±5℃ 相对湿度：25% ～ 85% 气压：86 ～ 106 kPa	25℃ ±5℃ 相对湿度：15% ～ 90% 气压：86 ～ 106 kPa

首先，标准不再局限于锂离子电池这一类型的动力电池，而是包括所有的动力电池类型。

其次，针对模组的定义进行修改，不再强调5个或以上的电池单体进行串联，而是根据实际产品中的串并联组合形式。

第三，增加了动力电池包和动力电池系统的定义，将部分循环测试覆盖到系统这一层级，显然更具有实际参考价值。

第四，默认的充放电倍率由 C/3（I3）提高到 1C（I1），要求更严格。

（1）GB/T 31484—2015

GB/T 31484—2015 主要考核动力电池单体、模组和系统的循环寿命指标，涵盖了乘用车和商用车两个不同的市场，以及功率型和能量型两种不同应用类型的动力电池。对于电池单体和模组而言，大多数电池厂家的产品均可达到规定的要求，对于动力电池系统而言，系统设计和集成能力较弱的 Pack 企业，将面临较大的挑战。相关检测内容如表 10-11 所示。

表10-11　GB/T 31484—2015测试项

序号	检验项目	适用范围	判定条件
1	室温放电容量（Ah）	单体、模组、系统	单体：实测容量在额定容量的 100% ～ 110% 之间，单体容量差异不超过 5%（一致性要求） 模组或系统：实测容量在额定容量的 100% ～ 110% 之间，样品容量差异不超过 7%（一致性要求）
2	室温放电能量（Wh）	单体、模组、系统	要求同上
3	室温功率	单体、模组、系统	未明确规定（应满足产品规格书要求）
4	标准循环寿命（1C 充放电循环）	单体、模组	以下条件满足 1 个就算合格： （1）500 次循环后放电容量大于初始容量的 90%； （2）1000 次循环后放电容量大于初始容量的 80%
5	混合动力乘用车功率型电池工况循环寿命	模组、系统	按工况进行循环，总放电能量 / 初始额定能量＞ 500 时，计算放电容量和 5 s 放电功率（应满足产品规格书要求）
6	混合动力商用车功率型电池工况循环寿命	模组、系统	按工况进行循环，总放电能量 / 初始额定能量＞ 500 时，计算放电容量和 5 s 放电功率（应满足产品规格书要求）
7	纯电动乘用车能量型电池工况循环寿命	模组、系统	按工况进行循环，总放电能量 / 初始额定能量＞ 500 时，计算放电容量（应满足产品规格书要求）
8	纯电动商用车能量型电池工况循环寿命	模组、系统	按工况进行循环，总放电能量 / 初始额定能量＞ 500 时，计算放电容量（应满足产品规格书要求）
9	插电式 / 增程式电动汽车电池工况循环寿命	模组、系统	乘用车参照上述第 7 条； 商用车参照上述第 8 条

相比于 QC/T 743—2006，GB/T 31484—2015 在标准循环寿命和工况循环寿命的测试要求方面都更为严格，相关对比总结如表 10-12 所示。

因工况数据较多，这里不一一列出测试的图表和曲线，有兴趣的读者可直接阅读相关的标准文件。

（2）GB/T 31485—2015

GB/T 31485—2015 主要考核动力电池单体和模组的安全指标，围绕化学能的防护，给出了一系列滥用情况以及极端情况下的安全要求和检验规范。

相比于 QC/T 743—2006，GB/T 31485—2015 增加了单体海水浸泡、单体温

度循环、单体低气压、模组跌落、模组海水浸泡、模组温度循环、模组低气压等7项新的检验要求。针对大部分检验项目，GB/T 31485—2015均做了提高或强化，并要求测试结束后，必须观察1 h，才能确定检验是否合格，而QC/T 743标准并无此要求。相关测试项目的对比如表10-13所示。

表10-12 标准循环寿命与工况循环寿命对比

检验项目	QC/T 743—2006	GB/T 31484—2015
标准循环寿命	测试方法：C/3充电，C/2放电，放电深度为80% DOD	测试方法：1C充电，1C放电，放电深度为100% DOD（或企业所规定条件）
	判定标准：容量衰减到初始值的80%时，循环测试＞500次	判定标准：容量衰减到初始值的80%时，循环测试＞1000次，或容量衰减到初始值的90%时，循环测试＞500次
	样品级别：仅适用于单体测试	样品级别：适用于单体、模组、系统
工况循环寿命	测试方法：简单模拟工况，分功率型和能量型两种电池，但是测试工况不区分乘用车与商用车	测试方法：采用新的工况循环路谱，分功率型和能量型两种电池，测试工况区分乘用车和商用车
	判断标准：依据企业所规定数据	判断标准：依据企业所规定数据
	样品级别：仅适用于模组	样品级别：适用于模组、系统

表10-13 GB/T 31485—2015测试项对比

编号	项目	QC/T 743测试要求	GB/T 31485测试要求
1	单体过放电	满充电池在20℃ ±5℃温度以下C/3放电至0 V	满充电池以1C放电90 min后停止，观察1 h
2	单体过充电	满充电池以下两种方式测试： （1）以1C充电至电压达到5 V或充电时间达到90 min后停止； （2）以3C充电至电压达到10 V	电池满充后，继续以1C充电至截止电压的1.5倍或充电时间达到1 h后停止； 观察1 h
3	单体短路	电池满充后，正负极外部短路10 min，短路电阻小于5 mΩ	电池满充后，正负极外部短路10 min，短路电阻小于5 mΩ； 观察1 h
4	单体跌落	电池满充后，在20℃ ±5℃温度下从1.5 m高度自由跌落至厚度为20 mm的硬木地板上； 电池的每个面进行一次测试	电池满充后，正负端子向下，从1.5 m高度自由跌落至水泥地面； 观察1 h
5	单体加热	电池满充后放入85℃的温箱并保持该温度120 min，停止加热	电池满充后放入温箱，按照5℃ /min的速率上升到130℃并保持该温度30 min，停止加热； 观察1 h
6	单体挤压	电池满充，垂直于电池极板方向挤压； 挤压头：不小于20 cm^2； 挤压速度：未规定； 挤压程度：电池壳体破裂或内短路	电池满充，垂直于电池极板方向挤压； 挤压板：半径75 mm的半圆柱体； 挤压速度：（5±1）mm/s； 挤压程度：电压达到0 V或变形量达到30%或挤压力达到200 kN后停止； 观察1 h

续表

编号	项目	QC/T 743 测试要求	GB/T 31485 测试要求
7	单体针刺	电池满充，用直径 3 ～ 8 mm 的耐高温钢针从垂直于电池极板方向进行贯穿； 贯穿速度 10 ～ 40 mm/s，钢针停留在电池中 观察 1 h	电池满充，用直径 5 ～ 8 mm 的耐高温钢针从垂直于电池极板方向进行贯穿； 贯穿速度：(25±5) mm/s； 贯穿位置：靠近所刺面的几何中心，钢针留在电池中； 观察 1 h
8	单体海水浸泡	—	电池满充，浸入 3.5% 的 NaCl 溶液 2 h，溶液整体浸没电池； 观察 1 h
9	单体温度循环	—	电池满充放入温箱，按照要求进行 5 次温度循环； 观察 1 h
10	单体低气压	—	电池满充后，放入低气压箱，调节气压为 11.6 kPa，保持 6 h； 观察 1 h
11	模组过放电	满充的模组在 20℃ ±5℃温度以下 C/3 放电至某一单体电池电压达到 0 V	满充的模组以 1C 放电 90 min 后停止，观察 1 h
12	模组过充电	满充模组按以下两种方法测试： (1) 以 1C 充电至某一单体电压达到 5 V 或充电时间达到 90 min 后停止； (2) 以 3C 充电至某一单体电压达到 10 V	模组满充后，继续以 1C 充电至某一单体电压达到截止电压的 1.5 倍或充电时间达到 1 h 后停止 观察 1 h
13	模组短路	模组满充后，正负极外部短路 10 min，短路电阻小于 5 mΩ	模组满充后，正负极外部短路 10 min，短路电阻小于 5 mΩ； 观察 1 h
14	模组跌落	—	模组满充后，正负端子向下，从 1.20 m 高度自由跌落至水泥地面； 观察 1 h
15	模组加热	模组满充后放入温箱并保持该温度 120 min，停止加热	模组满充后放入温箱，按照 5℃ /min 的速率上升到 130℃并保持该温度 30 min，停止加热； 观察 1 h
16	模组挤压	电池满充后，垂直于蓄电池单体排列方向施压 挤压板：一侧是平板，一侧是异形板。异形板的半圆柱形挤压头的典型直径为 75 mm，挤压头间的典型间距为 30 mm。挤压板外廓尺寸 300 mm×150 mm。 挤压速度：未规定；挤压程度：挤压至蓄电池块原始尺寸的 85%，保持 5 min 后再挤压至蓄电池模块原始尺寸的 50%	电池满充，选择模组在整车安装位置上最容易受到挤压的方向进行挤压测试。 挤压板：半径 75 mm 的半圆柱体； 挤压程度：模组变形量达到 30% 或挤压力达到模组重量 1000 倍或标准表中数值较大值后停止。 观察 1 h
17	模组针刺	电池满充，用直径 3 ～ 8 mm 的耐高温钢针从垂直于电池极板方向进行贯穿； 贯穿速度 10 ～ 40 mm/s，钢针停留在电池中； 至少贯穿 3 个电池单体	电池满充，用直径 6 ～ 10 mm 的钢针从垂直于模组极板方向进行贯穿； 贯穿速度 (25±5) mm/s，依次贯穿至少 3 个电池单体，钢针停留在电池中； 观察 1 h

续表

编号	项目	QC/T 743 测试要求	GB/T 31485 测试要求
18	模组浸海水	—	模组满充，浸入 3.5% 的 NaCl 溶液 2 h，溶液整体浸没模组； 观察 1 h
19	模组温度循环	—	模组满充放入温箱，按照要求进行 5 次温度循环观察 1 h
20	模组低气压	—	模组满充后放入低气压箱，调节气压为 11.6 kPa，保持 6 h； 观察 1 h

GB/T 31485—2015 与 GB/T 31467.3—2015 配合，构成了电池单体、模组、系统层级的较为完整的安全检验标准。

（3）GB/T 31486—2015

GB/T 31486—2015 主要针对电池单体的外观、尺寸、重量和室温放电容量，以及模组的外观、尺寸、重量、常温性能、高低温性能、耐振动性能、存储等方面做出相应的规定。与 QC/T 743 相比，GB/T 31486—2015 取消了针对单体电池的高低温性能、放电倍率性能、荷电保持与容量恢复能力、存储等方面的要求，但是增加了针对模组的常温充放电倍率性能、高低温性能、荷电保持与能量恢复能力等相关要求，具体内容的对比如表 10-14 和表 10-15 所示。

表10-14 GB/T 31486—2015测试项对比（单体）

序号	单体检测项目	QC/T 743—2006	GB/T 31486—2015
1	外观	目测检查，不得有变形及裂纹，表面平整，干燥，无外伤，无污染，标志清晰	目测检查，不得有变形及裂纹，表面干燥无外伤，排列整齐，连接可靠，标志清晰
2	极性	用电压表检测电池极性，标示正确	用电压表检测电池极性，标示正确
3	尺寸和质量	用量具检测电池的尺寸和质量，应符合企业提供的产品技术条件	用量具检测电池的尺寸和质量，应符合企业提供的产品技术条件
4	常温放电容量	检测方法：C/3 充电至截止电压，C/3 放电至截止电压，计算放电容量； 如果计算值低于规定值，可重复 5 次	1C 充电至截止电压，1C 放电至截止电压，计算放电容量； 重复 5 次测试，取平均值数据
		判定标准：计算容量在企业所规定额定值的 100% ～ 110% 之间	判定标准：(1) 计算容量在企业所规定额定值的 100% ～ 110% 之间； (2) 所有样品的计算容量极差（最大和最小容量差）不得超过 5%（一致性要求）

续表

序号	单体检测项目	QC/T 743—2006	GB/T 31486—2015
5	–20℃放电容量	常温下以 C/3 充满电，在 –20℃温度下存储 20 h，以 3/C 放电至截止电压，计算放电容量 判定标准：计算容量不低于额定值的 70%	—
6	55℃放电容量	常温下以 C/3 充满电，在 55℃温度下存储 5 h，以 3/C 放电至截止电压，计算放电容量 判定标准：计算容量不低于额定值的 95%	—
7	常温倍率放电容量（能量型）	常温下以 C/3 充满电，以 1.5C 放电至截止电压，计算放电容量 判定标准：计算容量不低于额定值的 90%	—
8	常温倍率放电容量（功率型）	常温下以 C/3 充满电，以 4C 放电至截止电压，计算放电容量 判定标准：计算容量不低于额定值的 80%	—
9	常温荷电保持与容量恢复能力	常温下以 C/3 充满电后存储 28 天，以 3/C 放电至截止电压，计算放电容量 / 额定容量的比值，即为荷电保持能力； 以 3/C 充满电，再以 3/C 放电至截止电压，计算放电容量 / 额定容量的值，即为容量恢复能力 判定标准：荷电保持能力不低于 80%，容量恢复能力不低于 90%	—
10	高温荷电保持与容量恢复能力	常温下以 C/3 充满电，在 55℃温度下存储 7 天，恢复至常温下保持 5 h，以 3/C 放电至截止电压，计算放电容量 / 额定容量的比值，为荷电保持能力； 继续以 3/C 充满电，再以 3/C 放电至截止电压，计算放电容量 / 额定容量的值，为容量恢复能力 判定标准：荷电保持能力不低于 80%，容量恢复能力不低于 90%	—
11	存储	常温下以 C/3 充满电，再以 3/C 放电 2 h，常温存储 90 天； 以 3/C 充电至截止电压，再以 3/C 放电至截止电压，计算放电容量 / 额定容量的比值，计为容量恢复能力 判定标准：容量恢复能力不低于 95%	—

从以上对比可以看出，GB/T 31486—2015 重点强化模组级的电性能测试，弱化了电池单体级别的电性能测试，从整车级别来考虑，这是合理的。电池厂家给整车厂供货的时候，一般是提供模组级产品或系统级产品，国标更多地集中在针对电动汽车“零部件级”的产品测试，而针对电池单体的电性能测试，应由整车厂与电池企业共同确定相关检验项目和测试要求，并在电池企业内部或委托外部机构完成相关测试验证，不作为强制性的标准要求。

表10-15 GB/T 31486—2015测试项对比（模组）

序号	模组检测项目	QC/T 743—2006	GB/T 31486—2015
1	外观	目测检查，不得有变形及裂纹，表面平整，干燥，无外伤，无污染，标志清晰	目测检查，不得有变形及裂纹，表面干燥无外伤，排列整齐，连接可靠，标志清晰
2	极性	用电压表检测模组极性，标示正确	用电压表检测电池极性，标示正确
3	尺寸和质量	用量具检测模组的尺寸和质量，应符合企业提供的产品技术条件	用量具检测电池的尺寸和质量，应符合企业提供的产品技术条件
4	常温放电容量	检测方法：C/3 充电至截止电压，C/3 放电至截止电压，计算放电容量； 如果计算值低于规定值，可重复 5 次	1C 充电至截止电压，1C 放电至截止电压，计算放电容量 重复 5 次测试，取平均值数据
		判定标准：计算容量在企业所规定额定值的 100% ～ 110% 之间	判定标准：（1）计算容量在企业所规定额定值的 100% ～ 110% 之间； （2）所有样品的计算容量极差（最大和最小容量差）不得超过 7%（一致性要求）
5	常温倍率放电容量（能量型）	—	常温下以 1C 充满电，以 3C 放电（最大电流不超过 400 A）至某一单体达到截止电压，计算放电容量
			判定标准：计算容量不低于额定值的 90%
6	常温倍率放电容量（功率型）	—	常温下以 1C 充满电，以 8C 放电（最大电流不超过 400 A）至某一单体达到截止电压，计算放电容量
			判定标准：计算容量不低于额定值的 80%
7	常温倍率充电性能	—	常温下以 1C 放电至某一单体达到截止电压，静置 1 h 以 2C 充电（最大电流不超过 400 A，总充电时间不超过 30 min）至某一单体达到截止电压，静置 1 h 以 1C 放电至某一单体达到截止电压，计算放电容量
			判定标准：计算容量不低于额定值的 80%
8	低温（-20℃）放电容量	—	常温下以 1C 充满电，在 –20℃温度下存储 24 h，在 –20℃下以 1C 放电至某一单体达到截止电压，计算放电容量
			判定标准：计算容量不低于额定值的 70%（锂电池）或 80%（镍氢电池）
9	高温（55℃）放电容量	—	常温下以 1C 充满电，在 55℃温度下存储 5 h，在 55℃下以 1C 放电至某一单体达到截止电压，计算放电容量
			判定标准：计算容量不低于额定值的 90%
10	常温荷电保持与容量恢复能力	—	常温下以 1C 充满电，存储 28 天； 以 1C 放电至某一单体截止电压，计算放电容量 / 额定容量的比值，为荷电保持能力； 继续以 1C 充满电，再以 1C 放电至截止电压，计算放电容量 / 额定容量的值，为容量恢复能力
			判定标准：荷电保持能力不低于 85%，容量恢复能力不低于 90%（锂电池）或 95%（镍氢电池）

续表

序号	模组检测项目	QC/T 743—2006	GB/T 31486—2015
11	高温（55℃）荷电保持与容量恢复能力	—	常温下以 1C 充满电，在 55℃温度下存储 7 天，恢复至常温下保持 5 h，以 1C 放电至截止电压，计算放电容量 / 额定容量的比值，为荷电保持能力； 继续以 1C 充满电，再以 1C 放电至截止电压，计算放电容量 / 额定容量的值，为容量恢复能力
			判定标准：荷电保持能力不低于 85%（锂电池）或 70%（镍氢电池），容量恢复能力不低于 90%（锂电池）或 95%（镍氢电池）
12	耐振动性能	—	模组固定在试验台，按下述要求测试： 放电电流：3/C； 振动方向：上下单向；振动频率：10 ～ 55 Hz；最大加速度：30 m/s^2；扫频循环：10 次；时间：3 h
			判定标准：无电流锐变和电压异常，无外壳破损，无电解液泄漏，模组连接可靠，结构完好
13	存储（45℃）	—	常温下以 1C 充满电，再以 1C 放电 30 min，在 45℃温度下存储 28 天； 在室温下搁置 5 h，以 1C 充电至截止电压，再以 1C 放电至截止电压，计算放电容量 / 额定容量的比值，计为容量恢复能力
			判定标准：容量恢复能力不低于 90%

2. GB/T 31467—2015 标准解读

如果说 GB/T 31484、GB/T 31485、GB/T 31486 是侧重于电池单体和模组层级的检验规范，那么 GB/T 31467 毫无疑问是侧重于电池包或电池系统级的检验规范。通过标准的相互衔接和组合，可以覆盖不同的零部件等级，达到更好的效果。

在本标准里面，引入了动力电池包和动力电池系统这两个概念（表 10-16），两者的主要差别在于是否包含电池控制单元 BCU（等同于电池管理系统 BMS 的主控单元）。

表10-16 动力电池包和动力电池系统定义

项目	动力电池包	动力电池系统
组件	电池 + 冷却 / 加热组件 + 高压组件 + 低压组件 + 结构件	电池 + 冷却 / 加热组件 + 高压组件 + 低压组件 + 结构件 + 电池管理系统
功能	被动	被动 + 主动

针对动力电池包的测试，在测试过程中，所有的参数都依赖于外部测试平台来检测，动力电池包与测试平台之间无通信和数据交换，产品相关的主动功能（包括加热 / 冷却功能）也由测试平台来控制。测试平台检测动力电池系统的电压、

电流、容量、能量等参数，作为检测结果和计算依据。

针对动力电池系统的测试，在测试过程中，系统内部的参数由 BCU 来检测，BCU 与测试平台之间进行实时通信，传输测试必需的数据，产品相关的主动功能也由 BCU 来控制。测试平台检测动力电池系统的电压、电流、容量、能量等参数，作为检测结果和计算依据。

（1）GB/T 31467.1—2015

GB/T 31467.1—2015 标准针对功率型动力电池包 / 系统的容量、能量、功率、效率、荷电保持等基本性能的测试规程做了比较明确的规定，为检验检测提供了标准依据（表 10-17）。

功率型电池主要应用于混合动力汽车，起到能量回收和动力辅助输出的作用，达到一定的节油和减排效果。因此要求倍率性能突出（比功率要大），内阻小，发热量低，循环寿命长。针对功率型电池包 / 电池系统，标准提供了较为详细的测试规程，但是并没有提供判定合格的依据，具体的判断条件，取决于电池或整车企业提供的产品规格书所规定的数值。

表10-17　GB/T 31467.1-2015测试项

测试项目	适用范围	测试目的
室温容量及能量	动力电池包、动力电池系统	温度 25℃，产品 1C 放电条件下容量参数（Ah）和能量参数（Wh），以及最大放电电流 I_{max} 下的容量参数（Ah）和能量参数（Wh）
高温容量及能量	动力电池包、动力电池系统	温度 40℃，产品 1C 放电条件下容量参数（Ah）和能量参数（Wh），以及最大放电电流 I_{max} 下的容量参数（Ah）和能量参数（Wh）
低温容量及能量	动力电池包、动力电池系统	温度 0℃和 –20℃温度，产品 1C 放电条件下容量参数（Ah）和能量参数（Wh），以及最大放电电流 I_{max} 下的容量参数（Ah）和能量参数（Wh）
功率和内阻测试	动力电池包、动力电池系统	分别检测 –20℃，0℃，25℃，40℃这 4 个温度下，80%，50%，20% 这三个不同 SOC 平台的充放电功率值和充放电内阻值
无负载容量损失	动力电池系统	模拟 25℃和 40℃的车载状态下（系统由辅助电源供电），动力电池系统因长期搁置所造成的容量损失，搁置前动力电池系统处于满电状态，搁置时间为 7 天和 30 天（中间有两次标准循环）
存储容量损失	动力电池系统	测试 45℃温度下，50% SOC 的动力电池系统存储 30 天后的容量损失
高低温启动功率	动力电池系统	分别检测 –20℃，40℃温度下，系统在 20% SOC（或厂家规定的最低 SOC 值）的功率输出能力
能量效率	动力电池系统	分别检测 –20℃，0℃，25℃，40℃这 4 个温度下，65%，50%，35% 这三个不同 SOC 平台的快速充放电效率

具体的测试方法，详见标准文件，这里不一一列出。标准中没有规定统一的判断依据，主要是因为到了动力电池系统这个层级，不同产品的指标差异较大，而每家企业的技术实力也不一样，所以量化的指标已经不取决于电池，而是取决于电池系统的综合性能（如电池性能、能量管理性能、热管理性能等）。基于此因素，

检验项目的判断标准，应来自于产品规格书所规定的参数，满足产品的规格即为合格。

（2）GB/T 31467.2—2015

GB/T 31467.2—2015 标准针对能量型动力电池包 / 系统的容量、能量、功率、效率、荷电保持等基本性能的测试规程做了比较明确的规定，为检验检测提供了标准依据（表 10-18）。

能量型电池主要应用于纯电动汽车和插电式 / 增程式混合动力车，作为车辆的唯一动力来源或重要动力来源，具有良好的节能和减排效果。能量型动力电池系统要求存储的能量多（比能量），高低温性能好，循环寿命好。针对能量型电池包 / 电池系统，标准提供了较为详细的测试规程，但是并没有提供判定合格的依据，具体的判断条件，取决于电池或整车企业提供的产品规格书所规定的数值。

表10-18 GB/T 31467.2—2015测试项

测试项目	适用范围	测试目的
室温容量及能量	动力电池包、动力电池系统	温度 25℃，产品 1C 放电条件下容量参数（Ah）和能量参数（Wh），以及最大放电电流 I_{max} 下的容量参数（Ah）和能量参数（Wh）
高温容量及能量	动力电池包、动力电池系统	温度 40℃，产品 1C 放电条件下容量参数（Ah）和能量参数（Wh），以及最大放电电流 I_{max} 下的容量参数（Ah）和能量参数（Wh）
低温容量及能量	动力电池包、动力电池系统	温度 0℃和 –20℃温度，产品在 C/3 和 1C 放电条件下容量参数（Ah）和能量参数（Wh），以及最大放电电流 I_{max} 下的容量参数（Ah）和能量参数（Wh）
功率和内阻测试	动力电池包、动力电池系统	分别检测 –20℃，0℃，25℃，40℃这 4 个温度下，90%，50%，20% 这三个不同 SOC 平台的充放电功率值和充放电内阻值
无负载容量损失	动力电池系统	模拟 25℃和 40℃的车载状态下（系统由辅助电源供电），动力电池系统因长期搁置所造成的容量损失，搁置前动力电池系统处于满电状态，搁置时间为 7 天和 30 天（中间有两次标准循环）
存储容量损失	动力电池系统	测试 45℃温度下，50% SOC 的动力电池系统存储 30 天后的容量损失
能量效率	动力电池系统	分别检测 25℃，0℃，T_{min}（由车厂和供应商确定）这 3 个温度下，电池系统以 1C 和 I_{max}（T）（由车厂和供应商确定）两种充放电倍率所测得的充放电倍率

与 GB/T 31467.1—2015 相比，GB/T 31467.2—2015 取消了高低温启动功率这一测试项，其他测试项相同，仅测试的要求有所区别（针对不同的应用需求）。

（3）GB/T 31467.3—2015

前两个标准主要集中在电性能测试，本标准则主要针对安全要求和测试方法作了明确的规定（表 10-19）。本标准结合 GB/T 31485—2015，就构成了从电池单体、模组、到动力电池包和动力电池系统的完整的化学能防护规范。

表10-19　GB/T 31467.3—2015测试项

测试项目	适用范围	测试目的
振动	动力电池包、动力电池系统内部电子装置	模拟安装在车辆上的随机振动情况，要求测试过程中和测试后，系统完好，无机械、电气、精度、绝缘、性能等方面的损伤
机械冲击	动力电池包、动力电池系统	模拟安装在车辆上，或运输状态时，因车辆颠簸所造成的 Z 轴方向的冲击 / 撞击力，要求无机械损伤，无泄漏，无起火或爆炸现象，绝缘正常
跌落	动力电池包、动力电池系统	模拟安装或维修过程中可能造成的自由跌落，要求无电解液泄漏，无起火或爆炸现象
翻滚	动力电池包、动力电池系统	模拟安装在车辆上随整车翻滚的情况，要求结构完好，连接可靠，绝缘正常，无电解液泄漏，无起火和爆炸现象
模拟碰撞	动力电池包、动力电池系统	模拟安装在车辆上发生车辆碰撞的情况，要求绝缘正常，无电解液泄漏，无起火和爆炸现象
挤压	动力电池包、动力电池系统	模拟安装在车辆上发生车辆碰撞，并且电池包发生严重挤压变形的情况，要求无起火和爆炸现象
温度冲击	动力电池包、动力电池系统	模拟外部环境温度快速变化的使用情况，要求绝缘正常，无电解液泄漏，无起火和爆炸现象
湿热循环	动力电池包、动力电池系统	模拟高温高湿的存储或运输情况，要求绝缘正常，无电解液泄漏，无起火和爆炸现象
海水浸泡	动力电池包、动力电池系统	模拟产品被海水完全浸没的极端情况（多见于我国南方地区），要求无起火和爆炸现象
外部火烧	动力电池包、动力电池系统	模拟产品直接暴露于外部火焰的情况（一般发生于整车因线路短路或燃油泄漏着火的情况），要求无爆炸现象
盐雾腐蚀	动力电池包、动力电池系统	模拟高盐雾地区（海边城市）使用的情况，要求无外壳破损，无电解液泄漏，无起火和爆炸现象
高海拔	动力电池包、动力电池系统	模拟高海拔低气压的使用情况，要求各项指标和性能正常
过温保护	动力电池系统	模拟高温滥用情况下系统的保护功能，要求系统无喷气，无外壳破裂，无起火或燃烧，绝缘正常
短路保护	动力电池系统	模拟外部短路情况下系统的保护功能，要求系统无泄漏，无外壳破裂，无起火或燃烧，绝缘正常
过充电保护	动力电池系统	模拟过充电滥用情况下系统的保护功能，要求系统无外壳破裂，无起火或燃烧，绝缘正常
过放电保护	动力电池系统	模拟过放电滥用情况下系统的保护功能，要求系统无外壳破裂，无起火或燃烧，绝缘正常

从测试内容看，针对系统级的安全防护主要集中在以下几个方面：

- 机械载荷——振动、机械冲击、跌落；
- 事故自保护——碰撞、挤压、海水浸泡、外部火烧；
- 环境适应性——温度冲击、湿热循环、盐雾腐蚀、高海拔；
- 滥用——过温、短路、过充、过放。

针对系统级的安全防护要求，此前是缺失的，本次新国标的发布，基本上弥补了这方面的空白。当然，国标的内容仅仅涉及最基本的安全防护，企业在产品的研发、生产和使用过程中，需要根据车辆和动力电池系统的实际情况，制定更为严格更为完善的安全防护体系。

3. GB/T 18384—2015 标准解读

GB/T 18384 在 2001 年发布第一版之后，在今年发布了修订后的第二版。本标准可以看作从整车层面针对电动汽车动力系统所提出的安全通则，共分三个部分，更侧重于针对电能和电磁能的安全规范和故障保护。

标准适用于 3.5 吨以下的电动乘用车或电动商用车。GB/T 18384 主要对标 ISO 6469 标准，两个标准的主要内容基本相同。

（1）GB/T 18384.1—2015

GB/T 18384.1—2015 针对电动汽车的车载储能装置（动力电池系统）提出了保护驾驶员、乘客、车辆外人员和外部环境的安全要求（表 10-20）。

表10-20　GB/T 18384.1 2001版与2015版对比

项目	GB/T 18384.1—2001	GB/T 18384.1—2015
适用电压范围(B级电压)	25 ～ 660V（交流）或 60 ～ 1000V（直流）	30 ～ 1000V（交流）或 60 ～ 1500V（直流）
高压标识		
电池类型标志	产品外部应有标签或贴纸清晰注明蓄电池类型	当人员接近动力电池系统，应能够看到高压警告标识，并能够通过相关标识识别电池种类
绝缘电阻	大于 100 Ω/V	大于 100 Ω/V（如果动力电池系统没有交流电路，或交流电路有附加防护）； 大于 500 Ω/V（如果动力电池系统有交流电路，且没有附加防护）
爬电距离	高压端子之间≥（0.25U+5）mm； 带电部件与电底盘之间≥（0.125U+5）mm； U 为标称工作电压	高压端子之间≥（0.25U+5）mm； 带电部件与电底盘之间≥（0.125U+5）mm； U 为两个输出端子之间最大工作电压
危险气体排放与通风	车辆任何地方不得有危险气体聚集； 针对充电和正常使用时的氢气浓度有明确限定	在正常环境和操作条件下，驾驶舱，乘客舱，及其他载货空间的有害气体或其他有害物质，不能达到危险浓度； 具体要求遵照相应的国标
产生的热量	—	防止任何单点失效（如电压，电流，温度传感器等）造成可能危害人员的热量的产生
过流及短路切断	在过电流和短路情况下，过流断开器必须切断输出，切断功能在任何故障状态下都必须正常实施	如果动力电池系统自身无防短路功能，应有一个过流断开装置在汽车厂商规定的条件下断开动力电池系统，以防止对人员，车辆和环境的危害
碰撞防护	在法规和标准规定的碰撞条件下： （1）动力电池系统不得穿入乘客舱，不得危及乘客安全； （2）不得因为碰撞而甩出车外； （3）碰撞时应防止短路发生	\

从2001版到2015版本，标准调整了适用电压范围，修改了绝缘电阻的要求，增加了针对驱动系统所产生热量的要求，并删除了针对碰撞防护的要求。

标准还对绝缘电阻的测试条件作了明确的规定，要求在露点阶段进行多次测量，取绝缘电阻的最小值，比第一版本更为严格。此外，绝缘电阻的计算方法做了修订，具体内容请参考标准文稿。

（2）GB/T 18384.2—2015

GB/T 18384.2—2015针对整车（包括动力电池系统）提出了操作过程、故障防护、用户手册、紧急响应等方面的安全要求（表10-21）。

表10-21　GB/T 18384.2 2001版与2015版对比

项目		GB/T 18384.2—2001	GB/T 18384.2—2015
适用电压范围 （B级电压）		25～660V（交流）或 60～1000V（直流）	30～1000V（交流）或 60～1500V（直流）
操作安全	驱动系统、电源接通程序	（1）从“电源切断”转换到“可行驶”状态，至少需要经过两次有意识的不同的连续动作； （2）车辆与外部电路（如电网）连接时，不能通过自身动力移动； （3）驱动系统关闭后，只能通过正常的电源接通程序重新启动； （4）应通过一个明显的信号装置持久或间歇显示驱动系统已完成准备工作	（1）从电源切断转换到可行驶模式，至少需要经过两次有意识的不同动作； （2）从可行驶模式到电源切断只需一个动作； （3）动力电源对驱动电路的主开关功能是驱动系统电源接通/断开程序的必要部分； （4）应连续的或间歇的向驾驶员提示，车辆已处于可行驶模式； （5）车辆停止，驱动系统关闭后，只能通过上述程序重新进入可行驶模式
	行驶	（1）如驱动功率大幅度降低（如因为系统过温或电池不均衡等），应通过明显的装置显示这一状态； （2）当剩余电量低于一定值（系统下限），应通过一个明显的信号装置显示，且能使车辆依靠自身动力驶出交通区域，并能够为照明系统提供所需电量	（1）如驱动功率大幅度降低（如因为系统过温或电池不均衡等），应通过明显的装置显示这一状态； （2）当剩余电量低于一定值（系统下限），应通过一个明显的信号装置显示，且能使车辆依靠自身动力驶出交通区域，并能够为照明系统提供所需电量
	倒车	如果通过改变电机的旋转方向来实现倒车，需满足： （a）前进和倒车，应通过驾驶员两个不同的动作来完成，或 （b）如果只通过一个动作来完成，应使用一个安全装置，使开关只有在静止或低速时才能转换到倒车位置	如果通过改变电机的旋转方向来实现倒车，需满足： （a）前进和倒车，应通过驾驶员两个不同的动作来完成，或 （b）如果只通过一个动作来完成，应使用一个安全装置，使开关只有在静止或低速时才能转换到倒车位置
	停车	当驾驶员离开车辆时，如驱动系统仍处于“可行驶”状态，应通过明显的信号装置提示驾驶员； 如果当车辆处于静止状态，动力电机还在旋转，这时切断车辆电源（熄火），车辆不能移动或行驶	当驾驶员离开车辆时，如驱动系统仍处于“可行驶”状态，应通过明显的信号装置提示驾驶员； 切断电源后，车辆不能产生由自身驱动系统产生的不期望的行驶
	主开关	应使用一个主开关来断开车载电源（动力电池系统）的至少一个电极，主开关应能够通过驾驶员手可触及的一个手动装置来控制。 每次电源切断后，应能通过正常的电源接通程序重新恢复供电	—
	电磁兼容性	电磁抗扰度，满足ISO 11451-2的要求 电磁发射，满足GB 14023和GB/T 18387的要求	满足相关标准
	辅助功能	当车辆运行时，辅助电路应符合其他相应的标准要求，特别是灯光，信号，功能安全	—

续表

项目		GB/T 18384.2—2001	GB/T 18384.2—2015
故障防护	非预期的车辆动作	应防止驱动系统出现不希望的加速，减速和倒车	应尽量避免或防止由车辆特有系统和部件的硬件或软件单点失效所造成的不希望的加速，减速和倒车
	故障安全	—	针对电动汽车系统和组件的设计应考虑故障安全
	单点失效	—	应对可能的单点失效采取管理措施
	电气连接	电气连接任何非预期的断开，都不应导致车辆产生危险	—
	辅助电路	当辅助电路与动力系统有电连接时，应防止辅助电路电压过高	—
	过流切断	当电流过大时，应使用一个电路保护器、切断装置或熔断器断开车载电源（动力电池系统）的至少一个电极	—
用户使用手册		在用户手册中应详细注明与电动汽车安全操作和防护相关的方面	
标识		—	车辆标识与相关法规一致
紧急响应		—	厂家应向安全人员和紧急响应者提供关于车辆故障处理的信息

针对操作安全，2015 版删除了主开关和辅助功能的要求。

针对故障防护，删除电气连接，辅助电路和过流切断的要求，增加了故障安全和单点失效的要求。显然，修改之后的涵盖面更为广泛，只要是可能导致安全事故的单点失效 / 故障，都应该在设计时予以考虑。

另外，还增加了紧急响应的要求，这对于事故处理（如灭火、救灾等）非常关键，如果事故处理不当，所造成的次生灾害可能更为严重，所以厂家必须提供详细的故障处理指南或手册，用户指导紧急情况下的事故处理。

（3）GB/T 18384.3—2015

GB/T 18384.3—2015 主要是如何防护电动汽车车载电力驱动系统和传导连接的辅助系统可能造成的人员触电危害（表 10-22）。

由于标准内容较多，此处不一一列出相关检验项目的具体内容，有兴趣可直接参考标准文稿。

GB/T 18384.3—2015 版本大大强化了针对人员触电防护的要求，增加了对绝缘电阻、电容耦合、断电、绝缘要求、绝缘配合等方面的内容，并对其他一些项目的内容做了必要的修改。修改后的版本，比 2001 版考虑得更为全面，虽然是针对整车级别的要求，但是动力电池系统可以直接参照其中的部分要求进行设计和检验。

表10-22 GB/T 18384.3 2001版与2015版对比

项目		GB/T 18384.3—2001	GB/T 18384.3—2015
适用电压范围（B级电压）		25～660V（交流）或 60～1000V（直流）	30～1000V（交流）或 60～1500V（直流）
标记	高压警告标记	—	√
	B级电压电线标记	—	√
人员触电防护	通则	√	√
	基本防护方法	√	√
	单点失效防护——电位均衡	√	√
	单点失效防护——绝缘电阻	—	√
	单点失效防护——电容耦合	—	√
	单点失效防护——断电	—	√
	触电防护的替代方法	—	√
	绝缘要求	—	√
	遮拦/外壳	√	√
	绝缘配合	—	√
	电介质强度	√	√
	车辆充电插座	—	√
防水	模拟清洗	√	√
	模拟暴雨	√	√
	模拟涉水	√	√
	要求	√	√
用户使用手册		—	√

主要参考文献

姜子恩. 2009. 汽车KD项目生产及状态描述[J]. 汽车工艺与材料, 9: 25-27.

刘震, 王芳. 2013. 电动汽车用锂离子动力蓄电池标准解析[J]. 电源技术, 37(8): 1467-1469.

吴向亮, 强毅. 2011. 电动汽车锂离子动力蓄电池安全标准对比分析[J]. 机械工业标准化与质量, 8:39-42.

夏军. 2015. 第一电动网. 再不看就晚了! 电动汽车动力电池系统国标最详解读[EB/OL]. (2015-08-26) [2016-06-29] http://www.d1ev.com/39810.html.

徐大伟. 2007. 世界汽车安全性技术法规与标准的研究[D]. 武汉: 武汉理工大学.

ECE R100.2. Uniform provisions concerning the approval of vehicles with regard to specific requirements for the electric power train [S]. Economic and Social Council，2011.

ECE R12 . Uniform provisions concerning the approval of vehicles with regard to the protection of the driver against the steering mechanism in the event of impact [S]. 2014.

ECE R94. Uniform provisions concerning the approval of vehicles with regard to the protection of the occupants in the event of a frontal collision [S]. 2013.

ECE R95. Uniform provisions concerning the approval of vehicles with regard to the protection of the occupants in the event of a lateral collision [S]. 2014.

EN 1987-1. Electrically propelled road vehicles—Specific requirements for safety—Part 1: On board energy storage [S]. 1997.

EN 1987-2. Electrically propelled road vehicles—Specific requirements for safety—Part 2: Functional safety means and protection against failures [S]. 1998.

EN 1987-3. Electrically propelled road vehicles—Specific requirements for safety—Part 3: Protection of users against electrical hazards [S]. 1998.

FMVSS 305. Electric-powered vehicles: Electrolyte spillage and electrical shock protection [S]. 2013.

GB/T 31484. 电动汽车用动力蓄电池循环寿命要求及试验方法[S]. 2015.

GB/T 31485. 电动汽车用动力蓄电池安全要求及试验方法[S]. 2015.

GB/T 31486. 电动汽车用动力蓄电池电性能要求及试验方法[S]. 2015.

GB/T 31467.1. 电动汽车用锂离子动力蓄电池包和系统　第1部分: 高功率应用测试规程[S]. 2015.

GB/T 31467.2. 电动汽车用锂离子动力蓄电池包和系统　第2部分: 高能量应用测试规程[S]. 2015.

GB/T 31467.3. 电动汽车用锂离子动力蓄电池包和系统　第3部分: 安全性要求与测试方法[S]. 2015.

GB/T 31489. 电动汽车碰撞后安全要求[S]. 2015.

GB/T 18384.1. 电动汽车 安全要求　第1部分: 车载可充电储能系统[S]. 2015.

GB/T 18384.2. 电动汽车 安全要求　第2部分: 操作安全和故障防护[S]. 2015.

GB/T 18384.3. 电动汽车 安全要求　第3部分: 人员触电防护[S]. 2015.

IEC 62660-1. Secondary lithium-ion cells for the propulsion of electric road vehicles—Part 1: Performance testing [S]. 2010.

IEC 62660-2. Secondary lithium-ion cells for the propulsion of electric road vehicles—Part 2: Reliability and abuse testing [S]. 2010.

ISO 6469-1. Electrically propelled road vehicles—Safety specifications—Part 1: On-board rechargeable energy storage system (RESS) [S]. 2009.

ISO 6469-2. Electrically propelled road vehicles—Safety specifications—Part 2: Vehicle operational safety means and protection against failures [S]. 2009.

ISO 6469-3. Electrically propelled road vehicles—Safety specifications—Part 3: Protection of persons against electric shock [S]. 2011.

ISO 6469-4. Electrically propelled road vehicles—Safety specifications—Part 3: Post crash electrical safety [S]. 2015.

ISO 12405-1. Electrically propelled road vehicles—Test specification for lithium-ion traction battery packs and systems—Part 1: High-power applications [S]. 2011.

ISO 12405-2. Electrically propelled road vehicles—Test specification for lithium-ion traction battery packs and systems—Part 2: High-energy applications [S]. 2012.

ISO 12405-3. Electrically propelled road vehicles—Test specification for lithium-ion traction battery packs and systems—Part 3: Safety performance requirements [S]. 2014.

SAE J1766. Recommended practice for electric, fuel cell and hybrid electric vehicle crash integrity testing [S]. 2014.

SAE J2990. Hybrid and EV first and second responder recommended practice [S]. 2012.

SAE J2464. Electric and hybrid electric vehicle rechargeable energy storage system (RESS) safety and abuse testing [S]. 2009.

SAE J2929. Electric and hybrid vehicle propulsion battery system safety standard—Lithium-based rechargeable cells [S]. 2013.

UL 2580. Standard for batteries for use in electric vehicles [S]. 2013.

UN 38.3. 联合国《关于危险货物运输的建议书——试验和标准手册》第38.3节“金属锂电池和锂离子电池组”[S]. 2013.